通用型系列法学教材

经济法（第二版）

- 主　编　樊启荣　黎　桦
- 副主编　张　茳　胡君旸　吕建清　陈　见

武汉大学出版社

图书在版编目(CIP)数据

经济法/樊启荣,黎桦主编. —2版. —武汉:武汉大学出版社,2013.8
(2016.7重印)
通用型系列法学教材
ISBN 978-7-307-11078-6

Ⅰ.经… Ⅱ.①樊… ②黎… Ⅲ.经济法—中国—教材 Ⅳ.D922.29

中国版本图书馆 CIP 数据核字(2013)第 138550 号

责任编辑:胡 荣　　责任校对:王 建　　版式设计:马 佳

出版发行:武汉大学出版社　　(430072　武昌　珞珈山)
　　　　　(电子邮件:wdp4@whu.edu.cn　网址:www.wdp.com.cn)
印刷:湖北民政印刷厂
开本:787×1092　1/16　印张:18　字数:416千字　插页:1
版次:2008年1月第1版　　2013年8月第2版
　　　2016年7月第2版第3次印刷
ISBN 978-7-307-11078-6　　　　定价:35.00元

版权所有,不得翻印;凡购买我社的图书,如有质量问题,请与当地图书销售部门联系调换。

总　　序

　　大学的法学教育承担着培养法律人才、传播法律知识、弘扬法律精神、传承法律文化的重要任务，是培养法律人才的主要阵地。大学的法学教育除了针对法学专业的专业性、系统性的法学教育外，针对非法学专业的特殊性法学教育更是不能忽视。随着经济和社会的不断发展，法律已经深深融入到人们的生活中，与人们的生活息息相关。因此，非法学专业的学生在学习好自己所选择的专业外，了解和掌握与之相关的一些法律知识、法律法规是必不可少的，这不仅能丰富其知识面、拓展其自身的知识结构，也是成为复合型人才的必备要素，为以后求职就业增加砝码。

　　非法学专业开设的法学课程的培养目标并不是培养如律师、法官、检察官那样的专门性法律人才，而是使非法学专业的学生掌握与自己专业相关的法律知识，并能运用这些法律知识分析和解决他们在相关本专业的实际工作中的问题。

　　目前，市面上的法学教材，大多都是针对法学专业的，知识厚重、理论性太强，非法学专业的学生根本没有那么多的课时也没有必要去学完所有的知识；而针对非法学专业的法学教材涉及的课程就是那几门经常开设的，如经济法、国际商法等，既不系统，也不全面。因此，武汉大学出版社开发了一套专门针对非法学专业的法学教材——"通用型系列法学教材"，以期能满足非法学专业的法学教育的需求。该套教材主要具有以下特点：

　　第一，符合党的基本路线和国家的方针政策，紧密联系教学内容，注意修改、更新、删减比较陈旧的内容，增加前沿性的内容，保持教材的领先性。

　　第二，紧随立法的发展和变化，注意修法的动向，在教材中体现最新、最实用的法律知识点，并力求契合相关专业对法律知识的具体要求。

　　第三，该套教材没有囿于法学学科的固有体系而编排，而是针对非法学专业学科的特点和学科要求进行相应的体系编排，力求能够满足非法学专业的学生对相关法学知识的掌握和运用。本套教材在体例编排上，由重难点提示、案例解析和思考题等部分组成。"案例解析"部分所选取的案例，力求创设其所学专业领域的法律事件情境，将法律放在该领域的专业背景中进行深入讲解。

　　第四，本套教材编写选取的内容、阐述及体例符合教学大纲的要求，有明确的教学目标，总体结构、章节布局合理，内容详略得当、繁简适宜，重点解决教学中的难点、重点，并注重教材的思想性、启发性和适用性。

武汉大学出版社高度重视本套教材的组织编写活动。为了确保质量，体现非法学专业的法学教育的特殊性，动员和组织了一批教学经验丰富、实践能力强的教师和实践专家对非法律专业法学教材进行系统编写。这些教师和专家都是长期进行非法学专业的法学教育的骨干人员。

期望这套书能够为非法学专业的法学教育的发展贡献一份绵薄之力！

覃有土
2013 年 6 月 13 日

前 言

经济法作为一门应用性极强的学科,日益受到国内高校诸多非法学专业的高度重视。就法学专业而言,经济法作为教育部指定的14门核心课程之一,缺少它知识体系就不完整。而就非法学专业,尤其是应用经济学、管理学等专业而言,经济法作为选修课也被纳入课程体系之中;甚至在国内诸多著名经济管理学院、商学院,经济法已被列为MBA和EMBA的核心课程。这些事实足以说明经济法的重要性。

经济法之所以日渐受到非法学专业的重视,其原因主要有二:一是中国社会主义市场经济发展的需要。市场经济本质上是法制经济,任何市场主体及其经营行为,均须依法而行;二是社会对复合型、应用型人才之需求。典型者如注册会计师、证券从业人员、保险从业人员、企业法律顾问、资产评估师、注册税务师、法务会计等资格考试,均涵盖经济法的内容。

本教材是为适应非法学专业的经济法教学之需而组织编写的。在内容体系上,并未拘泥于法学专业的经济法学之经典学科体系,而是根据非法学专业之实际需要,以"企业经营管理中的法律环境和法律问题"为主线,相继涉及了企业法、公司法、企业破产法、合同法、专利法与商标法、证券法、票据法、保险法、竞争法律制度、产品质量法、消费者权益保护法、税法、劳动法和社会保险法等内容。

本教材从非法学专业学生的知识结构出发,力求简明清晰、难易适中,虽未对理论流派与学术观点作评析,但也非如普法读物般为规则与案例的简单拼凑,而是遵循教科书之经典体例,对相关法律之基本概念、原理与制度展开阐释,着眼于培养学生对法律规则的理解能力与应用技能。为达此目的,在各章正文中穿插有相关案例或图表,以便学生在有限的课时内对重难点问题有充分的理解与把握。

本教材是由武汉大学出版社组织长期从事非法学专业经济法教学的高校教师编写的。具体分工如下:第一、二章:陈见(贵州省毕节市财贸学校);第三、四章:胡君旸(湖北大学);第五章:张茳(三峡大学科技学院)、张玉萍(青岛港湾职业技术学院);第六章:张茳(三峡大学科技学院);第七、十四章:黎桦(湖北经济学院);第八章:王冠华(湖北省委党校);第九、十、十一章:吕建清(青岛港湾职业技术学院);第十二章:侯莎(厦门大学嘉庚学院);第十三章:武海龙(武汉理工大学)。此外,武汉大学出版社胡荣女士为本教材的编辑出版付出了辛勤的劳动。在此,表示衷心的感谢!

本教材在第2次印刷之际,因《中华人民共和国公司法》、《中华人民共和国消费者权益保护法》和《中华人民共和国商标法》都作了修订,本教材对相应的内容也作了修正。

本教材谬误之处在所难免,欢迎同行专家和广大读者批评指正,以便日后修订、完善。

樊启荣
2014年1月13日

目　　录

第一章　企业法 ··· 1
　　第一节　企业法概述 ··· 1
　　第二节　合伙企业法 ··· 3
　　第三节　个人独资企业法 ·· 15

第二章　公司法 ·· 22
　　第一节　公司法概论 ·· 22
　　第二节　公司法的基本制度 ··· 25
　　第三节　有限责任公司 ··· 38
　　第四节　股份有限公司 ··· 50
　　第五节　外国公司的分支机构 ·· 57

第三章　企业破产法 ··· 60
　　第一节　破产法概述 ·· 60
　　第二节　破产申请与受理 ·· 61
　　第三节　管理人与债务人财产 ·· 63
　　第四节　债权申报与债权人会议 ··· 65
　　第五节　和解与整顿制度 ·· 69
　　第六节　破产清算 ··· 72

第四章　合同法 ·· 76
　　第一节　合同法概述 ·· 76
　　第二节　合同的订立 ·· 79
　　第三节　合同的效力 ·· 83
　　第四节　合同的履行与担保 ··· 86
　　第五节　合同的变更、转让和终止 ·· 91
　　第六节　违约责任 ··· 93

第五章 专利法与商标法 · 97
第一节 专利法 · 97
第二节 商标法 · 106

第六章 证券法 · 116
第一节 证券及证券法 · 116
第二节 证券市场主体 · 118
第三节 证券发行 · 124
第四节 证券交易 · 127
第五节 证券上市 · 131
第六节 上市公司收购 · 134

第七章 票据法 · 137
第一节 概述 · 137
第二节 票据法律关系 · 139
第三节 汇票 · 140
第四节 本票和支票 · 145

第八章 保险法 · 149
第一节 保险法概述 · 149
第二节 保险合同总则 · 151
第三节 人身保险合同 · 158
第四节 财产保险合同 · 162

第九章 竞争法律制度 · 167
第一节 反不正当竞争法 · 167
第二节 反垄断法 · 175

第十章 产品质量法 · 185
第一节 产品质量法概述 · 185
第二节 产品质量的监督 · 186
第三节 生产者、销售者的产品质量责任和义务 · 189
第四节 损害赔偿和罚则 · 192

第十一章 消费者权益保护法 · 201
第一节 消费者权益保护法概述 · 201

第二节　消费者权益与经营者的义务 …………………………………… 202
  第三节　消费者权益的保护 …………………………………………… 208

第十二章　税法 ……………………………………………………………… 216
  第一节　税法总论 ……………………………………………………… 216
  第二节　税收实体法 …………………………………………………… 220
  第三节　税收程序法 …………………………………………………… 230

第十三章　劳动法 …………………………………………………………… 233
  第一节　劳动法概述 …………………………………………………… 233
  第二节　劳动基准法 …………………………………………………… 238
  第三节　劳动争议处理制度 …………………………………………… 245
  第四节　劳动合同法 …………………………………………………… 252

第十四章　社会保险法 ……………………………………………………… 259
  第一节　概述 …………………………………………………………… 259
  第二节　社会保险法律制度 …………………………………………… 261
  第三节　社会保险的运作机制 ………………………………………… 269
  第四节　社会保险监督与法律责任 …………………………………… 272

参考文献 ……………………………………………………………………… 276

第一章 企业法

【重难点提示】 合伙企业的分类；特殊的普通合伙企业；合伙企业的设立；合伙事务的执行；合伙企业的内外部关系；合伙企业的入伙与退伙；普通合伙企业和有限合伙企业的区别；个人独资企业的设立；企业的解散和清算。

第一节 企业法概述

一、企业的概念及分类

(一) 企业的概念

"企业"一词，源于英语中的"Enterprise"，按照《布莱克法律词典》（第五版）的解释，它是指一切从事商事活动的主体，包括法人和自然人，后由日本人翻译成汉字词语进而传入中国。"Enterprise"并不仅限于经济组织，还包括从事投机活动的个人。[①] 然而，企业这个词传入我国后，其含义发生了些微变化，并非是与 Enterprise 完全的对应词。我们通常所说的"企业"，是指区别于自然人的"以营利为目的，按照企业法组织设立的经济组织"[②]。这一定义简明扼要地揭示出了企业的本质特征。

1. 企业必须依法设立，法律确定其一定的权利义务

企业必须具备法定条件，经过一定的程序才能成立，取得相应的权利能力和行为能力。就我们国家而言，不同类型企业的设立必须遵照不同的企业立法。

2. 企业是从事营利性活动的经济组织

企业的这一特征，使它与不从事经营活动的其他社会组织，比如国家机关、事业单位、社会团体区分开。企业还必须有一定的组织形式，包括人和物，这一特征体现它与非组织的自然人、个体工商户的不同。此外，作为组织体，企业的行为具有持续性而不是一次性的或短期的生产经营或服务性的活动，这也使其与流动摊贩、临时合伙、一次性交易等非连续性经营行为有所区别，为社会经济的稳定、有序发展提供保障。

3. 企业具有独立的或相对独立的法律人格

在企业基本法律形态中，公司企业属于法人企业，企业拥有可以独立支配的财产，并以其所有的全部财产对企业债务承担责任，具有独立的法律人格。个人独资企业和合伙企业则属于自然人企业，企业财产与投资人或合伙人的个人财产不完全分离，企业的债务要

[①] *Black's Law Dictionary* (5th Edition), West Publishing Co., 1979, p. 476.
[②] 漆多俊主编：《经济法学》，高等教育出版社 2003 年版，第 272 页。

由投资人或合伙人承担无限的或有限的责任,不具有法人资格。然而,即使是非法人企业,法律仍赋予其在一定范围内行事的主体资格。企业有固定的经营场所,可以企业自己的名义对外签订合同,从事经营性的活动,可以自己的名义起诉和应诉,在财产和责任的承担上,也表现为相对的独立性。

(二)企业的分类

企业作为社会经济活动的基本单位,在其长期发展的过程中,形成了多种形态,依照不同的标准,可以作不同的分类。

1. 个人独资企业、合伙企业、公司企业

这是依企业出资人的出资方式和责任形式对企业进行的最基本的分类。

个人独资企业,是指依照《个人独资企业法》在中国境内设立,由一个自然人投资,财产为投资人个人所有,投资人以其个人财产对企业债务承担无限责任的经营实体。

合伙企业,是指自然人、法人和其他组织依照本法在中国境内设立的普通合伙企业和有限合伙企业。

公司企业,是依照《中华人民共和国公司法》设立的具有法人资格的企业。

以上三种企业的具体内容之后将进行专节阐述,此处不再赘述。

2. 内资企业、外商投资企业

这是依据企业的资金来源是否具有涉外或涉港澳台等因素对企业所进行的分类。

内资企业,是指企业全部由中国内地投资者举办。

外商投资企业,亦称"三资企业",是指依照中国法律,在中国境内设立的,有一定外商参与投资组成的企业,包括中外合资经营企业、中外合作经营企业、外资企业三种形式。中外合资经营企业,简称合营企业,是指外国的企业、公司和其他经济组织或个人同中国的公司、企业或其他经济组织,按照平等互利的原则和中国法律,经中国政府批准,在中华人民共和国境内,共同投资、共同经营、共享利益、共担风险的股权式企业。中外合作经营企业,简称合作企业,是指外国的企业和其他经济组织或者个人同中华人民共和国的企业或者其他经济组织,按照平等互利的原则和中国法律,在中国境内共同投资设立的契约式企业。外资企业,是指按照中国法律在中国境内设立的,全部资本由外国投资者投资的企业,不包括外国的企业和其他经济组织在我国境内设立的分支机构。

3. 国有企业、集体企业、私营企业

这是依据企业生产资料所有制的来源不同所做的一种分类。长期以来,按企业所有制形式来划分企业的法律形式,是我们国家一直实行的标准,并以此为依据制定了企业立法体系,包括《全民所有制工业企业法》、《城镇集体所有制企业条例》、《乡村集体所有制企业条例》、《私营企业暂行条例》等法律、法规。

国有企业,是指资本全部或主要由国家投入,该资本或该资本形成的股份归国家所有的企业。[①] 国有企业是我国国民经济的主导力量,在我国的现代化建设中发挥着重要作用。国有企业包括中央和地方各级国家机关、事业单位和社会团体使用国有资产投资所举办的企业,也包括实行企业化经营国家不再核拨经费或核发部分经费的事业单位及从事生

---

① 漆多俊主编:《经济法学》,武汉大学出版社1998年版,第300页。迄今为止,我国立法文件尚未对国有企业给予界定,因此本教材在编写的过程中,只从学理上给予界定。

产经营性活动的社会团体，还包括上述企业、事业单位、社会团体使用国有资产投资所举办的企业。

集体企业，是指企业的生产资料归劳动群众集体所有，实行共同劳动，个人收入实行按劳分配为主体的企业形式。

私营企业，是指企业资产属于私人所有、雇工八人以上的营利性的经济组织①。

第二节　合伙企业法

合伙作为一种以契约为基础的古老的法律制度，在我国已经有着较为悠久的历史。合伙企业在投资来源、经营管理以及风险承担等方面的社会化程度较低，所以在现代市场经济社会中，与公司企业相比合伙企业在数量上还是占据一定的优势。即使在市场经济比较发达的国家和地区，合伙企业仍然是一种非常普遍的企业组织形式。

为了规范合伙企业的行为，保护合伙企业及其合伙人、债权人的合法权益，维护社会经济秩序，促进社会主义市场经济的发展，我国于1997年2月23日在第八届全国人民代表大会常务委员会第二十四次会议上通过了《中华人民共和国合伙企业法》（以下简称《合伙企业法》），该法于1997年8月1日起施行。2006年8月27日第十届全国人大常委会第二十三次会议对《合伙企业法》进行了修订，新修订的《合伙企业法》于2007年6月1日起施行。

一、合伙企业的概念和特征

（一）合伙企业的概念

合伙企业是合伙的一种形式。根据《合伙企业法》第2条的规定，"合伙企业，是指自然人、法人和其他组织依照本法在中国境内设立的普通合伙企业和有限合伙企业"。

（二）合伙企业的特征

1. **主体多样化**

自然人、法人和其他组织均可以参与设立合伙企业，但国有独资企业、国有企业、上市公司以及公益性的事业单位、社会团体不得成为普通合伙人。

2. **类型法定**

《合伙企业法》参照普通法系的英国和美国立法把合伙企业分为普通合伙企业和有限合伙企业。普通合伙企业由普通合伙人组成，所有的合伙人均对合伙企业债务承担无限连带责任；有限合伙企业，由普通合伙人和有限合伙人组成，普通合伙人对合伙企业债务承担无限连带责任，有限合伙人以其认缴的出资额为限对合伙企业债务承担责任。

3. **设立基础**

合伙协议是合伙企业设立的基础。《合伙企业法》规定合伙协议由全体合伙人就合伙企业的有关事项，遵循自愿、平等、公平、诚实信用原则协商一致以书面形式订立。

---

① 《私营企业暂行条例》，国务院令［1988］第4号，1988年6月25日颁布。

4. 税收方面

《合伙企业法》第6条明确规定："合伙企业的生产经营所得和其他所得，按照国家有关税收规定，由合伙人分别缴纳所得税。"也就是说纳税的主体为各合伙人，而非合伙企业本身。对合伙企业的经营所得和其他所得不征收所得税，只对合伙人从合伙企业取得的收入征收所得税，这是国际上的普遍做法，也是合伙企业同公司等其他企业组织形式相比具有吸引力的地方。

二、普通合伙企业

（一）合伙企业的设立

1. 设立条件

（1）有二个以上合伙人。合伙人为自然人的，应当具有完全民事行为能力，法律、行政法规禁止从事营利性活动的人不能成为合伙人。合伙企业成立后，根据《合伙企业法》第48条第2款的规定，合伙人被依法认定为无民事行为能力人或限制民事行为能力人的，经其他合伙人一致同意，可以依法转为有限合伙人，普通合伙企业依法转为有限合伙企业。其他合伙人未能一致同意的，该无民事行为能力或限制民事行为能力的合伙人退伙。

（2）有书面合伙协议。合伙协议是由各合伙人通过协商，共同决定相互间的权利、义务而达成的有法律约束力的书面文件。合伙协议是一种要式合同，经双方当事人签字盖章后生效，而且还要在申请登记时向登记机关提交。

合伙协议应具备法定条款，根据我国《合伙企业法》第18条的规定，合伙协议应当载明下列事项：合伙企业的名称和主要经营场所的地点；合伙目的和合伙经营范围；合伙人的姓名或者名称、住所；合伙人的出资方式、数额和缴付期限；利润分配、亏损分担方式；合伙事务的执行；入伙与退伙；争议解决办法；合伙企业的解散与清算；违约责任。

合伙协议的修改和补充，应当经过全体合伙人一致同意；但是合伙协议另有约定的除外。也就是说合伙协议的变更有两种方式：一种是全体合伙人一致同意；另一种是合伙协议对协议变更作的其他规定。合伙协议未约定或者约定不明的事项，由合伙人协商决定；协商不成，依照《合伙企业法》和其他法律、行政法规的规定处理。

（3）有合伙人认缴或者实际缴付的出资。我国法律对合伙企业没有设定注册资本制度，也不采用实缴资本制。但作为一个经营性实体应当拥有与其经营规模相适应的资金。合伙人可以用货币、实物、知识产权、土地使用权或者其他财产权利出资，也可以用劳务出资。

合伙人以实物、知识产权、土地使用权或者其他财产权利出资，需要评估作价的，可以由全体合伙人协商确定，也可以由全体合伙人委托法定评估机构评估。

合伙人以劳务出资的，其评估办法由全体合伙人协商确定，并在合伙协议中载明。

（4）有合伙企业的名称和生产经营场所。合伙企业应当有自己的企业名称。这既是合伙企业对外开展生产经营活动所必备的条件，也是合伙企业相对独立人格的体现。企业的名称必须标明"普通合伙"字样，不能使用"有限"或"有限责任"字样。若合伙企业未在其名称中标明"普通合伙"字样，由企业登记机关责令限期改正，并处以2000元以上1万元以下罚款。

经营场所是企业从事生产经营活动的主要场所，一般是指企业作出重大企业决策的地方，该场所在企业登记机关一经登记，即成为企业的住所。合伙企业一般只有一个经营场所，当合伙企业有一个以上的经营场所时，应以合伙协议中载明的主要经营场所作为合伙企业的住所。

（5）法律、行政法规规定的其他条件。

2. 设立程序

（1）提交材料。合伙人在申请企业登记之前，应备齐所有要提交的文件及相关材料，主要包括：由全体合伙人签名、盖章的合伙协议书，出资证明，合伙人身份证明等。如果企业经营范围中有涉及法律、行政法规规定的必须报经有关部门审批的，应当先向有关部门报批，以获得批准文件。

（2）提出申请。由全体合伙人指定的代表人或者共同委托的代理人向企业登记机关提出设立登记合伙企业的申请。申请人在申请登记时，应填写企业登记申请书，并向企业登记机关提交登记申请书、合伙协议书、合伙人身份证明等文件。法律、行政法规规定必须报经有关部门审批的，应当在申请设立登记时提交批准文件。

根据《合伙企业法》的规定，提交虚假文件或者采取其他欺骗手段，取得合伙企业登记的，由企业登记机构责令改正，处以5000元以上5万元以下罚款；情节严重的，撤销企业登记，并处以5万元以上20万元以下的罚款。

（3）审查登记，签发营业执照。申请人提交的登记申请材料齐全、符合法律形式，企业登记机关能够当场登记的，应予当场登记，发给营业执照。若不能当场予以登记的，企业登记机关应当自收到申请登记文件之日起20日内，作出是否登记的决定。予以登记的，发给营业执照；不予登记的，应当给予书面答复并说明理由。合伙企业营业执照的签发日期，为合伙企业成立日期。合伙企业领取营业执照前，合伙人不得以合伙企业名义从事合伙业务。合伙企业设立分支机构，应当向分支机构所在地的企业登记机关申请登记，领取营业执照。

违反《合伙企业法》规定，未领取营业执照，而以合伙企业或者合伙企业分支机构名义从事合伙业务的，由企业登记机关责令停止，处以5000元以上5万元以下罚款。

3. 变更登记

合伙企业在经营过程中，由于主客观原因会发生一些变化，导致与原登记事项不一致，因此应当及时到登记机关办理变更登记。根据《合伙企业法》第13条的规定，合伙登记事项发生变更的，执行合伙事务的合伙人应当自作出变更决定或者发生变更事由之日起15日内，向企业登记机关申请办理变更登记。

合伙企业登记事项发生变更时，未按照本法规定办理变更登记的，由企业登记机关责令限期登记；逾期不登记的，处以2000元以上2万元以下罚款。

合伙企业登记事项发生变更，执行合伙事务的合伙人未按期申请办理变更登记的，应当赔偿由此给合伙企业、其他合伙人或者善意第三人造成的损失。

（二）合伙企业的财产

1. 合伙企业财产的构成

根据《合伙企业法》第20条的规定，合伙人的出资、以合伙企业名义取得的收益和依法取得的其他财产，均为合伙企业的财产。由此可见合伙企业的财产主要由三部分构成：第一部分是合伙人的出资，指各合伙人按合伙企业认缴和实际缴付的出资；第二部分则是所有以合伙企业的名义取得的收益，即合伙人以合伙企业的名义从事经营活动的所得；第三部分是合伙企业依法取得的其他财产。

2. 合伙财产的管理和使用

合伙企业的财产由全体合伙人依照《合伙企业法》的规定及合伙协议的约定，共同管理和使用。

在合伙企业清算前，合伙人不得请求分割合伙企业的财产。合伙人在合伙企业清算前私自转移或者处分合伙企业的财产的，合伙企业不得以此对抗善意第三人。

3. 合伙财产份额的转让

（1）合伙人之间的转让。合伙人之间转让合伙企业中的全部或部分财产份额时，应当通知其他合伙人。

（2）合伙人向合伙人以外的人转让。除合伙协议另有约定外，合伙人向合伙人以外的人转让其在合伙企业中的全部或部分财产份额时，须经其他合伙人一致同意。合伙人向合伙人以外的人转让其在合伙企业中的财产份额的，在同等条件下，其他合伙人有优先购买权；但是，合伙协议另有约定的除外。合伙人以外的人依法受让合伙人在合伙企业中的财产份额的，经修改合伙协议即成为合伙企业的合伙人，依《合伙企业法》和修改后的合伙协议享有权利，履行义务。

（3）因为法院强制执行的转让。人民法院强制执行合伙人的财产份额时，应当通知全体合伙人，其他合伙人有优先购买权；其他合伙人未购买，又不同意将该财产份额转让给他人的，依法为该合伙人办理退伙结算，或者办理削减该合伙人相应财产份额的结算。

4. 合伙财产份额的出质

合伙人以其在合伙企业中的财产份额出质的，须经其他合伙人一致同意。未经其他合伙人一致同意的，其行为无效，由此给善意第三人造成损失的，由行为人依法承担赔偿责任。

（三）合伙企业的内外部关系

1. 合伙企业的内部关系

（1）合伙事务的决策。合伙企业是典型的人合企业，一切权利都集中在合伙人手中，合伙人享有充分的自主权。因此全体合伙人在原则上都有权参与合伙事务的执行，并对执行合伙事务享有同等的权利。一般来说各合伙人以决议的方式对合伙企业事务作出决定。合伙人共同行使决策权的依据有两个：一是《合伙企业法》的规定，二是合伙协议的约定。根据《合伙企业法》第30条的规定，合伙人对合伙企业有关事项作出决议，按照合伙协议约定的表决办法办理。合伙协议未约定或者约定不明确的，实行合伙人一人一票并经全体合伙人过半数通过的表决办法。《合伙企业法》对合伙企业的表决办法另有规定的，从其规定。

除合伙协议另有约定外，合伙企业的下列事项应当经全体合伙人一致同意：改变合伙企业的名称；改变合伙企业的经营范围、主要经营场所的地点；处分合伙企业的不动产；转让或者处分合伙企业的知识产权和其他财产权利；以合伙企业名义为他人提供担保；聘任合伙人以外的人担任合伙企业的经营管理人员。

（2）合伙事务的执行。合伙企业事务执行的方式可以由各合伙人在协议中约定或者由全体合伙人共同决定。实践中合伙企业事务执行的具体方式有以下几种：

①共同执行。合伙企业事务由全体合伙人共同执行的，其法律后果直接由合伙企业及全体合伙人共同承担。

②委托执行。委托执行是指由合伙协议的约定或者经全体合伙人决定，可以委托一名或者数名合伙人对外代表合伙企业，执行合伙事务。作为合伙人的法人、其他组织执行合伙事务的，由其委托的代表执行。

在委托执行的情况下，执行合伙企业事务的合伙人，对外代表合伙企业，只有被委托的合伙人才能执行合伙企业的事务，其他合伙人不再执行合伙企业的事务但享有监督、检查的权利。执行事务合伙人应定期向其他合伙人报告事务执行情况以及合伙企业的经营和财务状况，合伙人为了解合伙企业的经营状况和财务状况，有权查阅合伙企业会计账簿等财务资料。执行事务合伙人执行合伙企业事务产生的收益归合伙企业，所产生的费用和亏损也由合伙企业承担。

被委托执行合伙企业事务的合伙人不按合伙协议或者全体合伙人的决定执行事务的，其他合伙人可以决定撤销该委托。

③分别执行。即由各合伙人分别执行某一方面的事务。未参与执行的合伙人除享有监督权外，对其他合伙人执行的合伙事务享有提出异议权。如发生争议，应当首先暂停该项事务的执行，然后按照合伙协议约定的表决办法办理。合伙协议未约定表决办法或者约定不明的，实行合伙人一人一票并经全体合伙人过半数通过的办法。《合伙企业法》对合伙企业的表决办法另有规定的，从其规定。

④聘任执行。聘任执行是指经全体合伙人同意，合伙企业可以聘任合伙人以外的人担任合伙企业的经营管理人员，执行合伙企业的事务。

（3）合伙事务执行的法律责任。合伙人执行合伙事务，或者合伙企业从业人员利用职务上的便利，将应当归合伙企业的利益据为己有的，或者采取其他手段侵占合伙企业财产的，应当将该利益和财产退还合伙企业；给合伙企业或者其他合伙人造成损失的，依法承担赔偿责任。

合伙人对《合伙企业法》的规定或者合伙协议约定必须经全体合伙人一致同意的始得执行的事务擅自处理，给合伙企业或者其他合伙人造成损失的，依法承担赔偿责任。

不具有事务执行权的合伙人，擅自执行合伙事务，给合伙企业或者其他合伙人造成损失的，依法承担赔偿责任。

被聘用的经营管理人员应当在合伙企业授权范围内履行职务，超越授权范围履行职务的，或因故意、重大过失给合伙企业造成损失的，依法承担赔偿责任。

（4）合伙企业利润的分配。我国《合伙企业法》规定，合伙企业的利润分配、亏损分担，按照合伙协议的约定办理；合伙协议未约定或者约定不明确的，由合伙人协商决定；协商不成的，由合伙人按照实缴出资比例分配、分担；无法确定出资比例的，由合伙人平均分配、分担。

合伙协议不得约定将全部利润分配给部分合伙人或者由部分合伙人承担全部亏损。

2. 合伙企业的外部关系

（1）善意第三人。依照《合伙企业法》第37条的规定，合伙协议对合伙人执行合伙事务以及对外代表合伙企业权利的限制，不得对抗不知情的善意第三人。

（2）合伙企业的债权人。合伙企业对其债务，应先以其全部财产进行清偿。合伙企业财产不足以清偿到期债务的，各合伙人应当承担无限连带清偿责任。以合伙企业财产清偿合伙债务时，其不足的部分，由各合伙人按照合伙协议约定的比例，用其在合伙企业出资以外的财产承担清偿责任；合伙企业未约定或约定不明的，由各合伙人协商解决；协商不成的，按照其实缴出资比例用出资以外的财产进行清偿；无法确定出资比例的，用其在合伙企业出资以外的财产平均承担责任。

（3）合伙人的债权人。

【案例1-1】

甲、乙、丙三人合伙成立水果批发的合伙企业。2012年5月，甲想要购买一辆私人汽车，价值人民币20万元，由于他自己没有足够的资金，遂向朋友丁借款19万元。在借款协议约定的期限届满后，甲除了曾对合伙企业的20万元出资外，身无分文，以致无法偿还丁的欠款。

请问：丁有哪些办法能实现自己的债权呢？

解析： 合伙人甲的自有财产不足清偿其与合伙企业无关的债务的，甲可以其从合伙企业中分取的收益用于清偿；其债权人丁也可以依法请求人民法院强制执行该合伙人在合伙企业中的财产份额用于清偿。

合伙人发生与合伙企业无关的债务，相关债权人不得以其债权抵消其对合伙企业的债务；合伙人的债权人也不能代位行使合伙人在合伙企业中的权利。

合伙人的自有财产不足清偿其与合伙企业无关的债务的，该合伙人可以其从合伙企业中分取的收益用于清偿；债权人也可以依法请求人民法院强制执行该合伙人在合伙企业中的财产份额用于清偿。人民法院强制执行合伙人的财产份额时，应当通知全体合伙人，其他合伙人有优先购买权；其他合伙人未购买，又不同意将该财产份额转让给他人的，依照《合伙企业法》第51条的规定为该合伙人办理退伙结算，或者办理削减该合伙人相应财产份额的结算。

（四）合伙企业的入伙及退伙

1. 入伙

（1）入伙的概念和方式。入伙是指合伙企业存续期间，非合伙人加入合伙企业，取得合伙企业合伙人资格的行为。入伙的方式一般有三种：①非合伙人接受合伙人转让的全部或部分财产份额，从而成为新的合伙人；②在没有合伙人转让财产份额的情况下，非合伙人依法加入合伙企业，从而成为新的合伙人；③合伙人死亡，或者被宣告死亡之时，对该合伙人在合伙企业中的财产份额享有合法继承权的人，愿意成为该企业合伙人的，依法加入合伙企业，成为新的合伙人。

（2）入伙的条件。①合伙协议约定新合伙人入伙的条件；②合伙协议没有约定的，应当经全体合伙人一致同意；③依法订立书面入伙协议，并在订立入伙协议时，原合伙人应当向新合伙人告知原合伙企业的经营状况和财务状况；④办理变更登记手续，合伙企业应当在作出接纳他人入伙决定之日起15日内，向企业登记机关办理变更登记手续。

（3）入伙的法律效力。根据《合伙企业法》的规定，入伙具有以下法律效力：①入伙的新合伙人与原合伙人享有同等权利，承担同等责任。入伙协议另有约定的从其约定。②新合伙人对入伙前合伙企业的债务承担无限连带责任。

2. 退伙

（1）退伙的概念和方式。退伙是指合伙企业存续期间，合伙人依法退出在合伙企业的财产份额，丧失合伙人资格的法律行为。

根据《合伙企业法》的规定，基于退伙的原因不同，退伙可以分为自愿退伙、法定退伙、除名退伙。

①自愿退伙，是合伙人基于自愿而退伙。在我国，自愿退伙可以分为两种类型。

合伙协议约定合伙期限的，在合伙企业存续期间，有下列情形出现的，合伙人可以退伙：合伙协议约定的退伙事由出现；经全体合伙人一致同意；发生合伙人难以继续参加合伙的事由；其他合伙人严重违反合伙协议约定的义务。

合伙协议未约定合伙期限的，合伙人在不给合伙企业事务执行造成不利影响的情况下，可以退伙，但应当提前30日通知其他合伙人。

合伙人在不符合以上自愿退伙的法定条件时，擅自退伙的，应当赔偿由此给合伙企业造成的损失。

②法定退伙，又称当然退伙，是合伙人因为出现法定的客观情况而退伙。

我国《合伙企业法》第48条规定，合伙人有下列情形之一的，当然退伙：作为合伙人的自然人死亡或者被依法宣告死亡；个人丧失偿债能力；作为合伙人的法人或者其他组织依法被吊销营业执照、责令关闭、撤销，或者被宣告破产；法律规定或者合伙协议约定合伙人必须具有相关资格而丧失该资格；合伙人在合伙企业中的全部财产份额被人民法院强制执行。

合伙人被依法认定为无民事行为能力人或限制民事行为能力人的，经其他合伙人一致同意，可以依法转为有限合伙人，普通合伙企业依法转为有限合伙企业。其他合伙人未能一致同意的，该无民事行为能力或限制民事行为能力的合伙人退伙。

【案例1-2】

甲、乙、丙三人共同成立了合伙企业A。2012年3月1日，甲在异地出差时遭遇车祸身亡。5月1日，其妻去公司给甲办理退伙手续时被告之当年4月1日，合伙企业在和另一家企业的贸易往来中欠下10万元债务。

请问：甲是否需要对这10万元的债务承担责任？

解析：不需要，退伙事由实际发生之日即为退伙生效日。

③除名退伙，是指经其他合伙人一致同意，将某一合伙人从合伙企业中除名而使其退伙的法律行为。

《合伙企业法》第49条规定，合伙人有下列情形之一的，经其他合伙人一致同意，可以决议将其除名：未履行出资义务；因故意或者重大过失给合伙企业造成损失；执行合伙事务时有不正当行为；发生合伙协议约定的事由。

对合伙人的除名决议应当书面通知被除名人。被除名人接到除名通知之日，除名生效，被除名人退伙。被除名人对除名决议有异议的，可以自接到除名通知之日起30日内向人民法院起诉。

（2）退伙的法律效力。

①退还退伙人的财产份额。合伙人退伙的，其他合伙人应当与该退伙人按照退伙时的合伙企业的财产状况进行结算，退还退伙人的财产份额。退伙人对给合伙企业造成的损失负有赔偿责任的，相应扣减其应当赔偿的数额。

退伙时有未了结的合伙企业事务的，待该事务了结后再进行结算。

退伙人在合伙企业中财产份额的退还办法，由合伙协议约定或者由全体合伙人决定，可以退还货币，也可以退还实物。

②合伙人退伙时，合伙企业财产少于合伙企业债务的，退伙人应依法分担债务，其不足的部分，由各合伙人按照合伙协议约定的比例，用其在合伙企业出资以外的财产承担清偿责任；合伙企业未约定或约定不明的，由各合伙人协商解决；协商不成的，按照其出资比例用出资以外的财产进行清偿；无法确定出资比例的，用其在合伙企业出资以外的财产平均分担。退伙人对其退伙前已经发生的合伙企业债务，与其他合伙人一起承担无限连带责任。

③合伙人死亡或者被依法宣告死亡，对该合伙人在合伙企业中的财产份额享有合法继承权的继承人，按照合伙协议的约定或者经全体合伙人一致同意，从继承开始之日起，取得该合伙企业的合伙人资格。

有下列情形之一的，合伙企业应当向合伙人的继承人退还被继承合伙人的财产份额：继承人不愿意成为合伙人的；法律规定或者合伙协议约定合伙人必须具有相关资格，而该继承人未取得该资格；合伙协议约定不能成为合伙人的其他情形。

合伙人的继承人为无民事行为能力人或者限制民事行为能力人的，经全体合伙人一致同意，可以依法成为有限合伙人，普通合伙企业依法转为有限合伙企业。全体合伙人未能一致同意的，合伙企业应当将被继承合伙人的财产份额退还该继承人。

（五）特殊的普通合伙企业

普通合伙作为一种传统的组织形式，其基本特点是和合伙人共同出资、共同经营、共享收益、共担风险，合伙人对合伙债务负无限连带责任。随着市场经济的蓬勃发展，社会对专业服务需求的日渐强烈，各种专业服务机构数量激增，合伙人数目大增，以至出现了合伙人之间并不熟悉甚至不认识的局面。这一变化完全与传统普通合伙的"人合性"相违背，让合伙人对其并不熟悉的合伙人的债务承担无限连带责任，有失公平。

20世纪60年代以来，许多国家进行专门立法，规定采用普通合伙形式的专业服务机构的普通合伙人可以对特定的合伙企业债务承担有限责任,以使专业服务机构的合伙人避免承担过度风险,促进专业服务机构的发展壮大。我国在修改《合伙企业法》的过程中也借鉴了国外的立法思路,在普通合伙企业一章中以专节"特殊的普通合伙企业"对专业服务机构中合伙人的责任作出了特别规定。

1. 特殊的普通合伙企业的概念

特殊的普通合伙企业是指在特定情况下某些合伙人仅对合伙企业债务承担有限责任的普通合伙企业。

2. 特殊的普通合伙企业的适用范围

依照《合伙企业法》的规定,以专业知识和专门技能为客户提供有偿服务的专业服务机构,可以设立为特殊的普通合伙企业。

对特殊的普通合伙企业,《合伙企业法》未作规定的,适用《合伙企业法》关于普通合伙企业的规定。

3. 特殊的普通合伙企业的名称要求

《合伙企业法》规定,特殊的普通合伙企业名称中应当标明"特殊普通合伙"字样。特殊的普通合伙企业,其合伙人对特定合伙企业债务只承担有限责任,为保护交易相对人的利益,应将这一情况予以公示。

4. 特殊的普通合伙企业合伙人的责任形式

这是特殊的普通合伙企业制度最关键的内容。特殊的普通合伙企业,一个合伙人或者数个合伙人在执业活动中因故意或者重大过失造成合伙企业债务的,应当承担无限责任或者无限连带责任,其他合伙人以其在合伙企业中财产份额为限承担责任。合伙人在执业活动中非因故意或者重大过失造成的合伙企业债务以及合伙企业的其他债务,由全体合伙人承担无限连带责任。

合伙人在执业活动中因故意或者重大过失造成的合伙企业债务,以合伙企业财产对外承担责任后,该合伙人应当按照合伙协议的约定对给合伙企业造成的损失承担赔偿责任。

5. 对特殊的普通合伙企业债权人的保护

特殊的普通合伙企业,其合伙人对特定合伙企业债务只承担有限责任,对合伙企业的债权人的保护相对削弱。《合伙企业法》规定了执业风险基金制度和职业保险制度,加大了利益债权人的保护。该法第59条规定,特殊的普通合伙企业应当建立执业风险基金、办理职业保险。执业风险基金用于偿付合伙人执业活动造成的债务。执业风险基金应当单独立户管理。执业风险基金的具体管理办法由国务院规定。

三、有限合伙企业

(一)有限合伙的概念

有限合伙是由普通合伙发展而来的一种合伙形式,有限合伙企业由普通合伙人和有限合伙人组成,普通合伙人对合伙企业债务承担无限连带责任,有限合伙人以其认缴的出资额为限对合伙企业债务承担责任。

（二）有限合伙企业的设立

1. 有限合伙企业合伙人

有限合伙企业由 2 个以上 50 个以下合伙人设立，但是，法律另有规定的除外。有限合伙企业至少应当有 1 个普通合伙人。

2. 有限合伙企业的名称

有限合伙企业的名称中应当标明"有限合伙"字样；有限合伙企业登记事项中应当载明有限合伙人的姓名或者名称及认缴的出资数额。

3. 有限合伙企业合伙协议

有限合伙企业的合伙协议除了要符合普通合伙企业协议的规定外，还应当载明下列事项：①普通合伙人和有限合伙人的姓名或者名称、住所；②执行事务合伙人应具备的条件和选择程序；③执行事务合伙人权限与违约处理办法；④执行事务合伙人的除名条件和更换程序；⑤有限合伙人入伙、退伙的条件、程序以及相关责任；⑥有限合伙人和普通合伙人相互转变程序。

4. 有限合伙人的出资

有限合伙人可以用货币、实物、知识产权、土地使用权或者其他财产权利作价出资。有限合伙人不得以劳务出资。认缴的出资数额应当在有限合伙企业登记事项中载明。

有限合伙人应当按照合伙协议的约定按期足额缴纳出资；未按期足额缴纳的，应当承担补缴义务，并对其他合伙人承担违约责任。

（三）有限合伙人的入伙及退伙

1. 入伙

新入伙的有限合伙人对入伙以前的债务，以其认缴的出资额为限承担责任。

2. 退伙

有限合伙人既不参与企业的经营管理也不能对外代表整个合伙企业，因此有限合伙人的退伙对企业带来的影响较小，有限合伙人有《合伙企业法》第 48 条第 1 款第 1、3、4、5 项所列情形之一的，当然退伙。

作为有限合伙人的自然人在有限合伙企业存续期间丧失民事行为能力的，其他合伙人不得因此要求其退伙。作为有限合伙人的自然人死亡、被依法宣告死亡或者作为有限合伙人的法人及其他组织终止时，其继承人或者权利承受人可以依法取得该有限合伙人在有限合伙企业中的资格。有限合伙人退伙后，对基于其退伙前的原因发生的有限合伙企业债务，以其退伙时从有限合伙企业中取回的财产承担责任。

（四）有限合伙人的权利

根据《合伙企业法》第 68 条的规定，有限合伙人的下列行为，不视为执行合伙事务：（1）参与决定普通合伙人入伙、退伙；（2）对企业的经营管理提出建议；（3）参与选择承办有限合伙企业审计业务的会计师事务所；（4）获取经审计的有限合伙企业财务会计报告；（5）对涉及自身利益的情况，查阅有限合伙企业财务会计账簿等财务资料；（6）在有限合伙企业中的利益受到侵害时，向有责任的合伙人主张权利或者提起诉讼；（7）执行事务合伙人怠于行使权利时，督促其行使权利或者为了本企业的利益以自己的名义提起诉讼；（8）依法为本企业提供担保。

有限合伙人对合伙企业债务承担有限责任也不是绝对的，当出现法定情形时，有限合伙人也会对合伙企业债务承担无限连带责任。比如《合伙企业法》第76条就规定，第三人有理由相信有限合伙人为普通合伙人并与其交易的，该有限合伙人对该笔交易承担与普通合伙人同样的责任，即对该笔债务承担无限连带责任。

（五）两种合伙人身份的转换问题

在合伙企业存续期间，两种合伙人可以根据企业的实际经营情况和自己的意愿选择转化自己的身份。除合伙协议另有约定外，普通合伙人转变为有限合伙人，或者有限合伙人转变为普通合伙人，应当经全体合伙人一致同意。

有限合伙人转变为普通合伙人的，对其作为有限合伙人期间有限合伙企业发生的债务承担无限连带责任。

普通合伙人转变为有限合伙人的，对其作为普通合伙人期间合伙企业发生的债务承担无限连带责任。

（六）有限合伙企业的其他规定

针对有限合伙企业的特点，修改后的《合伙企业法》对有限合伙企业作出了一些不同于以往的规定，主要包括：（1）如果合伙协议有约定，有限合伙企业可以将全部利润分配给部分合伙人；（2）除合伙协议另有约定外，有限合伙人可以同本有限合伙企业进行交易；（3）除合伙协议另有约定外，有限合伙人可以自营或者同他人合作经营与本有限合伙企业相竞争的义务；（4）除合伙协议另有约定外，有限合伙人可以将在有限合伙企业中的财产份额转让或者出质，而不必经全体合伙人一致同意；（5）作为有限合伙人的自然人在有限合伙企业存续期间丧失民事行为能力的，其他合伙人不得因此要求其退伙；（6）作为有限合伙人的自然人死亡、被依法宣告死亡或者作为有限合伙人的法人及其他组织终止时，其继承人或者权利承受人可以依法取得该有限合伙人在有限合伙人企业中的资格。

法律对有限合伙企业未做特殊规定的，适用《合伙企业法》关于普通合伙和企业的一般规定。

四、合伙企业的解散和清算

（一）合伙企业的解散

解散是指因法定原因或约定原因而使合伙企业终止，分割合伙企业财产，全体合伙人的合伙关系归于消灭的程序或制度。

根据我国《合伙企业法》的规定，合伙企业具有下列情形之一的，应当解散：（1）合伙期限届满，合伙人决定不再经营；（2）合伙协议约定的解散事由出现；（3）全体合伙人决定解散；（4）合伙人已不具备法定人数满30天；（5）合伙协议约定的合伙目的已经实现或者无法实现；（6）依法被吊销营业执照，责令关闭或者被撤销；（7）法律、行政法规规定的其他原因。

企业解散后应当进行清算并通知和公告债权人。

(二) 合伙企业的清算

1. 清算人

(1) 清算人的确定。根据《合伙企业法》第 86 条的规定，清算人由全体合伙人担任；经全体合伙人过半数同意，可以自合伙企业解散事由出现后 15 日内指定一个或者数个合伙人，或者委托第三人，担任清算人；自合伙企业解散事由出现之日起 15 日内未确定清算人的，合伙人或者其他利害关系人可以申请人民法院指定清算人。

【案例 1-3】

某合伙企业解散时，在如何确定清算人的问题上，合伙人甲、乙、丙、丁各执一词。甲：由我们 4 人共同担任清算人。乙：我是大家一致同意的企业事务执行人，只能由我担任清算人。丙：建议从我们 4 人中推出一个担任清算人。丁：合伙企业清算不允许由合伙人担任，因此建议请一名注册会计师来担任清算人。

请问：谁的主张合法？

解析：乙、丁的说法均不正确。甲、丙的说法正确。清算人由全体合伙人担任；经全体合伙人过半数同意，可以自合伙企业解散事由出现后 15 日内指定一个或数个合伙人，或者委托第三人，担任清算人。

(2) 清算人的职责。清算人在清算期间执行下列事务：①清理合伙企业财产，分别编制资产负债表和财产清单；②处理与清算有关的合伙企业未了结事务；③清缴所欠税款；④清理债权、债务；⑤处理合伙企业清偿债务后的剩余财产；⑥代表合伙企业参加诉讼或者仲裁活动。

清算人自被确定之日起 10 日内将合伙企业解散事项通知债权人，并于 60 日内在报纸上公告。债权人应当自接到通知书之日起 30 日内，未接到通知书的自公告之日起 45 日内，向清算人申报债权。

清算期间，合伙企业存续，但不得开展与清算无关的经营活动。

(3) 清算人的法律责任。清算人未依照《合伙企业法》的规定向企业登记机关报送清算报告，或者报送清算报告隐瞒重要事实，或者有重大遗漏的，由企业登记机关责令改正。由此产生的费用和损失，由清算人承担和赔偿。

清算人执行清算事务，牟取非法收入或者侵占合伙企业财产的，应当将该收入和侵占的财产退还合伙企业；给合伙企业或者其他合伙人造成损失的，依法承担赔偿责任。

清算人违反《合伙企业法》的规定，隐匿、转移合伙企业财产，对资产负债表或者财产清单作虚假记载，或者在未清偿债务前分配财产，损害债权人利益的，依法承担赔偿责任。

2. 清算时的财产分配

(1) 合伙企业财产的清偿顺序。合伙企业财产在清算时按以下顺序清偿：①支付清算费用；②职工工资；③社会保险费用；④法定补偿金；⑤所欠税款；⑥合伙企业的债务；⑦按合伙企业利润分配规则退还合伙人的出资。

(2) 剩余财产的分配。合伙企业财产在支付清算费用和职工工资、社会保险费用、法定补偿金以及缴纳所欠税款、清偿债务后的剩余财产，依照《合伙企业法》第33条第1款的规定进行分配。合伙人退伙时，合伙企业财产少于合伙企业债务的，退伙人应依法分担债务，其不足的部分，由各合伙人按照合伙协议约定的比例，用其在合伙企业出资以外的财产承担清偿责任；合伙企业未约定或约定不明的，由各合伙人协商解决；协商不成的，按照其出资比例用出资以外的财产进行清偿；无法确定出资比例的，用其在合伙企业出资以外的财产平均分担。

3. 清算的终结

清算结束，清算人应当编制清算报告，经全体合伙人签名、盖章后，在15日内向企业登记机关报送清算报告，申请办理合伙企业注销登记。

合伙企业注销后，原普通合伙人对合伙企业存续期间的债务仍应承担无限连带责任。

4. 合伙企业的破产问题

合伙企业不能清偿到期债务的，债权人可以依法向人民法院提出破产清算申请，也可以要求普通合伙人清偿。

合伙企业依法被宣告破产的，普通合伙人对合伙企业债务仍应承担无限连带责任。

第三节　个人独资企业法

一、个人独资企业法概述

个人独资企业是一种最简单最古老的企业形式，产生于人类社会的第一次分工时期，发达于自由资本主义时代。由于个人独资企业具有投资小、设立便捷，企业的经营管理方式灵活，投资人对企业有绝对的控制权等优势，可以与社会化程度较低、规模较小的市场活动相适应，因此，直到现在，仍受全世界各国中小投资者的普遍欢迎。新中国成立初期，我国的个人独资企业存在了一段时间，社会主义改造后，几乎消失；随着改革开放，个人独资企业这种企业形态才得以恢复和发展。由国务院颁布并于1988年7月1日起施行的《中华人民共和国私营企业暂行条例》第7条对独资企业做了简单的界定："独资企业是指一人投资经营的企业。独资企业投资者对企业债务负无限责任。"这一定义部分地反映了独资企业的特征——主体的单一性和投资主体的无限责任，但并不能完全地揭示出独资企业的全部内涵。[①]

（一）个人独资企业的概念和特征

1. 个人独资企业的概念

1999年8月30日第九届全国人大常委会第十一次会议通过的《中华人民共和国个人独资企业法》（以下简称《个人独资企业法》）对个人独资企业的概念做了更为明确的规定：个人独资企业是指依照《个人独资企业法》在中国境内设立，由一个自然人投资，财产为投资人个人所有，投资人以其个人财产对企业债务承担无限责任的经营实体。

---

① 杨紫烜、徐杰主编：《经济法学》，北京大学出版社2001年版，第105页。

2. 个人独资企业的特征

(1) 从投资主体来看，个人独资企业只能由一个自然人设立。各种类型的法人、国家机关、国家授权的投资机构或者部门、企业、事业单位等都不能作为个人独资企业的设立主体。

(2) 从财产来看，个人独资企业的财产为投资者一人所有，个人独资企业本身不是一个独立的财产权的主体，企业的财产和个人的财产是合一的。投资者对个人独资企业的财产享有完全的所有权，可以依照自己的意愿经营所属企业。

(3) 从法人资格来看，个人独资企业是以营利为目的的经营性实体，虽然不具有法人资格，但作为一个独立的市场主体，它可以自己的名义参与市场竞争，开展经营活动。

(4) 从责任形态来看，投资者以其个人全部财产对企业债务承担无限责任，当投资者以个人财产作为出资时就要用其个人的全部财产来清偿对企业存续期间或企业解散后未能清偿的债务。投资人若以其家庭共有财产作为出资的，则以家庭共有财产对企业债务承担无限责任。

(二) 与个体工商户的异同

1. 相同点

(1) 投资人唯一。个人独资企业和个体工商户都可以由一个自然人投资兴办。

(2) 无限责任。个人独资企业和个体工商户的投资人都对其债务承担无限责任。

(3) 有自己的名称、生产场所。个人独资企业和个体工商户都可以有自己的名称、生产经营场所和生产条件等。

2. 不同点

(1) 法律依据不同。个体工商户主要是依据1987年国务院颁布的《城乡个体工商户暂行条例》设立的；个人独资企业则是依据《个人独资企业法》设立的。

(2) 设立条件不同。首先，对雇工人数的要求不同，个体工商户要求雇工人数在8人以下，个人独资企业对此没有限定。其次，对名称和物质条件的要求也不同，个人独资企业应当有自己的名称和固定的生产经营场所，个体工商户对此没有强制性的要求。

(3) 申请主体不同。个体工商户既可以一户为单位申请设立，也可以一个自然人的名义申请设立；个人独资企业只能以一个自然人的名义申请设立。

(4) 税收待遇不同。许多国家在法律上一般不将个人独资企业作为独立的纳税主体，而由业主个人缴纳各种税收，在我国，个人独资企业只须缴纳个人所得税；而个体工商户除缴纳个人所得税外，还要向工商行政管理机关缴纳一定比例的管理费。

(5) 责任形式不同。个体工商户个人经营的，以个人全部财产承担民事责任，家庭经营的，以家庭财产承担民事责任；个人独资企业在登记时，可以个人财产或者家庭共有财产作为个人出资，并根据其申报情况以个人或者家庭共有财产承担民事责任。

二、个人独资企业的设立

(一) 个人独资企业设立的条件

根据《个人独资企业法》第8条的规定，设立个人独资企业应当具备以下条件：

1. 投资人为一个自然人

个人独资企业的投资人必须是自然人，公司和法人均不得设立个人独资企业。由于企业设立后，需要从事生产经营活动，所以作为投资人的这个自然人必须是完全民事行为能力人，而且不能是法律禁止从事营利性活动的人。外国人也可以在我国投资兴办企业，但不属于《个人独资企业法》的调整范围，而由专门的《外商投资企业法》进行规范。

2. 有合法的企业名称

企业名称体现了企业的性质，也是一个企业区别于另一个企业的基本标志。由于个人独资企业不具有法人资格，是承担无限责任的经营实体，因此，在它的名称中不能使用"有限"、"有限责任"或"公司"字样，可以使用"厂"、"店"、"部"、"工作室"等字样。

3. 有投资人申报出资

由于个人独资企业的投资人以其个人全部财产对外承担无限责任，因此投资人申报的出资，是投资人在设立个人独资企业时，承诺投入企业资本的总和，它不是注册资本，只是经营条件。因此，《个人独资企业法》没有对个人独资企业规定最低资本数额的要求，也没有关于出资方式的规定，只是要求投资人根据拟设立的企业的规模和需要来申报出资，并不要求投资人实际缴付。

4. 有固定的生产经营场所和必要的生产经营条件

固定的生产经营场所和必要的生产经营条件，是个人独资企业开展经营活动的物质基础，使个人独资企业和行商游贩相区别。

5. 有必要的从业人员

从业人员是企业开展经营活动必不可少的人的要素，关于从业人员的人数，法律没有做具体的规定，由企业视经营状况自行决定。

（二）个人独资企业设立的程序

个人独资企业的设立程序是指为使个人独资企业成立而依法进行的一系列法律行为以及所经法律程序的总称。它是个人独资企业设立行为的准则，违背了设立程序就要承担相应的法律责任。一般来说，个人独资企业的设立程序主要有：

1. 申请

《个人独资企业法》第9条规定："申请设立个人独资企业，应当由投资人或者其委托的代理人向个人独资企业所在地的登记机关提交设立申请书、投资人身份证明、生产经营场所使用证明等文件。委托代理人申请设立登记时，应当出具投资人的委托书和代理人的合法证明。"

个人独资企业不得从事法律、行政法规禁止经营的业务；从事法律、行政法规规定须报经有关部门审批的业务，应当在申请设立登记时提交有关部门的批准文件。个人独资企业设立申请书应当载明下列事项：（1）企业的名称和住所；（2）投资人的姓名和居所；（3）投资人的出资额和出资方式；（4）经营范围。

2. 受理和审查

登记机关应当在收到设立申请文件之日起15日内，对符合《个人独资企业法》规定条件的，予以登记，发给营业执照；不符合《个人独资企业法》规定条件的，不予登记，并应当给予书面答复，说明理由。

个人独资企业设立分支机构，应当由投资人或者其委托的代理人向分支机构所在地的登记机关申请登记，领取营业执照。分支机构经核准登记后，应将登记情况报该分支机构隶属的个人独资企业的登记机关备案。分支机构的民事责任由设立该分支机构的个人独资企业承担。

违反《个人独资企业法》的规定，提交虚假文件或采取其他欺骗手段，取得企业登记的，责令改正，处以5000元以下的罚款；情节严重的，并处吊销营业执照。

违反《个人独资企业法》的规定，个人独资企业使用的名称与其在登记机关登记的名称不相符合的，责令限期改正，处以2000元以下的罚款。

涂改、出租、转让营业执照的，责令改正，没收违法所得，处以3000元以下的罚款；情节严重的，吊销营业执照。伪造营业执照的，责令停业，没收违法所得，处以5000元以下的罚款。构成犯罪的，依法追究刑事责任。

个人独资企业成立后无正当理由超过6个月未开业的，或者开业后自行停业连续6个月以上的，吊销营业执照。

3. 成立

个人独资企业的营业执照的签发日期，为个人独资企业成立日期。在领取个人独资企业营业执照前，投资人不得以个人独资企业名义从事经营活动。否则，责令停止经营活动，处以3000元以下的罚款。

4. 变更

个人独资企业存续期间登记事项发生变更的，应当在作出变更决定之日起的15日内依法向登记机关申请办理变更登记。个人独资企业登记事项发生变更时，未按《个人独资企业法》规定办理有关变更登记的，责令限期办理变更登记；逾期不办理的，处以2000元以下的罚款。

【案例1-4】

2012年4月12日，天津市南开区退休人员张某向南开区工商行政管理局提出设立中民食品加工厂的申请，要求在南开区马场道102号自己的住宅开设糕点生产作坊，经营范围为生产西式糕点。申报的出资额为人民币15万元，其中10万元用于购买机器设备，5万元为现金。2012年4月22日，南开区工商行政管理局正式批准了张某的申请，并发给了营业执照，执照载明经营范围为西式糕点加工制作。2012年5月7日，张某的老同学李某从泰国回来，告诉张某，受拉美金融动荡的影响，拉美对东南亚市场的鱼粉（可以用做饲料）出口减少，鱼粉奇货可居，张某可以考虑生产鱼粉，由李某帮助其在泰国销售。于是张某立即开始在国内收购原料，由张某的中民食品加工厂生产出鱼粉后交由李某负责销售。此后半年多的时间，中民食品厂一直从事鱼粉加工业务。直至2013年4月，张某进行企业年审的时候，方将企业的名称改为中民饲料加工厂，并将营业范围作了相应的修改。[①]

---

① 参见潘静成、刘文华主编：《经济法》（第三版），中国人民大学出版社2008年版。

请问：

(1) 该企业的设立是否符合法律规定？

(2) 中民食品加工厂变更登记前，其工商登记中载明的经营范围是西式糕点，而后中民食品加工厂却从事饲料加工生产，其行为是否有效？

解析：

(1) 合法。因为该企业的投资人合法、有合法的企业名称、有申报的出资、有固定的生产经营场所和必要的生产经营条件和必要的从业人员，而且该企业经过了合法程序登记注册。

(2) 在本案中，中民食品加工厂在没有变更企业经营范围登记的情况下所从事的鱼粉加工生产行为应当被认定为有效。《最高人民法院关于适用〈中华人民共和国合同法〉若干问题的解释（一）》第10条规定："当事人超越经营范围订立合同，人民法院不因此认定合同无效。但违反国家限制经营、特许经营以及法律、行政法规禁止经营规定的除外。"

三、个人独资企业事务的管理

（一）个人独资企业事务的管理途径

个人独资企业投资人根据《个人独资企业法》的规定，可以自行管理企业事务，也可以委托或者聘用其他人负责企业的事务管理。投资人委托或者聘用他人管理个人独资企业事务，应当与委托人或者聘用的人签订书面合同，明确委托的具体内容和授予的权利范围。投资人对受托人或者被聘用的人员职权的限制，不得对抗善意第三人。

投资人委托或者聘用的管理人员在管理个人独资企业事务的过程中不得从事以下行为：(1) 利用职务上的便利，索取或者收受贿赂；(2) 利用职务或者工作上的便利侵占企业财产；(3) 挪用企业的资金归个人使用或者借贷给他人；(4) 擅自将企业资金以个人名义或者以他人名义开立账户储存；(5) 擅自以企业财产提供担保；(6) 未经投资人同意，从事与本企业相竞争的业务；(7) 未经投资人同意，同本企业订立合同或者进行交易；(8) 未经投资人同意，擅自将企业商标或者其他知识产权转让给他人使用；(9) 泄露本企业的商业秘密；(10) 法律、行政法规禁止的其他行为。

（二）个人独资企业的权利及义务

我国《个人独资企业法》规定，国家依法保护企业的财产及其他合法权益，同时企业可以依法申请贷款，取得土地使用权并享有法律法规规定的其他权利。任何单位和个人不得违反法律、行政法规的规定，以任何方式强制个人独资企业提供财力、物力、人力；对于违法强制提供财力、物力、人力的行为，个人独资企业有权拒绝。违反法律、行政法规的规定，强制个人独资企业提供财力、物力、人力的，按照有关法律、法规进行处罚并追究其有关责任人员的责任。

个人独资企业同样也要履行相应的义务。首先，作为一个经营性实体组织，个人独资企业在经营过程中要守法，不能从事法律所禁止的行为。其次，个人独资企业要依法纳税。另外，个人独资企业应当依法设置会计账簿，进行会计核算；对企业中的职工的正当权益应给予必要的保障，如应与职工签订劳动合同、为职工缴纳社会保险费用、按时发放工资等。

四、个人独资企业的解散与清算

(一) 个人独资企业的解散

1. 个人独资企业的解散原因

个人独资企业有下列情形之一时,应当解散:(1) 投资人决定解散;(2) 投资人死亡或者被宣告死亡,无继承人或者继承人决定放弃继承;(3) 被依法吊销营业执照;(4) 法律、行政法规规定的其他情形。

2. 解散的法律效力

(1) 个人独资企业主决定解散企业的,应当通知和公告债权人,清理企业财产,收回企业债权,清偿企业债务。个人独资企业解散后,原投资人对个人独资企业存续期间的债务仍应承担偿还责任,但债权人在5年内未向债务人提出偿债请求的,该责任消灭。

(2) 清算期间,个人独资企业不得开展与清算目的无关的经营活动。在按规定清偿债务前,投资人不得转移、隐匿财产。个人独资企业财产不足以清偿债务的,投资人应当以其个人的其他财产予以清偿。

(二) 个人独资企业的清算

清算,是指清理企业的债权、债务,终结解散个人独资企业的法律关系,消灭解散个人独资企业经营实体资格的程序。其目的是为了规范企业清算行为,保护债权人、投资人和其他利害关系人的合法权益。因此,清算程序应当坚持公开公正的原则。

1. 清算人

清算人的产生有两种方式:(1) 由投资人自行清算;(2) 由债权人申请人民法院指定清算人进行清算。

2. 清算的通知和公告期

投资人自行清算的,应当在清算前15日内书面通知债权人;无法通知的,应当予以公告。债权人应当接到通知之日起30日内,未接到通知的应当在公告之日起60日内,向投资人申报其债权。

3. 清偿顺序

个人独资企业解散的,财产应当按照下列顺序清偿:(1) 所欠职工工资和社会保险费用;(2) 所欠税款;(3) 其他债务。

个人独资企业清算结束后,投资人或者人民法院指定的清算人应当编制清算报告,并于15日内到登记机关办理注销登记。

【思考题】

1. 普通合伙企业和有限合伙企业有哪些异同?
2. 合伙企业合伙人入伙和退伙的法定条件和程序是什么?其法律后果如何?
3. 个人独资企业解散的法律效力是什么?
4. 个人独资企业有哪些优缺点?
5. 甲、乙、丙、丁共同投资设立了A有限合伙企业(以下简称A企业)。合伙协议约定:甲、乙为普通合伙人,分别出资10万元;丙、丁为有限合伙人,分别出资15万

元;甲执行合伙企业事务,对外代表A企业。2006年A企业发生下列事实:

2月,甲以A企业的名义与B公司签订了一份12万元的买卖合同。乙获知后,认为该买卖合同损害了A企业的利益,且甲的行为违反了A企业内部规定的甲无权单独与第三人签订超过10万元合同的限制,遂要求各合伙人作出决议,撤销甲代表A企业签订合同的资格。

4月,乙、丙分别征得甲的同意后,以自己在A企业中的财产份额出质,为自己向银行借款提供质押担保。丁对上述事项均不知情,乙、丙之间也对质押担保事项互不知情。

8月,丁退伙,并从A企业取得退伙结算财产12万元。

9月,A企业吸收庚作为普通合伙人入伙,庚出资8万元。

10月,A企业的债权人C公司要求A企业偿还6月份所欠款项50万元。

11月,丙因所设个人独资企业发生严重亏损不能清偿D公司到期债务,D公司申请人民法院强制执行丙在A企业中的财产份额用于清偿其债务。人民法院强制执行丙在A企业中的全部财产份额后,甲、乙、庚决定A企业以现有企业组织形式继续经营。

经查:A企业内部约定,甲无权单独与第三人签订超过10万元的合同,B公司与A企业签订买卖合同时,不知A企业该内部约定。合伙协议未对合伙人以财产份额出质事项进行约定。

根据上述材料,分别回答下列问题:

(1) 甲以A企业的名义与B公司签订的买卖合同是否有效?并说明理由。

(2) 合伙人对撤销甲代表A企业签订合同的资格事项作出决议,在合伙协议未约定表决办法的情况下,应当如何表决?

(3) 乙、丙的质押担保行为是否有效?并分别说明理由。

(4) 如果A企业的全部财产不足清偿C公司的债务,对不足清偿的部分,哪些合伙人应当承担清偿责任?如何承担清偿责任?

(5) 人民法院强制执行丙在A企业中的全部财产份额后,甲、乙、庚决定A企业以现有企业组织形式继续经营是否合法?并说明理由。[①]

[①] 2007年注册会计师考试《经济法》真题第51题。

第二章 公 司 法

【重难点提示】公司的特征及分类；公司人格；公司能力；公司的设立；变更与终止的条件和程序；公司组织结构；公司的法人人格否认；有限责任公司和股份有限公司的异同。

第一节 公司法概论

一、公司的概念和基本特征

公司是生产力发展到一定阶段的必然产物，作为现代企业制度的一种组织形式，公司是市场经济中最重要的主体，它在推动生产力发展、科技进步等方面发挥了巨大的作用。哥伦比亚大学校长尼可拉斯·巴特勒认为"有限责任公司是近代最伟大的发明，少了它，就是蒸汽机和电力的重要性也会降低"。究竟何谓公司，各国立法规定并不统一，结合我国《公司法》的规定[1]，我们可以认为公司是依照《公司法》所规定条件和程序设立的，以营利为目的的企业法人。

一般而言，公司具有以下的基本特征：

1. 公司具有企业法人资格

这一特征反映了公司的本质属性，即公司是依法成立的，拥有独立的必要财产，能够以自己的名义独立地从事民事活动，享受民事权利和承担民事义务的组织。

2. 公司须以营利为目的

营利性是公司的本质特性，所谓以营利为目的是指公司必须通过其经营活动获得经济上的利益，并通过合理的利润分配使股东也获得收益[2]。营利性使得公司与国家机关、事业单位、社会团体有着本质的区别。

3. 公司须从事经营活动

所谓经营活动即有组织、有计划、有控制地进行商品的生产、流通或服务性活动。公司的经营活动必须连续不断地进行，从事经营活动是公司基本的社会职能和活动方式。

4. 公司须依法成立

公司成立应依据专门的法律，符合法定的条件和设立程序。

---

[1] 我国《公司法》第2条规定："本法所称公司是指依照本法在中国境内设立的有限责任公司和股份有限公司。"第3条规定："公司是企业法人，有独立的法人财产，享有法人财产权。公司以其全部财产对公司的债务承担责任。"

[2] 雷兴虎主编：《商法学》，人民法院出版社、中国人民公安大学出版社2003年版，第40页。

二、公司的分类

（一）依责任形式不同，公司可分为无限公司、两合公司、有限责任公司和股份有限公司

无限公司，又称无限责任公司，是由两个以上的股东组成的、股东对公司的债务负无限连带责任的公司。

两合公司是指由无限责任股东和有限责任股东共同组成，其中无限责任股东对公司债务承担无限责任，而有限责任股东则仅以其出资额为限对公司债务承担有限责任。

有限责任公司又称有限公司，是指公司的资本由股东出资组成，股东以其认缴的出资额对公司承担责任，公司以其全部资产对公司债务承担责任的公司。

股份有限公司又称股份公司，是指由一定人数以上的股东组成，公司全部资产划分为等额股份，股东以其所认购的股份对公司承担有限责任，公司以其全部资产对其债务承担责任的公司。

（二）依公司的隶属关系不同，公司可分为总公司与分公司

总公司也称本公司，是指在组织上统辖其系统内所有分公司的总机构，具有独立法人资格的公司。

分公司是指由总公司统辖的分支机构或附属机构，根据我国《公司法》第14条的规定，"分公司不具有法人资格，其民事责任由公司承担"，但分公司可以在总公司的授权范围内以自己的名义进行业务活动。

（三）依公司间的控制关系不同，公司可分为母公司与子公司

母公司又称控股公司，是指拥有另一个公司一定比例的股权或者能够对另一公司进行实际控制的公司。母公司对子公司拥有控制权，对于子公司经营中的重大事项具有决策权。

子公司又称被控股公司，是指其一定比例的股份为其他公司所掌握从而被其他公司控制的公司。《公司法》第14条第2款规定："公司可以设立子公司，子公司具有法人资格，依法独立承担民事责任。"

（四）依公司的对外信用基础不同，公司可分为人合公司、资合公司和人合兼资合公司

人合公司是以股东个人的名誉、地位和声望作为对外经营活动的信用基础的公司。人合公司强调股东间的信任，而不在乎公司资产的多少，无限公司就是典型的人合公司。

资合公司是以资本的结合作为对外经营活动信用的公司。其信用在于公司资产，对股东的信用则在所不问，如股份有限公司。

人合兼资合公司是指以股东个人信用与公司的资本共同作为对外经营活动信用基础的公司。如两合公司、有限责任公司。

（五）依公司的国籍不同，公司分为本国公司、外国公司

本国公司是依照一国法律设立并在该国境内登记成立的公司。

外国公司是依照外国法律在境外登记成立的公司。外国公司依据我国《公司法》规定的条件和程序可在中国境内设立分支机构从事生产经营活动。

（六）我国《公司法》上的分类

有限责任公司	普通有限责任公司	
	一人有限公司	自然人一人公司
		法人一人公司
	国有独资公司	
股份有限公司	以募集对象为标准分	公开募集公司
		私募公司
	以是否上市为标准分	上市公司
		非上市公司

三、公司法的概述

公司法是调整公司在设立、变更和终止以及其他对内对外活动中所发生的社会关系的法律规范的总和。1993年12月29日八届人大常委会第五次会议通过了我国第一部《公司法》，并于1994年7月1日起正式施行。该法在规范公司的组织、设立，保护公司、股东和债权人的合法权益，维护社会经济秩序，促进社会主义市场经济发展方面发挥了重要的作用。1999年12月25日，九届全国人大常委会第十三次会议作出了《关于修改〈公司法〉的决定》，增设了国有独资公司监事会，放松了高新技术股份有限公司发行新股和申请股票上市的条件等。虽然这次《公司法》只改了3条，但这一次的修订有着重要的现实意义。随着我国经济体制改革的不断深入、市场经济体制逐步完善，社会经济环境发生了深刻变化，国内企业的组织形式、管理体制、经营行为都呈现出新的趋势，使得原有《公司法》条款已不适应现实社会经济发展的需求，2005年10月27日，第十届全国人大常委会第十八次会议通过了《中华人民共和国公司法》（以下简称《公司法》）修正案，对该法做了再次修订，新修订后的《公司法》共计219条，修改或增加的内容多达400多处，可以说是对《公司法》进行的一次彻底的大修。新《公司法》大幅降低了投资者设立公司的门槛，鼓励各种社会主体的投资行为，重点关注保护中小投资者的利益，并以此促进我国整个市场经济的健康发展。2013年12月28日第十二届全国人民代表大会常务委员会第六次会议决定对《公司法》进行修改。新法将注册资本实缴登记制改为认缴登记制，放宽注册资本登记条件，并简化了登记事项和登记文件。这一次的修订广受社会公众的关注，修改后的新法于2014年3月1日正式实施。

第二节　公司法的基本制度

一、公司的设立制度

（一）公司设立的定义

公司设立是发起人为了使公司得以成立并取得企业法人资格，依照法定条件和程序所进行的一系列法律行为的总称。

（二）公司的设立与公司的成立

公司的设立和公司的成立是两个不同的法律概念，两者既有区别又有联系。公司的成立是指公司完成设立，具备了法律规定的实体和程序要件，经主管登记机关核准，取得公司法人资格的一种法律状态和事实。公司的设立是公司的成立的法定必经程序，公司的成立则是公司的设立的法律后果，两者的区别如下表：

类型	发生阶段不同	行为性质不同	法律效力不同	涉及主体不同	解决争议的依据不同
公司的设立	存在于公司营业执照颁发前	法律行为	不具备独立主体资格，内、外部关系视为合伙，发起人对设立行为负连带责任	只在发起人之间	一般依发起人之间订立的设立协议
公司的成立	公司营业执照颁发之后	法律事实或状态	具备独立的主体资格	涉及发起人和公司登记机关	依有关行政法规

（三）公司设立的方式

公司设立的方式一般有两种：发起设立和募集设立。

1. 发起设立

发起设立是由发起人认购应发行的全部股份而设立公司。由于发起设立的认股是在发起人中进行，无须向社会其他公众发行，因其设立成本低，程序简单，依《公司法》第26条和第81条的规定，有限责任公司和股份有限公司都可以采取发起方式设立。

2. 募集设立

募集设立是指发起人认购公司应发行股份的一部分，其余部分向社会公开募集或者向特定的对象募集而设立公司。募集设立具有募集对象开放性的特点，有较强的资金筹集能力，但因其股权分散化程度高，流动性大，因而只适合于资合性较高的股份有限公司。

我国《公司法》将募集设立进一步细分为公开募集发行和定向募集发行。公开募集发行是指向社会公开募集资金，定向募集发行是向特定对象（如内部职工）募集资金。

但我国新《公司法》仅规定了，以募集设立方式设立股份有限公司的，发起人认购的股份不得少于公司股份总数的35%①，对私募发行的程序与条件及监管等问题并未作出规定，今后还有待完善。

(四) 公司的设立制度

在不同的历史时期，不同的国家和地区对待公司设立的态度并不相同的，制度的不同，决定了公司这种市场主体设立的基本程序的不同，实际上也就形成了不同的市场主体准入制度，具体而言可以分为：

1. 自由主义

自由主义，又称放任制度，是最早的公司设立制度，是指国家对公司的设立不施加任何干预或限制，公司设立完全依设立者的主观意愿进行，无须办理任何手续，公司即可成立。这一制度盛行于中世纪末的欧洲，是公司处于萌芽时期西方国家采用的形式，是同当时资产阶级反对封建势力、提倡民主自由相联系的。

此种制度虽然有利于公司产生，但这种设立过分自由，政府无法掌握各行业企业的发展状况，更无从监督，债权人的利益难以得到有效保障，因此该原则很快被各国所抛弃，转而实行特许设立原则。

2. 特许主义

特许主义是指公司须经特别立法或基于国家元首的特别许可方可设立。该制度起源于13—15世纪，到了17—18世纪时在英国和荷兰等国家十分盛行，如历史上著名的英国及荷兰的东印度公司都是依该制度设立的。

特许设立制度一般是政府为保持对某行业或公司的垄断和特权而采用的一种手段，由于该制度程序烦琐、限制过严，不利于公司的发展，因此近代很少有国家采取此制度。

3. 核准主义

核准主义也称行政许可制度或审批制度，是指公司的设立除了要符合法律规定的条件外，还必须事先经过政府行政机关的审批许可，然后再经政府登记机关登记注册方可设立。该制度首创于法国路易十四颁布的《商事条例》，法国、德国等国在18世纪的时候也曾采用过。此种制度虽然有利于政府对公司的监管，但手续烦琐、重复，耗时较长。

4. 准则主义

准则主义，又称登记主义，是指公司的设立只要符合国家公司立法所规定的条件，就可以直接向公司登记机关提出申请，无须经过主管机关审批，即可成立公司并取得法律上的独立人格。该制度最早由1862年的英国公司法所创设，在19—20世纪为各国普遍采用。这种制度的最大特点是公司设立手续简便，同时也减少了政府对公司设立的行政干预，确保了股东的利益。

5. 我国的公司设立制度

在《公司法》颁布之前，我国长期对企业设立实行核准主义，设立公司须经政府主管部门的审核批准。这种制度导致公司设立程序烦琐、效率低下，严重阻碍了公司制度的发展，且行政权力的膨胀，导致政企不分，形成行业垄断和市场分割，妨碍了市场的公平

---

① 参见《公司法》第84条。

竞争。

伴随着计划经济向市场经济的转变，我国公司设立制度也经历了一个演变过程。1993年颁布的《公司法》第8条规定："设立有限责任公司、股份有限公司，必须符合本法规定的条件。符合本法规定的条件的，登记为有限责任公司或股份有限公司；不符合本法规定的条件的，不得登记为有限责任公司或者股份有限公司。法律、行政法规对设立公司规定必须报经审批的，在公司登记前依法办理审批手续。"第77条规定："股份有限公司的设立，必须经过国务院授权的部门或者省级人民政府批准。"可见旧法规定的公司设立的制度奉行的是核准主义和准则主义相结合的原则。

随着市场经济的飞速发展，将有限责任公司和股份有限公司的设立区别对待是不符合国际惯例的，同时，为了进一步减少政府对公司设立的干预，新《公司法》第6条规定："设立公司，应当依法向公司登记机关申请设立登记。符合本法规定的设立条件的，由公司登记机关分别登记为有限责任公司或者股份有限公司；不符合本法规定的设立条件的，不得登记为有限责任公司或者股份有限公司。法律、行政法规规定设立公司必须报经批准的，应当在公司登记前依法办理批准手续。公众可以向公司登记机关申请查询公司登记事项，公司登记机关应当提供查询服务。"可见，我国现在采取的是准则主义，只有少数法律、行政法规要求必须报经审批的才实行核准主义。

二、公司的资本制度

公司资本，又称"股本"或"股份资本"，是由公司章程确定并载明的全体股东的出资总额，它既包括货币，也包括实物、知识产权、非专利技术、土地使用权等非货币出资。一般要求记载于章程中并须注册登记反映在企业的营业执照上，非经法定程序不得变更，所以又称注册资本或法定资本。公司的资本是公司开展生产、经营活动的物质基础，也是公司承担债务的最底线，明确公司资本的数额并将其公之于众，有利于交易相对人了解和掌握公司的基本情况，决定其交易的范围和条件。正是因为公司资本具有的重要意义，各国公司在立法时都将公司资本作为一项必不可缺的重要内容进行明确的规定。

（一）相关概念辨析

公司资金是指供公司支配的以货币形式表现出来的公司资产的价值，它主要包括公司股东对公司的永久性投资、公司发行的债券、向银行的贷款等。公司资金是一个更宽泛的概念，公司资本只是公司资金的组成部分。[1]

股份是股份有限公司特有的概念，股份有限公司的公司资本被拆分成均等份额的资本单位，股东占有股份则享有相应的股权。

（二）公司资本制度

世界各国的公司立法实践确立了三种各具特色的公司资本制度。

1. 法定资本制

法定资本制，又称为确定资本制，是公司在设立时，必须在章程中对公司的资本总额作出明确规定，并由股东全部认足或全部募足，否则公司不能成立。法定资本制由法国、

---

[1] 参见范健主编：《商法》（第三版），高等教育出版社、北京大学出版社2007年版，第132页。

德国公司法首创,后为意大利、瑞士、奥地利等国家公司法所继受,成为大陆法系国家公司法中的一种典型的资本制度。

法定资本制能够确保公司资本真实、可靠,有效防止公司设立过程中的欺诈、投机等不法行为,从而保障债权人利益和交易安全;但这一制度要求投资人在短期内就要筹措大量资金且容易造成公司资本的闲置、浪费,从而影响公司的效益。

2. 授权资本制

授权资本制是指在公司设立时,资本总额虽然记载于公司章程,但并不要求发起人全部发行,只需认缴其中的一部分,公司即可成立;其余的部分可授权董事会根据公司经营发展的需要随时发行,不必经股东会决议,也无须变更章程。授权资本制为英美公司法所创设,其中美国是典型的实行授权资本制的国家。

授权资本制具有较大的灵活性,有利于公司的快速成立,更符合现代经济发展的要求,但容易造成公司滥设和公司资本虚空,削弱了公司的信用担保范围,从而不利于维护交易的安全;同时,将新股发行权赋予董事会,对股东利益的保护欠缺周全。

3. 折中资本制

折中资本制,又称为认可资本制或许可资本制,是指公司资本总额在公司设立时仍由章程明确规定,但股东只需认足一定比例的资本数额,公司即可成立;其余部分授权董事会在一定期限内发行,其发行总额不得超过法律限制的资本制度。目前,德国、日本以及我国台湾地区的公司法中在一定程度上实行了这一制度。

折中资本制吸收了法定资本制和授权资本制的优点,而克服了两者的弊端,被认为是一种更具优越性的资本制度。

(三) 我国的公司资本制度

2013年修订的《公司法》规定了"有限责任公司的注册资本为在公司登记机关登记的全体股东认缴的出资额。法律、行政法规以及国务院决定对有限责任公司注册资本实缴、注册资本最低限额另有规定的,从其规定"①。"股份有限公司采取发起设立方式设立的,注册资本为在公司登记机关登记的全体发起人认购的股本总额。在发起人认购的股份缴足前,不得向他人募集股份。股份有限公司采取募集方式设立的,注册资本为在公司登记机关登记的实收股本总额。法律、行政法规以及国务院决定对股份有限公司注册资本实缴、注册资本最低限额另有规定的,从其规定。"② 因此,在我国开办公司,法律不再强制性地规定在公司设立时必须一定有最低限额的注册资本,而是可以由公司股东(发起人)在公司章程中自主约定认缴出资数额、出资方式、出资期限。

股东的出资方式也很灵活多样,股东可以用货币出资,也可以用实物、知识产权、土地使用权等可以用货币估价并可以依法转让的非货币财产作价出资;但是,法律、行政法规规定不得作为出资的财产除外。③ 对作为出资的非货币财产应当评估作价,核实财产,

---

① 参见《公司法》第 26 条。
② 参见《公司法》第 80 条。
③ 参见《公司登记管理条例》第 14 条第 2 条规定:"股东不得以劳务、信用、自然人姓名、商誉、特许经营权或者设定担保的财产等作价出资。"

不得高估或者低估作价。法律、行政法规对评估作价有规定的，从其规定。①

股东应当按期足额缴纳公司章程中规定的各自所认缴的出资额。股东以货币出资的，应当将货币出资足额存入有限责任公司在银行开设的账户；以非货币财产出资的，应当依法办理其财产权的转移手续。股东不按照前款规定缴纳出资的，除应当向公司足额缴纳外，还应当向已按期足额缴纳出资的股东承担违约责任。② 有限责任公司成立后，发现作为设立公司出资的非货币财产的实际价额显著低于公司章程所定价额的，应当由交付该出资的股东补足其差额；公司设立时的其他股东承担连带责任。③

（四）资本三原则

大陆法系国家的公司法普遍规定了资本三原则以维护并巩固公司资本，我国公司法也不例外。

1. 资本确定原则

资本确定原则指公司在设立时，公司章程中记载有明确的出资额并应由公司发起人及其他认股人全部认足或募足。该原则在我国《公司法》中体现为：（1）公司的注册资本在公司成立时必须由发起人或股东认足、募足或缴清；（2）公司成立后，发现作为设立公司出资的非货币财产的实际价额显著低于公司章程所定价额的，应当由交付该出资的股东补足其差额；公司设立时的其他股东承担连带责任等。

2. 资本维持原则

资本维持原则，又称资本充实原则，是公司在其存续过程中，须经常保持与其注册资本额相当的财产。其目的是预防公司注册资本的实质性减少，维护公司的资本信用，确保公司有足够的经营用资金和切实保护债权人的利益。该原则在我国《公司法》中体现为：（1）公司成立后，股东不得抽逃出资。发起人、认股人缴纳股款或者交付抵作股款的出资后，除未按期募足股份、发起人未按期召开创立大会或者创立大会决议不设立公司的情形外，不得抽回其股本④。（2）股票发行价格可以按票面金额，也可以超过票面金额，但不得低于票面金额⑤。（3）公司分配当年税后利润时，应当提取利润的10%列入公司法定公积金。公司的法定公积金不足以弥补以前年度亏损的，在依照前款规定提取法定公积金之前，应当先用当年利润弥补亏损。在公司弥补亏损前不得向股东分配股利⑥。（4）除法定情形外，禁止回购本公司的股票，公司不得接受以本公司股份提供的质押⑦等。

3. 资本不变原则

资本不变原则是指公司资本一经章程确定并经公司登记机关登记，不得随意改变，如

---

① 参见《公司法》第27条。
② 参见《公司法》第28条。
③ 参见《公司法》第30条。
④ 参见《公司法》第35条和第91条。
⑤ 参见《公司法》第127条。
⑥ 参见《公司法》第166条。
⑦ 参见《公司法》第142条：公司不得收购本公司股份。但是，有下列情形之一的除外：（1）减少公司注册资本；（2）与持有本公司股份的其他公司合并；（3）将股份奖励给本公司职工；（4）股东因对股东大会作出的公司合并、分立决议持异议，要求公司收购其股份的。

需增减,必须严格按法定程序进行。由此可见,此处的不变并非资本绝对的不可改变,而是指不得随意增减,这是对资本的静态维护,维持的是资本的形式。

公司的资本三原则是大陆法系国家公司资本制度的核心,其基本出发点是为了保护债权人的利益和交易的安全以及公司自身的正常发展。① 资本不变原则与资本确定原则、资本维持原则相辅相成。没有资本维持原则,资本确定原则将形同虚设;没有资本不变原则的限制,资本维持原则即失去了其维持的内容,如果公司可以随意增减资本,资本维持将无从谈起。

三、公司的财务会计制度

(一) 公司财务会计制度的概念

为了加强对公司的监管,完善公司的内部经营管理,保护股东及债权人的合法权益,《公司法》特别规定了公司应当依照法律、行政法规和国务院财政部门的规定建立本公司的财务、会计制度。公司财务会计制度是公司财务制度和会计制度的总称,是指利用货币价值形式反映公司财务状况和经营成果,加强内部经营管理,提高经济效益的一项重要制度,是法律、行政法规、公司章程中确立的公司财务会计规则。公司的财务制度和会计制度是紧密结合、不可分割的,共同为实现公司的经营目标服务,会计制度是公司财务制度的具体实现。

(二) 公司财务会计报告

根据国务院于2000年6月21日颁布的《企业财务会计报告条例》的规定,公司财务会计报告是指企业对外提供的反映企业某一特定日期财务状况和某一会计期间经营成果、现金流量的文件。企业的财务会计报告可分为年度、半年度、季度、月度财务会计报告,而年度、半年度财务会计报告应当包括资产负债表、利润表、现金流量表及相关附表,季度、月度财务会计报告至少应当包括资产负债表和利润表。

(三) 财务会计报告的制作、审计与公开

1. 制作

根据我国《公司法》的规定,公司应在每一会计年度(即公历1月1日起至12月31日)终了时制作财务会计报告。尽管《公司法》没有直接规定公司财务会计报告的制作人,但从董事会的法定职权来看,应由董事会负责制作公司财务会计报告。董事会也可以依照《公司法》,授权公司经理直接负责公司财务会计报告的制作工作。根据国务院的有关规定,公司负责人应对本公司财务会计报告的真实性、完整性负责。

2. 审计

财务会计报告制作完毕后,在公司内部一般应先由公司监事会进行审核。然后由公司股东会、股东大会或者董事会决定选取的会计事务所审计。② 公司应当向聘用的会计师事务所提供真实、完整的会计凭证、会计账簿、财务会计报告及其他会计资料,不得拒绝、隐匿、谎报。公司除法定的会计账簿外,不得另立会计账簿。

---

① 参见范健主编:《商法》(第三版),高等教育出版社、北京大学出版社2007年版,第136页。
② 参见《公司法》第164条。

3. 公开

有限责任公司应当依照公司章程规定的期限将财务会计报告送交各股东。

股份有限公司的财务会计报告应当在召开股东大会年会的 20 日前置备于本公司，供股东查阅；公开发行股票的股份有限公司必须公告其财务会计报告。

（四）公司的利润分配

公司的利润分配是由公司的董事会根据《公司法》有关公司利润分配的规定，并结合本公司的财务状况和经营成果，制订出公司当年的税后利润分配方案，提交股东会或股东大会审议批准，并依法组织实施的公司基本制度。

其分配的顺序为①：（1）弥补以前年度的亏损。公司的法定公积金不足以弥补以前年度亏损的，在依照前款规定提取法定公积金之前，应当先用当年利润弥补亏损，但不得超过税法规定的弥补年限。（2）缴纳企业所得税。（3）提取法定公积金。公司分配当年税后利润时，应当提取利润的 10% 列入公司法定公积金。公司法定公积金累计额为公司注册资本的 50% 以上的，可以不再提取。（4）提取任意公积金。公司从税后利润中提取法定公积金后，经股东会或者股东大会决议，还可以从税后利润中提取任意公积金。（5）向股东分红。公司弥补亏损和提取公积金后所余税后利润，有限责任公司依照《公司法》第 35 条的规定分配；股份有限公司按照股东持有的股份比例分配，但股份有限公司章程规定不按持股比例分配的除外。

股东会、股东大会或者董事会违反上述规定，在公司弥补亏损和提取法定公积金之前向股东分配利润的，股东必须将违反规定分配的利润退还公司。公司持有的本公司股份不得分配利润。

股份有限公司以超过股票票面金额的发行价格发行股份所得的溢价款以及国务院财政部门规定列入资本公积金的其他收入，应当列为公司资本公积金。

公司的公积金用于弥补公司的亏损、扩大公司生产经营或者转为增加公司资本。但是，资本公积金不得用于弥补公司的亏损。法定公积金转为资本时，所留存的该项公积金不得少于转增前公司注册资本的 25%。②

四、公司存续期间的变化

（一）合并

1. 概念

公司合并，是指两个或两个以上公司通过订立协议，依法定程序变成为一个公司的法律行为。

2. 形式

（1）吸收合并，又称存续合并，指一个公司吸收其他公司，被吸收公司解散。

（2）新设合并，又称创设合并，指两个或两个以上的公司合并成立一个新公司，参与合并各方均解散。

---

① 参见《公司法》第 166 条。
② 参见《公司法》第 168 条。

3. 公司合并的程序

(1) 由公司的董事会提出拟订公司合并草案。

(2) 作出合并决议：公司合并方案拟订后，由董事会提交股东会或股东大会决议。有限公司股东会作出的合并决议，依法须经代表 2/3 以上表决权的股东通过。股份有限公司股东大会作出的合并决议，依法须经出席会议的股东所持表决权 2/3 以上通过。

(3) 合并双方签订书面合并决议并编制资产负债表和财产清单，以明确各方的财产状况，便于公司债权人了解。合并协议一般应载明下列事项：合并各方的名称、住所；合并后存续公司或新设公司的名称、住所；合并各方的资产状况及其处理办法；合并各方的债权债务处理办法；存续公司或新设公司因合并而增资所发行的股份总数、种类和数量；合并各方认为有必要协商一致的其他事项。

(4) 通知和公告债权人。公司合并直接关系到债权人权利的实现，公司应当自作出合并决议之日起 10 日内通知债权人，并于 30 日内在报纸上公告。债权人自接到通知书之日起 30 日内，未接到通知书的自公告之日起 45 日内，有权要求公司清偿债务或者提供相应的担保。

(5) 办理相应的合并登记。公司合并必然引起公司的消灭、新设和变更，公司应在法定期限内向登记机关办理有关登记手续。

4. 法律后果

(1) 公司的消灭、变更或新设。公司合并后，必有一方公司或双方公司消灭，消灭的公司应当办理注销登记。在吸收合并时，只有一个公司继续存在，其余消灭，存续公司应修改公司章程，并办理变更登记。在新设合并时，参与合并的公司均消灭，在此基础上产生一个新的公司，新设公司应重新制定公司章程，召开创立会，并办理设立登记。

(2) 因合并而解散的公司，在解散时无须经过清算程序。

(3) 权利义务的概括移转。合并各方的债权债务，应当由合并后存续的公司或新设的公司承继。

(4) 股东身份的当然承继。合并前公司的股东成为合并后存续公司或新设公司的股东。原来股东所拥有的股份按照合并协议的规定转换为合并后公司的股份。

（二）分立

1. 概念

公司的分立是指一个公司依法定程序分为两个或两个以上公司的法律行为。

2. 公司分立的形式

(1) 新设分立又称为解散分立，是指将一个公司的资产进行分割，然后分别设立两个或两个以上的公司，原公司因此而解散。

(2) 派生分立，又称存续分立，是指在不消灭原公司的基础上，将原公司资产分出一部分或若干部分而再成立一个或数个新公司的行为。

3. 公司分立的程序

(1) 由公司董事会提出拟订公司分立草案。

(2) 由董事会将拟订分立方案提交股东会或股东大会决议。有限公司股东会作出的分立决议，依法须经代表 2/3 以上表决权的股东通过。股份有限公司股东大会作出的分立决议，依法须经出席会议的股东所持表决权 2/3 以上通过。

（3）签订书面分立决议，分割公司财产并编制资产负债表及财产清单。

（4）通知及公告债权人。公司应当自作出分立决议之日起 10 日内通知债权人，并于 30 日内在报纸上公告。

（5）股份回购。对公司分立决议投反对票的股东有权向公司提出以合理价格收购其股权的请求，如在决议通过后 60 日内不能达成协议的，该股东可在分立决议通过后 90 日内向法院提起诉讼。

（6）办理登记手续。

4. 公司分立的法律后果

（1）公司的变更、设立和消灭。分立后均有新公司产生，新设公司应当制定公司章程，召开创立会，并办理公司的设立登记。在新设分立中，原公司解散，且无须经清算程序，其人格消灭。在派生分立时，原公司存续，但因其资本、股东等发生变化，公司发生变更，应当办理变更登记。

（2）因分立而解散的公司，在解散时无须经过清算程序。

（3）债权、债务的承受。公司分立前的债务由分立后的公司承担连带责任。但是，公司在分立前与债权人就债务清偿达成的书面协议另有约定的除外。

（三）公司的组织形式的变更

公司的组织形式的变更即公司法定类型的变更，是指公司不中断其法人资格，依照公司法的规定，变更其组织形式，使其由某一种法定形态的公司变成另一种法定形态的公司的法律行为。① 根据我国《公司法》第 9 条的规定，有限责任公司变更为股份有限公司，应当符合本法规定的股份有限公司的条件。股份有限公司变更为有限责任公司，应当符合本法规定的有限责任公司的条件。公司变更前的债权、债务由变更后的公司承继。

（四）公司增资与减资

根据资本确定原则和资本不变原则，公司不得随意改变其注册资本。但公司经营中由于客观情况的变化，可能会遇到需要改变其资本额的特殊情况，法律对此不能一概禁止，而应根据实际情况加以适当规定。各国公司法均规定有公司资本变动程序，从而形成公司增资与减资制度。

1. 增加资本

简称增资，是指公司增加注册资本总额的行为。由于增资能增强公司自身实力，扩大公司的经营规模，无论对债权人还是交易相对人都是有利的，因此世界各国公司立法均对增资的条件限制较少。

我国《公司法》规定，公司增加注册资本须以股东会或股东大会的形式作出决议，且须经代表 2/3 以上表决权的股东通过。有限责任公司增加注册资本时，股东认缴新增资本的出资，依照《公司法》设立有限责任公司缴纳出资的有关规定执行；股份有限公司为增加注册资本发行新股时，股东认购新股，依照《公司法》设立股份有限公司缴纳股款的有关规定执行。

---

① 梁宇贤著：《公司法论》，台湾三民书局 1983 年版，第 109 页。

2. 减少资本

简称减资,是指公司根据生产经营的实际情况减少公司的注册资本的行为。和增资相比,减资行为会增加交易的风险,有可能会损害债权人的利益,因此公司法对公司的减资行为规定得较为严格。

我国《公司法》规定,公司需要减少注册资本时,须以股东会或股东大会的形式作出决议,且须经代表 2/3 以上表决权的股东通过,并编制资产负债表及财产清单。公司应当自作出减少注册资本决议之日起 10 日内通知债权人,并于 30 日内在报纸上公告。债权人自接到通知书之日起 30 日内,未接到通知书的自公告之日起 45 日内,有权要求公司清偿债务或者提供相应的担保。

五、公司的能力

公司的能力是指公司依法享有权利、承担义务并以自己的意思取得权利和承担义务、责任的资格,是公司主体资格在法律上的表现。公司能力分为权利能力、行为能力、责任能力,本书仅论述公司的权利能力。

(一)公司的权利能力

公司的权利能力是指公司作为独立的法律主体享有权利并承担义务的资格。其权利能力始于成立(依法核准登记)之日,终于公司注销之日。因其权利是依公司立法所赋予的,与自然人不同,基于公司制度本身的客观要求和国家政策上的考虑,对其加以较多的限制,主要表现在以下三个方面:

1. 性质上的限制

公司是法人,因而专属于自然人、与自然人人身属性直接相关的各项权利,如生命权、身体权、健康权、肖像权或自由权等,公司皆不享有。

2. 强制法上的限制

各国立法均明确规定公司只能在法律规定的范围内具有权利能力,换而言之,公司的权利能力要直接受法律规定的限制。主要有以下几种情况:

(1)转投资对象和数额的限制。转投资是指公司为了获取能够产生收益的财产、资产或权益,而依法投资于他公司的行为。转投资是公司谋求利润的一个重要途径,公司利用转投资可以有效利用资本,实现资源的优化配置。依《公司法》第 15 条和第 16 条的规定,公司可以向其他企业投资;但是,除法律另有规定外,不得成为对所投资企业的债务承担连带责任的出资人。公司章程对投资总额及单项投资有限额规定的,不得超过规定的限额。

(2)提供担保的限制。在公司的对外经营活动中难免需要对其他公司进行担保,为了规避风险,《公司法》规定公司为他人提供担保,依照公司章程的规定,由董事会或者股东会、股东大会决议;公司章程对投资或者担保的总额及单项投资或者担保的数额有限额规定的,不得超过规定的限额。

《公司法》第 16 条规定:"公司为公司股东或者实际控制人提供担保的,必须经股东会或者股东大会决议。前款规定的股东或者受前款规定的实际控制人支配的股东,不得参加前款规定事项的表决。该项表决由出席会议的其他股东所持表决权的过半数通过。"这一规定既可以避免关联交易的产生,保护股东特别是中小股东及社会公众的利益,又充分尊重了公司合法的意思自治。

（3）借贷的限制。公司的"借"主要体现在公司债券的发行上。发行公司债券的公司,其发行的累计债券余额不得超过公司净资产的40%①。此种限制的目的,一方面旨在保护公司债券持有人的利益;另一方面,也在于对公司运用资金加强管理,以健全公司资产结构,充实公司资产。在贷款上的限制仅对于股份有限公司,股份有限公司不得直接或者通过子公司间接向本公司的董事、监事、高级管理人员提供借款②。此种限制是鉴于股份有限公司规模大、股东人数众多且较分散,股东对于公司经营活动的监督能力较弱,以防止公司董事、监事、高级管理人员利用职务上的便利侵害公司财产,保护公司全体股东和债权人的利益。

3. 公司经营范围上的限制

公司的经营范围须由公司章程规定;公司的经营范围须依法进行登记;公司的经营范围中属于法律、行政法规限制的项目,应当依法经过批准,如经营金融业务须由中国人民银行批准;经营香烟零售业务须由烟草专卖局批准;公司依照法定程序修改公司章程并经公司登记机关变更登记,可以变更其经营范围。③

（二）公司法人人格否认制度

1. 定义

公司法人人格否认又称"刺破公司面纱"或"揭开公司面纱",指在承认公司具有法人人格的前提下,在特定法律关系中,基于特定的事由,对公司人格及股东有限责任加以否认,要求股东对公司的债务承担连带责任。

【案例 2-1】

公司法人人格否认案④

从1998年开始,宜昌某知名集团公司（以下简称"宜昌公司"）同河南南阳某商贸公司（以下简称"南阳公司"）发生了多次业务往来,到2002年,南阳公司已经累计欠宜昌公司30万元货款。宜昌公司同其协商不成,遂向法院提起诉讼,要求南阳公司支付拖欠的货款。

宜昌公司首先以对方公司为被告,起诉南阳公司。而南阳公司的两名股东是夫妻关系,为了逃避债务,转移了公司财产,公司也被当地工商部门吊销了营业执照。南阳公司的股东还同法院玩起了"躲猫猫"游戏,公司人去楼空,法院的传票无人签收,案件一时陷入僵局。

---

① 参见《证券法》第16条。
② 参见《公司法》第115条。
③ 参见《公司法》第12条。
④ 《公司股东不要再"躲猫猫"了》,载《三峡晚报》2011年7月31日。

南阳公司股东认为，欠钱的是公司，即便法院判决该公司负有偿还义务，根据《公司法》的规定，法院也只能找公司而不能找股东，如果公司都不存在，法院的判决只是一纸空文。

无奈之下，该宜昌公司撤回了对南阳公司的起诉，改以南阳公司的股东为被告，重新提起诉讼。诉讼时正好又遭遇"非典时期"，案子又久拖不决。案件的主审法官也一直在考虑，公司股东是否能对公司债务承担责任。最终，宜昌市中级人民法院作出终审判决，判决南阳公司股东对公司债务承担责任。

执行过程中，南阳公司股东向湖北省高级人民检察院提出申诉：同宜昌公司发生交易的是南阳公司，该公司具有独立的法人资格，尽管被吊销营业执照，根据法律规定，公司还是适格的诉讼主体，公司股东不应对公司债务承担责任，公司股东最多承担清算义务，而不是赔偿义务。湖北省高级人民检察院审查该案后向宜昌市中级法院提出抗诉，要求对该案重新审理。2007年，宜昌市中院启动监督程序审理后认为，南阳公司是案件的必要当事人，故追加南阳公司为被告，将案件发回重审。案件又回到了起点。

在重新审理过程中，争议焦点依然是围绕股东是否应该对公司债务承担责任。法院审理后认为，南阳公司被吊销营业执照后，在长达6年的时间里，其股东没有依法组织进行清算，致使该公司的财产下落不明，公司法人下落不明，这些故意逃避债务的行为，严重损害了宜昌公司的利益。根据《公司法》的规定，南阳公司的股东应对公司的债务承担连带清偿责任。宜昌公司的合法权利终于得到了法律的保护。

2. 公司法人人格否认制度的适用要件

（1）公司须合法有效成立，且已取得独立人格，这是否认公司人格之前提。在公司未取得独立人格，或独立人格被依法撤销后，法律都对相关各方的利益采取了特定的救济方法，故没有适用公司人格否认的必要。

（2）公司股东滥用了公司法人独立地位和股东有限责任。如：①公司在设立时资金显著不足。②利用公司形态欺诈、逃避合同义务或规避法律的行为。③公司为股东（包括个人股东和法人股东）的"自我化身"或工具，即公司人格和股东人格发生混淆或同一。

（3）公司股东滥用了公司法人独立地位和股东有限责任的行为损害了债权人或社会公共利益。

3. 我国的公司法人人格否认制度

在我国的公司实践中，也发生过不少股东滥用公司法人人格和股东有限责任的案件，但1993年《公司法》对此问题却无规定。2005年的《公司法》明确并原则性地承认了公司法人人格否认制度，第20条规定："公司股东应当遵守法律、行政法规和公司章程，依法行使股东权利，不得滥用股东权利损害公司或者其他股东的利益；不得滥用公司法人独立地位和股东有限责任损害公司债权人的利益。公司股东滥用股东权利给公司或者其他股东造成损失的，应当依法承担赔偿责任。公司股东滥用公司法人独立地位和股东有限责任,逃避债务,严重损害公司债权人利益的,应当对公司债务承担连带责任。"

六、公司的解散与清算制度

(一) 公司的解散

1. 公司解散的概念

公司因发生法律或章程规定的解散事由而停止业务活动,并进行清算的法律行为。在我国,除因合并或分立导致公司解散外,凡解散公司均应进行清算。

2. 公司解散的具体原因①

(1) 公司章程规定的营业期限届满或者公司章程规定的其他解散事由出现;

(2) 股东会或者股东大会决议解散;

(3) 因公司合并或者分立需要解散;

(4) 依法被吊销营业执照、责令关闭或者被撤销;

(5) 人民法院依照《公司法》第 182 条的规定予以解散②。

3. 公司解散导致的法律后果

(1) 公司清算;(2) 公司权利能力受到限制,除为了清算的必要,公司不得进行任何经营活动;(3) 公司组织机构的能力受到限制,清算组全面主持工作。

(二) 公司的清算

1. 公司清算的概念

公司清算,是指公司解散或破产的过程中,理清公司的债权债务,分配公司剩余财产,结束公司所有法律关系从而消灭公司法人资格的法律程序。换而言之,就是清理、结算公司的财产关系,债权债务关系等,消灭公司法人资格的程序。由于公司清算关系到公司、股东、职工、债权人、债务人等众多主体的切身利益,各国公司法都对公司清算规定了严格的程序。

2. 清算组的组成

有限责任公司的清算组由股东组成,股份有限公司的清算组由董事或者股东大会确定的人员组成。逾期不成立清算组进行清算的,债权人可以申请人民法院指定有关人员组成清算组进行清算。人民法院应当受理该申请,并及时组织清算组进行清算。

3. 清算组的职权

(1) 清理公司财产,分别编制资产负债表和财产清单;

(2) 通知、公告债权人;

(3) 处理与清算有关的公司未了结的业务;

(4) 清缴所欠税款以及清算过程中产生的税款;

(5) 清理债权、债务;

---

① 参见《公司法》第 180 条。

② 《公司法》第 182 条规定:"公司经营管理发生严重困难,继续存续会使股东利益受到重大损失,通过其他途径不能解决的,持有公司全部股东表决权 10% 以上的股东,可以请求人民法院解散公司。"

（6）处理公司清偿债务后的剩余财产；
（7）代表公司参与民事诉讼活动。

4. 公司清算程序

（1）成立清算组：在解散事由出现之日起15日内成立清算组；破产清算，按照《民事诉讼法》和《企业破产法》等法律规定组织清算。

（2）通知、公告债权人并进行债权登记。清算组应当自成立之日起10日内通知债权人，并于60日内在报纸上公告。债权人应当自接到通知书之日起30日内，未接到通知书的自公告之日起45日内，向清算组申报其债权。

（3）调查、清理公司财产，编制资产负债表和财产清单，若公司财产不足清偿债务的，应立即向人民法院申请宣告破产。

（4）制定清算方案，并报股东会、股东大会或者人民法院确认。

（5）分配财产。公司财产在分别支付清算费用、职工的工资、社会保险费用和法定补偿金，缴纳所欠税款，清偿公司债务后的剩余财产，有限责任公司按照股东的出资比例分配，股份有限公司按照股东持有的股份比例分配。

（6）制作清算报告，申请注销登记。公司清算结束后，清算组应当制作清算报告，报股东会、股东大会或者人民法院确认，并报送公司登记机关，申请注销公司登记，公告公司终止。

第三节　有限责任公司

一、有限责任公司的概念及特征

（一）概念

有限责任公司，是指依公司法设立的，股东以其所认缴的出资额对公司承担有限责任，公司以其全部资产对其债务承担责任的企业法人。

（二）特征

1. 责任的有限性

这里的有限责任指的是股东责任的有限，股东仅以其出资额为限对公司负责，而不直接对公司的债权人负责，公司则还是要以其全部资产对公司的债权人承担责任。

2. 封闭性

有限责任公司的封闭性主要表现在以下方面：

（1）公司设立时，股东人数有一定限制，由50个以下股东出资设立；

（2）出资总额全部由发起人认购，公司不得向社会公开募集股份；

（3）股东的对外转让出资须取得其他股东的同意，其他股东在同等条件下享有优先购买权；

（4）有限责任公司的经营事项和财务账目无须向社会公开。

3. 人合兼资合的特点

有限责任公司创立之初就吸收了无限公司和股份有限公司的优点，将资金的联合和股东间的信任作为有限责任公司两个不可或缺的共同信用基础。

4. 设立的程序较为简便

我国公司设立实行准则登记制度，一般只要符合法定条件，均可直接予以注册，而没有烦琐的审查批准程序。

5. 组织机构设置灵活

有限责任公司的机构设置也较股份有限公司简单、灵活。如根据我国《公司法》的规定，股东人数较少、规模较少的有限责任公司，可不设董事会和监事会，只设1名执行董事和1~2名监事即可。

二、有限责任公司的设立

（一）有限责任公司的设立条件

1. 股东符合法定条件

我国《公司法》规定有限责任公司由50个以下股东出资设立，这50人既可以是法人也可以是自然人，甚至是国家，而且对其国籍也没有限制。但禁止党政机关及国家公务员作为公司的发起人。

2. 有符合公司章程规定的全体股东认缴的出资额

股东可用货币出资，也可以用实物、知识产权、土地使用权等可以用货币估价并可以依法转让的非货币财产作价出资；但是，法律、行政法规规定不得作为出资的财产除外。

3. 股东共同制定公司章程

公司章程，又被称为"公司内部的小宪法"，是指公司依法制定的，规定公司名称、住所、经营范围、经营管理制度等重大事项的基本文件。公司章程记载了公司组织、活动基本准则，制定公司章程不仅是公司设立的法定条件，也是公司设立的必经程序。

有限责任公司的章程由全体股东共同制定，其效力及于公司和相关当事人，如公司、股东和董事、监事和经理但公司的章程不仅对参与制定章程的股东或发起人具有约束力，对以后参加公司的股东也同样具有约束力。

我国《公司法》第25条规定有限责任公司章程应当记载的事项包括：（1）公司名称和住所；（2）公司经营范围；（3）公司注册资本；（4）股东的姓名或者名称；（5）股东的出资方式、出资额和出资时间；（6）公司的机构及其产生办法、职权、议事规则；（7）公司法定代表人；（8）股东会会议认为需要规定的其他事项。

股东应当在公司章程上签名、盖章。

4. 有公司名称，建立符合有限责任公司要求的组织机构

公司的名称是公司用以与其他民事主体相区别的人格特定化的文字性标记。公司名称与公司的经营活动相联系，是公司商誉的重要组成部分，具有重要的法律意义。

公司的名称通常由四部分依次组成，即行政区划（即公司所在的省市或县的行政区划名称）、字号（又称商号，由两个以上的汉字或少数民族文字组成，是公司名称中的核心内容，由当事人自由选择名称）、行业或营业特点（即公司所从事的生产、经营、服务的范围、方式和特点）、组织形式（如有限责任公司或股份有限公司）。

投资人在为公司选取字号（商号）的时候应注意不得含有下列内容或文字：有损于

国家、社会利益的；可能对公众造成欺骗或者误解的；外国国家（地区）的名称、国际组织名称；政党名称、党政军机关名称、群众组织名称、社会团体名称及部队番号；汉语拼音字母（外文名称中使用的除外）、数字；其他法律、行政法规所禁止的。此外，除全国性公司并经主管机关核准外，其他公司的名称不得擅自冠以"中国"、"中华"或者冠以"国际"字样。

公司名称经过登记后，即可取得对其名称的专用权，具有法律上的排他效力和禁止他人冒用的效力。

公司的组织机构是公司法人的机关，代表法人从事各种活动，由于有限责任公司的具体形式、股东人数、经营规模不同，法律、法规要求其建立的组织机构也不尽一致。①

5. 有公司住所

《公司法》第10条规定："公司以其主要办事机构所在地为住所。"所谓办事机构所在地一般是指公司开展业务活动，决定和处理公司事务的公司机构所在地。经公司登记机关登记的公司住所只能有一个，同时应当处于公司登记机关的辖区范围内。如果公司住所变更，应履行变更登记手续。

公司住所具有十分重要的法律意义，它不仅是确定公司登记机关和管理机关的依据，诉讼中确认地域管辖和诉讼文书送达地点的依据，也是公司纳税地的确认依据。

（二）有限责任公司的设立程序

1. 订立协议

发起人订立发起公司的协议，明确各自在创办公司过程中的权利义务。

2. 公司名称的预先核准

由公司全体股东指定或委托的代理人向公司登记机关申请公司名称的预先核准。预先核准的公司名称保留期为6个月。预先核准的公司名称在保留期内，不得用于从事经营活动，也不得转让。

3. 制定公司章程

设立有限责任公司，股东应当共同制定公司章程。

4. 申请设立登记

股东认足公司章程规定的出资后，由公司全体股东指定或者共同委托的代理人向公司登记机关报送公司登记申请书、公司章程等文件，申请设立登记。

5. 颁发营业执照

公司登记机关收到申请人提交的符合法律规定的全部文件后，依法进行审查，并于30日内作出是否予以登记的决定。凡是符合法律、法规规定的条件的，由公司登记机关发放企业法人营业执照。公司营业执照签发日期为公司成立日期。公司营业执照应当载明公司的名称、住所、实收资本、经营范围、法定代表人姓名等事项。② 公司凭该营业执照

---

① 参见《公司法》第50条规定："股东人数较少或者规模较小的有限责任公司，可以设1名执行董事，不设董事会。执行董事可以兼任公司经理。"《公司法》第51条规定："有限责任公司设监事会，其成员不得少于3人。股东人数较少或者规模较小的有限责任公司，可以设1~2名监事，不设监事会。"

② 参见《公司法》第7条。

刻制印章，开立银行账户，申请纳税登记。

三、有限责任公司的组织机构

（一）股东会——权力机构

有限责任公司股东会由全体股东组成，股东会是公司的权力机构，依照公司法行使职权。

1. 股东的权利和义务

（1）股东的权利。《公司法》第4条概括性地规定了"公司股东依法享有资产收益、参与重大决策和选择管理者等权利"，具体而言，股东的权利有：

①参加股东会并依法行使表决、选举和被选举等权利。

②获取分红的权利。股东有权按照实缴的出资比例分取红利，但是，全体股东约定不按出资比例分取红利的除外。

③知情权。股东有权查阅、复制公司章程、股东会会议记录、董事会会议决议、监事会会议决议和财务会计报告。股东可以要求查阅公司会计账簿。股东要求查阅公司会计账簿的，应当向公司提出书面请求，说明目的。公司有合理根据认为股东查阅会计账簿有不正当目的，可能损害公司合法利益的，可以拒绝提供查阅，并应当自股东提出书面请求之日起15日内书面答复股东并说明理由。公司拒绝提供查阅的，股东可以请求人民法院要求公司提供查阅。

④提议、召集和主持股东会的权利。公司的首次股东会会议由出资最多的股东召集和主持。在公司的经营过程中代表1/10以上表决权的股东可以自行召集和主持临时股东会会议。

⑤股权转让的权利。

⑥异议股东股权回购的请求权。

有下列情形之一的，对股东会该项决议投反对票的股东可以请求公司按照合理的价格收购其股权：公司连续5年不向股东分配利润，而公司该5年连续盈利，并且符合《公司法》规定的分配利润条件的；公司合并、分立、转让主要财产的；公司章程规定的营业期限届满或者章程规定的其他解散事由出现，股东会会议通过决议修改章程使公司存续的。

自股东会会议决议通过之日起60日内，股东与公司不能达成股权收购协议的，股东可以自股东会会议决议通过之日起90日内向人民法院提起诉讼。

⑦请求司法救济的权利。

董事、监事、高级管理人员执行公司职务时违反法律、行政法规或者公司章程的规定，给公司造成损失的，应当承担赔偿责任。股东会或者股东大会、董事会的会议召集程序、表决方式违反法律、行政法规或者公司章程，或者决议内容违反公司章程的，股东可以自决议作出之日起60日内，请求人民法院撤销。

董事、高级管理人员有上述情形的，有限责任公司的股东、股份有限公司连续180日以上单独或者合计持有1%以上股份的股东，可以书面请求监事会或者不设监事会的有限责任公司的监事向人民法院提起诉讼；监事有上述情形的，前述股东可以书面请求董事会或者不设董事会的有限责任公司的执行董事向人民法院提起诉讼。

监事会、不设监事会的有限责任公司的监事，或者董事会、执行董事收到上述规定的股东书面请求后拒绝提起诉讼，或者自收到请求之日起30日内未提起诉讼，或者情况紧急、不立即提起诉讼将会使公司利益受到难以弥补的损害的，上述规定的股东有权为了公司的利益以自己的名义直接向人民法院提起诉讼。

他人侵犯公司合法权益，给公司造成损失的，股东可以向人民法院提起诉讼。

⑧股东身份的继承权。自然人股东死亡后，其合法继承人可以继承股东资格；但是，公司章程另有规定的除外。

⑨剩余财产的分配请求权。公司财产在分别支付清算费用、职工的工资、社会保险费用和法定补偿金，缴纳所欠税款，清偿公司债务后的剩余财产，有限责任公司按照股东的出资比例分配，股份有限公司按照股东持有的股份比例分配。

⑩解散公司的请求权。公司经营管理发生严重困难，继续存续会使股东利益受到重大损失，通过其他途径不能解决的，持有公司全部股东表决权10%以上的股东，可以请求人民法院解散公司。

（2）股东的义务：

①遵守公司章程；

②按期足额缴纳出资；

③在公司成立后，不得抽逃出资；

④不得滥用股东权利。

2. 股东会的职权

（1）决定公司的经营方针和投资计划；

（2）选举和更换非由职工代表担任的董事、监事，决定有关董事、监事的报酬事项；

（3）审议批准董事会的报告；

（4）审议批准监事会或者监事的报告；

（5）审议批准公司的年度财务预算方案、决算方案；

（6）审议批准公司的利润分配方案和弥补亏损方案；

（7）对公司增加或者减少注册资本作出决议；

（8）对发行公司债券作出决议；

（9）对公司合并、分立、解散、清算或者变更公司形式作出决议；

（10）修改公司章程；

（11）公司章程规定的其他职权。

对上述所列事项股东以书面形式一致表示同意的，可以不召开股东会会议，直接作出决定，并由全体股东在决定文件上签名、盖章。

3. 股东会的召集

首次股东会会议由出资最多的股东召集和主持，依照本法规定行使职权。

股东会会议分为定期会议和临时会议。定期会议应当按照公司章程的规定按时召开。代表1/10以上表决权的股东，1/3以上的董事，监事会或者不设监事会的公司的监事提议召开临时会议的，应当召开临时会议。

4. 股东会的召开程序

有限责任公司设立董事会的，股东会会议由董事会召集，董事长主持；董事长不能履行职务或者不履行职务的，由副董事长主持；副董事长不能履行职务或者不履行职务的，由半数以上董事共同推举1名董事主持。

有限责任公司不设董事会的，股东会会议由执行董事召集和主持。

董事会或者执行董事不能履行或者不履行召集股东会会议职责的，由监事会或者不设监事会的公司的监事召集和主持；监事会或者监事不召集和主持的，代表1/10以上表决权的股东可以自行召集和主持。

召开股东会会议，应当于会议召开15日以前通知全体股东；但是，公司章程另有规定或者全体股东另有约定的除外。

5. 股东会的表决规则

股东会会议上股东按照各自的出资比例来行使表决权，一般事项需要半数以上表决权的股东通过即可，但修改公司章程、增加或者减少注册资本的决议，以及公司合并、分立、解散或者变更公司形式的决议，必须经代表2/3以上表决权的股东通过。

股东会应当对所议事项的决定作成会议记录，出席会议的股东应当在会议记录上签名。

(二) 董事会——决策机构

1. 董事会的组成

董事会成员为3~13人，由股东会选举产生，负责行使公司经营决策权和管理权。董事会设董事长1人，可以设副董事长1~2人，董事长、副董事长的产生办法由公司章程规定。股东人数较少和规模较小的有限责任公司，可以不设立董事会，而只设1名执行董事。

两个以上的国有企业或者两个以上的其他国有投资主体投资设立的有限责任公司，其董事会成员中应当有公司职工代表；其他有限责任公司董事会成员中可以有公司职工代表。董事会中的职工代表由公司职工通过职工代表大会、职工大会或者其他形式民主选举产生。

董事任期由公司章程规定，但每届任期不得超过3年。董事任期届满，连选可以连任。

2. 董事会的职权

(1) 召集股东会会议，并向股东会报告工作；
(2) 执行股东会的决议；
(3) 决定公司的经营计划和投资方案；
(4) 制订公司的年度财务预算方案、决算方案；
(5) 制订公司的利润分配方案和弥补亏损方案；
(6) 制订公司增加或者减少注册资本以及发行公司债券的方案；
(7) 制订公司合并、分立、解散或者变更公司形式的方案；
(8) 决定公司内部管理机构的设置；
(9) 决定聘任或者解聘公司经理及其报酬事项，并根据经理的提名决定聘任或者解聘公司副经理、财务负责人及其报酬事项；

（10）制定公司的基本管理制度；

（11）公司章程规定的其他职权。

3. 董事会的议事规则

董事会会议由董事长召集和主持；董事长不能履行职务或者不履行职务的，由副董事长召集和主持；副董事长不能履行职务或者不履行职务的，由半数以上董事共同推举1名董事召集和主持。

董事会的议事方式和表决程序，除《公司法》有规定的外，由公司章程规定。

董事会决议的表决，实行1人1票。董事会应当对所议事项的决定作成会议记录，出席会议的董事应当在会议记录上签名。

（三）经理——执行机构

有限责任公司可以设经理，负责公司日常经营管理事务。经理由董事会聘任或解聘，对董事会负责，其设置不是法定的。经理列席董事会会议，行使下列职权：

（1）主持公司的生产经营管理工作，组织实施董事会决议；

（2）组织实施公司年度经营计划和投资方案；

（3）拟订公司内部管理机构设置方案；

（4）拟订公司的基本管理制度；

（5）制定公司的具体规章；

（6）提请聘任或者解聘公司副经理、财务负责人；

（7）决定聘任或者解聘除应由董事会决定聘任或者解聘以外的负责管理人员；

（8）董事会授予的其他职权。

公司章程对经理职权另有规定的，从其规定。

（四）监事会——监督机构

1. 监事会的组成

监事会成员不得少于3人。股东人数较少或者规模较小的有限责任公司，可以设1~2名监事，不设监事会。监事会应当包括股东代表和适当比例的公司职工代表，其中职工代表的比例不得低于1/3，具体比例由公司章程规定。董事、高级管理人员不得兼任监事。

监事会设主席1人，由全体监事过半数选举产生。

监事的任期每届为3年。监事任期届满，连选可以连任。

2. 监事会或不设监事会的监事行使下列职权

（1）检查公司财务；

（2）对董事、高级管理人员执行公司职务的行为进行监督，对违反法律、行政法规、公司章程或者股东会决议的董事、高级管理人员提出罢免的建议；

（3）当董事、高级管理人员的行为损害公司的利益时，要求董事、高级管理人员予以纠正；

（4）提议召开临时股东会会议，在董事会不履行《公司法》规定的召集和主持股东会会议职责时召集和主持股东会会议；

（5）向股东会会议提出提案；

(6) 依法代表公司对董事、高级管理人员提起诉讼；
(7) 公司章程规定的其他职权。

3. 监事会的议事规则

监事可以列席董事会会议，并对董事会决议事项提出质询或者建议。监事会、不设监事会的公司的监事发现公司经营情况异常，可以进行调查；必要时，可以聘请会计师事务所等协助其工作，费用由公司承担。

监事会每年度至少召开1次会议，监事可以提议召开临时监事会会议。

监事会的议事方式和表决程序，除《公司法》有规定的外，由公司章程规定。

监事会决议应当经半数以上监事通过。监事会应当对所议事项的决定作成会议记录，出席会议的监事应当在会议记录上签名。

监事会、不设监事会的公司的监事行使职权所必需的费用，由公司承担。

(五) 公司董事、监事、高级管理人员的资格和义务

1. 公司高管的任职资格

公司的董事、监事、高级管理人员直接负责公司日常事务的管理，在公司发展的早期阶段，对这些人员并无严格的要求，但随着管理专业化倾向的迅速发展，为了能确保科学、有效地管理公司，各国公司立法都对公司高级管理人员的任职资格做了各种限制。我国《公司法》第146条规定，有下列情形之一的，不得担任公司的董事、监事、高级管理人员：

(1) 无民事行为能力或者限制民事行为能力；

(2) 因贪污、贿赂、侵占财产、挪用财产或者破坏社会主义市场经济秩序，被判处刑罚，执行期满未逾5年，或者因犯罪被剥夺政治权利，执行期满未逾5年；

(3) 担任破产清算的公司、企业的董事或者厂长、经理，对该公司、企业的破产负有个人责任的，自该公司、企业破产清算完结之日起未逾3年；

(4) 担任因违法被吊销营业执照、责令关闭的公司、企业的法定代表人，并负有个人责任的，自该公司、企业被吊销营业执照之日起未逾3年；

(5) 个人所负数额较大的债务到期未清偿。

公司违反上述规定选举、委派董事、监事或者聘任高级管理人员的，该选举、委派或者聘任无效。董事、监事、高级管理人员在任职期间丧失完全行为能力的，公司应当解除其职务。

【案例2-2】

甲公司于2008年7月依法成立，现有数名推荐的董事人选，依照《公司法》规定，试分析下列哪些人员不能担任公司董事？

王某，因担任企业负责人犯重大责任事故罪，于2001年6月被判处3年有期徒刑，2004年刑满释放。

张某，与他人共同投资设立一家有限责任公司，持股70%，该公司长期经营不善，负债累累，于2006年被宣告破产。

徐某，2003年向他人借款100万元，为期2年，但因资金被股市套住至今未清偿。

赵某，曾任某音像公司董事长，该公司因未经著作权人许可大量复制音像制品，于2006年5月被工商部门吊销营业执照，赵某负有个人责任。①

解析：王某可以，因为他所犯的重大责任事故罪不在《公司法》第147条所规定的罪名之列。

张某可以，因为对于企业的破产他并非负有个人责任。

徐某和赵某不具备担任董事的资格。

2. 公司高管的禁止义务

董事、监事、高级管理人员应当遵守法律、行政法规和公司章程，对公司负有忠实义务和勤勉义务。董事、监事、高级管理人员不得利用职权收受贿赂或者其他非法收入，不得侵占公司的财产。

《公司法》第148条更进一步明确规定了董事、高级管理人员不得有下列行为：

（1）挪用公司资金；

（2）将公司资金以其个人名义或者以其他个人名义开立账户存储；

（3）违反公司章程的规定，未经股东会、股东大会或者董事会同意，将公司资金借贷给他人或者以公司财产为他人提供担保；

（4）违反公司章程的规定或者未经股东会、股东大会同意，与本公司订立合同或者进行交易；

（5）未经股东会或者股东大会同意，利用职务便利为自己或者他人谋取属于公司的商业机会，自营或者为他人经营与所任职公司同类的业务；

（6）接受他人与公司交易的佣金归为己有；

（7）擅自披露公司秘密；

（8）违反对公司忠实义务的其他行为。

董事、高级管理人员违反上述规定所得的收入应当归公司所有。董事、监事、高级管理人员执行公司职务时违反法律、行政法规或者公司章程的规定，给公司造成损失的，应当承担赔偿责任。

【案例2-3】

马某为某市电器商场股份有限公司董事兼总经理。2004年11月，马某以本市三元公司名义从国外进口一批家电产品，共计价值240多万元。之后，马某将该批家电产品销售给了本市天鹅公司。电器商场董事会得知此事后，认为马某身为本公司董事兼总经理，负有竞业禁止义务，不得经营与本公司同类的业务，马某的行为违反了有关法律规定，应属无效。于是，决议责成马某取消该合同，而将该批家电产品由电器商场买下。

天鹅公司认为，该批家电产品的买卖，是在本公司与三元公司之间进行的，与电器商场无关。合同成立时双方当事人意思表示一致，而且合同的内容不违法，所以是有效的。至于马某作为电器商场董事而经营与电器商场相同业务，属于电器商场的内部事务，与三

---

① 2008年国家司法考试试卷三第76题。

元公司和天鹅公司无关。双方争执不下，遂诉至人民法院。法院查明，马某曾于12月决定以电器商场的一幢楼房为电器商场第一大股东本市建华工程公司的债务提供担保；于2004年10月将自己的一辆小轿车卖给电器商场，事后公司的股东才知晓情况。①

请问：

（1）马某买卖家电的行为是否合法？为什么？
（2）电器商场的主张有依据吗？为什么？
（3）对马某买卖家电的行为应如何处理？
（4）对马某为建华工程公司提供担保的行为可以作出哪些处理？
（5）马某卖小轿车给电器商场的行为是否有效？为什么？

解析：

（1）不合法。因马某买卖家电的行为违反了公司董事、经理的竞业禁止义务。

（2）电器商场的主张无依据。马某为三元公司买家电又卖给天鹅公司，是在三元、天鹅公司之间进行的，该合同合法有效，不能因为马某违反竞业禁止义务而认定其竞业行为本身为无效民事行为。

（3）应将马某所得收入归电器商场所有，并可由电器商场给予处分。

（4）可作以下处理：①责令取消该担保；②由马某赔偿电器商场损失；③马某因担保所得收入归电器商场所有；④由电器商场给予马某处分。

（5）无效。因为该行为违反了公司董事、经理的自我交易禁止义务。

四、有限责任公司的股权转让

有限责任公司股权的转让可分为以下两种方式：

一是公司内部的股权转让，即股东将股权转让给现有股东。内部股权转让时，采用自由转让的原则，股东间可以相互转让其全部或部分股权。

二是公司外部的股权转让，即股东将股权转让给现有股东以外的其他投资者。外部股权转让时，为保障公司的人合性作出了限制性的规定。（1）赋予其他股东同意权。股东向股东以外的人转让股权，应当经其他股东过半数同意。股东应就其股权转让事项书面通知其他股东征求同意，其他股东自接到书面通知之日起满30日未答复的，视为同意转让。其他股东半数以上不同意转让的，不同意的股东应当购买该转让的股权；不购买的，视为同意转让。（2）赋予其他股东优先购买权。经股东同意转让的股权，在同等条件下，其他股东有优先购买权。两个以上股东主张行使优先购买权的，协商确定各自的购买比例；协商不成的，按照转让时各自的出资比例行使优先购买权。

五、一人有限责任公司

（一）一人公司的概念

一人公司又称独资公司，是指只有一个自然人股东或者一个法人股东的有限责任

---

① 曲振涛主编：《经济法习题与案例集》，高等教育出版社2007年版，第5页。

公司。

(二) 一人公司的设立

一人有限责任公司作为一种特殊的有限责任公司,《公司法》对其作出了以下特别规定:

1. 股东的限制

一个自然人只能投资设立一个一人有限责任公司,且该一人有限责任公司不能投资设立新的一人有限责任公司。因一个自然人设立若干家一人公司,易导致公司资产薄弱,清偿债务的能力减弱,且易造成资产转移,因此设此限制。

2. 公司登记的特别要求

一人有限责任公司应当在公司登记中注明自然人独资或者法人独资,并在公司营业执照中载明。其目的在于使与之交易的第三人能够非常清楚地知道该公司的唯一股东是自然人还是法人,以判断交易风险。

3. 公司章程的制定

一人有限责任公司的章程由股东制定。

(三) 组织机构

一人有限责任公司不设股东会,经营中的事项都可以由股东个人决定,但股东行使股东会职权时,应当采用书面形式,并由股东签名后置备于公司。

(四) 财务制度

一人有限责任公司应当在每一会计年度终了时编制财务会计报告,并经会计师事务所审计。对于财务制度,《公司法》对一人有限公司规定了与普通有限责任公司同样严格的审计制度,这样能保证企业的真实的经营状况。

(五) 一人公司的法人人格否认

因一人公司中缺乏股东间的相互制约,可能以公司名义为与公司利益无关的事项借贷或提供担保、有计划地独占公司的财产、欺诈债权人、回避契约义务等,因此有适用人格否认制度的必要。一人有限责任公司的股东不能证明公司财产独立于股东自己的财产的,应当对公司债务承担连带责任。

六、国有独资公司

(一) 概念

国有独资公司是指国家单独出资、由国务院或者地方人民政府授权本级人民政府国有资产监督管理机构履行出资人职责的有限责任公司。

(二) 国有独资公司的组织机构

1. 权力机构

由于国有独资公司的股东的唯一性,因而不设股东会,其决策的职能只能由国有资产监督管理机构代为行使股东会职权,国有资产监督管理机构可以授权公司董事会行使股东会的部分职权,决定公司的重大事项,但公司的合并、分立、解散、增加或者减少注册资本和发行公司债券，必须由国有资产监督管理机构决定；其中，重要的国有独资公司合并、分立、解散、申请破产的，应当由国有资产监督管理机构审核后，报本级人民政府批准。

国有独资公司的章程由国有资产监督管理机构制定，或者由董事会制定报国有资产监督管理机构批准。

2. 董事会

国有独资公司的董事会成员为3~13人，其中应有公司职工代表。职工董事由公司职工民主选举产生，其他董事由国家授权投资的机构或国家授权的部门按照董事会的任期委派或者更换。董事会设董事长一人，可以设副董事长。董事长、副董事长由国有资产监督管理机构从董事会成员中指定。董事会每届任期不超过3年。

国有独资公司的职权范围由两部分组成：

（1）行使《公司法》关于有限责任公司董事会的所有职权。

（2）行使经国家授权投资的机构或国家授权的部门授权的部分股东会的职权，如决定公司的经营方针和投资计划；决定公司的年度财务预算方案和投资计划；决定公司的利润分配方案和弥补亏损方案。

3. 经理

国有独资公司设经理，主持公司的日常经营管理工作，是董事会的执行机关。其职权与一般有限责任公司经理的职权相同，由董事会聘任或者解聘。经国家授权投资的机构或者国家授权的部门同意，董事会成员可以兼任经理。

4. 监事会

国有独资公司监事会成员不得少于5人，其中职工代表的比例不得低于1/3，具体比例由公司章程规定。监事会成员由国有资产监督管理机构委派；但监事会成员中的职工代表由公司职工代表大会选举产生。监事会主席由国有资产监督管理机构从监事会成员中指定。监事会行使一般有限责任公司的职权和国务院规定的其他职权。

5. 董事、经理的专任制度

国有独资公司规定了较为严格的专任制度。《公司法》第69条规定，国有独资公司的董事长、副董事长、董事、高级管理人员，未经国有资产监督管理机构同意，不得在其他有限责任公司、股份有限公司或者其他经济组织兼职。这也扩大了对国有独资公司董事、经理的竞业禁止义务的范围。一般有限责任公司董事、经理竞业禁止的范围限于与其所任职公司"同类的营业"；国有独资公司董事、经理竞业禁止的范围则扩及其他任何有限责任公司、股份有限公司或者其他经营组织。

【案例2-4】

甲企业为国家授权投资的机构出资设立的有限责任公司。公司因无股东会，由董事会行使股东会的部分职权。董事会成员有4人，全部是国家授权投资机构任命的干部，无一职工代表，董事长张某还兼任另一有限公司的负责人。该企业于2002年12月在深圳设立一子公司，为有限责任公司。

甲企业对此子公司投资1000万元，该子公司自有国有资产2000万元，加上公司投资全部资产为 3000 万元。在某一大型活动中，该子公司投入资金 2000 万元，再加上从银行的贷款 1000 万元。由于投资决策失误，该子公司血本无归，全部亏损 3000 万元，被宣告破产。该子公司决定放弃原母公司对其的欠款 50 万元，并且将自己的一些设备无偿转让给母公司。债权人知道后向法院申报，要求终结该企业的整顿，宣告其破产。①

请问：

（1）该国有独资公司董事会的组成在哪些方面违反了《公司法》的规定？

（2）该国有独资公司是否应对深圳子公司的全部债务承担连带责任？为什么？

（3）债权人的申请能否得到法院的支持？为什么？

（4）子公司无偿转让给母公司的设备应如何处理？

解析：

（1）该国有独资公司董事会的组成在以下两方面违反了公司法规定：①无职工代表；②董事长不应兼任另一有限公司负责人。

（2）该国有独资公司不应对深圳子公司的全部债务承担连带责任，应以其 1000 万元出资为限承担责任。因为该子公司是独立的企业法人，依法应独立承担责任，国有独资公司作为股东承担有限责任。

（3）债权人的申请法院应予支持，因为子公司在整顿期间的行为违反了法律规定，侵害了其他债权人的利益，依法应予以终结整顿。

（4）子公司无偿转让给母公司的设备应由管理人向法院申请追回，并列入破产财产。

第四节　股份有限公司

一、股份有限公司的概念及特征

股份有限公司是指全部资本由等额股份构成并通过发行股票筹集，股东以其所认购的股份对公司承担责任，公司以其全部资本对公司债务承担责任的公司。股份有限公司与其他公司类型相比较，具有以下法律特征：

1. 信用基础的资合性

股份有限公司可采取公开募股的方式来筹集公司资本，股份有限公司的信用基础在于公司资本和资产，任何自然人、法人都可购买该公司的股票成为股东，股东间的关系较为松散，具有资合性特征。

2. 资本结构的股份化

股份有限公司的资本均分为等额的股份，每个股东所持有的股份数额可以不同，但每股的金额必须相等。这既适应了其公开发行股份的需要，也便于股东权利的确定和行使，是区别于有限责任公司的重要特征之一。

---

① 曲振涛主编：《经济法习题与案例集》，高等教育出版社 2007 年版，第 60 页。

3. 经营状况的公开性

股份有限公司股份履行的公开性及股份转让的自由性，使得其经营状况不仅要向股东公开，还必须向社会公开，使社会公众了解其经营状况，以最大限度地保护公司股东、债权人及社会公众利益。因此一些英美法系国家也称之为开放式公司。

二、股份有限公司的设立

股份有限公司的设立，可以采取发起设立或者募集设立的方式。

（一）股份有限公司的设立条件

1. 发起人符合法定人数

在我国，股份有限公司的发起人可以是自然人，也可以是法人，甚至是国家。设立股份有限公司，应当有 2 人以上 200 人以下的发起人，其中须有半数以上的发起人在中国境内有住所。

2. 有符合公司章程规定的全体发起人认购的股本总额或者募集的实收股本总额

股份有限公司采取发起设立方式设立的，注册资本为在公司登记机关登记的全体发起人认购的股本总额。

股份有限公司采取募集方式设立的，注册资本为在公司登记机关登记的实收股本总额。在发起人认购的股份缴足前，不得向他人募集股份。

法律、行政法规以及国务院对股份有限公司注册资本实缴、注册资本最低限额另有规定的，从其规定。

3. 股份发行、筹办事项符合法律规定

发起人应承办公司筹办事项涉及《公司法》和《证券法》的相关规定，包括向国务院授权的部门或者向省级人民政府申请批准，办理申请股票的发行、招股、股票的交付等其他有关事务。

4. 发起人制定公司章程，采用募集方式设立的经创立大会通过

股份有限公司章程由发起人起草，并经创立大会表决同意的方式通过。

《公司法》第 82 条规定了股份有限公司章程应当记载的事项包括：（1）公司名称和住所；（2）公司经营范围；（3）公司设立方式；（4）公司股份总数、每股金额和注册资本；（5）发起人的姓名或者名称、认购的股份数、出资方式和出资时间；（6）董事会的组成、职权和议事规则；（7）公司法定代表人；（8）监事会的组成、职权和议事规则；（9）公司利润分配办法；（10）公司的解散事由与清算办法；（11）公司的通知和公告办法；（12）股东大会会议认为需要规定的其他事项。

5. 有公司名称，建立符合股份有限公司要求的组织机构

公司名称中必须标明"股份有限责任公司"字样；采取发起设立的，必须在发起人全部出资后，选举董事会和监事会；采取募集设立方式，应依法召开创立大会，选举董事会、监事会等。

6. 有公司住所

公司住所，是指公司的主要办事机构所在地，是公司处理业务的中枢机构所在地。

（二）股份有限公司的设立程序

股份有限公司可以采取发起设立或者募集设立的方式，在有限责任公司部分已经详细介绍了发起设立的整个过程，这里仅介绍募集设立的程序。

（1）签订发起人协议。《公司法》第79条规定："股份有限公司发起人承担公司筹办事务。发起人应当签订发起人协议，明确各自在公司设立过程中的权利和义务。"

（2）发起人认购股份。发起人认购的股份不得少于公司股份总数的35%；但是，法律、行政法规另有规定的，从其规定。

（3）发起人向国务院证券监督管理机构提出股票发行的申请。

（4）发起人制作并公告招股说明书、制作认股书。招股说明书应当附有发起人制定的公司章程，并载明下列事项：发起人认购的股份数；每股的票面金额和发行价格；无记名股票的发行总数；募集资金的用途；认股人的权利、义务；本次募股的起止期限及逾期未募足时认股人可以撤回所认股份的说明。

（5）与证券公司签订承销协议，与银行签订代收股款协议。

（6）认股人按认股书要求填写认购股数、金额、住所，并签名、盖章。认股人按照所认购股数缴纳股款。

（7）发起人应当自股款缴足之日起30日内主持召开公司创立大会。创立大会由发起人、认股人组成。发起人应当在创立大会召开15日前将会议日期通知各认股人或者予以公告。创立大会应有代表股份总数过半数的发起人、认股人出席，方可举行。创立大会行使下列职权：审议发起人关于公司筹办情况的报告；通过公司章程；选举董事会成员；选举监事会成员；对公司的设立费用进行审核；对发起人用于抵作股款的财产的作价进行审核；发生不可抗力或者经营条件发生重大变化直接影响公司设立的，可以作出不设立公司的决议。

创立大会对前款所列事项作出决议，必须经出席会议的认股人所持表决权过半数通过。

（8）董事会应于创立大会结束后30日内，向公司登记机关报送相关文件，申请设立登记。

（9）颁发营业执照。

（三）发起人应当承担的责任

（1）公司不能起立时，对设立行为所产生的债务和费用负连带责任。

（2）公司不能成立时，对认股人已缴纳的股款，负返还股款并加算银行同期存款利息的连带责任。

（3）在公司设立过程中，由于发起人的过失致使公司利益受到损害的，应当对公司承担赔偿责任。

三、股份有限公司的组织机构

（一）股东大会

1. 股东大会的职权

股份有限公司的股东大会的职权同有限责任公司股东会的职权，此处不赘述。

2. 股东大会的召集

股东大会分为定期会议和临时会议。股东大年会应当每年召开一次。有下列情形之一的，应当在 2 个月内召开临时股东大会：董事人数不足《公司法》规定人数或者公司章程所定人数的 2/3 时；公司未弥补的亏损达实收股本总额 1/3 时；单独或者合计持有公司 10% 以上股份的股东请求时；董事会认为必要时；监事会提议召开时；公司章程规定的其他情形。

3. 股东大会的召开程序

股东大会会议由董事会召集，董事长主持；董事长不能履行职务或者不履行职务的，由副董事长主持；副董事长不能履行职务或者不履行职务的，由半数以上董事共同推举 1 名董事主持。

董事会不能履行或者不履行召集股东大会会议职责的，监事会应当及时召集和主持；监事会不召集和主持的，连续 90 日以上单独或者合计持有公司 10% 以上股份的股东可以自行召集和主持。

召开股东大会会议，应当将会议召开的时间、地点和审议的事项于会议召开 20 日前通知各股东；临时股东大会应当于会议召开 15 日前通知各股东；发行无记名股票的，应当于会议召开 30 日前公告会议召开的时间、地点和审议事项。

单独或者合计持有公司 3% 以上股份的股东，可以在股东大会召开 10 日前提出临时提案并书面提交董事会；董事会应当在收到提案后 2 日内通知其他股东，并将该临时提案提交股东大会审议。临时提案的内容应当属于股东大会职权范围，并有明确议题和具体决议事项。股东大会不得对前两款通知中未列明的事项作出决议。

4. 股东大会的表决规则

股东出席股东大会会议，所持每一股份有一表决权。但是，公司持有的本公司股份没有表决权。股东大会的议事规则遵循资本多数决原则，作出决议须经出席会议的股东所持表决权过半数通过。但是，股东大会作出修改公司章程、增加或者减少注册资本的决议，以及公司合并、分立、解散或者变更公司形式的决议，须经出席会议的股东所持表决权的 2/3 以上通过。

（二）董事会

1. 董事会的组成

董事会成员为 5~19 人，设董事长 1 人，副董事长 1~2 人。董事由股东大会按照法律和公司章程规定的决议程序选举产生。董事长和副董事长由董事会以全体董事过半数选举产生。董事任期由公司章程规定，但每届任期不得超过 3 年。董事任期届满，连选可以连任。

2. 董事会的职权

董事会的职权同有限责任公司董事会职权，此处不赘述。

3. 董事会议事的召集

董事会每年度至少召开两次会议，每次会议应当于会议召开 10 日前通知全体董事和监事。

代表 1/10 以上表决权的股东、1/3 以上董事或者监事会，可以提议召开董事会临时会议。董事长应当自接到提议后10日内,召集和主持董事会会议。董事会召开临时会议,可以另定召集董事会的通知方式和通知时限。

4. 董事会的召开程序

董事长召集和主持董事会会议,检查董事会决议的实施情况。副董事长协助董事长工作,董事长不能履行职务或者不履行职务的,由副董事长履行职务;副董事长不能履行职务或者不履行职务的,由半数以上董事共同推举1名董事履行职务。

董事会会议应有过半数的董事出席方可举行。董事会作出决议,必须经全体董事的过半数通过。董事会决议的表决,实行一人一票。

董事会会议,应由董事本人出席;董事因故不能出席,可以书面委托其他董事代为出席,委托书中应载明授权范围。

董事会应当对会议所议事项的决定作成会议记录,出席会议的董事应当在会议记录上签名。董事应当对董事会的决议承担责任。董事会的决议违反法律、行政法规或者公司章程、股东大会决议,致使公司遭受严重损失的,参与决议的董事对公司负赔偿责任。但经证明在表决时曾表明异议并记载于会议记录的,该董事可以免除责任。

(三) 经理

股份有限公司的经理由董事会聘任或解聘,负责公司的日常经营管理工作,其职权同有限责任公司经理的规定。经理机关并非会议形式的机关,其行为不需要通过会议以多数原则形成意志和决议,而是以担任总经理的高级管理者的最终意志为准。

(四) 监事会

1. 监事会的组成

监事会成员由股东代表和适当比例的公司职工组成,其中职工代表的比例不得低于1/3,具体比例由公司章程规定。监事会人数不得少于3人,董事、经理、财务负责人不得兼任监事。监事会设主席1人,可以设副主席。监事会主席和副主席由全体监事过半数选举产生。监事任期3年,可以连选连任。

2. 监事会的职权

《公司法》关于有限责任公司监事会职权的规定,适用于股份有限公司监事会。监事会行使职权所必需的费用,由公司承担。

3. 监事会的议事规则

监事会主席召集和主持监事会会议;监事会主席不能履行职务或者不履行职务的,由监事会副主席召集和主持监事会会议;监事会副主席不能履行职务或者不履行职务的,由半数以上监事共同推举1名监事召集和主持监事会会议。

监事会每6个月至少召开1次会议。监事可以提议召开临时监事会会议。监事会决议应当经半数以上监事通过。

四、股份有限公司的股份转让

股份有限公司作为典型的资合公司,以公司资本为其信用基础,股份一经发行,原则上就可自由转让。但为了维护公司财产的稳定性,保护社会公众投资者的利益,《公司法》对股份的转让作了必要的限制,主要规定为:

（1）股东转让股份，须在依法设立的证券交易场所或者按照国务院规定的其他方式进行。

（2）记名股票的转让，由股东以背书方式或者法律、行政法规规定的其他方式转让，须由公司将受让人的姓名或名称及住所记载于股东名册。无记名股票的转让，由股东将该股票交付给受让人后即发生转让的效力。

（3）发起人持有的本公司的股份，自公司成立之日起1年内不得转让。公司公开发行股份前已发行的股份，自公司股票在证券交易所上市交易之日起1年内不得转让。

（4）公司董事、监事、高级管理人员应当向公司申报所持有的本公司的股份及其变动情况，在任职期间每年转让的股份不得超过其所持有本公司股份总数的25%；所持本公司股份自公司股票上市交易之日起1年内不得转让。上述人员离职后半年内，不得转让其所持有的本公司股份。公司章程可以对公司董事、监事、高级管理人员转让其所持有的本公司股份作出其他限制性规定。

（5）一般情况下公司不得收购自己的股票，但是，有下列情形之一的除外：

①减少公司注册资本；②与持有本公司股份的其他公司合并；③将股份奖励给本公司职工；④股东因对股东大会作出的公司合并、分立决议持异议，要求公司收购其股份的。

公司因上述第①项至第②项的原因收购本公司股份的，应当经股东大会决议。公司依照上述规定收购本公司股份后，属于第①项情形的，应当自收购之日起10日内注销；属于第②项、第④项情形的，应当在6个月内转让或者注销。

公司依照上述第③项规定收购的本公司股份，不得超过本公司已发行股份总额的5%；用于收购的资金应当从公司的税后利润中支出；所收购的股份应当在1年内转让给职工。

（6）公司不得接受本公司的股票作为质押权的标的。

五、上市公司的特别规定

（一）上市公司的概念

上市公司，是指其股票在证券交易所上市交易的股份有限公司。上市公司在性质上属于股份有限公司，且是符合法定上市条件的股份有限公司，其股票在证券交易所上市交易。

（二）上市公司特有的制度

1. 特别决议事项

上市公司在1年内购买、出售重大资产或者担保金额超过公司资产总额30%的，应当由股东大会作出决议，并经出席会议的股东所持表决权的2/3以上通过。

2. 独立董事制度

2001年8月16日，证监会发布的《关于在上市公司建立独立董事制度的指导意见》中规定上市公司应当设立独立董事，在2003年6月30日前，上市公司董事会成员中应当至少包括1/3独立董事。

所谓独立董事是指不在公司担任除董事以外的其他职务，并与其所受聘的上市公司及其主要股东不存在可能妨碍其进行独立客观判断的关系的董事。

上市公司赋予独立董事以下特别职权：(1) 重大关联交易（指上市公司拟与关联人达成的总额高于300万元或高于上市公司最近经审计净资产值的5%的关联交易）应由独立董事认可后，提交董事会讨论；独立董事作出判断前，可以聘请中介机构出具独立财务顾问报告，作为其判断的依据；(2) 向董事会提议聘用或解聘会计师事务所；(3) 向董事会提请召开临时股东大会；(4) 提议召开董事会；(5) 独立聘请外部审计机构和咨询机构；(6) 可以在股东大会召开前公开向股东征集投票权。

独立董事除履行上述职责外，还应当对以下事项向董事会或股东大会发表独立意见：(1) 提名、任免董事；(2) 聘任或解聘高级管理人员；(3) 公司董事、高级管理人员的薪酬；(4) 上市公司的股东、实际控制人及其关联企业对上市公司现有或新发生的总额高于300万元或高于上市公司最近经审计净资产值的5%的借款或其他资金往来，以及公司是否采取有效措施回收欠款；(5) 独立董事认为可能损害中小股东权益的事项；(6) 公司章程规定的其他事项。

3. 董事会秘书

上市公司应当设董事会秘书，负责公司股东大会和董事会会议的筹备、文件保管以及公司股东资料的管理，办理信息披露事务等事宜。董事会秘书属于公司高级管理人员，在公司治理结构中具有重要意义。

4. 关联交易的回避问题

上市公司董事与董事会会议决议事项所涉及的企业有关联关系的，不得对该项决议行使表决权，也不得代理其他董事行使表决权。该董事会会议由过半数的无关联关系董事出席即可举行，董事会会议所作决议须经无关联关系董事过半数通过。出席董事会的无关联关系董事人数不足3人的，应将该事项提交上市公司股东大会审议。

六、公司的股票和债券

（一）公司的股票

1. 股份和股票的概念

股份有限公司的资本划分等额的单位，每一份即为一股份。股票是公司签发的证明股东所持股份的凭证。公司的股份以股票为表现形式。

2. 股份发行的原则

股份的发行，应实行同股同权、同权同利、同股同价。同种类的每一股份应当具有同等权利和义务；同次发行的同种类股票，每股的发行条件和价格应当相同；任何单位或者个人所认购的股份，每股应当支付相同价额。

股票发行价格可以按票面金额，也可以超过票面金额，但不得低于票面金额。

（二）公司的债券

1. 公司债券的定义及特征

（1）定义

公司债券，又称公司债，是公司依照法定程序发行的，约定在一定期限内还本付息的有价证券。公司债券是以公司为债务人，以债券持有人为债权人的特定金钱债务关系。

（2）公司债券的特征

①公司债券是一种要式证券。公司符合法定的债券发行条件,均可依法发行,但须严格依照我国《公司法》和《证券法》对发行公司的资格、条件、程序的规定发行。

②公司债券是设权证券。债券是设定债权债务关系的证券,是一种借贷关系,到期公司要还本付息。

③公司债券是一种有价证券。公司证券是由公司发行的在规定期限内还本付息的权利证书,代表一定的金钱利益,具有流通性。

④以借贷方式向公众筹集资金,利率固定、风险较小、易于吸资。

2. 股票和公司债券的区别

公司债券和股票都是公司长期融资最常用的手段,都是表示投资者权利可转让流通的证券,但两者仍有区别,详见下表:

名称	主体法律地位	权利性质	承担风险	发行主体	收益稳定性
公司债券	持有人是公司的债权人,两者间的关系是公司的外部关系	表示的是对公司的还本付息的请求权,持有者无权过问公司的经营管理	债券只是一般的投资对象,其交易转让的周转率比股票较低	符合法定条件的所有公司	债券在购买之前,利率已定,到期就可以获得固定利息,而不管发行债券的公司经营获利与否
股票	持有人是公司的股东,两者间的关系是公司的内部关系	表示的是对公司的所有权,有权直接或间接地参与公司的经营管理	股票交易转让的周转率高,市场价格变动幅度大,风险大	股份有限公司	股票一般在购买之前不定股息率,股息收入随股份公司的盈利情况变动而变动

3. 可转换为股票的公司债券

可转换为股票的公司债券,简称可转债,债券持有人对转换股票或者不转换股票有选择权。投资者可以在公司经营状况一般的情况下到期领取稳定的利息收益,也可以在二级市场上卖出债券,获取价差,还可以在公司经营业绩优良的时候转换成公司股票,获得更为丰厚的投资收益。由于可转债兼具股票和债券的双重属性,在我国,目前仅上市公司经股东大会决议可以发行可转换为股票的公司债券,并在公司债券募集办法中规定具体的转换办法。上市公司发行可转换为股票的公司债券,应当报国务院证券监督管理机构核准。

第五节 外国公司的分支机构

外国公司是指依照外国法律在中国境外登记成立的公司,其分支机构是指外国公司依照我国法律规定,在我国境内设立的从事生产经营活动的场所或办事机构。外国公司的分支机构不同于外国企业常驻代表机构,也不同于外商投资企业。在我国境内的形式主要有：外国公司在我国境内从事生产经营活动的分公司；外国公司在我国境内设立的从事业务活动的代表机构、代理机构；外国公司在我国境内开设的从事勘探、承包经营、承包建筑、安装、仓储、转运等作业场所或经营场所。

一、外国公司分支机构的法律地位

（一）外国公司分支机构不具有独立的法人资格

外国分支机构没有独立于其所属外国公司的名称，没有自己独立的公司章程，一般不具备独立法人的内部组织机构，仅由其所属的外国公司中国境内指定负责该分支机构的代表人或者代理人即可。

（二）外国公司分支机构不能单独承担民事责任

因外国公司分支机构不具有法人资格，也就不具备法人独立的责任能力，其在生产经营活动中所产生的民事责任由外国公司承担。

（三）外国公司分支机构没有独立的财产

外国公司分支机构由外国公司向该分支机构拨付与其所从事的经营活动相适应的资金。

二、外国公司分支机构的设立

外国公司分支机构的设立是外国公司依照我国法律所规定的条件和程序，在我国境内为其分支机构取得经营资格的行为，其设立须符合我国法律规定的设立条件和设立程序。

（一）设立条件

（1）必须在中国境内指定负责该分支机构的代表人或代理人，以代表该外国公司组织生产经营活动，签订合同，参加诉讼活动等。

（2）必须向该分支机构拨付与其所从事的经营活动相适应的资金，对外国公司分支机构的经营资金需要规定最低限额的，由国务院另行规定。此规定一方面是为保证外国公司分支机构生产经营活动的正常进行，另一方面也是为了保护与其进行交易的债权人，维护社会经济秩序。

（3）外国公司的分支机构应当在其名称中标明该外国公司的国籍及责任形式，以保护与外国公司分支机构进行交易的债权人的知情权，保障其合法利益。

（4）外国公司的分支机构应当在本机构中置备该外国公司章程。

（二）设立程序

如果说《公司法》规定外国公司分支机构的设立条件是为了保证该机构的生产经营活动与债权人利益，那么设立程序的规定则体现了国家对外国投资的监督管理与引导。其设立程序包括审批与登记两个阶段：一是申请人（外国公司或其代理人）须向中国主管机关提出申请，并提交其公司章程、所属国的公司登记证书等有关文件，获取有关主管机关的批准；二是在经批准后，依照法定的程序向公司登记机关依法办理登记手续，领取营业执照。

三、外国公司分支机构的清算

外国公司分支机构的清算是指该分支机构被撤销后，为终结相关法律关系，而对该分支机构的债权债务进行清理的行为。清算时依照《公司法》有关公司清算的规定执行，未清偿债务之前，不得将分支机构的财产移至中国境外。具体程序如下：

(1) 在法定期间内成立清算组。
(2) 通知和公告债权人。
(3) 财产的清理与分配。
(4) 办理注销登记。

【思考题】

1. 有限责任公司和股份有限公司有哪些区别？
2. 一人有限责任公司和个人独资企业有何区别？
3. 公司的股票和债券有何不同？
4. 公司法人人格否认制度适用的条件？
5. 公司股东有哪些权利和义务？
6. 2007 年 2 月，甲乙丙丁戊五人共同出资设立北陵贸易有限责任公司（简称北陵公司）。公司章程规定：公司注册资本 500 万元；持股比例各 20%；甲、乙各以 100 万元现金出资，丙以私有房屋出资，丁以专利权出资，戊以设备出资，各折价 100 万元；甲任董事长兼总经理，负责公司经营管理；公司前 5 年若有利润，甲得 28%，其他四位股东各得 18%，从第 6 年开始平均分配利润。

至 2010 年 9 月，丙的房屋仍未过户登记到公司名下，但事实上一直由公司占有和使用。

公司成立后 1 个月，丁提出急需资金，向公司借款 100 万元，公司为此召开临时股东会议，作出决议如下：同意借给丁 100 万元，借期 6 个月，每月利息 1 万元。丁向公司出具了借条。虽至今丁一直未归还借款，但每月均付给公司利息 1 万元。

戊不幸于 2008 年 5 月地震中遇难，其 13 岁的儿子幸存下来。

北陵公司欲向农业银行借款 200 万元，以设备作为担保，银行同意，双方签订了借款合同和抵押合同，但未办理抵押登记。

2010 年 5 月，乙提出欲将其股份全部转让给甲，甲愿意受让。①

请问：

(1) 北陵公司章程规定的关于公司前 5 年利润分配的内容是否有效？为什么？
(2) 丙作为出资的房屋未过户到公司名下，对公司的设立会产生怎样的后果？在房屋已经由公司占有和使用的情况下，丙是否需要承担违约责任？
(3) 丁向公司借款 100 万元的行为是否构成抽逃注册资金？为什么？
(4) 戊 13 岁的儿子能否继承戊的股东资格而成为公司的股东？为什么？
(5) 乙向甲转让股份时，其他股东是否享有优先受让权？为什么？

---

① 案例来源：根据 2010 年国家司法考试卷四第 6 题改编。

第三章 企业破产法

【重难点提示】破产原因；债务人财产及相关权利；债权申报；破产财产的分配。

第一节 破产法概述

一、破产的概念与特征

（一）破产的概念

破产是在商品经济发展过程中产生的一种经济和法律现象，在不同的语境下破产具有不同的含义。在法律意义上，破产是指当债务人丧失清偿能力时，在人民法院的审理与监督之下，强制清算其全部财产，公平清偿全体债权人的法律制度。

（二）破产的法律特征

1. 破产是一种执行程序

破产作为一种特殊的执行程序，是为全体债权人的利益而对债务人财产进行处理的执行程序，其不同于普通的民事执行程序。

2. 破产是在特定情况下适用的一种法律程序

破产只有在债务人资产不足以清偿全部债务或者明显缺乏清偿能力时才发生。

3. 破产是对债务人全部法律关系的彻底清算

因破产程序是彻底清算，所以它以债务人的全部财产作为偿债的基础。债务清偿完毕后，不仅债务人的经济生命终止，其法律上的民事主体资格及相应的行为能力和权利能力也随之消失。

4. 破产是一种保护债权人和债务人合法权益的程序

破产程序强调的是对债权人的公平清偿和对债务人的公平保护，进而实现对社会利益的维护。

二、破产法的概念与作用

（一）破产法的概念

破产法是规定在债务人丧失清偿能力时，人民法院强制对其全部财产进行清算分配，公平清偿给债权人，或者通过和解协议，清偿债务，进行重整，避免债务人破产的法律规范的总称。破产法有狭义和广义之分，狭义的破产法，仅指破产清算程序；广义的破产法包括破产清算程序、和解程序和重整程序三种。破产法的主要内容，从性质上可分为实体性法律规范、程序性法律规范和罚则。

1986年12月2日，第六届全国人大常委会第十八次会议通过了《中华人民共和国企业破产法（试行）》，该法自1988年11月1日试行，但仅适用于全民所有制企业。经过10年的起草和反复讨论修改，2006年8月27日，第十届全国人民代表大会常务委员会第二十三次会议通过了新的《中华人民共和国企业破产法》（以下简称《企业破产法》），该法共12章136条，自2007年6月1日起正式施行。新《企业破产法》的适用范围为所有的企业法人，其内容包括总则、申请和受理、管理人、债务人财产、破产费用和共益债务、债权申报、债权人会议、重整、和解、破产清算、法律责任、附则。

（二）破产法的作用

我国制定破产法的目的，主要是为了在经济体制改革中适应社会主义市场经济的需要，发挥破产法的直接和间接调整作用。其中，直接调整作用是通过规范企业破产程序，公平清理债权债务，保护债权人和债务人的合法权益，维护社会主义市场经济秩序；间接调整作用是通过实施破产程序，进一步完善市场经济优胜劣汰的竞争机制，促进企业改善经营管理，优化资源的配置与使用，调整社会产业与产品结构，提高经济效益。

三、破产法的适用范围

破产法的适用范围为在中国境内的所有企业法人，这其中不仅包括国有企业法人，同时包括承担有限责任的其他所有制企业法人，如具有法人资格的集体企业、民营企业以及设在中国境内的中外合资经营企业、中外合作经营企业、外资企业、有限责任公司与股份有限公司等。对于其他非法人型企业和社会组织的破产问题，如果符合破产清算的，可以参照适用《企业破产法》。

《企业破产法》对商业银行、证券公司、保险公司等金融机构的破产作了特别规定：商业银行、证券公司、保险公司等金融机构破产的，国务院金融监督管理机构可以向人民法院提出对该金融机构进行重整或者破产清算的申请。国务院金融监督管理机构依法对出现重大经营风险的金融机构采取接管、托管等措施的，可以向人民法院申请中止以该金融机构为被告或者被执行人的民事诉讼程序或者执行程序。金融机构实施破产的，国务院可以依据《企业破产法》和其他有关法律的规定制定实施办法。因此，商业银行和保险公司的破产案件优先适用《商业银行法》和《保险法》的特别规定，当无特别规定时，则适用《企业破产法》的规定。

第二节 破产申请与受理

一、破产的原因

破产原因，又称为破产界限，是指适用破产程序所依据的特定法律事实。破产原因是法院受理破产申请和实施破产宣告的根据，属于破产程序开始的实质要件。

《企业破产法》第2条规定："企业法人不能清偿到期债务，并且资产不足以清偿全部债务或者明显缺乏清偿能力的，依照本法规定清理债务。企业法人有前款规定情形，或者有明显丧失清偿能力可能的，可以依照本法规定进行重整。"不能清偿到期债务，是指债务人因缺乏偿债能力，对已届清偿期的债务，持续地不能偿还的客观情况；资产不足以清偿全部债务，即"资不抵债"；明显缺乏清偿能力的，具体而言是指扭亏无望，是不能清偿到期债务、资不抵债以外，在破产原因中更为严格的标准。

二、破产申请与受理

（一）破产申请

破产申请是申请人依法向人民法院请求裁定债务人适用破产程序的法律行为。破产申请是启动破产程序开始的唯一动因，也是法院启动破产程序的绝对要件。申请人不申请债务人破产的，人民法院不得依职权宣告债务人破产。

债务人、债权人以及对企业负有清算责任的人都有权向人民法院提出破产申请。另外，商业银行、证券公司、保险公司等金融机构发生破产情形的，国务院金融监督管理机构可以向人民法院提出对该金融机构进行重整或者破产清算的申请。债务人认为自己具备破产原因的，可以向人民法院提出重整、和解或者破产清算申请。债务人不能清偿到期债务，债权人可以向人民法院提出对债务人进行重整或者破产清算的申请，但不可以提出和解申请。

向人民法院提出破产申请，应当提交书面的破产申请书和有关证据。还需要向人民法院提交财产状况说明、债务清册、债权清册、有关财务会计报告、职工安置预案以及职工工资的支付和社会保险费用的缴纳情况。

（二）破产的受理

债权人提出破产申请的，人民法院应当自收到申请之日起5日内通知债务人。债务人对申请有异议的，应当自收到人民法院的通知之日起7日内向人民法院提出。人民法院应当自异议期满之日起10日内裁定是否受理。除上述情形外，人民法院应当自收到破产申请之日起15日内裁定是否受理。

人民法院受理破产申请的，应当自裁定作出之日起5日内送达申请人。债权人提出申请的，人民法院应当自裁定作出之日起5日内送达债务人。债务人应当自裁定送达之日起15日内，向人民法院提交财产状况说明、债务清册、债权清册、有关财务会计报告以及职工工资的支付和社会保险费用的缴纳情况。人民法院裁定受理破产申请的，自裁定受理之日起25日内通知已知债权人，并予以公告。人民法院裁定不受理破产申请的，自裁定作出之日起5日内送达申请人并说明理由。申请人对裁定不服的，可以自裁定送达之日起10日内向上一级人民法院提起上诉。

三、破产案件的管辖

（一）地域管辖

破产案件由债务人住所地人民法院管辖。债务人住所地是指企业的主要办事机构所在地。债务人主要办事机构不明确的，由其注册登记地人民法院管辖。

（二）级别管辖

《企业破产法》未规定破产案件的级别管辖，根据司法解释，破产案件的级别管辖，原则上根据破产企业核准登记的工商部门的级别来确定。基层人民法院一般管辖县、县级市或者区的工商行政管理机关核准登记企业的破产案件。中级人民法院一般管辖地区、地级市（含本级）以上的工商行政管理机关核准登记企业的破产案件。

第三节　管理人与债务人财产

一、管理人制度

管理人是指破产程序中由人民法院指定，全面接管破产企业，并负责破产财产的清理、保管、估价、处理和分配等破产清算事务的专门机构。

（一）管理人的选任方式

我国破产法对管理人采取的是法院指定立法模式。管理人由人民法院指定。人民法院裁定受理破产申请的，应当同时指定管理人。同时，如果债权人会议认为管理人不能依法、公正执行职务或者有其他不能胜任职务情形的，可以申请人民法院予以更换。指定管理人和确定管理人报酬的办法，由最高人民法院规定。需要指出的是，管理人虽然由法院指定，对法院负责，但是也要接受债权人会议和债权人委员会的监督。

（二）管理人的任职条件

管理人可以由有关部门、机构的人员组成的清算组或者依法设立的律师事务所、会计师事务所、破产清算事务所等社会中介机构担任。人民法院根据债务人的实际情况，可以在征询有关社会中介机构的意见后，指定该机构具备相关专业知识并取得执业资格的人员担任管理人。个人担任管理人的，应当参加执业责任保险。但是，有下列情形之一的，不得担任管理人：（1）因故意犯罪受过刑事处罚；（2）曾被吊销相关专业执业证书；（3）与本案有利害关系；（4）人民法院认为不宜担任管理人的其他情形。

（三）管理人的职责

《企业破产法》第 25 条规定了管理人的职责如下：

（1）接管债务人的财产、印章和账簿、文书等资料；
（2）调查债务人财产状况，制作财产状况报告；
（3）决定债务人的内部管理事务；
（4）决定债务人的日常开支和其他必要开支；
（5）在第一次债权人会议召开之前，决定继续或者停止债务人的营业；
（6）管理和处分债务人的财产；
（7）代表债务人参加诉讼、仲裁或者其他法律程序；
（8）提议召开债权人会议；
（9）人民法院认为管理人应当履行的其他职责。

管理人应当勤勉尽责，忠实执行职务。管理人未依法勤勉尽责，忠实执行职务的，人民法院可以依法处以罚款；给债权人、债务人或者第三人造成损失的，依法承担赔偿责任。

二、债务人财产及相关权利

破产申请受理时属于债务人的全部财产,以及破产申请受理后至破产程序终结前债务人取得的财产,为债务人财产。债务人财产在破产宣告后被称为破产财产。与债务人财产相关存在着各种实体权利,如撤销权、取回权、抵消权等。

(一) 撤销权

破产撤销权是指破产债务人在破产程序开始前的法定期间内,实施了有害于债权人整体利益的行为,管理人请求人民法院撤销该行为的权利。管理人行使撤销权有两种手段:一是行使一般撤销权,即在人民法院受理破产申请前1年内,如果债务人具有无偿转让财产、以明显不合理的价格进行交易、对没有财产担保的债务提供财产担保、对未到期的债务提前清偿、放弃债权等行为,管理人有权请求人民法院予以撤销;二是行使个别清偿撤销权,即人民法院受理破产申请前6个月内,只要债务人不能清偿到期债务,并且资产不足以清偿全部债务或者明显缺乏清偿能力,仍对个别债权人进行清偿的,管理人就有权请求人民法院予以撤销,但是个别清偿使债务人财产受益的除外。

同时《企业破产法》还明确区分了可撤销行为和无效行为,规定涉及债务人财产的下列两种行为无效:一是为逃避债务而隐匿、转移财产的;二是虚构债务或者承认不真实的债务的。

(二) 取回权

取回权是指财产权利人向管理人要求取回属于自己的,而由债务人占有的财产的权利。这些财产是债务人占有的他人的财产,不能在破产程序中用于清偿破产债权。取回权分为一般取回权和特别取回权。

一般取回权的行使限于取回原物。当人民法院受理破产申请后,债务人占有的不属于债务人的财产,该财产的权利人可以通过管理人取回。如果原物已被债务人卖出或灭失,权利人只能以直接损失额作为破产债权要求清偿。

特别取回权的行使限于在途标的物。当人民法院受理破产申请时,出卖人已将买卖标的物向作为买受人的债务人发运,债务人尚未收到且未付清全部价款的,出卖人可以取回在运途中的标的物。但是,管理人可以支付全部价款,请求出卖人交付标的物。

(三) 抵消权

抵消权是指债权人在破产申请受理前对债务人负有债务的,无论是否已到清偿期限、标的是否相同,均可在破产财产最终分配确定前向管理人主张相互抵消的权利。因此,抵消权是破产债权只能破产受偿的例外,其结果使该债权在抵消范围内可以从破产财产中得到全额、优先的清偿。

为防止抵消权被当事人滥用,《企业破产法》对抵消权的行使进行了限制。有下列情形之一的,不得抵消:(1) 债务人的债务人在破产申请受理后取得他人对债务人的债权的;(2) 债权人已知债务人有不能清偿到期债务或者破产申请的事实,对债务人负担债务的;但是,债权人因为法律规定或者有破产申请1年前所发生的原因而负担债务的除外;债务人的债务人已知债务人有不能清偿到期债务或者破产申请的事实,对债务人取得

债权的；但是，债务人的债务人因为法律规定或者有破产申请 1 年前所发生的原因而取得债权的除外

（四）别除权

别除权是指债权人所享有的，可以不依破产程序而能从破产人的特定财产上获到优先受偿的权利。别除权主要包括因抵押、质押、留置等财产担保方式而产生的担保物权。别除权人行使优先受偿权利未能完全受偿的，其未受偿的债权作为普通债权；别除权人放弃优先受偿权利的，其债权作为普通债权。

【案例 3-1】

2012 年 7 月 30 日，人民法院受理了甲公司的破产申请，并同时指定了管理人。管理人接管甲公司后，在清理其债权债务过程中，有如下事项：（1）2011 年 4 月，甲公司向乙公司采购原材料而欠乙公司 80 万元货款未付。2012 年 3 月，甲乙双方签订一份还款协议，约定甲公司于 2012 年 9 月 10 日前偿还所欠乙公司货款及利息共计 87 万元，并以甲公司所属一间厂房作抵押。（2）2011 年 8 月，甲公司向李某购买一项专利，尚欠李某 19 万元专利转让费未付。李某之子小李创办的丙公司曾于 2006 年 11 月向甲公司采购一批电子产品，尚欠甲公司货款 21 万元未付。人民法院受理甲公司破产申请后，李某与丙公司协商一致，丙公司在向李某支付 19 万元后，取得李某对甲公司的 19 万元债权。丙公司向管理人主张以 19 万元债权抵消其所欠甲公司的相应债务。

请问：

（1）管理人是否有权请求人民法院对甲公司将厂房抵押给乙公司的行为予以撤销？

（2）丙公司向管理人提出以 19 万元债权抵消其所欠甲公司相应债务的主张是否成立？

解析：

（1）管理人有权请求人民法院予以撤销。根据规定，人民法院受理破产申请前 1 年内，债务人对没有财产担保的债务提供财产担保的，管理人有权请求人民法院予以撤销。本题中，甲在人民法院受理破产申请前 1 年内对之前的没有担保的乙的货款设定了担保，因此这是可以撤销的。

（2）丙公司的主张不成立。根据规定，债务人的债务人在破产申请受理后取得他人对债务人的债权的，不得抵消。本题中，丙公司是在破产申请受理后取得李某对甲的债权的，因此丙公司不能够主张债务抵消。

第四节　债权申报与债权人会议

一、债权申报

债权申报是债权人在人民法院受理破产申请后，在法定期限内依照法定程序主张并证明其债权，以便参加破产程序的法律行为。

(一) 债权申报的期限和方式

人民法院受理破产申请后，应当确定债权人申报债权的期限。债权申报期限自人民法院发布受理破产申请公告之日起计算，最短不得少于 30 日，最长不得超过 3 个月。债权人应当在人民法院确定的债权申报期限内向管理人申报债权。

债权人申报债权时，应当书面说明债权的数额和有无财产担保，并提交有关证据。申报的债权是连带债权的，应当说明。

(二) 债权申报的范围

1. 未到期的债权

未到期的债权，在破产申请受理时视为到期。

2. 附利息的债权

附利息的债权，自破产申请受理时起停止计息。

3. 附条件、附期限的债权和诉讼、裁决未决的债权

以上两种债权债权人可以申报债权。

4. 连带债权

关于连带债权，该法规定采取下列方式：（1）连带债权人可以由其中一人代表全体连带债权人申报债权，也可以共同申报债权；（2）连带债务人数人的破产案件均被受理的，其债权人有权就全部债权分别在各破产案件中申报债权。

5. 代位求偿权

债务人的保证人或者其他连带债务人已经代替债务人清偿债务的，以其对债务人的求偿权申报债权。债务人的保证人或者其他连带债务人尚未代替债务人清偿债务的，以其对债务人的将来求偿权申报债权。但是，债权人已经向管理人申报全部债权的除外。

6. 合同解除的损害赔偿请求权

管理人或者债务人依法解除合同的，对方当事人可以因合同解除所产生的损害赔偿请求权申报债权。

7. 受托人的请求权

债务人是委托合同的委托人，被裁定适用该法规定的程序，受托人不知该事实，继续处理委托事务的，受托人可以由此产生的请求权申报债权。

8. 票据付款人的请求权

债务人是票据的出票人，被裁定适用该法规定的程序，该票据的付款人继续付款或者承兑的，付款人可以由此产生的请求权申报债权。

债务人所欠职工的工资和医疗、伤残补助、抚恤费用，所欠的应当划入职工个人账户的基本养老保险、基本医疗保险费用，以及法律、行政法规规定应当支付给职工的补偿金，不必申报，由管理人调查后列出清单并予以公示。职工对清单记载有异议的，可以要求管理人更正；管理人不予更正的，职工可以向人民法院提起诉讼。

(三) 债权的审核与确认

债权人申报的债权需经人民法院确认。债权确认分为以下三个步骤：首先，管理人收到债权申报材料后，应当登记造册，对申报的债权进行审查，并编制债权表。债权表和债权申报材料由管理人保存，供利害关系人查阅。其次，管理人编制的债权表，应当提交第一次债权人会议核查。债务人、债权人对债权表记载的债权无异议的，由人民法院裁定确认。最后，债务人、债权人对债权表记载的债权有异议的，可以向受理破产申请的人民法

院提起诉讼。

(四) 未申报和逾期申报债权的处理

在人民法院确定的债权申报期限内债权人未申报债权的，可以在破产财产最后分配前补充申报，但是，此前已进行的分配，不再对其补充分配。为审查和确认补充申报债权的费用，由补充申报人承担。债权人未依照《企业破产法》规定申报债权的，不得依照《企业破产法》规定的程序行使权利。

二、债权人会议

债权人依法申报债权后，成为债权人会议的成员。债权人会议是由所有依法申报债权的债权人组成的，以维护债权人共同利益为目的，在法院指导和监督下讨论决定有关破产事宜，表达债权人意志，协调债权人行为的破产议事机构。

(一) 债权人会议的性质、组成和召开

债权人会议属于法定必设机关，是全体债权人参加破产程序并集体行使权利的决议机构，但其本身并无执行功能，所作出的相关决议由管理人负责实施。在破产程序中，债权人之间的利益由债权人会议来协调和维护。

所有依法申报了债权的债权人为债权人会议的成员，有权参加债权人会议，享有表决权，但有财产担保的债权人未放弃优先受偿的，对通过和解协议、破产财产的分配方案无表决权。债权人会议应当有债务人的职工或工会代表参加，对有关事项发表意见。债权人会议设主席一人，由人民法院从有表决权的债权人中指定。在债权人会议上除有权出席会议的债权人之外，还有其他列席人员。列席人员无表决权，仅协助债权人会议顺利召开。管理人、债务人的法定代表人、经人民法院决定的债务人企业财务管理人员和其他经营管理人员应当列席债权人会议，无正当理由拒不列席债权人会议的，人民法院可以拘传，并依法处以罚款。

第一次债权人会议由人民法院召集，自债权申报期限届满之日起15日内召开。以后的债权人会议，在人民法院认为必要时，或者管理人、债权人委员会、占债权总额1/4以上的债权人向债权人会议主席提议时召开。召开债权人会议，管理人应当提前15日通知已知的债权人。

(二) 债权人会议的职权与决议

1. 债权人会议的职权

债权人会议行使下列职权：(1) 核查债权；(2) 申请人民法院更换管理人，审查管理人的费用和报酬；(3) 监督管理人；(4) 选任和更换债权人委员会成员；(5) 决定继续或者停止债务人的营业；(6) 通过重整计划；(7) 通过和解协议；(8) 通过债务人财产的管理方案；(9) 通过破产财产的变价方案；(10) 通过破产财产的分配方案；(11) 人民法院认为应当由债权人会议行使的其他职权。

2. 债权人会议的决议

债权人会议的决议，由出席会议的有表决权的债权人过半数通过，并且其所代表的债权额占无财产担保债权总额的1/2以上，法律另有规定的除外。如果债权人认为决议违反

法律规定，损害其利益的，可以自债权人会议作出决议之日起 15 日内请求人民法院裁定撤销该决议，责令债权人会议依法重新作出决议。债权人会议的决议对于全体债权人均有约束力。债权人会议应当对所议事项的决议作成会议记录。

对于债务人财产的管理方案和破产财产的变价方案，经债权人会议表决未通过的，由人民法院裁定。通过破产财产的分配方案时，经债权人会议二次表决仍未通过的，由人民法院裁定。对上述两项裁定，人民法院可以在债权人会议上宣布或者另行通知债权人。

债权人对人民法院关于债务人财产的管理方案和破产财产的变价方案作出的裁定不服的，债权额占无财产担保债权总额 1/2 以上的债权人对人民法院关于破产财产的分配方案作出的裁定不服的，可以自裁定宣布之日或者收到通知之日起 15 日内向该人民法院申请复议。复议期间不停止裁定的执行。

三、债权人委员会

债权人会议不是一个常设机构，不能经常性地召集会议和作出决定，为了保障债权人充分地行使权利，就需要设立专门的常设性机构。债权人委员会就是遵循债权人共同意志，代表债权人会议对管理人以及破产程序进行监督的常设机构。

（一）债权人委员会的组成

债权人委员会由债权人会议决定设立，是否设立完全由债权人会议根据案件具体情况决定。根据《企业破产法》的规定，债权人委员会由债权人会议选任的债权人代表和 1 名债务人的职工代表或者工会代表组成。债权人委员会成员不得超过 9 人。债权人委员会成员应当经人民法院书面决定认可。

（二）债权人委员会的职权

债权人委员会行使日常监督职能，具体包括下列职权：

（1）监督债务人财产的管理和处分。为保障债权人委员会能够及时了解破产程序的信息，行使监督权，管理人实施下列行为，应当及时报告债权人委员会或者人民法院：涉及土地、房屋不动产权益、探矿权、采矿权、知识产权、全部库存或营业、债权和有价证券的转让；借款；设定财产担保；履行债务人和对方当事人均未履行完毕的合同；放弃权利；担保物的取回；对债权人利益有重大影响的其他财产处分行为。

（2）监督破产财产分配；

（3）提议召开债权人会议；

（4）债权人会议委托的其他职权。

债权人委员会执行上述职务时，有权要求管理人、债务人的有关人员对其职权范围内的事务作出说明或者提供有关文件。管理人、债务人的有关人员违反法律规定拒绝接受监督的，债权人委员会有权就监督事项请求人民法院作出决定，强制施行。人民法院接到债权人委员会的请求后应当在 5 日内作出决定。

债权人委员会成员履行职责时应当勤勉尽责，忠实执行职务，同时有权获取报酬，该报酬应当属于共益费用，从债务人财产中优先支付。

第五节 和解与整顿制度

一、和解制度

破产和解是指具备破产原因的债务人，为避免破产清算而与债权人会议就延期清偿债务、减免债务、进行重整等事项达成协议，协议经法院认可后生效的法律程序。

（一）和解申请

债务人可以依法直接向人民法院申请和解；也可以在人民法院受理破产申请后、宣告债务人破产前，向人民法院申请和解。人民法院受理破产申请后，债务人与全体债权人就债权债务的处理自行达成协议的，可以请求人民法院裁定认可，并终结破产程序。

（二）和解协议草案的表决

债务人申请和解，应当提出和解协议草案。人民法院经审查认为和解申请符合规定的，应当裁定和解，予以公告，并召集债权人会议讨论和解协议草案。债权人会议通过和解协议的决议，由出席会议的有表决权的债权人过半数同意，并且其所代表的债权额要占到无财产担保债权总额的 2/3 以上。

（三）和解协议的生效

债权人会议通过和解协议的，由人民法院裁定认可，终止和解程序，并予以公告。管理人应当向债务人移交财产和营业事务，并向人民法院提交执行职务的报告。经人民法院裁定认可的和解协议，对债务人和全体和解债权人均有约束力。和解债权人是指人民法院受理破产申请时对债务人享有无财产担保债权的人。

债务人应当按照和解协议规定的条件清偿债务。对债务人的特定财产享有担保权的权利人，自人民法院裁定和解之日起可以行使权利。和解债权人对债务人的保证人和其他连带债务人所享有的权利，不受和解协议的影响。和解债权人未依法申报债权的，在和解协议执行期间不得行使权利；在和解协议执行完毕后，可以按照和解协议规定的清偿条件行使权利。

因债务人的欺诈或者其他违法行为而成立的和解协议，人民法院应当裁定无效，并宣告债务人破产。遇此情形，和解债权人因执行和解协议所受的清偿，在其他债权人所受清偿同等比例的范围内，不予返还。

（四）和解程序的终结

（1）和解协议草案经债权人会议表决未获得通过，或者已经债权人会议通过的和解协议未获得人民法院认可的，人民法院应当裁定终止和解程序，并宣告债务人破产。

（2）债务人不能执行或者不执行和解协议的，人民法院经和解债权人请求，应当裁定终止和解协议的执行，并宣告债务人破产。人民法院裁定终止和解协议执行的，和解债权人在和解协议中作出的债权调整的承诺失去效力。和解债权人因执行和解协议所受的清偿仍然有效，和解债权未受清偿的部分作为破产债权。已受部分清偿的债权人，只有在其他债权人同自己所受的清偿达到同一比例时，才能继续接受分配。为和解协议的执行提供的担保继续有效。

（3）和解协议执行完毕，债务人按照和解协议规定的条件清偿债务的，由人民法院裁定终结破产程序。按照和解协议减免的债务，自和解协议执行完毕时起，债务人不再承担清偿责任。

二、重整制度

重整是指不对债务人的财产立即进行清算，而是在人民法院的主持下由债务人与债权人达成协议，制订整顿计划，规定在一定的期限内债务人可以继续经营业务，从而使企业起死回生，避免破产清算的法律制度。从破产立法的发展来看，破产、和解、重整已成为现代破产制度的三大基石。

（一）重整申请

债务人或者债权人可以依照《企业破产法》的规定，直接向人民法院申请对债务人进行重整。债权人申请对债务人进行破产清算的，在人民法院受理破产申请后、宣告债务人破产前，债务人或者出资额占债务人注册资本 1/10 以上的出资人，可以向人民法院申请重整。人民法院经审查认为重整申请符合破产法规定的，应当裁定债务人重整，并予以公告。自人民法院裁定债务人重整之日起至重整程序终止，为重整期间。

（二）重整的法律效力

在重整期间，经债务人申请，人民法院批准，债务人可以在管理人的监督下自行管理财产和营业事务。依法已接管债务人财产和营业事务的管理人应当向债务人移交财产和营业事务，管理人的职权由债务人行使。管理人负责管理财产和营业事务的，可以聘任债务人的经营管理人员负责营业事务。在重整期间，债务人或者管理人为继续营业而借款的，可以为该借款设定担保。

在重整期间，对债务人的特定财产享有的担保权暂停行使。但是，担保物有损坏或者价值明显减少的可能，足以危害担保权人权利的，担保权人可以向人民法院请求恢复行使担保权。债务人合法占有的他人财产，该财产的权利人在重整期间要求取回的，应当符合事先约定的条件。

在重整期间，债务人的出资人不得请求投资收益分配。

在重整期间，除非经过人民法院的同意，债务人的董事、监事、高级管理人员不得向第三人转让其持有的债务人的股权。

（三）重整计划的制定和批准

1. 重整计划草案的制作

债务人或者管理人应当自人民法院裁定债务人重整之日起 6 个月内，同时向人民法院和债权人会议提交重整计划草案。该期限届满，经债务人或者管理人请求，有正当理由的，人民法院可以裁定延期 3 个月。债务人或者管理人未按期提出重整计划草案的，人民法院应当裁定终止重整程序，并宣告债务人破产。

债务人自行管理财产和营业事务的，由债务人制作重整计划草案。管理人负责管理财产和营业事务的，由管理人制作重整计划草案。重整计划草案应当包括债务人的经营方案、债权分类、债权调整方案、债权受偿方案、重整计划的执行期限、重整计划执行的监督期限、有利于债务人重整的其他方案七方面的内容。

2. 重整计划草案的表决

债权人会议应该按照下列债权分类分成不同的表决组,对重整计划草案进行表决:(1) 对债务人的特定财产享有担保权的债权;(2) 债务人所欠职工的工资和医疗、伤残补助、抚恤费用,所欠的应当划入职工个人账户的基本养老保险、基本医疗保险费用,以及法律、行政法规规定应当支付给职工的补偿金;(3) 债务人所欠税款;(4) 普通债权。人民法院在必要时可以决定在普通债权组中设小额债权组对重整计划草案进行表决。

人民法院应当自收到重整计划草案之日起 30 日内召开债权人会议,对重整计划草案进行表决。出席会议的同一表决组的债权人过半数同意重整计划草案,并且其所代表的债权额占该组债权总额的 2/3 以上的,即为该组通过重整计划草案。各表决组均通过重整计划草案时,重整计划即为通过。

3. 重整计划草案的批准

自重整计划通过之日起 10 日内,债务人或者管理人应当向人民法院提出批准重整计划的申请。人民法院经审查认为符合《企业破产法》规定的,应当自收到申请之日起 30 日内裁定批准,终止重整程序,并予以公告。

部分表决组未通过重整计划草案的,债务人或者管理人可以同未通过重整计划草案的表决组协商。该表决组可以在协商后再表决一次。双方协商的结果不得损害其他表决组的利益。

未通过重整计划草案的表决组拒绝再次表决或者再次表决仍未通过重整计划草案,但重整计划草案符合下列条件的,债务人或者管理人可以申请人民法院批准重整计划草案:(1) 按照重整计划草案,对债务人的特定财产享有担保权的债权人就该特定财产将获得全额清偿,其因延期清偿所受的损失将得到公平补偿,并且其担保权未受到实质性损害,或者该表决组已经通过重整计划草案;(2) 按照重整计划草案,债务人所欠职工的工资和医疗、伤残补助、抚恤费用,所欠的应当划入职工个人账户的基本养老保险、基本医疗保险费用,以及法律行政法规规定应当支付给职工的补偿金,以及债务人所欠税款,将获得全额清偿,或者相应表决组已经通过重整计划草案;(3) 按照重整计划草案,普通债权所获得的清偿比例,不低于其在重整计划草案被提请批准时依照破产清算程序所能获得的清偿比例,或者该表决组已经通过重整计划草案;(4) 重整计划草案对出资人权益的调整公平、公正,或者出资人组已经通过重整计划草案;(5) 重整计划草案公平对待同一表决组的成员,并且所规定的债权清偿顺序不违反破产财产清偿顺序的规定;(6) 债务人的经营方案具有可行性。人民法院经审查认为重整计划草案符合上述规定的,应当自收到申请之日起 30 日内裁定批准,终止重整程序,并予以公告。

重整计划草案未获得通过且未依法获得批准,或者已通过的重整计划未获得批准的,人民法院应当裁定终止重整程序,并宣告债务人破产。

(四) 重整的终止

债务人不能执行或者不执行重整计划的,人民法院经管理人或者利害关系人请求,应当裁定终止重整计划的执行,并宣告债务人破产。在重整期间,有下列三种情形之一的,经管理人或者利害关系人请求,人民法院应当裁定终止重整程序,并宣告债务人破产:其一,债务人的经营状况和财产状况继续恶化,缺乏挽救的可能性;其二,债务人有欺诈、恶意减少债务人财产或者其他显著不利于债权人的行为；其三，由于债务人的行为致使管理人无法执行职务。

人民法院裁定终止重整计划执行的，债权人在重整计划中作出的债权调整的承诺失去效力。债权人因执行重整计划所受的清偿仍然有效，债权未受清偿的部分作为破产债权。但是，已受部分清偿的债权人，只有在其他同顺位债权人同自己所受的清偿达到同一比例时，才能继续接受分配。为重整计划的执行提供的担保继续有效。按照重整计划减免的债务，自重整计划执行完毕时起，债务人不再承担责任。

第六节 破产清算

一、破产宣告

（一）破产宣告的概念

破产宣告是指人民法院依据当事人的申请和法定职权，裁定宣布债务人破产，清偿债务的法律制度。我国《企业破产法》在破产宣告问题上采取申请主义原则，法院必须依当事人的申请，才能受理破产案件，作出破产宣告。

债务人被宣告破产后，在破产程序中的有关称谓也发生相应的变化，债务人称为破产人，债务人财产称为破产财产，人民法院受理破产申请时对债务人享有的债权称为破产债权。

（二）破产宣告的条件

《企业破产法》第2条规定："企业法人不能清偿到期债务，并且资产不足以清偿全部债务或者明显缺乏清偿能力的，依照本法规定清理债务。"因此，债务人具备破产原因（或者称达到破产界限）是破产宣告的必要条件。人民法院认为符合破产原因，依法应当宣告债务人破产的，自裁定作出之日起5日内送达债务人和管理人，自裁定作出之日起10日内通知已知债权人，并予以公告。但是，在破产宣告前，债务人已经清偿全部到期债务、第三人为债务人提供足额担保或者为债务人清偿全部到期债务的，人民法院应当裁定终结破产程序，并予以公告。

（三）破产宣告的后果

破产宣告标志着破产案件不可逆转地进入清算程序。此时，普通破产债权只能通过法定程序根据破产财产分配方案从破产财产中获得清偿。尤其应注意的是，对破产人的特定财产享有担保权的权利人，对该特定财产享有优先受偿的权利。这种债权人所享有的可以不依破产程序而能从破产人的特定财产上得到优先受偿的权利被称为别除权，简称为担保债权或优先受偿权。债权人行使优先受偿权利未能完全受偿的债权和放弃优先受偿权利的债权作为普通债权，依照破产清偿顺序，按比例清偿。

二、破产费用与共益债务

（一）破产费用

破产费用是指在人民法院受理破产申请后，为破产程序的进行以及全体债权人的共同利益而支付的各项费用的总称。人民法院受理破产申请后，发生的下列 3 项费用为破产费用：

（1）破产案件的诉讼费用；

（2）管理、变价和分配债务人财产的费用；

（3）管理人执行职务的费用、报酬和聘用工作人员的费用。

（二）共益债务

共益债务是指在破产程序中为全体债权人利益而由债务人财产负担的债务的总称。人民法院受理破产申请后，发生的下列 6 项债务为共益债务：

（1）因管理人或者债务人请求对方当事人履行双方均未履行完毕的合同所产生的债务；

（2）债务人财产受无因管理所产生的债务；

（3）因债务人不当得利所产生的债务；

（4）为债务人继续营业而应支付的劳动报酬和社会保险费用以及由此产生的其他债务；

（5）管理人或者相关人员执行职务致人损害所产生的债务；

（6）债务人财产致人损害所产生的债务。

（三）破产费用和共益债务的清偿

破产财产和共益债务的清偿采用以下四个原则：

1. 随时清偿

破产费用和共益债务由债务人财产随时清偿。在债务人财产足以清偿所有破产费用和共益债务时，二者不分先后。

2. 破产费用优先

债务人财产不足以清偿所有破产费用和共益债务的，先行清偿破产费用。

3. 按比例清偿

债务人财产不足以清偿所有破产费用或者共益债务的，按照比例清偿。

4. 不足清偿时的终结程序

清偿债务人财产不足以清偿破产费用的，管理人应当提请人民法院终结破产程序。人民法院应当自收到请求之日起 15 日内裁定终结破产程序，并予以公告。

三、破产财产的分配

破产财产分配是指管理人按照法律规定的债权清偿顺序和案件实际情况决定的受偿比例，以破产财产清偿破产债权的行为。破产分配是用破产财产集体满足破产债权的行为，它是破产程序的核心。

破产财产分配方式一般以货币分配为主，如果破产财产处分较为困难，债权一时难以追回，或在变价过程中会造成较大损失的，经债权人会议决议，可以进行实物或债权分配。破产财产的分配应当遵守法定的顺序和方法，可以进行一次性分配或多次分配。《企业破产法》第 113 条明文规定了破产的分配顺序："破产财产在优先清偿破产费用和共益债务后，依照下列顺序清偿：（1）破产人所欠职工的工资和医疗、伤残补助、抚恤费用，所欠的应当划入职工个人账户的基本养老保险、基本医疗保险费用，以及法律、行政法规规定应当支付给职工的补偿金；（2）破产人欠缴的除前项规定以外的社会保险费用和破产人所欠税款；（3）普通破产债权。破产财产不足以清偿同一顺序的清偿要求的，按照比例分配。破产企业的董事、监事和高级管理人员的工资按照该企业职工的平均工资计算。"

此外，其他立法对破产分配顺序有特别规定的，依其规定执行。如《商业银行法》第71条规定："商业银行不能支付到期债务，经国务院银行业监督管理机构同意，由人民法院依法宣告其破产。商业银行被宣告破产的，由人民法院组织国务院银行业监督管理机构等有关部门和有关人员成立清算组，进行清算。商业银行破产清算时，在支付清算费用、所欠职工工资和劳动保险费用后，应当优先支付个人储蓄存款的本金和利息。"

四、破产财产分配的执行

破产财产的分配方案经债权人会议表决通过后，由管理人将该方案提请人民法院裁定认可。破产财产分配方案经人民法院裁定认可后，由管理人执行。管理人按照破产财产分配方案实施多次分配的，应当公告本次分配的财产额和债权额。管理人实施最后分配的，应当在公告中指明，并载明《企业破产法》第117条第2款规定的事项。管理人必须依法履行职责，执行具有法律效力的破产财产分配方案。对债权人留有明确姓名或名称、地址、银行账户，无须债权人受领行为即可交付的，管理人应当直接将破产财产分配额交付债权人。无法直接交付的债权人未受领的破产财产分配额，管理人应当提存。债权人自最后分配公告之日起满2个月仍不领取的，视为放弃受领分配的权利，管理人或者人民法院应当将提存的分配额分配给其他债权人。

对于附生效条件或者解除条件的债权，管理人应当将其分配额提存。管理人依照上述规定提存的分配额，在最后分配公告日，生效条件未成就或者解除条件成就的，应当分配给其他债权人；在最后分配公告日，生效条件成就或者解除条件未成就的，应当交付给债权人。

破产财产分配时，对于诉讼或者仲裁未决的债权，管理人应当将其分配额提存。自破产程序终结之日起满2年仍不能受领分配的，人民法院应当将提存的分配额分配给其他债权人。

五、破产程序的终结

破产人无财产可供分配的，管理人应当请求人民法院裁定终结破产程序。管理人在最后分配完结后，应当及时向人民法院提交破产财产分配报告，并提请人民法院裁定终结破产程序。人民法院应当自收到管理人终结破产程序的请求之日起15日内作出是否终结破产程序的裁定。裁定终结的，应当予以公告。

管理人应当自破产程序终结之日起10日内，持人民法院终结破产程序的裁定，向破产人的原登记机关办理注销登记。管理人于办理注销登记完毕的次日终止执行职务。但是，存在诉讼或者仲裁未决情况的除外。

自破产程序依法终结之日起2年内，发现有符合《企业破产法》规定应当追回的财产和发现破产人有应当供分配的其他财产的,债权人可以请求人民法院按照破产财产分配方案进行追加分配。但如果财产数量都不足以支付分配费用的,不再进行追加分配,由人民法院将其上缴国库。

破产人的保证人和其他连带债务人,在破产程序终结后,对债权人依照破产清算程序未受清偿的债权,依法继续承担清偿责任。

【案例 3-2】

2012 年 6 月,某国有针织厂被依法宣告破产,经清理,该厂资产情况如下:(1)总资产为 1000 万元;负债 1300 万元,其中包括应付职工工资及劳动保险费 160 万元,应付税款 120 万元。(2)固定资产中,有四处房产,其中两处已因民事诉讼被法院查封,但后又被该厂向工商银行借款 80 万元时用于抵押,该房产变现价值为 100 万元。另外两处房产也被该厂向建设银行借款 120 万元时用于抵押,该房产变现价值为 150 万元。(3)破产费用和共益债务共 100 万元。

请问:

(1) 针织厂的资产应按何种顺序清偿债务?

(2) 本案担保债权为多少?

(3) 如某债权人申报了 300 万元债权,他依法可分得多少财产?

解析:

(1) 针织厂的资产清偿顺序如下:第一,清偿担保债权;第二,破产费用和共益债务;第三,破产人所欠职工的工资和医疗、伤残补助、抚恤费用,所欠的应当划入职工个人账户的基本养老保险、基本医疗保险费用以及法律、行政法规规定应当支付给职工的补偿金;第四,破产人欠缴的除前项规定以外的社会保险费用和破产人所欠税款;第五,普通破产债权。破产财产不足以清偿同一顺序的清偿要求的,按照比例分配。

(2) 本案担保债权为 120 万元。固定资产中,有四处房产,其中两处已因民事诉讼被法院查封,这两处房产因被查封,抵押无效。另外两处房产向建设银行借款 120 万元时用于抵押,该抵押有效,该房产的变现价值是 150 万元,因此担保债权数额为 120 万元。

(3) 某债权人申报了 300 万元债权,根据《企业破产法》第 113 条的规定,普通破产债权为:1300−160−120−120=900 万元,用于清偿普通破产债权的破产财产为:1000−120−100−160−120=500 万元,债权人申报的 300 万元债权占到普通破产债权的 1/3,根据比例计算,该债权人可以获得 166.6666 万元的清偿。

【思考题】

1. 试述破产的原因。
2. 简述债务人财产及其相关权利。
3. 简述债权申报的范围。
4. 如何通过和解协议和重整方案?
5. 简述破产财产的清偿顺序。

第四章 合同法

【重难点提示】合同的内容及订立程序；合同的效力；合同的保全措施；合同终止的原因以及违约责任的方式。

第一节 合同法概述

一、合同的概念及法律特征

(一) 合同的概念

合同又称契约，有广义和狭义之分，广义的合同是两个以上的民事主体之间设立、变更、终止民事权利义务关系的协议；狭义的合同专指债权合同，即两个以上的民事主体之间设立、变更、终止债权债务关系的协议。广义的合同除债权合同之外，还包括物权合同、身份合同等。《中华人民共和国合同法》第2条规定："本法所称合同是平等主体的自然人、法人、其他组织之间设立、变更、终止民事权利义务关系的协议。婚姻、收养、监护等有关身份关系的协议，适用其他法律的规定。"因此，我国合同法上的合同仅指债权合同。

(二) 合同的法律特征

1. 合同是一种民事法律行为

民事法律行为是民事主体实施的能够引起民事权利义务产生、变更或者终止的行为。从法律性质上讲，合同是一种民事法律行为，是合同的双方当事人设立、变更、终止某种特定的民事权利义务关系，以实现当事人的特定经济目的。

2. 合同是两方以上当事人意思表示一致的法律行为

合同是一种典型的双方法律行为，合同的成立必须要有两个或者两个以上的当事人；同时，各方当事人的意思表示必须达成一致，即在各方意思表示基础上形成的权利义务的内容为全体当事人所共同接受，形成"合意"。只有符合这些要件，合同关系才能成立。

3. 合同是当事人在平等的基础上自愿达成协议的行为

合同的主体是具有平等法律地位的公民、法人或其他组织。任何一方不得凭借行政权力、经济实力等将自己的意志强加给另一方。因此，地位不平等的主体之间的合同，不是合同法上的合同。

二、合同的分类

合同的分类是指基于一定的标准，将合同划分成不同的类型。合同的分类有助于当事人正确理解合同法、订立和履行合同；有助于当事人正确适用合同法，处理合同纠纷。根据不同的标准，可将合同分为以下几类：

（一）有名合同与无名合同

根据法律是否对合同规定确定的名称和调整规则，合同分为有名合同与无名合同。有名合同是《中华人民共和国合同法》分则明文规定的 15 类合同，如买卖合同、赠与合同、借款合同、租赁合同等。无名合同则是立法尚未规定有确定名称与规则的合同，如旅游合同。

（二）单务合同与双务合同

根据合同当事人是否互相享有权利、负有义务，可将合同分为单务合同与双务合同。单务合同是指仅有一方当事人承担义务的合同，如赠与合同；双务合同是指双方当事人相互享有权利和承担义务的合同，如买卖合同、租赁合同等。

（三）有偿合同与无偿合同

根据合同当事人是否为从合同中得到的利益支付对价，可将合同分为有偿合同与无偿合同。有偿合同是指当事人为从合同中得到利益要支付相应代价的合同，如买卖合同。无偿合同是指当事人不需要为从合同中得到的利益支付相应代价的合同，典型的如赠与合同。

（四）诺成合同与实践合同

根据合同是自当事人意思表示一致时成立，还是在当事人意思表示一致后，仍须有实际交付标的物的行为才能成立，可将合同分为诺成合同与实践合同。诺成合同是当事人意思表示一致时即告成立的合同。实践合同是在当事人意思表示一致后，仍须有实际交付标的物的行为才能成立的合同。《中华人民共和国合同法》将赠与合同规定为诺成合同，《中华人民共和国担保法》（以下简称《担保法》）则将定金合同规定为实践合同。

（五）要式合同与不要式合同

根据法律规定合同成立是否要具备一定的形式为标准，可将合同分为要式合同与不要式合同。要式合同是必须按照法律规定的特定形式订立方可成立的合同。不要式合同是法律对合同订立未规定特定的形式的合同。通常，合同除有法律特别规定者外，都属于不要式合同。

（六）主合同与从合同

根据合同相互之间是否具有依存关系，分为主合同与从合同。主合同是无须以其他合同存在为前提即可独立存在的合同。从合同是必须以其他合同的存在为前提方可存在的合同。抵押合同、质押合同、保证合同、定金合同与被担保的合同之间，就是主从合同关系。其中，抵押合同等是从合同，被担保的合同为主合同。

三、合同法的概念

合同法是我国社会主义市场经济法律体系的重要组成部分。合同法是调整平等主体之间商品交换关系的法律规范的总称，它调整合同的订立、效力、履行、变更和解除、终止、违约责任等关系。

在我国，合同法归属于民法，不是一个独立的法律部门。在民法典尚未出台的背景下，1999 年 3 月 15 日，第九届全国人民代表大会通过的，并于同年 10 月 1 日正式施行的

《中华人民共和国合同法》（以下简称《合同法》）以单行法的形式存在。《合同法》分总则、分则、附则三篇，共23章428条，是一部较为详尽、严密、具有可操作性的法律。《合同法》正式施行后，我国曾经按照合同性质先后制定的《经济合同法》、《涉外经济合同法》和《技术合同法》同时废止。为保障《合同法》的顺利实施，最高人民法院先后通过了《关于适用〈中华人民共和国合同法〉若干问题的解释（一）》、《关于适用〈中华人民共和国合同法〉若干问题的解释（二）》、《关于审理商品房买卖合同纠纷案件适用法律若干问题的解释》、《关于审理城镇房屋租赁合同纠纷案件具体应用法律若干问题的解释》、《关于审理建设工程施工合同纠纷案件适用法律问题的解释》、《关于审理技术合同纠纷案件适用法律若干问题的解释》、《关于审理买卖合同纠纷案件适用法律问题的解释》等司法解释。此外，《物权法》、《担保法》以及《关于适用〈中华人民共和国担保法〉若干问题的解释》等法律及司法解释对合同问题也起着重要的调整作用。

四、合同法的基本原则

合同法的基本原则是合同法的主旨和根本准则，是制定、解释、执行和研究合同法的出发点。《合同法》在总则部分规定了以下基本原则：

（一）平等原则

平等原则是指合同当事人法律地位一律平等，任何一方不得将自己的意志强加给另一方。各方应该在权利义务对等的基础上，协商一致订立合同。在履行和适用合同中，双方当事人都应严格按照合同履行义务，一视同仁地适用合同规则。

（二）自愿原则

自愿原则是合同自由原则的体现，是贯彻合同活动整个过程的基本原则。当事人依法享有自愿订立合同的权利，其有权决定是否与他人缔结合同，有权决定与何人订立合同、更有权自主决定合同的内容，任何单位和个人不得非法干预。在不违反强制性法律规范和社会公共利益的基础上，当事人可自愿地进行合同法律行为。

（三）公平原则

公平是市场经济所追求的商品经济交易原则，作为调整交易关系的主要法律，坚持公平原则具有重要意义。当事人应当遵循公平原则确定各方的权利和义务。任何当事人不得滥用权利，不得在合同中规定显失公平的内容。

（四）诚实信用原则

诚实信用原则是私法活动的帝王条款。《合同法》明文规定，当事人行使权利、履行义务应当遵循诚实信用原则。当事人应当诚实守信，善意地行使权利、履行义务，不得有欺诈或者其他违背诚实信用的行为。在法律、合同未作规定或规定不清的情况下，要依据诚实信用原则来解释法律和合同，以平衡当事人间的利益关系。

（五）遵守法律和公序良俗原则

当事人订立、履行合同，应当遵守法律、行政法规、尊重社会公德，不得扰乱社会经济秩序，损害社会公共利益。其主要内容体现在两方面：其一，当事人在合同活动中必须遵守法律和行政法规；其二，当事人在使用合同进行交易时必须遵守社会公德，不得违背社会公共利益。

第二节 合同的订立

一、当事人的主体资格

《合同法》第 9 条规定:"当事人订立合同,应当具有相应的民事权利能力和民事行为能力。当事人依法可以委托代理人订立合同。"

民事权利能力是法律赋予民事主体享有民事权利、承担民事义务的资格。民事权利能力是合同主体取得具体的合同权利和义务的前提和资格。民事行为能力是民事主体能够以自己的行为享有民事权利和承担民事义务的能力。因此,具有相应的民事权利能力和行为能力是合同主体的法定资格。

自然人、法人和其他组织都可以成为合同主体,但必须具有与其所订立合同相适应的缔约资格。对于自然人而言,10 周岁以上的未成年人和不能完全辨认自己行为的精神病人是限制行为能力人,只能进行与其年龄、智力、精神健康状况相适应的民事活动,其他民事活动由他的法定代理人代理,或者征得他的法定代理人的同意。对于法人和其他组织,其缔约资格与其核准登记的经营范围相联系,超越经营范围而订立合同则属于缺乏缔约资格。

二、合同的形式与内容

(一)合同的形式

合同形式,又称合同的方式,是当事人合意的表现形式,是合同内容的外在表现,是合同内容的载体。根据《合同法》的规定,合同可以采用书面形式、口头形式和其他形式。除法律法规有特别规定的以外,合同当事人可以自由约定合同的形式。

1. 书面形式

书面形式是以文字或者数据电文等有形的表现形式反映当事人权利义务的合同形式。《合同法》第 11 条规定:"书面形式是指合同书、信件和数据电文(包括电报、电传、传真、电子数据交换和电子邮件)等可以有形地表现所载内容的形式。"书面合同可以使协议的内容明确具体,一旦发生纠纷,便于举证。因此,在实践中书面合同是主要的合同形式。

2. 口头形式

口头形式即当事人以语言对话的方式缔结合同,而不用文字表达协议内容的合同形式。合同采用口头形式订立简便易行,快捷迅速,符合市场经济条件下讲究效率、交易迅速的要求。但口头合同的缺点也是显而易见的,口头合同的当事人在发生纠纷时不易举证,难以分清责任。因此,当事人在订立口头合同时还是应当慎重,必要时可采取见证人或者录音等方式以备举证。

3. 其他形式

其他形式是概括性规定,指除书面合同、口头合同之外的其他能够表现当事人缔约意思的形式。一般是指行为推定形式,是当事人既未用语言也未用文字表达其意思表示,而是通过其行为推定合同成立。

(二) 合同的内容

合同的内容是指当事人协商确定的合同权利和义务，它通过具体的合同条款反映出来。《合同法》对合同条款作了如下规定。

1. 一般条款

合同的内容由当事人根据需要自主约定，一般包括以下条款：(1) 当事人的名称或者姓名和住所；(2) 标的；(3) 数量；(4) 质量；(5) 价款或者报酬；(6) 履行期限、地点和方式；(7) 违约责任；(8) 解决争议的方法。

2. 格式条款

格式条款是指一方当事人为了与不特定多数人订立合同重复使用而单方预先拟定，并在订立合同时未与对方协商的条款。格式条款的适用可以简化签约程序，加快交易速度，减少交易成本。但是，由于格式条款是由一方当事人拟定的，且在合同谈判中不容对方协商修改，条款内容难免有不公平之处。所以《合同法》对格式条款的效力及解释作有特别规定，以保证合同相对人的合法权益。

(1) 提供格式条款方的特别义务。采用格式条款订立合同的，提供格式条款的一方应当遵循公平原则确定当事人之间的权利和义务，并采取合理的方式提请对方注意免除或者限制其责任的条款，按照对方的要求，对该条款予以说明。

(2) 格式条款的无效。格式条款具有《合同法》规定的无效合同情形和免责条款无效的情形，或者提供格式条款一方免除其责任、加重对方责任、排除对方主要权利的，该条款无效。

(3) 格式条款的解释。当事人对格式条款的理解发生争议的，应当按照通常理解予以解释。对格式条款有两种以上解释的，应当作出不利于提供格式条款一方的解释。

(4) 格式条款的选用。即使在格式合同中，当事人也可以约定非格式条款，若格式条款和非格式条款不一致的，应当采用非格式条款。

三、合同订立的程序

当事人订立合同，须采取要约、承诺的方式进行。当事人经过要约和承诺，意思表示一致时，合同即可成立。

(一) 要约

1. 要约的概念和有效的条件

要约是希望和他人订立合同的意思表示。发出要约的一方称为要约人，接受要约的一方称为受要约人。要约有效须具备以下条件：(1) 要约是特定人作出的意思表示；(2) 要约必须向要约人希望与之订立合同的受要约人发出；(3) 要约的内容必须具体确定，即要约的内容须包含足以使合同成立的必要条款；(4) 要约必须具有订立合同的意图，表明一经受要约人承诺，要约人即受该意思表示的约束。

要约的上述要件将要约与要约邀请区别开来。要约邀请又称要约引诱，是希望他人向自己发出要约的意思表示。在商业活动中，寄送的价目表、拍卖公告、招标公告、招股说明书、一般的商业广告都属于要约邀请，但如果商业广告的内容符合要约规定的，则视为要约。一般认为，悬赏广告是要约。

2. 要约的生效与失效

要约到达受要约人时生效。采用数据电文形式订立合同，收件人指定特定系统接收数据电文的，该数据电文进入该特定系统的时间，视为到达时间；未指定特定系统的，该数据电文进入收件人的任何系统的首次时间，视为到达时间。依据《合同法》的规定，有下列情形之一的，要约失效：(1) 拒绝要约的通知到达要约人；(2) 要约人依法撤销要约；(3) 承诺期限届满，受要约人未作出承诺；(4) 受要约人对要约的内容作出实质性变更。

3. 要约的撤回与撤销

要约的撤回，是指要约人在要约生效之前，使要约不发生法律效力的行为。允许要约人撤回要约是尊重要约人意志和利益的体现。撤回要约的通知要先于要约或与要约同时到达受要约人时，才能发生撤回要约的效力。在电子合同场合，由于数据电文的传输速度太快，要约的撤回在现有的技术条件下难以达到。

要约的撤销，是指要约人在要约生效以后，受要约人发出承诺通知之前，取消该要约，使要约的法律效力归于消灭的意思表示。要约撤回与要约撤销都是旨在消灭要约的拘束力，二者的区别在于：要约撤回发生在要约生效之前，而要约撤销发生在要约已生效之后。撤销要约的通知必须在受要约人发出承诺通知之前到达受要约人才能发生要约撤销的效力。同时，具有下列情形之一的，要约不得撤销：(1) 要约人确定了承诺期限或者以其他形式明示要约不可撤销；(2) 受要约人有理由认为要约是不可撤销的，并已经为履行合同作了准备工作。

（二）承诺

1. 承诺的概念及构成条件

承诺是受要约人同意要约的意思表示，即受要约人同意要约中的条件以达到缔结合同的目的。承诺的效力在于：一经承诺并到达要约人，合同便成立。一项有效的承诺应当符合下列条件：(1) 承诺必须是由受要约人向要约人作出。(2) 承诺的内容应当与要约的内容一致。承诺不能对要约的内容进行实质性的变更，对要约的内容作出实质性变更的，为新要约。有关合同标的、数量、质量、价款或者报酬、履行期限、履行地点和方式、违约责任和解决争议方法等的变更，是对要约内容的实质性变更。(3) 承诺必须在有效期限内到达要约人。如果要约规定了承诺的期限，则承诺必须在规定的期限内到达要约人才能发生法律效力。

2. 承诺生效的时间

承诺的生效时间是合同交易中非常关键的问题，因为承诺生效时合同成立。根据《合同法》的规定，承诺自承诺通知到达要约人时生效。承诺不需要通知的，根据交易习惯或者要约的要求作出承诺的行为时生效。采用数据电文形式订立合同，收件人指定特定系统接收数据电文的，该数据电文进入该特定系统的时间，视为承诺到达时间；未指定特定系统的，该数据电文进入收件人的任何系统的首次时间，视为承诺到达时间。

3. 承诺的迟延与迟到

承诺的迟延是指迟发而迟到的承诺。《合同法》第 28 条规定："受要约人超过承诺期限发出承诺的,除要约人及时通知受要约人该承诺有效的以外,为新要约。"承诺的迟到是指未迟发而迟到的承诺。因承诺人不知其迟到,要约人负有及时通知的义务,要约人怠于履行通知义务的,承诺视为未迟到,合同成立,要约人及时履行通知义务的,承诺视为新要约。

4. 承诺的撤回

承诺撤回是指受要约人发出承诺通知后,在承诺生效之前撤回其承诺,阻止承诺发生法律效力的行为。由于承诺以到达要约人为生效条件,因此在此之前阻止其生效对要约人不会产生损害。但是,撤回承诺的通知必须在承诺通知到达要约人之前或者与承诺通知同时到达要约人,才发生阻止承诺生效的效力。承诺不能撤销。

四、缔约过失责任

缔约过失责任,是指当事人在订立合同过程中,因故意或者过失致使合同未成立、未生效、被撤销或无效,给他人造成损失而应承担的损害赔偿责任。

(一) 缔约过失责任的特征

缔约过失责任有以下三个特征:

1. 缔约过失责任发生在合同订立阶段

只有在合同尚未成立,或者虽然成立,但因为不符合法定的生效要件而被确认无效或被撤销时,缔约人才需承担缔约过失责任。

2. 一方当事人违反了以诚实信用为基础的先合同义务

这种义务发生在缔约阶段,又被称为"先合同义务",这是法定的义务,不以双方当事人有事先的约定为必要。

3. 造成另一方信赖利益的损失

所谓信赖利益的损失主要是指一方实施某种行为后,另一方对此产生了信赖,并因此支付了一定的费用,因一方的过失致使该费用不能得到补偿。

(二) 缔约过失责任的类型

《合同法》第42~43条对缔约过失责任的主要类型有明确规定。

1. 假借订立合同,恶意进行磋商

行为人要承担此种缔约过失责任,必须在主观上具有恶意。

2. 故意隐瞒与订立合同有关的重要事实或者提供虚假情况

在订约过程中,当事人故意隐瞒与订立合同有关的重要事实或者提供虚假情况,已构成欺诈,如果给对方造成损失,应承担赔偿责任。

3. 当事人泄露或者不正当地使用在订立合同过程中知悉的商业秘密

当事人在订立合同过程中,可能会接触、了解对方的商业秘密,对此应依据诚实信用原则负保密义务。

4. 有其他违背诚实信用原则的行为

此为兜底条款。

（三）缔约过失责任与违约责任的区别

缔约过失责任与违约责任存在以下三个方面的区别：

1. 两种责任产生的时间不同

缔约过失责任发生在合同成立之前，而违约责任产生于合同生效之后。

2. 适用的范围不同

缔约过失责任适用于合同未成立、合同未生效、合同无效等情况，违约责任适用于生效合同。

3. 赔偿范围不同

缔约过失责任赔偿的是信赖利益的损失，而违约责任赔偿的是可期待利益的损失。可期待利益的损失要大于或者等于信赖利益的损失。

【案例 4-1】

建筑公司向蓝天、白云两家水泥厂同时发函："需要 100 吨矿渣水泥，每吨 350 元，货到付款，请于 10 天内答复。"蓝天回函同意。白云则积极组织货源，在第 7 天送货上门。此时，建筑公司称只需 100 吨矿渣水泥，已经与蓝天签订合同，拒收白云的水泥。

请问：建筑公司与白云水泥厂的合同成立了吗？

解析：建筑公司与白云水泥厂的合同成立了。因为建筑公司的发函包含足以使合同成立的必要条款，是要约，而非要约邀请，白云在要约的有效期内，以送货上门的方式作出了有效的承诺，双方当事人经过要约和承诺，达成一致，合同依法成立。

第三节　合同的效力

一、合同的成立与合同的生效

合同的成立是指当事人经过要约和承诺，意思表示一致而达成协议；合同的生效，是指已依法成立的合同，发生相应的法律效力。合同的生效不同于合同的成立。合同的成立是一个事实问题，考察当事人之间是否有要约和承诺。合同的生效是一个价值判断，考察当事人之间的合同是否符合法律，能否发生法律所认可的效力。合同成立是合同生效的前提。

（一）合同的生效要件

合同的生效要件是判断合同是否具有法律效力的标准。合同的生效一般应具备以下三个要件：

1. 行为人具有相应的民事行为能力

签订合同的当事人应当具备与其年龄、智力、精神状况相适应的民事行为能力。

2. 意思表示真实

意思表示真实是合同生效的重要构成要件，因为合同的本质是当事人的一种合意，意思表示真实的合意符合法律规定时，就可以依法产生法律拘束力。

3. 不违反法律和社会公共利益

生效的合同不得违背法律的强制性规定,并不得损害公序良俗。

(二) 合同生效的时间

根据合同类型的不同,《合同法》分别规定了不同的合同生效时间:

(1) 依法成立的合同,原则上自成立时生效。

(2) 法律、行政法规规定应当办理批准、登记等手续生效的,在依照其规定办理批准、登记等手续后生效。

(3) 当事人对合同的效力可以附条件。附生效条件的合同,自条件成就时生效。附解除条件的合同,自条件成就时失效。当事人为自己的利益不正当地阻止条件成就的,视为条件已成就;不正当地促成条件成就的,视为条件不成就。

(4) 当事人对合同的效力可以附期限。附生效期限的合同,自期限届至时生效。附终止期限的合同,自期限届满时失效。

二、效力待定的合同

效力待定的合同,是指合同订立后尚未生效,须经权利人追认才能生效的合同。追认的意思表示自到达相对人时生效。由于这类合同在权利人追认之前处于有效抑或无效的不确定状态,因而被称为效力待定的合同。效力待定合同主要有以下三种类型:

(一) 限制民事行为能力人独立订立的与其年龄、智力、精神状况不相适应的合同

《合同法》规定,限制民事行为能力人订立的合同,经法定代理人追认后,该合同有效。但纯获利益的合同或者与其年龄、智力、精神健康状况相适应而订立的合同,不必经法定代理人追认。法律在保护限制民事行为能力人合法权益的同时,为避免合同相对人的利益因为合同效力待定而受损,特别规定了相对人的催告权和善意相对人的撤销权。相对人可以催告法定代理人在1个月内予以追认。法定代理人未作表示的,视为拒绝追认。合同被追认之前,善意相对人有撤销的权利。

(二) 无权代理人订立的合同

行为人没有代理权、超越代理权或者代理权终止后以被代理人名义订立的合同,未经被代理人追认,对被代理人不发生效力,由行为人承担责任。相对人可以催告被代理人在1个月内予以追认,被代理人未作表示的,视为拒绝追认。合同被追认之前,善意相对人有撤销的权利。被代理人已经开始履行合同义务的,视为对合同的追认。行为人没有代理权、超越代理权或者代理权终止后以被代理人名义订立的合同,相对人有理由相信行为人有代理权的,构成表见代理,该代理行为有效。

(三) 无处分权人订立的合同

无处分权的人处分他人财产,经权利人追认或者无处分权的人订立合同后取得处分权的,该合同有效。

三、无效合同

无效合同是指严重欠缺合同生效要件,不发生合同当事人追求的法律后果,不受法律保护的合同。

（一）无效合同的情形

《合同法》第 52 条明文规定，有下列情形之一的，合同无效：

1. 一方以欺诈、胁迫的手段订立合同，损害国家利益

欺诈，是以使他人陷于错误认识而作出意思表示为目的，故意陈述虚伪事实或隐瞒真实情况的行为。胁迫，是向对方当事人表示施加危害，使其基于恐惧而为一定意思表示的行为。根据《合同法》的规定，以欺诈、胁迫手段订立的合同在损害了国家利益时无效，其余的则可以撤销。

2. 恶意串通，损害国家、集体或者第三人利益

恶意串通是指当事人为谋取不正当利益而合谋订立损害国家、集体或者第三人的合同。

3. 以合法形式掩盖非法目的

以合法形式掩盖非法目的是指当事人订立的合同在形式上是合法的，但在缔约目的和内容上是非法的。在这种合同中，当事人在形式上所达成的协议并不是其真实意图，而只是掩盖其非法目的的手段。

4. 损害社会公共利益

社会公共利益包括社会生活的政治基础、社会秩序、道德准则和生活习惯等内容。违反公序良俗、公共秩序的合同无效，这是各国立法通行的原则。

5. 违反法律、行政法规的强制性规定

法律法规中的规定有的是任意性规定，有的则是强制性规定。任意性规定允许当事人选择适用，而强制性规定排斥了当事人的自由意志，不允许当事人协议改变。因此，违反法律、法规的强制性规定的合同必然是无效的。

（二）无效合同的法律后果

无效合同由人民法院或仲裁机构确认无效，无效合同从合同签订之日起，自始没有法律效力。因无效合同取得的财产，应予以返还。有过错的一方应当赔偿对方因此所受到的损失。当事人恶意串通，损害国家、集体或者第三人利益，因此取得的财产应当收归国家或者返还集体、第三人。

四、可撤销或可变更的合同

可变更、可撤销合同，是指因意思表示不真实，当事人一方有权请求人民法院或仲裁机构予以变更或撤销的合同。可变更、可撤销的合同不同于效力待定合同，对于可变更、可撤销合同，如果当事人不申请变更或者撤销，则该合同有效；而对于效力待定合同，未经有权人追认，则该合同无效。

（一）可撤销或可变更合同的情形

《合同法》第 54 条明文规定，下列合同，当事人一方有权请求人民法院或者仲裁机构变更或者撤销：

1. 因重大误解订立的合同

所谓重大误解是指误解人在作出意思表示时，对涉及合同法律效果的重要事项存在认识上的显著缺陷，其后果是使误解人受到较大的损失，以至于根本达不到缔约目的。根据

最高人民法院的司法解释，行为人因对行为的性质、对方当事人、标的物的品种、质量、规格和数量等的错误认识，使行为的后果与自己的意思相悖并造成较大损失的，即属于重大误解，当事人可以此为由请求变更或者撤销合同。

2. 在订立合同时显失公平的合同

显失公平，是指双方当事人的权利义务明显不对等，使一方遭受重大不利。显失公平的合同，双方的权利义务极不对等，利益极不平衡，违反了平等、等价、公平的原则，因此，当事人有权要求予以变更或者撤销合同。

3. 一方以欺诈、胁迫的手段或者乘人之危，使对方在违背真实意思的情况下订立的合同

所谓乘人之危，是指一方当事人故意利用他人的危难处境，迫使他方订立于其极为不利的合同。乘人之危签订的合同，受害方有权主张撤销。以欺诈、胁迫手段订立的合同，如未损害国家利益，仅损害当事人个体或者第三人利益的，为可变更或者可撤销合同。

（二）撤销权的行使与消灭

当合同存在上述情形时，受害的一方当事人可以通过行使法律赋予的撤销权而使合同自其成立时起无效。行使撤销权为单方法律行为，无须经对方同意。

撤销权人应向法院或者仲裁机构提出请求，由法院或者仲裁机构决定其变更和撤销，直接向对方表示变更或者撤销的意思，不发生行使撤销权的效力。具有撤销权的当事人行使撤销权的期限为1年，自撤销权人知道或者应当知道撤销事由之日起计算。

当撤销权人在撤销权的期限届满而未行使撤销权，或者撤销权人在知道撤销事由后以明确表示或以自己的行为表示放弃撤销权的，撤销权归于消灭。

第四节　合同的履行与担保

合同的履行是合同债权得到实现，达到当事人订立合同时的预期的过程。合同的履行是指合同当事人正确、适当、全面地完成合同中规定的各项义务的行为。

一、合同履行的规则

（一）合同约定不明时的履行规则

合同生效后，当事人就质量、价款或者报酬、履行地点等内容没有约定或者约定不明确的，可以协议补充；不能达成补充协议的，按照合同有关条款或者交易习惯确定。依照上述规则仍不能确定的，依照下列规则确定：

（1）质量要求不明确的，按照国家标准、行业标准履行；没有国家标准、行业标准的，按照通常标准或者符合合同目的的特定标准履行。

（2）价款或者报酬不明确的，按照订立合同时履行地的市场价格履行；依法应当执行政府定价或者政府指导价的，按照规定履行。

（3）履行地点不明确，给付货币的，在接受货币一方所在地履行；交付不动产的，在不动产所在地履行；其他标的，在履行义务一方所在地履行。

（4）履行期限不明确的，债务人可以随时履行，债权人也可以随时要求履行，但应

当给对方必要的准备时间。

（5）履行方式不明确的，按照有利于实现合同目的的方式履行。

（6）履行费用的负担不明确的，由履行义务一方负担。

（二）价格变动的履行规则

执行政府定价或者政府指导价的，在合同约定的交付期限内政府价格调整时，按照交付时的价格计价。逾期交付标的物的，遇价格上涨时，按照原价格执行；价格下降时，按照新价格执行。逾期提取标的物或者逾期付款的，遇价格上涨时，按照新价格执行；价格下降时，按照原价格执行。

（三）涉及第三人的履行规则

当事人约定由债务人向第三人履行债务的，债务人未向第三人履行债务或者履行债务不符合约定，应当向债权人承担违约责任。当事人约定由第三人向债权人履行债务的，第三人不履行债务或者履行债务不符合约定，债务人应当向债权人承担违约责任。

二、合同履行中的抗辩权

抗辩权是对抗他人请求权的权利。合同履行中的抗辩权，是在双务合同中，当事人一方在对方未履行或者不能保证履行时，自己可以不履行的保留性权利。抗辩权是《合同法》为确保双务合同履行而特别设立的法律制度，在合同履行中对于保障当事人的合法权益具有重要意义。

（一）同时履行抗辩权

同时履行抗辩权是指在未约定先后履行顺序的双务合同中，当事人应当同时履行，一方在对方未为对待给付之前，有权拒绝其履行要求的权利。适用同时履行抗辩权应当符合下列条件：

1. 双方当事人基于同一双务合同互负债务

这里强调的是，双方互负的债务必须是基于同一个双务合同而产生的，双方所负的债务存在着对价关系。

2. 双方互负的债务没有先后履行顺序，且均已届清偿期

只有在双方没有约定履行顺序情况下，当事人才应当同时履行，此时一方当事人在对方未履行时有拒绝履行自己义务的权利。适用同时履行抗辩权旨在使双方所负的债务同时履行，以同时实现债权，因此，只有双方互负的债务均已届清偿期，当事人才有履行合同的现实义务，只有此时，才能行使同时履行抗辩权。

3. 对方当事人未履行债务或未按约定履行债务

在没有约定先后履行顺序的双务合同中，一方当事人适用同时履行抗辩权对抗对方的履行要求，必须是在对方本身没有履行义务的情况下。如果对方已经履行了债务，则被请求方不能主张行使同时履行抗辩权。

4. 对方当事人的对待给付是可能履行的

如果对方的对待给付已不可能，则不发生同时履行抗辩权的问题，而应依照合同解除制度解决。

（二）后履行抗辩权

后履行抗辩权是指在双务合同中应先履行义务的一方当事人在未履行时，对方当事人有权拒绝对方请求履行的权利。对此，《合同法》规定，当事人互负债务，有先后履行顺序，先履行一方未履行的，后履行一方有权拒绝其履行要求。先履行一方履行债务不符合约定的，后履行一方有权拒绝其相应的履行要求。由于先履行一方已经违约在先，因此，后履行一方享有的抗辩权实际上是对对方违约的抗辩，也可称为违约救济权。

（三）不安抗辩权

不安抗辩权，是指双务合同中应先履行义务的一方当事人，有确切证据证明相对人财产明显减少或欠缺信用，不能保证对待给付时，有暂时中止履行合同的权利。《合同法》规定，应当先履行债务的当事人，有确切证据证明对方有下列情形之一的，可以中止履行：（1）经营状况严重恶化；（2）转移财产、抽逃资金，以逃避债务；（3）丧失商业信誉；（4）有丧失或者可能丧失履行债务能力的其他情形。

主张不安抗辩权的当事人如果没有确切证据中止履行的，则应当承担违约责任。当事人行使不安抗辩权中止履行的，应当及时通知对方。对方提供适当担保时，应当恢复履行。中止履行后，对方在合理期限内未恢复履行能力并且未提供适当担保的，中止履行的一方可以解除合同。

三、合同的保全

代位权和撤销权是合同保全的形式，合同保全就是为保护合同债权人的债权不受债务人不当行为的损害而对合同债权人采取一定保护措施的法律制度。

（一）代位权

代位权是指因债务人怠于行使其到期债权，对债权人造成损害时，债权人可以向人民法院请求以自己的名义代位行使债务人的债权的权利。行使代位权应具备以下条件：

（1）债务人对第三人享有合法的债权。（2）债务人怠于行使其到期债权。所谓怠于行使其权利，是指应当行使并且能行使而不行使其权利。（3）债务人怠于行使对第三人的债权对债权人造成了损害。（4）债务人的债权不是专属于债务人自身的债权。债务人享有的基于扶养关系、抚养关系、赡养关系、继承关系而产生的给付请求权和劳动报酬、退休金、养老金、抚恤金、安置费、人寿保险、人身伤害赔偿请求权等权利是专属于债务人自身的债权，他人不得代位行使。

代位权的行使，需由债权人向人民法院提出请求，债权人不经人民法院而径自要求次债务人履行的，不成立代位权。在行使代位权的范围上，债权人行使代位权只能以自己对债务人享有的债权为限度，对超出自身债权范围的债务人的债权，债权人无权代位行使。因行使代位权而产生的费用，由债务人负担。

（二）撤销权

撤销权，是指债权人对于债务人所为的危害债权的行为，可请求人民法院予以撤销的权利。设立撤销权的目的，是为了保全债权人的债权，防止债务人滥用财产处分权而使财产减少，以致损害债权人的利益。

债权人可请求人民法院给予撤销的债务人的行为包括：放弃到期债权；无偿转让财产；以不合理的低价转让财产，受让人知道该情形的。撤销权的行使范围以其自身的债权为限，并非包括债务人所处分财产的全部范围。债权人行使撤销权的必要费用，由债务人负担。债权人行使撤销权必须在法定的期限内，超过期限的则撤销权消灭。撤销权自债权人知道或者应当知道撤销事由之日起1年内行使。自债务人的行为发生之日起5年内没有行使撤销权的，该撤销权消灭。

四、合同的担保

合同的担保是指依据法律规定或当事人约定为确保合同履行而采取的一种法律措施。依据担保人和担保内容不同，可将担保分为人的担保（保证）、物的担保（抵押、质押、留置）和钱的担保（定金）三种。我国《担保法》及其司法解释对担保问题有详细的规定。《物权法》对担保物权（抵押权、质押权、留置权）也有详细的规定，且明确规定《担保法》和《物权法》的规定不一致时，以《物权法》为准。

（一）保证

保证是指保证人和债权人约定，当债务人不履行债务时，保证人按照约定履行债务或者承担责任的行为。在我国，凡是具有代为清偿债务能力的法人、其他组织或者公民，都可以作保证人，但国家机关、学校、医院等以公益为目的的事业单位、社会团体、企业法人的分支机构、职能部门不得作保证人，法律另有规定的除外。

保证分为一般保证和连带保证。一般保证是指当事人在保证合同中约定，债务人不能履行债务时，由保证人承担保证责任。一般保证的保证人对债权人享有先诉抗辩权，即在主合同纠纷未审判或者仲裁，并就债务人财产依法强制执行仍不能履行债务前，对债权人可以拒绝承担保证责任。连带责任保证是指当事人在保证合同中约定保证人与债务人对债务承担连带责任。如果债务人在主合同规定的债务履行期限届满没有履行债务的，债权人可以要求债务人履行债务，也可以要求保证人在其保证范围内承担保证责任。当事人对保证方式没有约定或约定不明确时，按照连带责任保证承担保证责任。

（二）抵押

抵押是指债务人或者第三人不转移财产的占有，将该财产作为债权的担保，债务人不履行债务时，债权人有权依照法律规定以该财产折价或者以拍卖、变卖该财产的价款优先受偿。抵押中提供财产担保的债务人或者第三人为抵押人，债权人为抵押权人，提供担保的财产为抵押物。我国法律允许用做抵押的财产有：（1）抵押人所有的房屋和其他地上定着物；（2）抵押人所有的机器、交通运输工具和其他财产；（3）抵押人依法有权处分的国有的土地使用权、房屋和其他地上定着物；（4）抵押人依法有权处分的国有的机器、交通运输工具和其他财产；（5）抵押人依法承包并经发包方同意的荒山、荒沟、荒丘、荒滩等荒地的土地使用权；（6）依法可以抵押的其他财产。

抵押人和抵押权人应以书面形式订立抵押合同，抵押合同自签订之日起生效；法律规定需要办理抵押物登记的，自登记之日起生效。抵押期间，抵押人转让已办理登记的抵押物的，应当通知抵押权人并告知受让人转让物已经抵押的情况，抵押人未通知抵押权人或者未告知受让人的，转让行为无效。

（三）质押

质押包括动产质押和权利质押。动产质押是指债务人或者第三人将其动产移交债权人占有，将该动产作为债权的担保。债务人不履行债务时，债权人有权以该动产折价或者以拍卖、变卖该动产的价款优先受偿。提供担保财产的债务人或者第三人为出质人，债权人为质权人，移交的动产为质物。权利质押是指债务人或者第三人以其财产权利出质作为债权的担保。可以质押的权利有：（1）汇票、支票、本票、债券、存款单、仓单、提单；（2）依法可以转让的股份、股票；（3）依法可以转让的商标专用权、专利权、著作权中的财产权；（4）依法可以质押的其他权利。

质押合同应当采取书面形式，自质物移交于质权人占有时生效。以汇票、支票、本票、债券、存款单、仓单、提单出质的，质押合同自权利凭证交付质权人之日生效。以依法可以转让的股票以及商标专用权、专利权、著作权中的财产权出质的，出质人与质权人应当向有关管理部门办理出质登记，质押合同自登记之日起生效。以有限责任公司的股份出质的，适用《公司法》股份转让的有关规定。

（四）留置

留置是指债权人按照合同约定占有债务人的动产，当债务人不履行债务时，债权人有权依照法律规定留置该财产，以该财产折价或者以拍卖、变卖该财产的价款优先受偿。

因保管合同、运输合同、加工承揽合同而发生的债权，债务人不履行债务的，债权人行使留置权后，应根据合同约定或者直接根据法律规定，确定2个月以上的期限，通知债务人在该期限内履行债务。债务人逾期仍不履行的，债权人可以与债务人协议以留置物折价，也可以依法拍卖、变卖留置物。留置物折价、拍卖、变卖后，其价款超过债权数额的部分归债务人所有，不足部分由债务人清偿。

（五）定金

定金是指当事人一方为了证明合同成立和保证合同履行，预先支付给对方一定数额的货币。定金主要起担保合同履行的作用。定金罚则是指给付定金的一方不履行约定债务的，无权要求返还定金；收受定金的一方不履行约定债务的，应当双倍返还定金。同时，定金还有证明合同成立的作用，即只要一方给付了定金，另一方接受了定金，就证明双方当事人之间存在合同关系。

定金合同应当以书面形式签订，是一种实践合同，只有当事人实际交付了定金后合同才成立。定金的数额由当事人约定，但不得超过主合同标的额的20%，超过部分无效。

【案例4-2】

王某欠李某5万元，于2012年底到期。因王某生意亏损，已无支付能力。但王某有一笔可向赵某主张的到期货款8万元，因王某与赵某系亲戚，王某书面表示不再要求赵某支付该货款。另查明，王某曾于2012年1月外出时遭遇车祸受伤，肇事司机孙某系王某好友，王某一直未向孙某提出车祸损害的赔偿请求。

请问：

(1) 李某能否请求人民法院撤销王某放弃要求赵某支付货款8万元的行为？

(2) 李某能否要求以自己的名义代位请求孙某支付车祸致人损害的赔偿金？

解析：

（1）李某可以请求人民法院撤销王某放弃要求赵某支付货款的行为，但数额为5万元。因为，根据《合同法》的规定，债务人放弃其到期债权对债权人造成损害的，债权人可以请求人民法院撤销债务人放弃债权的行为。但是撤销权的行使范围以其自身的债权为限，并非包括债务人所处分财产的全部范围。

（2）李某不能要求以自己的名义代位请求孙某支付车祸致人损害的赔偿金。因为该赔偿金是专属于王某自身的债权，李某不能行使代位权。

第五节 合同的变更、转让和终止

一、合同的变更

我国《合同法》所称的合同的变更是指合同内容的变更，不包括合同主体的变更。合同主体的变更属于合同的转让。合同变更是指在合同成立以后，尚未履行或尚未完全履行合同以前，双方当事人就合同的内容进行修改和补充。也就是说，合同变更只是对原合同关系的内容作局部修改和补充，如标的数量的增减、交货地点、时间、结算方式的变化，而不是内容的全部变更。

合同是双方当事人合意的体现，因此经当事人协商一致，当然可以变更合同。但法律、行政法规规定变更合同应当办理批准、登记等手续的，应当办理相应手续。《合同法》第78条规定，当事人对合同变更的内容约定不明确的，推定为未变更。

合同变更后，当事人应当按照变更后的合同履行。合同的变更，仅对变更后未履行的部分有效，对已履行的部分无溯及力。合同的变更不影响当事人要求赔偿的权利，除依法或依约可以免责的以外，有过错的一方应当承担赔偿损失的责任。

二、合同的转让

合同的转让是指当事人一方将其合同的权利和义务全部或部分转让给第三人的行为。因此，合同转让是合同主体的变化，是由第三人替代当事人一方成为合同当事人或者第三人加入合同而成为当事人，不引起合同内容的变化。合同转让分为合同权利的转让、合同义务的转让及合同权利义务的概括转让三种形态。

（一）合同权利的转让

合同权利的转让是指合同债权人通过协议将其债权全部或部分地转让给第三人的行为。合同权利转让以有效合同为前提，债权人与受让人之间必须达成合意，并履行相关法定程序。但是，下列债权不得转让：

（1）根据合同性质不得转让的，主要是指基于当事人特定身份而订立的合同，如出版合同、赠与合同、委托合同、雇佣合同等；

（2）按照当事人的约定不得转让；

（3）按照法律规定不得转让。

债权人转让权利的，应当通知债务人。未经通知的，该转让对债务人不发生效力。债务人接到债权转让通知后,债权转让行为就生效。债权人转让权利的通知不得撤销,但经受让人同意的除外。

(二) 合同义务的转让

合同义务的转让是指经债权人同意债务人将合同的义务全部或部分转让给第三人。义务转让因为关系到债权人的利益,必须经债权人同意。合同义务转让有两种方式:一是受让人与债权人签订合同来承担债务的,债务就由受让人履行,该转让不需要征得原债务人同意,但应当通知原债务人;二是受让人与债务人签订合同来承担债务的,就必须得到债权人同意,才能产生法律上的效力。

(三) 合同权利义务的概括转让

合同权利义务的概括转让是指合同当事人一方将其在合同中的权利义务一并转移给第三人,由第三人一并接受其转让的权利义务。合同权利义务的概括转让有两种方式:一是协议性的概括转让,即当事人一方与第三人通过协议进行转让,此协议需要经过对方同意;二是法定的概括转让,即当事人订立合同后发生合并的,由合并后的法人或其他组织行使权利和履行义务。当事人订立合同后分立的,由分立后的法人或其他组织享有连带债权,承担连带债务。

三、合同的终止

合同的终止,是指因发生法律规定或当事人约定的情况,使当事人之间的权利义务关系消灭,而使合同终止的法律效力。《合同法》规定了以下六种情形,可以发生合同终止的效力。

(一) 因债务履行而终止

合同的履行即清偿债务的行为,即双方当事人都按照约定将自己承担的合同义务付诸实施,使双方的利益全部得到实现。当合同的目的达到,则合同关系自然归于消灭。合同因履行而终止是最正常、最理想的终止方式。

(二) 因解除合同而终止

合同的解除,是指合同有效成立以后,没有履行或者没有完全履行之前,双方当事人通过协议或者一方行使解除权的方式,使得合同关系终止的法律制度。合同的解除,分为合意解除与法定解除两种情况。

1. 合意解除

合意解除,是指根据当事人事先约定的情况或经当事人协商一致而解除合同。在订立合同时,当事人可以约定一方解除合同的条件,一旦该条件成就,解除权人就可以通过行使解除权而终止合同。合同订立后,经当事人协商一致,也可以解除合同。

2. 法定解除

法定解除,是指根据法律规定而解除合同。根据《合同法》第94条的规定,有下列情形之一的,当事人可以解除合同:(1) 因不可抗力致使不能实现合同目的;(2) 在履行期限届满之前,当事人一方明确表示或者以自己的行为表明不履行主要债务;(3) 当事人一方迟延履行主要债务,经催告后在合理期限内仍未履行;(4) 当事人一方迟延履行债务或者有其他违约行为致使不能实现合同目的;(5) 法律规定的其他情形。

(三) 因债务相互抵消而终止

抵消是指当事人双方互相负有给付义务时，按照法律规定或者当事人的约定而将两项义务相互冲抵，在冲抵的范围内债务消灭。通过抵消的方式可以省去当事人双方在给付上的交换，降低交易成本。抵消根据其产生的依据不同，可以分为法定抵消和约定抵消两类。

法定抵消是指依照法律规定的抵消条件抵消。当事人互负到期债务，该债务的标的物种类、品质相同的，任何一方可以将自己的债务与对方的债务抵消，但依照法律规定或者按照合同性质不得抵消的除外。当事人主张抵消的，应当通知对方。通知自到达对方时生效。抵消不得附条件或者附期限。

约定抵消是指当事人自行达成协议抵消。当事人互负债务，标的物种类、品质不相同的，经双方协商一致，也可以抵消。

(四) 因债务人将标的物提存而终止

提存是指由于债权人的原因无法向其交付合同标的物时，债务人将标的物交给提存机关，从而消灭债务的法律行为。其中，提存的客体是合同的标的物，如货币、有价证券、权利证书、贵重物品等；提存的原因是基于债权人无正当理由拒绝受领、债权人下落不明、债权人死亡未确定继承人或者丧失民事行为能力未确定监护人等情形。提存应办理提存公证，我国目前的提存机关是公证机关。

标的物提存后，除债权人下落不明的以外，债务人应当及时通知债权人或者债权人的继承人、监护人。标的物不适于提存或者提存费用过高的，债务人依法可以拍卖或者变卖标的物，提存所得的价款。提存期间，标的物的孳息归债权人所有，提存的费用由债权人负担。债权人领取提存物的权利，自提存之日起5年内不行使而消灭，提存物扣除提存物费用后归国家所有。

(五) 因债务人免除债务而终止

合同债务的免除，是债权人放弃债权，从而消灭债权债务关系的单方行为。免除为无因行为。依债权人向债务人表示免除债务的意思而发生效力。免除的效力是债务的绝对消灭。免除部分债务的，合同权利义务部分终止，未免除的部分仍需履行。免除全部债务的，合同权利义务全部终止。

(六) 因债权债务混同而终止

债权债务同归于一人也称为混同，是指双方当事人合为一体，合同的权利义务全部归于一人承受。债权人与债务人混同后，双方当事人成为一方，其原来的合同债权债务则没有再相互履行的必要，因而合同关系即告终止。但是，如果合同关系涉及第三人的利益，则不能因为当事人的混同而终止。

第六节 违约责任

一、违约责任概述

(一) 违约责任的概念

违约责任是指合同当事人不履行合同义务或者履行合同义务不符合约定所承担的民事

责任。违约责任是一种民事责任,因当事人违反合同义务而产生,主要表现为财产责任,可由当事人在法律规定的范围内事先约定,如约定一定数额的违约金,约定免除违约责任的条款等。

(二)违约责任的归责原则

违约责任的归责原则是指基于一定的归责事由而确定违约方是否承担违约责任的法律准则。违约责任的归责原则主要有过错责任原则和严格责任原则两种不同类型,前者在确定违约责任时以违约方主观上有过错为条件;而根据后者,违约方主观上有无过错对其承担责任没有影响。我国《合同法》规定的一般归责原则为严格责任,这意味着在违约行为发生后,确定违约当事人的责任时,主要考虑的是违约的结果是否因为违约当事人的行为造成的,而不考虑当事人是否存在故意或过失。

二、承担违约责任的方式

根据《合同法》关于违约责任的规定,当事人一方不履行合同义务或者履行义务不符合约定的,承担违约责任的方式有继续履行、补救措施、赔偿损失、支付违约金和支付定金。

(一)继续履行

继续履行,又称实际履行,是指债权人在债务人不履行合同义务时,可请求人民法院或者仲裁机构强制债务人实际履行合同义务。《合同法》规定,当事人一方未支付价款或者报酬的,对方可以要求其支付价款或者报酬。当事人一方不履行非金钱债务或者履行非金钱债务不符合约定的,对方可以要求履行,但有下列情形之一的除外:(1)法律上或者事实上不能履行;(2)债务的标的不适于强制履行或者履行费用过高;(3)债权人在合理期限内未要求履行。

(二)补救措施

补救措施,是债务人履行合同义务不符合约定,债权人在请求人民法院或者仲裁机构强制债务人实际履行合同义务的同时,可根据合同履行情况要求债务人采取的补救履行措施。根据《合同法》的规定,当事人履行合同义务,质量不符合约定的,应当按照当事人的约定承担违约责任。对违约责任没有约定或者约定不明确,受损害方根据标的的性质以及损失的大小,可以合理选择要求对方承担修理、更换、重作、退货、减少价款或者报酬等违约责任。

(三)赔偿损失

赔偿损失是因当事人一方的违约行为给另一方造成财产损失时,违约方向守约方承担的赔偿责任。这种方式以金钱赔偿为原则,实物赔偿为例外。赔偿的范围、方式等,均由当事人在合同中事先约定。事先未约定的,赔偿额应相当于违约行为给对方造成的损失,但不得超过违约方在订立合同时预见到或者应当预见到的因违反合同可能造成的损失。另外,当事人一方违约后,对方未尽防止损失扩大的义务,对于扩大的损失不能请求赔偿。当事人因防止损失扩大而支出的合理费用由违约方承担。

(四)支付违约金

违约金是指当事人一方违反合同时,根据合同约定,向对方当事人支付的一定数额的货币。违约金是一种违约后生效的补救方式，具有一定的任意性，数额由当事人协商确定。如果约定的违约金低于或者过分高于违约行为所造成的损害，当事人可请求人民法院或者仲裁机构予以增加或者适当减少。

（五）支付定金

定金既有担保合同履行的功能，也有违约救济价值，是一种违约责任形式。如果当事人在合同中约定定金责任的，合同履行后，定金抵作价款或者收回；当给付定金的一方不履行合同的，无权要求返还定金；收受定金的一方不履行合同的，应当双倍返还定金。当事人既约定违约金，又约定定金的，一方违约时，对方可以选择适用违约金或者定金条款，但二者不能同时并用。

三、违约责任的免除

违约责任免除是指在合同履行过程中，因出现了法定的免责条件和合同约定的免责事由而导致合同不能履行，债务人可不承担违约责任。由此可知，违约责任免除分为法定的免责事由和约定的免责事由两种。

（一）法定的免责事由

《合同法》规定的法定的免责事由仅限于不可抗力。不可抗力是指不能预见、不能避免并不能克服的客观情况。常见的不可抗力有自然事件和社会事件，前者如地震、台风、洪水、海啸等，后者如罢工、骚乱、政变等。因不可抗力不能履行合同的，根据不可抗力的影响，部分或者全部免除责任，但法律另有规定的除外。当事人迟延履行后发生不可抗力的，不能免除责任。当事人一方因不可抗力不能履行合同的，应及时通知对方，以减轻可能对对方造成的损失，并在合理的期限内提供证明。

（二）约定的免责事由

免责条款属于约定的免责事由，是指当事人双方在合同中事先约定的，旨在限制或者免除其未来责任的条款。根据合同自愿原则，当事人可以在合同中为自己设定权利和义务，当然也可以对违约责任承担的范围、方式和免责条件作出约定。但值得注意的是，约定的免责条款必须合法，其内容不能排除当事人的基本义务，也不能排除故意或重大过失的责任，更不能违背法律法规的规定，不能损害社会公共利益和公序良俗。

【案例4-3】

2012年6月，A公司与B公司签订了一份购买一套锅炉设备的合同，合同中约定该套锅炉设备的价格为人民币100万元，交货时间为2012年12月，如任何一方违约，应偿付未违约一方人民币10万元的违约金。合同中还约定，为保证B公司到期交货，B公司应先付A公司人民币20万元定金。合同签订后，B公司立即向A公司付了定金。后来，由于B公司的技术人员大量流失，使其到期无法交货，给A公司造成了人民币15万元的损失。B公司称自己遭遇不可抗力，要求免除违约责任。

请问：

（1）B公司能否免除违约责任？

（2）A公司若选择违约金条款，最多可获得多少补偿？

（3）A公司若选择定金条款，该如何处理？
（4）违约金条款和定金条款是否可以并用？

解析：

（1）B公司不能免除违约责任。因为技术人员的流失不是不能遇见、不能避免、不能克服的不可抗力。

（2）A公司若选择违约金条款，最多可获得15万元的补偿。因为违约金由当事人约定，如果约定的违约金低于或者过分高于违约行为所造成的损害，当事人可请求人民法院或者仲裁机构予以增加或者适当减少。本案中约定的违约金数额10万元低于A公司的实际损失，所以A公司可以请求法院或仲裁机构予以增加。

（3）A公司若选择定金条款，则无须返还20万元给B公司，因为可以适用定金罚则，同时，定金的数额不得超过主合同标的额的20%，超过的部分无效。

（4）违约金条款和定金条款不能并用。根据《合同法》的规定，当事人既约定违约金，又约定定金的，一方违约时，对方可以选择适用违约金或者定金条款，但两者不能并用。

【思考题】

1. 合同的概念和特征是什么？
2. 简述要约和承诺的概念及有效的条件。
3. 简述无效合同、可撤销合同、效力待定合同的适用情形。
4. 试述合同中的抗辩权、代位权和撤销权。
5. 试述合同终止的原因。
6. 承担违约责任的方式有哪些？
7. 2012年3月20日，上海的甲公司与北京的乙公司签订了一份买卖合同，约定：甲公司向乙公司购买1000吨化工原料，总价款为200万元；乙公司在合同签订后1个月内交货，甲公司在验货后7日内付款。任何一方违约应向对方支付合同标的额的10%的违约金。但双方没有明确约定履行地点。合同签订后，甲公司向建设银行借款200万元，由丙公司为该笔借款提供了保证担保，该担保未约定保证方式。4月10日，乙公司准备发货时，甲公司的竞争对手告知乙公司，甲公司经营状况不佳，将要破产。乙公司随即暂停了货物发运，并电告甲公司暂停发货的原因，要求甲公司提供担保。甲公司拒绝并要求乙公司按约定时间交货，但乙公司未依约定交货。经协商未果，甲公司通知乙公司限10天内交货，否则解除合同。

请问：

（1）在买卖合同履行地点约定不明确的情况下，应当如何交付标的物？
（2）乙公司暂停发货是否有法律依据？并说明理由。
（3）乙公司中止交货是否应承担法律责任？若应承担，应承担什么责任？
（4）甲公司能否解除合同，为什么？
（5）丙公司应当承担连带保证责任还是一般保证责任？并说明理由。

第五章 专利法与商标法

【重难点提示】专利法保护对象的范围和限制；专利权取得的条件；专利申请的原则；专利权实施的方式；侵犯专利权的行为表现；我国商标法关于商标使用标志的限制性规定；我国商标注册的原则；我国商标权取得的方式；侵犯商标专用权的行为的具体表现。

第一节 专 利 法

一、专利的概念与特征

（一）专利的概念

"专利"一词来源于12—13世纪的西欧国家，原意是指由国王或者王室授予的一种对某种技术予以独占实施的权利证书。我国关于专利的概念，有广义和狭义两种。在广义上，我国从三种意义上使用"专利"一词，一是专利权；二是专利技术；三是专利证书。在狭义上，专利是专利权的简称，指专利权人对发明创造享有的具有独占的排他性的专有权，即国家依法在一定时期内授予发明创造者或者其权利继受者独占使用其发明创造的权利，非专利权人要想使用他人的专利技术，必须依法征得专利权人的授权或许可。

（二）专利的特征

专利属于一种无形的财产，具有与其他财产不同的特征：

1. 排他性

排他性是指同一发明在一定的区域范围内，其他任何人未经许可都不能对其进行制造、使用和销售等，否则属于侵权行为。专利实际上并不具有严格的独占性。

2. 区域性

区域性是指专利权是一种有区域范围限制的权利，它只有在法律管辖区域内有效。除了在有些情况下，依据保护知识产权的国际公约，以及个别国家承认另一国批准的专利权有效以外，技术发明在哪个国家申请专利，就由哪个国家授予专利权，而且只在专利授予国的范围内有效，而对其他国家则不具有法律的约束力，其他国家不承担任何保护义务。但是，同一发明可以同时在两个或两个以上的国家申请专利，获得批准后其发明便可以在所有申请国获得法律保护。

3. 时间性

时间性是指专利只有在法律规定的期限内才有效。专利权的有效保护期限结束以后，专利权人所享有的专利权便自动丧失，一般不能续展。发明便随着保护期限的结束而成为社会公有的财富，其他人便可以自由地使用该发明来创造产品。专利受法律保护的期限的长短由有关国家的专利法或有关国际公约规定。

4. 实施性

除美国等少数几个国家外,绝大多数国家都要求专利权人必须在一定期限内,在给予保护的国家内实施其专利权,即利用专利技术制造产品或转让其专利。

在本质意义上,专利的两个最基本的特征就是"独占"与"公开",以"公开"换取"独占"是专利制度最基本的核心,这分别代表了权利与义务的两面。"独占"是指法律授予技术发明人在一段时间内享有排他性的独占权利;"公开"是指技术发明人作为对法律授予其独占权的回报而将其技术公之于众,使社会公众可以通过正常渠道获得有关专利信息。

二、专利法的保护对象

(一) 专利法保护的对象

专利法的保护对象,即专利法律关系的客体。专利法的保护对象为"发明创造",但专利法并不是对任何发明创造都加以保护。一般来说,能获得专利的发明创造必须满足两方面的要求:一是该发明创造属于专利法规定的保护范围,各国的专利法对保护范围都有明确的规定;二是其符合专利法规定授予专利权的条件,即具有"专利性",通常称为"三性"(新颖性、创造性和实用性)。我国《专利法》第 2 条规定:"本法所称的发明创造是指发明、实用新型和外观设计。"这就是说,我国《专利法》的客体有发明专利、实用新型专利和外观设计专利三种。

1. 发明专利

发明专利,是指利用自然规律作用的具有较高水平的新技术发明,即对产品、方法或者其改进所提出的新的技术方案。它与现有技术相比具有突出的实质性特点和显著进步。这种新技术方案必须是能解决具体课题,并能实现的方案。发明专利又可分两大类:

(1) 产品发明专利,有时又称"物品发明专利",包括固定形状的物质产品(如机器、设备、用具等)和一些无固定形状的物质产品(如液态、气态、粉末状物质等)。总之,它是指自然界原来不存在的人造物质。

(2) 方法发明专利,如生产制造方法、测量方法、通信方法、化工配方、工艺流程等。这些方法都是利用自然法则的方法。对于一些纯属智力、精神活动的优化方法、新的管理方法或仅基于人的心理活动规律,如各种广告宣传方法是不能申请专利保护的。

2. 实用新型专利

实用新型专利,是指对产品的形状、构造或者其结合提出的适于实用的新的技术方案。这种专利的技术水平比发明专利要低一些,只要求与已有技术相比有实质性特点和进步,一般也称"小发明"。实用新型专利只保护具备一定形状构造的产品发明。方法发明及没有一定形状的物品发明不属于实用新型专利的保护范围。

3. 外观设计专利

外观设计专利,是指对产品的形状、图案或者其结合以及色彩与形状、图案的结合所作出的富有美感并适于工业应用的新设计。概括地说,外观设计专利的保护对象是产品的装饰性或艺术性的外表设计。这种设计可以是平面图案，也可以是立体造型，或者两者的结合。

一件外观设计专利只适用于一类产品，若有人将其用于另一类产品上，不视为侵犯外观设计专利权。因此，申请外观设计专利时，需要指明用于哪类产品。

【案例5-1】

甲公司自主研发了一款地毯图案，依照法律程序申请了外观设计专利。后该款图案受到了消费者的追捧成为流行时尚。乙公司未经甲公司同意，将该款图案用于毛呢衣料。甲公司发现后向人民法院起诉乙公司。

请问：乙公司的行为是否侵犯了甲公司的外观设计专利权？

解析：依据我国《专利法》的规定，外观设计专利只适用于一类产品，本案中甲公司的该项外观设计专利权只适用于地毯类的外观设计，乙公司将其用于毛呢毛料上，不视为侵犯外观设计专利权。

外观设计专利保护对象中所述的产品，既可以是整体或整机，例如，电视柜、手提箱、保温瓶、收音机、手电筒等；也可以是某种整体或整机的可以拆装的、具有独立存在功能的零部件，例如，鞋跟、保温瓶塞、笔卡、拉链、按钮等。

实用新型专利和外观设计专利都涉及产品的形状，两者的区别是，实用新型专利主要涉及产品的结构构成，而外观设计专利只涉及产品的外表。

（二）专利法不予保护的对象

根据我国《专利法》的规定，不予保护的对象如下：

（1）违反法律、社会公德或妨害公共利益的发明创造；

（2）违反法律、行政法规的规定获取或者利用遗传资源，并依赖该遗传资源完成的发明创造；

（3）科学发现；

（4）智力活动的规则和方法；

（5）疾病的诊断和治疗方法；

（6）动物和植物品种，但是对于动物和植物品种的生产方法，可以依法授予专利权；

（7）用原子核变换方法获得的物质；

（8）对平面印刷品的图案、色彩或者二者的结合作出的主要起标识作用的设计。

【案例5-2】

王某出身中医世家，根据多年积累的丰富经验总结提炼了一整套系统治疗糖尿病的方法，并研制成功一种延缓和减轻糖尿病并发症的中成药。王某依法定程序向国家专利行政机关提出两项申请，要求取得：（1）该项治疗方法的方法发明专利权；（2）相关中成药品的产品发明专利权。

请问：王某的申请能否获得支持？

解析：根据我国《专利法》的规定，疾病的诊断和治疗方法不能授予专利权。因此，王某的第一项申请肯定不能获得支持。第二项申请经国家专利行政机关审查，如果符合有关要求可以获得专利权。

三、专利权的取得

发明、实用新型、外观设计并非自动成为专利法的保护对象，它们必须经专利行政部门审查，确认其符合《专利法》规定的条件，才能依法定程序取得专利权。

（一）发明、实用新型取得专利权的实质条件

一项发明或者实用新型获得专利权应具备的实质条件是新颖性、创造性和实用性。

1. 新颖性

新颖性是指该发明或者实用新型不属于现有技术；也没有任何单位或者个人就同样的发明或者实用新型在申请日以前向国务院专利行政部门提出过申请，并记载在申请日以后公布的专利申请文件或者公告的专利文件中。

申请专利的发明创造在申请日以前6个月内，有下列情形之一的，不丧失新颖性：

（1）在中国政府主办或者承认的国际展览会上首次展出的；
（2）在规定的学术会议或者技术会议上首次发表的；
（3）他人未经申请人同意而泄露其内容的。

2. 创造性

创造性是指与现有技术相比，该发明具有突出的实质性特点和显著的进步，该实用新型具有实质性特点和进步。

3. 实用性

实用性是指该发明或者实用新型能够制造或者使用，并且能够产生积极效果。

（二）外观设计取得专利权的实质条件

授予专利权的外观设计，应当符合以下条件：

（1）不属于现有设计。
（2）没有任何单位或者个人就同样的外观设计在申请日以前向国务院专利行政部门提出过申请，并记载在申请日以后公告的专利文件中。
（3）与现有设计或者现有设计特征的组合相比，应当具有明显区别。
（4）不得与他人在申请日以前已经取得的合法权利相冲突。

（三）取得专利权的程序条件

1. 专利的申请

专利权的申请是指享有专利权的个人或单位向国家专利行政部门提出的请求授予其专利权的意思表示。申请发明或者实用新型专利的，应当提交请求书、说明书及其摘要和权利要求书等文件。申请外观设计专利的，应当提交请求书、该外观设计的图片或者照片以及对该外观设计的简要说明等文件。

专利申请必须遵循以下原则：

（1）单一性原则。专利申请的单一性原则，是指一份专利申请文件只能就一项发明创造提出专利申请，即"一申请一发明"原则。

(2) 先申请原则。先申请原则，是指两个或两个以上的人分别就同样的发明创造申请专利的，专利权授予先申请者。

(3) 优先权原则。专利申请人就其发明创造自第一次提出专利申请后，在法定期限内，又就相同主题的发明创造提出专利申请的，根据有关法律规定，其在后申请以第一次申请的日期作为其申请日。

2. 专利申请的审查和批准

(1) 初步审查，又称形式审查。专利行政部门在受理发明专利申请后，应该对该申请在形式上是否符合《专利法》的规定进行审查。专利行政部门在初步审查后，应将审查意见通知申请人，要求其在指定的期限内，陈述意见或者补正；申请人期满未答复的，其申请视为撤回。申请人陈述意见或者补正后，专利行政部门仍认为不符合规定的形式要求的，应当予以驳回。

(2) 早期公开。国务院专利行政部门经初步审查认为符合《专利法》要求的，自申请日起满18个月，即行公布。国务院专利行政部门可以根据申请人的请求早日公布其申请。申请人请求早日公布其发明专利申请的，应当向国务院专利行政部门声明，国务院专利行政部门对该申请进行初步审查后，除予以驳回的外，应当立即将申请予以公布。

(3) 实质审查。对发明专利申请的实质审查，是指对申请专利的发明的新颖性、创造性、实用性等实质要件进行审查。

发明专利申请自申请日起3年内，国务院专利行政部门可以根据申请人随时提出的请求，对其申请进行实质审查；申请人无正当理由逾期不请求实质审查的，该申请即被视为撤回。同时，国务院专利行政部门认为必要的时候，可以自行对发明专利申请进行实质审查，但应当通知申请人。

国务院专利行政部门对发明专利申请进行实质审查后，认为不符合《专利法》规定的，应当通知申请人，要求其在指定的期限内陈述意见，或者对其申请进行修改；无正当理由逾期不答复的，该申请即视为撤回。发明专利申请经申请人陈述意见或者进行修改后，专利行政部门仍然认为不符合《专利法》规定的，应当予以驳回。

(4) 批准与授予。发明专利申请经实质审查没有发现驳回理由的，由国家专利行政部门作出授予发明专利权的决定，发给发明专利证书，同时予以登记和公告。发明专利权自公告之日起生效。

实用新型和外观设计专利申请经初步审查没有发现驳回理由的，由国务院专利行政部门作出授予实用新型专利权或者外观设计专利权的决定，发给相应的专利证书，同时予以登记和公告。实用新型专利权和外观设计专利权自公告之日起生效。

3. 专利复审

按照《专利法》的规定，自国务院专利行政部门公告授予专利权之日起，任何单位或者个人认为该专利权的授予不符合该法有关规定的，可以请求专利复审委员会宣告该专利权无效。

国务院专利行政部门设立专利复审委员会。专利申请人对专利行政部门驳回申请的决定不服的，可以自收到通知之日起3个月内，向专利复审委员会请求复审。专利复审委员会复审后，作出决定，并通知专利申请人。

专利申请人对复审委员会的复审决定不服的,可以自收到通知之日起3个月内向人民法院起诉。

四、专利权的内容

专利权的本质是一种垄断权。专利权人取得法律授权之后,任何人实施《专利法》所保护的发明创造,必须征得专利权人的许可。未经许可而实施他人的专利,将构成对专利权人权益的侵犯。

(一)专利权人的权利

1. 独占实施权

独占实施权包括两方面:

(1)专利权人自己实施其专利的权利,即专利权人对其专利产品依法享有的进行制造、使用、销售、允许销售的专有权利,或者专利权人对其专利方法依法享有的专有使用权以及对依照该专利方法直接获得的产品的专有使用权和销售权;

(2)专利权人禁止他人实施其专利的特权。

【案例5-3】

工程师赵某发明了一种制造饼干的方法并获得专利。后赵某与甲公司达成初步合作意向准备投入生产。由于内部管理出现问题,甲公司的生产经理跳槽到乙公司,并在甲公司之前用赵某发明的方法制造、销售并出口饼干。同一时间,赵某发现研究生张某为了试验也用该方法生产了少量饼干。

请问:乙公司和研究生张某的行为是否侵害了工程师赵某的专利权?

解析:我国《专利法》规定,专利权人对其专利产品依法享有制造、使用、销售、允许销售的专有权利,未经专利权人同意,任何人不得使用;同时规定,专为科学研究和实验而使用有关专利的,不构成侵权。因此,本案中,乙公司的行为构成侵权,张某的行为不构成侵权。

2. 转让权

转让权是指专利权人将其获得的专利所有权转让给他人的权利。转让专利权的,当事人应当订立书面合同,并向国务院专利行政部门登记,由国务院专利行政部门予以公告。专利权的转让自登记之日起生效。中国单位或者个人向外国人转让专利权的,必须经国务院有关主管部门批准。

3. 许可实施权

许可实施权是指专利权人通过实施许可合同的方式,许可他人实施其专利并收取专利使用费的权利。

4. 标记权

标记权即专利权人有权自行决定是否在其专利产品或者该产品的包装上标明专利标记和专利号。

5. 请求保护权

请求保护权是专利权人认为其专利权受到侵犯时,有权向人民法院起诉或请求专利管理部门处理以保护其专利权的权利。保护专利权是专利制度的核心,他人未经专利权人许可而实施其专利,侵犯专利权并引起纠纷的,专利权人可以直接向人民法院起诉,也可以请求专利管理部门处理。

6. 放弃权

专利权人可以在专利权保护期限届满前的任何时候,以书面形式声明或以不缴纳年费的方式自动放弃其专利权。专利权人提出放弃专利权声明后,一经国务院专利行政部门登记和公告,其专利权即可终止。

7. 质押权

根据《担保法》的规定,专利权人还享有将其专利权中的财产权进行出质的权利。

(二)专利权人的义务

依据《专利法》和相关国际条约的规定,专利权人应履行的义务包括:

(1)按规定缴纳专利年费的义务。专利年费又叫专利维持费。根据《专利法》的规定,专利权人应当自被授予专利权的当年开始缴纳年费。

(2)不得滥用专利权的义务。不得滥用专利权是指专利权人应当在法律所允许的范围内选择其利用专利权的方式并适度行使自己的权利,不得损害他人的知识产权和其他合法权益。

(三)专利权的期限和终止

根据我国《专利法》的规定,发明专利权的期限为20年,实用新型专利权和外观设计专利权的期限为10年,均自申请日起计算。有下列情形之一的,专利权在期限届满前终止:

(1)没有按照规定缴纳年费的;

(2)专利权人以书面声明放弃其专利权的。

专利权在期限届满前终止的,由国务院专利行政部门登记和公告。

五、专利的实施

专利的实施是指专利权人本人或者专利权人许可他人为了生产经营的目的,制造、使用和销售专利产品或使用专利方法。专利的实施方式包括四种:专利权人实施、许可他人实施、依照国家的需要指定实施、强制许可实施。

(一)专利权人实施

由专利权人实施专利是专利实施中最常见的方式。专利权人实施其专利,可以是专利权人自己独立实施,也可以是专利权人将专利作为投资,与他人合作实施。

(二)许可他人实施

专利实施许可也称专利许可证贸易,是指专利技术所有人或其授权人许可他人在一定期限、一定地区、以一定方式实施其所拥有的专利,并向他人收取使用费用。专利实施许可仅转让专利技术的使用权利,转让方仍拥有专利的所有权,受让方只获得了专利技术实施的权利,并没拥有专利所有权。专利实施许可是以订立专利实施许可合同的方式许可被许可方在一定范围内使用其专利，并支付使用费的一种许可贸易。

任何单位或者个人实施他人专利的，应当与专利权人订立书面实施许可合同，向专利权人支付专利使用费。

专利实施许可常见的种类有独占许可、独家许可、普通许可等。

1. 独占许可

独占许可是由许可方将在规定期限和地域内实施某一专利权的全部权完全地授予被许可方。在独占许可的情况下，被允许独占实施的专利的专利权仍属专利权人所有，但在规定的期限和区域内，只有被许可人有权实施某一特定专利，其他任何人包括专利权人都无权实施相同的专利技术。

2. 独家许可

独家许可是指在一定地域内，被许可方在合同有效期内对许可实施的专利享有独占实施权，专利权人不得将同一专利在相同地域和时间内允许任何第三人实施。与独占许可不同的是，在独家许可的情况下，专利权人拥有自己在该地域范围内实施该专利的权利。

3. 普通许可

普通许可是许可方给予被许可方在规定的地域和时间内实施某一专利的权利。该许可不具有独占性和排他性，专利权人可以与许可人和第三方实施该专利技术，也可以自己实施该专利技术。

（三）依照国家的需要指定实施

国有企业事业单位的发明专利，对国家利益或者公共利益具有重大意义的，国务院有关主管部门和省、自治区、直辖市人民政府报经国务院批准，可以决定在批准的范围内推广应用，允许指定的单位实施，由实施单位按照国家规定向专利权人支付使用费。

集体所有制单位和个人的发明专利，对国家利益或者公共利益具有重大意义，需要推广应用的，也可按上述规定办理。

（四）强制许可实施

强制许可是一种非自愿的许可，是国务院专利行政部门依照法定的条件和程序实施专利的一种强制性手段。强制许可是指自专利权被授予之日起满3年，且自提出专利申请之日起满4年，任何单位均可以依照《专利法》的规定，不经过专利权人的同意，由国务院专利行政部门在一定条件下准许其他单位和个人实施专利权人的专利的一种强制性法律手段。

专利的强制许可实施必须具备一定的条件：

（1）具备实施条件的单位以合理的条件请求发明或者实用新型专利权人许可实施其专利，而未能在合理长的时间内获得这种许可时，国务院专利行政部门根据该单位的申请，可以给予实施该发明专利或者实用新型专利的强制许可。

（2）在国家出现紧急状态或者非常情况时，或者为了公共利益的目的，国务院专利行政部门可以给予实施发明专利或者实用新型专利的强制许可。

（3）一项取得专利权的发明或者实用新型比前已经取得专利权的发明或者实用新型具有显著经济意义的重大技术进步，其实施又有赖于前一发明或者实用新型的实施的，国务院专利行政部门根据后一专利权人的申请，可以给予实施前一发明或者实用新型的强制许可。

六、专利权的保护

专利权的保护是指国家通过行政程序和司法程序，保障专利权人在法律许可的范围内对其取得专利权的发明创造行使独占实施权的制度。当专利权受到他人不法侵害时，专利权人有权请求国家行政机关或司法机关以国家强制力对侵害行为人予以制裁，责令侵权行为人承担相应的法律责任，从而使自己的权利得到保护。

（一）专利权的保护范围

我国《专利法》根据保护对象的不同，对不同种类的专利规定了不同的保护范围。

发明或者实用新型专利权的保护范围以其权利要求的内容为准，说明书及附图可以用于解释权利要求的内容。

外观设计专利权的保护范围以表示在图片或者照片中的该产品的外观设计为准，简要说明可以用于解释图片或者照片所表示的该产品的外观设计。

（二）侵犯专利权的行为要件

按照我国《专利法》的规定，构成侵犯专利权的行为，必须具备以下条件：

（1）受到不法侵害的是合法有效的专利权；

（2）未经专利权人的许可而实施了专利权人的专利；

（3）行为人以营利为目的。

（三）不视为侵犯专利权的行为

（1）专利产品或者依照专利方法直接获得的产品，由专利权人或者经其许可的单位、个人售出后，使用、许诺销售、销售、进口该产品的；

（2）在专利申请日前已经制造相同产品、使用相同方法或者已经作好制造、使用的必要准备，并且仅在原有范围内继续制造、使用的；

（3）临时通过中国领陆、领水、领空的外国运输工具，依照其所属国同中国签订的协议或者共同参加的国际条约，或者依照互惠原则，为运输工具自身需要而在其装置和设备中使用有关专利的；

（4）专为科学研究和实验而使用有关专利的；

（5）为提供行政审批所需要的信息，制造、使用、进口专利药品或者专利医疗器械的，以及专门为其制造、进口专利药品或者专利医疗器械的。

（四）专利权保护的时效

专利权保护的时效，既包括专利权的保护期限，又包括专利权的诉讼时效。

关于专利权的保护期限，我国《专利法》规定，发明专利权的保护期限为20年，实用新型专利权和外观设计专利权的保护期为10年，均自申请日起计算。

关于专利权的诉讼时效，我国《专利法》规定，侵犯专利权的诉讼时效为2年，自专利权人或者利害关系人得知或应当得知侵权行为之日起计算。

（五）专利权纠纷的解决途径

未经专利权人许可，实施其专利，即侵犯其专利权，引起纠纷的，由当事人协商解决；不愿协商或者协商不成的，专利权人或者利害关系人可以向人民法院起诉，也可以请求管理专利工作的部门处理。可见,根据《专利法》的规定,专利权纠纷的解决途径包括三种:(1)当事人协商解决;(2)行政主管部门调解或处理;(3)司法途径解决。

第二节 商 标 法

一、商标概述

(一)商标的概念

商标是指商品生产者或者经营者为区别于其他商品生产者和经营者所生产或经营的同一和类似商品,而使用于自己的商品上的由文字、图形、颜色、声音等要素或者要素组合所构成的显著标记。

根据《商标法》第八条的规定,任何能够将自然人、法人或者其他组织的商品与他人的商品区别开的标志,包括文字、图形、字母、数字、三维标志、颜色和声音等,以及上述要素的组合,均可以作为商标申请注册。同时规定,申请注册的商标,应当有显著特征,便于识别,并不得与他人在先取得的合法权利相冲突。

(二)商标的特征

商标是商品的标志,具有标明商品来源、表明商品质量以及广告宣传等功能,它象征着商品的品质、信誉、评价和名声。商标具有如下特征:

1. 商标的首要特征在于商标的显著性

显著性特征是商标的基本属性,显著性可以是固有的,也可以通过使用获得。

根据《商标法》第11条的规定,下列标志除非已经经过使用并取得显著特征,并便于识别的,否则也不得作为商标注册:

(1)仅有本商品的通用名称、图形、型号的;
(2)仅仅直接表示商品的质量、主要原料、功能、用途、重量、数量及其他特点的;
(3)缺乏显著特征的。

【案例5-4】
两面针所使用的注册商标"两面针",是中药牙膏的主要原料,在疗效上起主要作用。对该商标的认识,有两种不同的意见。一种意见认为,"两面针"作为中草药名称,是药物牙膏的主要原料,该商标不具有显著特征;同时,"两面针"作为表示商品主要原料的标志,不得作为商标注册,因此"两面针"作为牙膏的商标应予撤销。另一种意见认为,两面针牙膏的标志经长期独家使用,已产生了识别性,具备了商标的显著特征,因此注册商标"两面针"应当保留,同时其他牙膏厂未经两面针商标注册人的同意,不得在其产品上使用该商标。

请问:哪种意见是正确的?

解析:本案中,两种不同意见的分歧在于对商标显著性的理解不同。"两面针"本身作为中草药名称,不具有显著特征,但是通过长期使用,成为消费者备受赞誉、耳熟能详的牙膏品牌,从而获得了商标的显著特征,因此应当予以保留。既然该商标作为商标注册，其注册人就享有商标专有权，其他厂商未经商标权人同意而使用该商标就构成侵权。因此，第二种意见是正确的。

2. 商标的构成要素具有法定性

商标的构成要素可以是文字、图形、字母、数字、三维标志和颜色组合，还可以是这些要素的组合，但并不是任何文字、图形、字母、数字、三维标志和颜色组合都可以申请注册为商标。

根据《商标法》第10条的规定，以下标志不得作为商标使用：

（1）同中华人民共和国的国家名称、国旗、国徽、军旗、勋章相同或者近似的，以及同中央国家机关所在地特定地点的名称或者标志性建筑物的名称、图形相同的；

（2）同外国的国家名称、国旗、国徽、军旗相同或者近似的，但该国政府同意的除外；

（3）同政府间国际组织的名称、旗帜、徽记相同或者近似的，但经该组织同意或者不易误导公众的除外；

（4）与表明实施控制、予以保证的官方标志、检验印记相同或者近似的，但经授权的除外；

（5）同"红十字"、"红新月"的名称、标志相同或者近似的；

（6）带有民族歧视性的；

（7）带有欺骗性的，容易使公众对商品的质量等特点或者产地产生误认的；

（8）有害于社会主义道德风尚或者有其他不良影响的；

县级以上行政区划的地名或者公众知晓的外国地名，不得作为商标。但是，地名具有其他含义或者作为集体商标、证明商标组成部分的除外；已经注册的使用地名的商标继续有效。

3. 商标具有依附于使用对象的从属性

实际生活中，有很多标记或徽记的构成要素和区别功能与商标类似，但是，使用的范围和对象却有明显不同，商标是使用于商品或服务上的标记，依附于商品或服务而存在，离开了商品或服务，任何标记都不能称为商标。

4. 商标的标记具有排他性

与非商品标记不同，构成商标的标记一旦在法律上被确认为某市场主体所有，那么在同类或类似商品或服务上就不允许他人非经许可使用，否则，就会构成侵权。

另外，商标还具有财产属性和竞争性等特征。

二、商标的分类

根据不同的分类标准，可以对商标进行不同的分类，常见的分类标准有以下几种：

（一）根据使用商标的对象不同，分为商品商标和服务商标

1. 商品商标

商品商标就是商品的标记，是指生产经营者在其生产、制造、加工、拣选或经销的商品上使用的商标。商品商标是申请受《保护工业产权巴黎公约》优先权保护的唯一标记，

是商标的最基本表现形式,通常所称的商标主要是指商品商标,它又可分为商品生产者的制造商标和商品销售者的商业商标:

(1)制造商标,又称为产业商标、工业商标、生产商标,是指明确表示商品生产者的商标,是企业主要的使用形式。这种商标与"厂商名号"的意义相同,使得商品生产者所生产的商品有生产者的标记,从而与其他的生产者区别开来,并向消费者传达某种商品生产者所含的信息和来源,制造商标在中国是最常见的。

(2)商业商标,又称销售商标、推销商标,是指销售者(经营者)为了销售商品而使用的商标。这种商标的重点是宣传商品销售者的标记,而不是商品生产者。使用这种商标的往往是一些有较高声誉和实力的商业企业,它们通过定牌生产含自己商标的商品,从而对消费者作出某种信誉的保障。

2. 服务商标

服务商标是商业性服务的提供者为了使其所提供的服务于他人相同或类似的服务加以区别的标志,如航空、导游、保险和金融、邮电、饭店、电视台等单位使用的标志,就是服务商标。

(二)根据组成商标的结构或形态不同,分为平面商标、立体商标和非形象商标

1. 平面商标

平面商标是日常生活中人们最为常见的商标形态。依据构成要素不同,平面商标又可分为文字商标、图形商标、颜色商标、组合商标等。

(1)文字商标,是指仅用文字、数字、字母为构成要素的商标,包括中国汉字和少数民族字、外国文字和阿拉伯数字或以各种不同字组合的商标。文字商标的优点是显著、醒目,使消费者一目了然;缺点是比较呆板,缺乏生动,形象性不足。

(2)图形商标,是指仅用图形构成的商标。图形可以是山川河流、人物画等具体形象图形,也可以是某种记号、符号等抽象图形。图形商标的特点是形象生动,不受语言障碍的影响;缺点是设计技术要求高,不便以语言表达。

(3)颜色商标,是指由两种或两种以上具有固定形态的颜色组合构成的商标。文字、图案加彩色所构成的商标,不属于颜色组合商标,只是一般的组合商标。

(4)组合商标,是指由两种或两种以上的文字、图形、颜色、三维标志等可视性标志相结合构成的商标,也称复合商标。组合商标形象生动,既易于辨认又便于指称,因此在实际中被广泛使用。

2. 立体商标

立体商标是指占据一定立体空间的三维商标。我国于2001年第二次修订的《商标法》增加了对立体商标的保护规定。立体商标比平面商标更形象、更逼真和更醒目,给人以立体的感受。

3. 非形象商标

非形象商标是指以音响、气味为表现形式的商标,这类商标不具有外在形象,以某种悦耳的乐曲声、诱人的气味作为其构成要素。非形象商标主要包括声音商标和气味商标。在我国《商标法》2013年的修正案中,首次增加"声音"可以作为商标申请注册。

（三）根据商标用途不同，可以把商标分为营业商标、证明商标、集体商标、联合商标等

1. 营业商标

营业商标是指生产或经营者把特定的标志或企业名称用在自己制造或经营的商品上的商标，这种标志也有人叫它是"厂标"、"店标"或"司标"。

2. 证明商标

证明商标是指由对某种商品或者服务具有监督能力的组织所控制，而由该组织以外的单位或者个人使用于其商品或者服务，用以证明该商品或者服务的原产地、原料、制造方法、质量或者其他特定品质的标志。

3. 集体商标

集体商标是指以团体、协会或者其他组织名义注册，供该组织成员在商事活动中使用，以表明使用者在该组织中的成员资格的标志。集体商标的作用是向消费者表明使用该商标的集体组织成员所经营的商品或服务具有共同的特点。

4. 联合商标

联合商标是指同一商标所有人在相同或类似商品上注册的几个相同或者近似的商标，有的是文字近似，有的是图形近似，这些商标称为联合商标。这种相互近似商标注册后，不一定都使用，其目的是为了防止他人仿冒或注册，从而更有效地保护自己的商标。

（四）根据商标享誉程度，可以把商标分为普通商标、知名商标、著名商标和驰名商标

1. 普通商标

普通商标是指在正常情况下使用未受到特别法律保护的绝大多数商标。

2. 知名商标

知名商标是指在较小地域范围内（如地市县级地域）有知名度的商标。它只是在我国较常出现的对某些商标的一种褒称，多出现在我国以地、市、县一级名誉商标评选中使用，并常在地方立法或地方行政立法出现。

3. 著名商标

著名商标是指在一定地域范围内（如省级地域）较有知名度的商标。它不是国际上的专用名词，只是多出现在我国以省、（直辖）市一级名誉商标评选中使用，并常在地方立法或地方行政立法出现。

4. 驰名商标

驰名商标是指在较大地域范围（如全国、国际）的市场上享有较高声誉，为相关公众所普遍熟知，有良好质量信誉，并享有特别法律保护的商标。

认定驰名商标应当考虑下列因素：

（1）相关公众对该商标的知晓程度；

（2）该商标使用的持续时间；

（3）该商标的任何宣传工作的持续时间、程度和地理范围；

（4）该商标作为驰名商标受保护的记录；

（5）该商标驰名的其他因素。

在我国《商标法》2013年的修正案中，明确规定了只有商标局、商标评审委员会以及人民法院在具体案件审理过程中才能认定驰名商标；生产、经营者不得将"驰名商标"字样用于商品、商品包装或者容器上，或者用于广告宣传、展览及其他商业活动中。

而我国《商标法》主要规定了四类具体商标的种类：商品商标、服务商标、集体商标和证明商标。

三、商标权的取得

（一）商标权

商标权，又称商标专用权，是指商标所有人在法律规定的有效期限内，对其经商标主营机关核准注册的商标所享有的独占的、排他的使用和处分的权利。

（二）商标权的取得方式

商标权的取得，是指特定的人（包括自然人和法人），对其商标依法申请并经商标局核准注册，即为取得商标权。依取得方式的来源不同，可分为原始取得和传来（继受）取得。

1. 原始取得

原始取得又称直接取得，即以法律规定为依据，具备了法定条件并经商标主管机关核准直接取得的商标权。这种权利的取得是最初的，而不是以原商标所有人商标权及其意志为依据而产生的。当前，各国商标权的原始取得通常采用以下三种原则：

（1）使用原则。按使用商标的先后来确定商标权的归属，即谁先使用该商标，这一商标的商标权就属于谁，并可以"使用在先"为由对抗使用在后的人，要求撤销其注册商标。

（2）注册原则。按申请注册的先后确定商标权的归属问题，即谁最先申请注册，商标权就授予谁。按这一原则，只有经过商标局核准注册的商标，该商标的申请人才能取得商标权。

（3）混合原则。这是使用原则与注册原则的折中适用。根据这一原则，一个企业或一个人只要首先使用了某一商标，虽然没有注册，都可以在规定的期限内，以使用在先为理由，对抗他人相同或相近似的注册商标。如这种对抗成立，已注册的商标就会被撤销；如对抗不能成立，商标注册人即取得了无可辩驳的稳定的商标专用权。这一原则被某些国家所采用。

2. 传来取得

传来取得，又称继受取得，即商标权的取得不是最初产生的，而是以原商标所有人的商标权及其意志为依据，通过一定的法律事实实现商标权的转移。传来取得有两种方式：一种是根据转让合同，由受让人向出让人有偿或无偿地取得商标权；第二种方式是根据继承程序，由法定继承人继承已死亡的被继承人的商标权。

（三）我国商标注册的原则

商标注册原则是指对商标注册申请人受理并最终确认商标权归属的行为依据和法律原则。

根据《商标法》的规定，商标注册原则如下：

1. 自愿注册与强制注册相结合原则

自愿注册原则是指商标使用人是否申请商标注册取决于自己的意愿。在自愿注册原则下,商标注册人对其注册商标享有专用权,受法律保护。未经注册的商标,可以在生产服务中使用,但其使用人不享有专用权,无权禁止他人在同种或类似商品上使用与其商标相同或近似的商标,但驰名商标除外。

在实行自愿注册原则的同时,我国规定了在极少数商品上使用的商标实行强制注册原则,作为对自愿注册原则的补充。目前必须使用注册商标的商品只有烟草制品,包括卷烟、雪茄烟和有包装的烟丝。

2. 申请在先辅之以使用在先的原则

申请在先原则又称注册在先原则,是指两个或者两个以上的商标注册申请人,在同一种商品或者类似商品上,以相同或者近似的商标申请注册的,初步审定并公告申请在先的商标;同一天申请的,初步审定并公告使用在先的商标,驳回其他人的申请,不予公告。可见,关于商标权的归属问题,我国《商标法》在一般情况下采用商标注册方式,当采用商标注册方式无法确定时,在特定条件下,按照使用原则进行补充确定。

我国《商标法》在坚持申请在先原则的同时,还强调使用在先的正当性,防止不正当的抢注行为。《商标法》第32条规定:"申请商标注册不得损害他人现有的在先权利,也不得以不正当手段抢先注册他人已经使用并有一定影响的商标。"

3. 优先权原则

我国《商标法》上规定的优先权包括申请优先权和展览优先权。

申请优先权原则是指商标注册申请人自其商标在外国第一次提出商标注册申请之日起6个月内,又在中国就相同商品以同一商标提出商标注册申请的,依照该外国同中国签订的协议或者共同参加的国际条约,或者按照相互承认优先权的原则,可以享有优先权。

申请人依照上述要求优先权的,应当在提出商标注册申请的时候提出书面声明,并且在3个月内提交第一次提出的商标注册申请文件的副本;未提出书面声明或者逾期未提交商标注册申请文件副本的,视为未要求优先权。

使用优先权是指商标在中国政府主办的或者承认的国际展览会展出的商品上首次使用的,自该商品展出之日起6个月内,该商标的注册申请人可以享有优先权。

申请人依照上述要求优先权的,应当在提出商标注册申请的时候提出书面声明,并且在3个月内提交展出其商品的展览会名称、在展出商品上使用该商标的证据、展出日期等证明文件;未提出书面声明或者逾期未提交证明文件的,视为未要求优先权。

四、我国商标注册的程序

1. 申请

商标注册申请人应当按规定的商品分类表填报使用商标的商品类别和商品名称,提出注册申请。商标注册申请人可以通过一份申请就多个类别的商品申请注册同一商标。

申请人需提交申请书1份、商标图样10份等商标注册申请有关文件,可以书面方式或者数据电文方式提出。

注册商标需要改变其标志的,应当重新提出注册申请。

2. 审查

对申请注册的商标，商标局应当自收到商标注册申请文件之日起 9 个月内审查完毕，符合《商标法》有关规定的，予以初步审定公告。在审查过程中，商标局认为商标注册申请内容需要说明或者修正的，可以要求申请人作出说明或者修正。申请人未作出说明或者修正的，不影响商标局作出审查决定。

申请注册的商标，凡不符合《商标法》有关规定或者同他人在同一种商品或者类似商品上已经注册的或者初步审定的商标相同或者近似的，由商标局驳回申请，不予公告。

对驳回申请、不予公告的商标，商标局应当书面通知商标注册申请人。商标注册申请人不服的，可以自收到通知之日起 15 日内向商标评审委员会申请复审。商标评审委员会应当自收到申请之日起 9 个月内作出决定，并书面通知申请人。有特殊情况需要延长的，经国务院工商行政管理部门批准，可以延长 3 个月。当事人对商标评审委员会的决定不服的，可以自收到通知之日起 30 日内向人民法院起诉。

3. 初审公告

对初步审定公告的商标，自公告之日起将进入 3 个月的公告期。

4. 异议期

在公告期内，在先权利人、利害关系人认为违反《商标法》第 13 条第 2 款和第 3 款①、第 15 条②、第 16 条第 1 款③、第 30 条④、第 31 条⑤、第 32 条⑥规定的，或者任何人认为违反《商标法》第 10 条、第 11 条、第 12 条⑦规定的，可以向商标局提出异议。

对初步审定公告的商标提出异议的，商标局应当听取异议人和被异议人陈述事实和理

---

① 《商标法》第 13 条规定：就相同或者类似商品申请注册的商标是复制、摹仿或者翻译他人未在中国注册的驰名商标，容易导致混淆的，不予注册并禁止使用。
就不相同或者不相类似商品申请注册的商标是复制、摹仿或者翻译他人已经在中国注册的驰名商标，误导公众，致使该驰名商标注册人的利益可能受到损害的，不予注册并禁止使用。

② 《商标法》第 15 条规定：未经授权，代理人或者代表人以自己的名义将被代理人或者被代表人的商标进行注册，被代理人或者被代表人提出异议的，不予注册并禁止使用。
就同一种商品或者类似商品申请注册的商标与他人在先使用的未注册商标相同或者近似，申请人与该他人具有前款规定以外的合同、业务往来关系或者其他关系而明知他人商标存在，该他人提出异议的，不予注册。

③ 《商标法》第 16 条规定：商标中有商品的地理标志，而该商品并非来源于该标志所标示的地区，误导公众的，不予注册并禁止使用；但是，已经善意取得注册的继续有效。

④ 《商标法》第 30 条规定：申请注册的商标，凡不符合本法有关规定或者同他人在同一种商品或者类似商品上已经注册的或者初步审定的商标相同或者近似的，由商标局驳回申请，不予公告。

⑤ 《商标法》第 31 条规定：两个或者两个以上的商标注册申请人，在同一种商品或者类似商品上，以相同或者近似的商标申请注册的，初步审定并公告申请在先的商标；同一天申请的，初步审定并公告使用在先的商标，驳回其他人的申请，不予公告。

⑥ 《商标法》第 32 条规定：申请商标注册不得损害他人现有的在先权利，也不得以不正当手段抢先注册他人已经使用并有一定影响的商标。

⑦ 《商标法》第 12 条规定：以三维标志申请注册商标的，仅由商品自身的性质产生的形状、为获得技术效果而需有的商品形状或者使商品具有实质性价值的形状，不得注册。

由，经调查核实后，自公告期满之日起12个月内作出是否准予注册的决定，并书面通知异议人和被异议人。有特殊情况需要延长的，经国务院工商行政管理部门批准，可以延长6个月。

商标局作出不予注册决定，被异议人不服的，可以自收到通知之日起15日内向商标评审委员会申请复审。商标评审委员会应当自收到申请之日起12个月内作出复审决定，并书面通知异议人和被异议人。有特殊情况需要延长的，经国务院工商行政管理部门批准，可以延长6个月。被异议人对商标评审委员会的决定不服的，可以自收到通知之日起30日内向人民法院起诉。

5. 核准注册

公告期满无异议的，予以核准注册，发给商标注册证，并予公告。异议人不服的，可以依照上述规定向商标评审委员会请求宣告该注册商标无效。

【案例5-5】

"花果山"市出产的鸭梨营养丰富，口感独特，远近闻名，当地有关单位拟对其采取保护措施，初定采用保护措施包括：（1）将"花果山"申请注册为集体商标，使用于鸭梨上；（2）将"花果山"申请注册为证明商标，使用于鸭梨上；（3）将鸭梨的形状申请注册为立体商标，使用于鸭梨上；（4）将"香梨"申请注册为文字商标，使用于鸭梨上。

请问：以上措施哪些是不合法的？

解析： 我国《商标法》规定，县级以上行政区划的地名或者公众知晓的外国地名，不得作为商标。但是，地名具有其他含义或者作为集体商标，证明商标组成部分的除外，已经注册的使用地名的商标继续有效。同时规定，以三维标志申请注册商标的，仅由商品本身的性质产生的形状、为获得技术效果而需要有的商品形状或者使商品具有实质性价值的形状，不得注册。因此，上述4项保护措施中，第（3）、（4）项是不合法的。

五、商标的内容

商标专用权的内容，是指在法律规定的期限内，商标专用权的权能和权利范围。按照《商标法》的有关规定，商标专用权包含以下四项具体权利：

1. 使用权

即注册人自己使用的权利。商标注册人对其注册商标享有完整的使用权，表现在三个方面：首先，注册人在不违反法律规定的情况下，按照自己的意愿，在商标局核准使用的商品或服务上使用其注册商标，任何他人不得干涉；其次，注册人有权对其注册商标进行广告宣传，也可以利用其注册商标进行广告宣传；最后，除非注册人因违反《商标法》被商标局撤销注册商标，或者因有效期届满超过宽展期没有续展被商标局注销商标，任何他人不得剥夺注册人的注册商标专用权，也不得强令转让注册商标专用权或许可他人使用。

2. 禁止权

即注册人排除他人使用的权利。商标注册人对其注册商标享有独占的、排他的使用权，即未经注册人的许可，任何他人不得在相同或类似商品上使用相同或近似商标。未经注册人许可,在相同或类似商品上使用与注册人的商标相同或近似商标,即构成商标侵权,注册人使用权要求侵权人停止侵权行为,并赔偿由此给注册人造成的经济损失,工商行政管理机关可以对侵权人处以罚款。假冒他人注册商标构成犯罪的,除赔偿被侵权人的经济损失外,还应当依法追究刑事责任。

为防止商标权滥用,《商标法》同时规定,注册商标中含有的本商品的通用名称、图形、型号,或者直接表示商品的质量、主要原料、功能、用途、重量、数量及其他特点,或者含有地名,注册商标专用权人无权禁止他人正当使用。

【案例 5-6】

甲公司自 1996 年起在系列小食品上使用"全味斋"商标,但未注册。1996 年以风味小吃为主营范围的乙酒楼,将"全味斋"三个字注册为服务商标。

请问:甲公司能否继续使用"全味斋"商标?

解析: 依据我国《商标法》的规定,未注册商标除被认定为驰名商标以外,不享有商标权。"全味斋"并非驰名商标,因此不享有商标权。乙酒楼对"全味斋"进行注册后,享有对该商标的专有权,所以甲公司只有经乙酒楼同意后才可使用该商标。

3. 许可权

即许可他人使用权。商标注册人有权通过签订商标使用许可合同的方式,许可他人使用。根据《商标法》的规定,许可商标使用应当向商标局备案,由商标局进行公告。

4. 转让权

注册商标的所有人,有权通过签订转让合同的方式有偿或无偿地转让其注册商标。转让注册商标,实际上是转让注册商标专用权。根据《商标法》的规定,转让注册商标,应当向商标局提出申请,商标局核准后予以公告。

六、商标的保护

(一) 商标保护的期限

商标的保护,即商标专用权的保护,在我国,主要指注册商标专用权的保护。根据《商标法》的规定,注册商标的有效期为 10 年,自核准注册之日起计算。注册商标有效期满,需要继续使用的,应当在期满前 6 个月内申请续展注册;在此期间未能提出申请的,可以给予 6 个月的宽展期。宽展期满仍未提出申请的,注销其注册商标。每次续展注册的有效期为 10 年。

(二) 侵犯商标权的行为

注册商标的专用权,以核准注册的商标和核定使用的商品为限。在注册商标的有效期限内,针对注册商标的以下行为均属侵犯注册商标专用权:

(1) 未经商标注册人的许可,在同一种商品上使用与其注册商标相同的商标的;

(2) 未经商标注册人的许可,在同一种商品上使用与其注册商标近似的商标,或者在类似商品上使用与其注册商标相同或者近似的商标,容易导致混淆的;

(3) 销售侵犯注册商标专用权的商品的;

(4) 伪造、擅自制造他人注册商标标识或者销售伪造、擅自制造的注册商标标识的；

（5）未经商标注册人同意，更换其注册商标并将该更换商标的商品又投入市场的；

（6）故意为侵犯他人商标专用权行为提供便利条件，帮助他人实施侵犯商标专用权行为的；

（7）给他人的注册商标专用权造成其他损害的。

（三）商标权纠纷的解决途径

根据《商标法》的规定，实施侵犯注册商标专用权的行为，引起纠纷的，由当事人协商解决；不愿协商或者协商不成的，商标注册人或者利害关系人可以向人民法院起诉，也可以请求工商行政管理部门处理。可见，我国商标权纠纷的解决途径包括三种：（1）当事人协商解决；（2）行政主管部门调解或处理；（3）司法途径解决。

【思考题】

1. 简述专利权的含义与特征，以及专利法保护对象的范围和限制。
2. 专利权取得须具备哪些条件？专利申请的原则有哪些？
3. 专利权人的权利和义务有哪些？专利权可以通过哪些方式实施？
4. 简述商标的含义和特征，以及商标使用标志的限制性规定。
5. 商标注册的原则有哪些？我国商标注册采用何种原则？
6. 商标权的取得方式有哪些？我国商标权的取得方式？
7. 商标专用权包括哪些内容？侵犯商标专用权的行为具体表现在哪些方面？
8. 甲于2007年3月1日开始使用"建华"牌商标，乙于同年4月1日开始使用相同的商标。甲、乙均于2008年5月1日向商标局寄出注册"建华"商标的申请文件，但甲的申请文件于5月8日寄至，乙的文件于5月5日寄至。请问：商标局应初步审定公告谁的申请？

第六章 证 券 法

【重难点提示】证券交易的主体；证券发行与证券承销；证券上市的条件及程序；上市公司信息披露。

第一节 证券及证券法

一、证券及证券市场的概念

（一）证券的概念和分类

1. 证券的概念

证券是证明持券人享有某种权利或利益的凭证。证券必须依法设置，依照法律或行政法规规定的形式、内容、格式与程序制作、签发。

证券有广义和狭义之分。广义的证券一般是指各种有价证券，包括货物证券（如货运单、提单、仓单等）；货币证券（如支票、汇票、本票、储蓄存单等）和资本证券（如股票、公司债券、投资基金份额等）。狭义的证券仅指资本证券，这也是证券法所调整的对象①。

2. 证券的分类

我国证券法规定的证券为股票、公司债券和国务院依法认定的其他证券。其他证券主要是指证券投资基金份额、非公司企业债券、国家政府债券等。

（1）股票是股份有限公司依法发行的，证明股东其股东身份和权益的有价证券。根据股票认购主体和上市场所的不同，我国现阶段的股票有 A 股、B 股、H 股。A 股，也称人民币普通股，是在中国境内发行，以人民币认购和交易的股票。B 股，又称为人民币特种股，是在中国境内发行，以外币认购和交易的股票。2001 年前，B 股仅供境外投资者购买；2001 年 2 月 19 日，证监会决定，允许境内居民可以合法持有的外汇开立 B 股账户，交易 B 股股票。H 股，是在香港发行并可在香港联合证券交易所挂牌交易，以人民币标明股票价格，以外币认购的股份。

（2）债券是发行人依照法定程序发行的，约定在一定期限内还本付息的有价证券。依照发行主体不同，债券可分为政府债券、企业债券和公司债券。政府债券是由中央政府、地方政府或政府部门为弥补财政赤字或进行基础建设等财政目的而发行的债券。企业债券是非公司的企业依照法定程序发行，约定在一定期限内还本付息的有价证券。我国企

---

① 赵旭东主编：《商法学》，高等教育出版社 2007 年版，第 384 页。

业债券发行的主要根据是 1993 年出台的《企业债券管理条例》，企业债券发行人通常是大型国有企业，筹集到的资金也多用于国家重点建设项目，又被称为项目债，企业债券采取严格的银行信用担保，由国家发改委实行额度审批制。由于额度很小，企业债不仅满足不了众多企业的融资需要也限制了企业债的规模发展。公司债券是有限公司或股份有限公司依照法定条件和程序发行的到期还本付息的债券。依据 2007 年 8 月 14 日证监会第 49 号令《公司债券发行试点办法》，公司债不再实行额度审批转而采取核准制，只要是符合条件经过信用评级的公司都可以提出申请。

（3）证券投资基金，是通过发行基金份额（券），集中投资者的资金，由基金托管人托管，由基金管理人管理和运用资金，从事证券或产业投资的一种间接投资方式。证券投资基金份额（券）即为基金发起人向投资人签发的表明持券人对基金享有的资产所有权、收益分配券的有价证券。

（二）证券市场

证券市场是指证券发行与交易的场所，是资本市场的核心。证券市场分为发行市场和交易市场。发行市场又称一级市场，是发行新证券的市场，证券发行人通过证券发行市场将已获准公开发行的证券第一次销售给投资者，以获取现金。证券交易市场又称二级市场，是对已发行的证券进行买卖、转让交易的场所。投资者在一级市场取得的证券可以在二级市场进行交易。

二、证券法的概念、适用范围及基本原则

（一）证券法的概念及我国证券立法概况

一个健康有序、运行安全的证券市场，对我国优化资源配置，调整产业结构，优化经济组合，加快国民经济的发展具有重要的作用。证券市场是高风险市场，为了规范证券发行和交易行为，保护投资者的合法权益，维护社会经济秩序和社会公共利益，促进社会主义市场经济的发展。1998 年 12 月 29 日，第九届全国人民代表大会常务委员会第六次会议通过了《中华人民共和国证券法》（以下简称《证券法》），自 1999 年 7 月 1 日起施行。2004 年 8 月 28 日，根据第十届全国人民代表大会常务委员会第十一次会议《关于修改〈中华人民共和国证券法〉的决定》，对《证券法》作了个别条款的修正。2005 年 10 月 27 日，第十届全国人民代表大会常务委员会第十八次会议对《证券法》作了大幅修订后重新颁布，自 2006 年 1 月 1 日起施行。新的《证券法》共 12 章 240 条，对我国证券的发行、交易以及证券交易、中介机构和监督管理等内容作出了详细的规定。《证券法》以及其他法律中有关证券管理的规定、国务院和政府有关部门发布的有关证券方面的法规、规章以及规范性文件，构成了我国的证券法律体系。

（二）证券法适用范围

证券法所调整的社会关系，既有证券发行人、证券投资人和证券商之间的平等的证券发行关系、交易关系、服务关系，又有证券监督管理机构对证券市场参与者进行组织、协调、监督等活动过程中所发生的纵向监管关系，是两者的统一体。

《证券法》第 2 条规定："在中华人民共和国境内，股票、公司债券和国务院依法认定的其他证券的发行和交易，适用本法；本法未规定的，适用《中华人民共和国公司法》

和其他法律、行政法规的规定。政府债券、证券投资基金份额的上市交易，适用本法；其他法律、行政法规另有规定的，适用其规定。证券衍生品种发行、交易的管理办法，由国务院依照本法的原则规定。"

（三）证券法的基本原则

1. 保护投资者合法权益的原则

《证券法》第1条"立法宗旨"将保护投资者合法权益放在首要位置，并在整部法律中规定了信息披露、禁止证券欺诈行为等制度和规范，体现了保护投资者合法权益的原则。

2. 公开、公平、公正原则

《证券法》第3条规定："证券的发行、交易活动，必须实行公开、公平、公正的原则。"公开原则是证券发行和交易制度的核心，它要求公司以及相关信息披露义务人必须依法将与证券有关的一切情况真实、准确、完整、及时地予以公开，以供投资者投资决策时参考，不得有任何虚假记载、误导性陈述或重大遗漏。只有以公开为基础，才能实现公平和公正。公平原则是指在证券发行和交易活动中，发行人、投资人、证券商和证券专业服务机构的法律地位完全平等，其合法权益受到同等保护。公正原则是指证券监管机关和司法机构在履行职责时，应当依法公正地行使职责，对一切主体给予公正的待遇，不得偏袒任何一方。

3. 平等、自愿、有偿、诚实信用的原则

《证券法》第4条规定："证券发行、交易活动的当事人具有平等的法律地位，应当遵守自愿、有偿、诚实信用的原则。"即证券发行与交易活动的当事人具有平等的法律地位，应自愿有偿、诚实信用地履行自己所承担的义务，不得有任何证券欺诈行为。

4. 合法原则

《证券法》第5条规定："证券的发行、交易活动，必须遵守法律、行政法规；禁止欺诈、内幕交易和操纵证券市场的行为。"

5. 分业经营、分业管理的原则

《证券法》第6条规定："证券业和银行业、信托业、保险业分业经营、分业管理，证券公司与银行、信托、保险业务机构分别设立。国家另有规定的除外。"这为混业经营留下了空间。

6. 国家集中统一监管与行业自律相结合的原则

《证券法》第7条规定："国务院证券监督管理机构依法对全国证券市场实行集中统一监督管理。国务院证券监督管理机构根据需要可以设立派出机构，按照授权履行监督管理职责。"第8条规定："在国家对证券发行、交易活动实行集中统一监督管理的前提下，依法设立证券业协会，实行自律性管理。"第9条规定："国家审计机关依法对证券交易所、证券公司、证券登记结算机构、证券监督管理机构进行审计监督。"

第二节 证券市场主体

证券市场主体是证券市场的参与者，除证券发行人之外，主要是指提供集中交易场所的证券交易所和为证券活动提供各种服务的证券机构或中介机构，它们是筹资者和投资者之间的桥梁，对证券市场的发展起到了举足轻重的作用。

一、证券交易所

（一）证券交易所的概念

证券交易所，也称场内交易所，一般是指依法设立的提供证券集中交易场所和设施，组织和监督证券交易，实行自律管理的社团法人。①

（二）证券交易所的组织形式

从全世界范围来看，证券交易所有两种组织形式：会员制和公司制。会员制的证券交易所是由证券公司作为会员共同组成的非营利性质的社团法人。会员须向证券交易所缴纳会费以支持交易所的运转，交易所的财产积累归会员所有，其权益由会员共同享有，在其存续期间，不得将其财产积累分配给会员。包括日本东京证券交易所、法国巴黎证券交易所在内的大多数国家采取此种形式。

公司制的证券交易所是由银行、证券公司、投资信托公司等各种金融机构以营利为目的的共同投资设立的股份有限公司。公司制的证券交易所虽然交易成本较高但其内部管理比会员制的更为完善和高效。英国伦敦证券交易所、我国香港地区的联合证券交易所采取的是公司制。

我国最早的证券市场出现在清朝末年，是伴随着外国殖民资本进入而兴起的。旧中国第一家证券交易所当属光绪末年英国证券商在上海成立的"上海股份公所"。1903 年，上海股份公所酝酿改组为上海证券交易所；1904 年，按香港《股份有限公司条例》在香港注册，定名为上海众业公所。新中国成立后，天津市人民政府于 1949 年建立了天津证券交易所，买卖国内公司的股票现货。1952 年该所关闭。此后相当长一段时间，证券交易所在我国完全销声匿迹。后来为适应改革开放政策的需要，经国务院批准于 1990 年 12 月成立上海证券交易所，1991 年 7 月成立深圳证券交易所②。上海、深圳两个证券交易所都在其章程中规定其为"实行自律管理的会员制法人"。

（三）证券交易所的职能

依据《证券法》的规定，证券交易所具有以下职能：

（1）为组织公平的集中交易提供保障，公布证券交易即时行情，并按交易日制作证券市场行情表，予以公布。

（2）因突发性事件而影响证券交易的正常进行时，证券交易所可以采取技术性停牌的措施，因不可抗力的突发性事件或者为维护证券交易的正常秩序，证券交易所可以决定临时停市。证券交易所采取技术性停牌或者决定临时停市，必须及时报告国务院证券监督管理机构。

（3）对证券交易实行实时监控，并按照国务院证券监督管理机构的要求，对异常的交易情况提出报告；根据需要，可以对出现重大异常交易情况的证券账户限制交易，并报

---

① 范健主编：《商法》（第三版），高等教育出版社、北京大学出版社 2006 年版，第 241 页。
② 覃有土主编：《商法学》（第二版），高等教育出版社 2008 年版，第 281 页。

国务院证券监督管理机构备案。

(4) 对上市公司及相关信息披露义务人披露信息进行监督，督促其依法及时、准确地披露信息。

(5) 依照证券法律、行政法规制定上市规则、交易规则、会员管理规则和其他有关规则，并报国务院证券监督管理机构批准。

(6) 对违反交易规则的证券交易人给予纪律处分，情节严重的，可撤销其交易资格，禁止其入场进行证券交易。

(四) 证券交易所的设立和解散

我国证券交易所的设立属于特许制。《证券法》第102条规定："证券交易所是为证券集中交易提供场所和设施，组织和监督证券交易，实行自律管理的法人。证券交易所的设立和解散，由国务院决定。"第103条规定："设立证券交易所必须制定章程。证券交易所章程的制定和修改，必须经国务院证券监督管理机构批准。"

(五) 证券交易所的组织结构

我国的证券交易所的组织机构一般包括会员大会、理事会、总经理以及专门委员会。会员大会是证券交易所的最高权力机构。理事会是证券交易所的执行机构。总经理是理事会的辅助机构，负责交易所的日常管理工作，由国务院证券监督管理机构任免。专门委员会可根据需要具体设置。

(六) 证券交易所从业人员的资格

有《中华人民共和国公司法》规定的不得担任公司董事、监事、高级管理人员的情形[1]，或者下列情形之一的，不得担任证券交易所的负责人：(1) 因违法行为或违纪行为被解除职务的证券交易所、证券登记结算机构的负责人或证券公司的董事、监事、高级管理人员，自被解除职务之日起未逾5年；(2) 因违法行为或者违纪行为被撤销资格的律师、注册会计师或者投资咨询机构、财务顾问机构、资信评级机构、资产评估机构、验证机构的专业人员，自被撤销资格之日起未逾5年。

因违法行为或者违纪行为被开除的证券交易所、证券登记结算机构、证券服务机构、证券公司的从业人员和被开除的国家机关工作人员，不得招聘为证券交易所的从业人员。

---

[1] 《公司法》第147条规定："有下列情形之一的，不得担任公司的董事、监事、高级管理人员：

(1) 无民事行为能力或者限制民事行为能力；

(2) 因贪污、贿赂、侵占财产、挪用财产或者破坏社会主义市场经济秩序，被判处刑罚，执行期满未逾5年，或者因犯罪被剥夺政治权利，执行期满未逾5年；

(3) 担任破产清算的公司、企业的董事或者厂长、经理，对该公司、企业的破产负有个人责任的，自该公司、企业破产清算完结之日起未逾3年；

(4) 担任因违法被吊销营业执照、责令关闭的公司、企业的法定代表人，并负有个人责任的，自该公司、企业被吊销营业执照之日起未逾3年；

(5) 个人所负数额较大的债务到期未清偿。

公司违反前款规定选举、委派董事、监事或者聘任高级管理人员的，该选举、委派或者聘任无效。董事、监事、高级管理人员在任职期间出现本条第1款所列情形的，公司应当解除其职务。"

二、证券公司

(一) 证券公司的设立

1. 证券公司的概念

证券公司是指依照《公司法》和《证券法》规定设立的经营证券业务,具有独立法人地位的有限责任公司和股份有限公司。证券市场上,发行人、投资人和证券交易所不可能自动完成证券的发行与交易工作,证券公司正是沟通证券发行与交易的重要环节,它的存在有利于推动证券市场高效运转,降低社会融资成本。

2. 证券公司的设立

根据《证券法》的规定,设立证券公司应具备的条件包括:(1) 合法的公司章程;(2) 主要股东具有持续盈利能力,最近3年无重大违法违纪记录,净资产不低于2亿元;(3) 法定的注册资本;(4) 董事、监事、高级管理人员具备任职资格,从业人员具有证券从业资格;(5) 完善的风险管理与内部控制制度;(6) 合格的营业场所和业务设施;(7) 法律、法规或证监会规定的其他条件。

设立证券公司必须经国务院证券监督管理机构审查批准,证券公司设立、收购或者撤销分支机构,变更业务范围或者注册资本,变更持有5%以上股权的股东、实际控制人,变更公司章程中的重要条款,合并、分立、变更公司形式、停业、解散、破产,或在境外设立、收购或参股证券经营机构,必须经国务院证券监督管理机构批准。国务院证券监督管理机构应自受理证券公司设立申请之日起6个月内,根据审慎监管原则依法审查,作出批准或不予批准的决定。证券公司设立获得批准的,申请人应在规定期限内向公司登记机关申请设立登记,领取营业执照;并自领取营业执照之日起15日内,向国务院证券监督管理机构申请经营证券业务许可证。未取得经营证券业务许可证,证券公司不得经营证券业务。

(二) 证券公司的业务范围及注册资本要求

证券公司可以经营的部分或全部业务范围包括:
(1) 证券经纪;(2) 证券投资咨询;(3) 与证券交易、证券投资活动有关的财务顾问;(4) 证券承销与保荐;(5) 证券自营;(6) 证券资产管理;(7) 其他证券业务。

证券公司的注册资本与其经营范围相挂钩,证券公司经营第(1)项至第(3)项业务的,注册资本最低限额为5000万元;经营第(4)项至第(7)项业务之一的,注册资本最低为1亿元;经营第(4)项至第(7)项业务中两项以上的,注册资本最低为5亿元。证券公司的注册资本应当是实缴资本。国务院证券监督管理机构可以调整注册资本的最低限额,但不得少于前面规定的限额。

(三) 对证券公司的监管

1. 风险控制监管

国务院证券监督管理机构对证券公司的净资本,净资本与负债的比例,净资本与净资产的比例,净资本与自营、承销、资产管理等业务规模的比例,负债与净资产的比例,以及流动资产与流动负债的比例等风险控制指标作出规定。证券公司不得为其股东或股东的关联人提供融资或担保。于2006年7月20日颁布并于2008年修改的《证券公司风险控制指标管理办法》，对证券公司风险控制指标作了具体规定。

2. 内控隔离监管

证券公司应当建立健全内部控制制度，采取有效隔离措施，防范公司与客户之间、不同客户之间的利益冲突。将证券经纪业务、承销业务、自营业务和证券资产管理业务分开办理。

3. 客户交易结算资金和证券独立

证券公司客户的交易结算资金应存放在商业银行，以每个客户的名义单独立户管理。证券公司不得将客户的交易结算资金和证券归入自有财产，禁止挪用客户的交易结算资金和证券。

4. 禁止接受全权委托

证券公司办理经纪业务，不得接受客户的全权委托而决定证券交易、选择证券种类、决定交易数量或者交易证券；不得以任何方式对客户证券交易的收益或者赔偿证券交易的损失作出承诺。客户的证券买卖委托不论是否成交，其委托记录应当按照规定的期限，保存于证券公司。

三、证券登记结算机构

（一）证券登记结算机构的概念与设立

证券登记结算机构是指经证监会批准，为证券交易提供集中登记、存管与结算服务、不以营利为目的的法人。

设立证券登记结算机构，必须经国务院证券监督管理机构批准，并应具备下列条件：(1) 自有资金不少于 2 亿元；(2) 具有证券登记、存管和结算服务所必需的场所和设施；(3) 主要管理人员和业务人员具有证券从业资格；(4) 国务院证券监督管理机构规定的其他条件。

（二）证券登记结算机构的职能

证券登记结算机构履行下列职能：(1) 证券账户、结算账户的设立；(2) 证券的存管和过户；(3) 证券持有人名册登记；(4) 证券交易所上市证券交易的清算和交收；(5) 受发行人的委托派发证券权益；(6) 办理与上述业务有关的查询；(7) 国务院证券监督管理机构批准的其他业务。

证券登记结算机构应当妥善保存登记、存管和结算的原始凭证及有关文件和资料。其保存期限不得少于 20 年。

四、证券监督管理机构

我国的证券监督管理经历了一个从多头到统一、从分散到集中的过程。1992 年以前，证券市场是由中国人民银行主管，中央政府的其他部门以及沪、深两地政府参与管理的模式。1992 年 10 月，国务院决定成立专门的国家证券监管机构——国务院证券委员会（以下简称证委），对全国证券市场进行统一的监管，同时成立证券的监管执行机构——中国证券监督管理委员会（以下简称证监会）。

《证券法》规定，国务院证券监督管理机构的职责有：(1) 依法制定有关证券市场监督管理的规章、规则,并依法行使审批或者核准权;(2)依法对证券的发行、上市、交易、登记、存管、结算,进行监督管理;(3)依法对证券发行人、上市公司、证券交易所、证券公司、证券登记结算机构、证券投资基金管理公司、证券服务机构的证券业务活动,进行监督管理;(4)依法制定从事证券业务人员的资格标准和行为准则,并监督实施;(5)依法监督检查证券发行、上市和交易的信息公开情况;(6)依法对证券业协会的活动进行指导和监督;(7)依法对违反证券市场监督管理法律、行政法规的行为进行查处;(8)法律、行政法规规定的其他职责。

国务院证券监督管理机构依法履行职责时,有权采取下列措施:(1)对证券发行人、上市公司、证券公司、证券投资基金管理公司、证券服务机构、证券交易所、证券登记结算机构进行现场检查;(2)进入涉嫌违法行为发生场所调查取证;(3)询问当事人以及与被调查事件有关的单位和个人,要求其对与被调查事件有关的事项作出说明;(4)查阅、复制与被调查事件有关的财产权登记、通信记录等资料;(5)查阅、复制当事人以及与被调查事件有关的单位和个人的证券交易记录、登记过户记录、财务会计资料及其他相关文件和资料;对可能被转移、隐匿或毁损的文件和资料,可以予以封存;(6)查询当事人以及与被调查事件有关的单位和个人的资金账户、证券账户和银行账户;对有证据证明已经或者可能转移或者隐匿违法资金、证券等涉案财产或者隐匿、伪造、毁损重要证据的,经国务院证券监督管理机构主要负责人批准,可以冻结或者查封;(7)在调查操纵证券市场、内幕交易等重大证券违法行为时,经国务院证券监督管理机构主要负责人批准,可以限制被调查事件当事人的证券交易,但不得超过15个交易日;案情复杂的,可以延长15个交易日。

五、证券业协会

(一)证券业协会的概念

证券业协会是证券业的自律性组织,它是依法设立的对证券行业进行自律性管理的具有法人资格的社会团体组织。其性质属于自律性社会团体法人。证券业协会的权力机构为全体会员组成的会员大会。证券业协会章程由会员大会制定,并报国务院证券监督管理机构备案。证券业协会设理事会。理事会成员依章程的规定由选举产生。

(二)证券业协会的职责

《证券法》第176条规定,证券业协会履行下列职责:

(1)教育和组织会员遵守证券法律、行政法规;

(2)依法维护会员的合法权益,向证券监督管理机构反映会员的建议和要求;

(3)收集整理证券信息,为会员提供服务;

(4)制定会员应遵守的规则,组织会员单位的从业人员的业务培训,开展会员间的业务交流;

(5)对会员之间、会员与客户之间发生的证券业务纠纷进行调解;

(6)组织会员就证券业的发展、运作及有关内容进行研究;

(7)监督、检查会员行为,对违反法律、行政法规或者协会章程的,按照规定给予纪律处分;

(8) 证券业协会章程规定的其他职责。

【案例 6-1】

某上市公司因披露虚假的年度财务报告,导致投资者在证券交易中蒙受重大损失。

请问:在该上市公司的监事、实际控制人、上市公司报告的刊登媒体、该公司的证券承销商,哪些主体需要承担赔偿责任?

解析:《证券法》第 69 条规定:"发行人、上市公司公告的招股说明书、公司债券募集办法、财务会计报告、上市报告文件、年度报告、中期报告、临时报告以及其他信息披露资料,有虚假记载、误导性陈述或者重大遗漏,致使投资者在证券交易中遭受损失的,发行人、上市公司应当承担赔偿责任;发行人、上市公司的董事、监事、高级管理人员和其他直接责任人员以及保荐人、承销的证券公司,应当与发行人、上市公司承担连带赔偿责任,但是能够证明自己没有过错的除外;发行人、上市公司的控股股东、实际控制人有过错的,应当与发行人、上市公司承担连带赔偿责任。"依据该条的规定,上市公司披露虚假信息的责任主体包括:上市公司的董事、监事、高级管理人员和其他直接责任人员;保荐人、承销的证券公司;上市公司的控股股东、实际控制人。因此,上市公司财务报告的刊登媒体并不包括在内。

第三节 证券发行

一、证券发行的基本条件

(一) 证券发行的概念和种类

证券发行是指符合发行条件的证券发行人为筹集资金,按照一定的程序出售证券的行为。

证券发行分为公开发行和非公开发行。有下列情形之一的,为公开发行:(1) 向不特定对象发行证券;(2) 向累计超过 200 人的特定对象发行证券;(3) 法律、行政法规规定的其他发行行为。

公开发行以外的证券发行为非公开发行,又称私募,是指只针对特定投资者销售证券。在我国除法定的公开发行之外,其他发行行为都属于私募。《证券法》第 10 条规定:"非公开发行证券,不得采取广告、公开劝诱和变相公开方式。"

证券发行按照发行证券的不同,也可以分为股票发行、债券发行等。

其股票发行按发行目的的不同,又可以进一步分为设立发行和增资发行。设立发行是股份有限公司的发起人为设立该股份有限公司为目的而发行股票。增资发行是已经依法存续的股份有限公司为增加公司资本而再次发行股票。

(二) 股票公开发行的条件

股票发行人必须是股份有限公司,包括已成立的股份有限公司和经核准拟设立的股份有限公司。新修订的《证券法》引进了保荐制度,股票公开发行须由保荐人出具发行保荐书。

1. 设立发行股票的条件

设立发行或称首次发行，是指发起人通过发行公司股票来筹措经营资本，成立股份有限公司的行为。设立发行除应具备《公司法》规定的条件外，还应符合国务院证券监督管理机构规定的其他条件，向国务院证券监督管理机构报送募股申请和下列文件：（1）公司章程；（2）发起人协议；（3）发起人姓名或者名称，发起人认购的股份数、出资种类及验资证明；（4）招股说明书；（5）代收股款银行的名称及地址；（6）承销机构名称及有关的协议。

依法规定聘请保荐人的，还应当报送保荐人出具的发行保荐书。[①]

2. 公开发行新股的条件

公司公开发行新股，是指股份有限公司依法成立后再次发行股份的行为。根据《证券法》第13条的规定，股份有限公司公开发行新股，必须符合的条件包括：（1）具备健全且运行良好的组织机构；（2）具有持续盈利能力，财务状况良好；（3）最近3年财务会计文件无虚假记载，无其他重大违法行为；（4）经国务院批准的国务院证券监督管理机构规定的其他条件。

上市公司非公开发行新股，应当符合国务院批准的国务院证券监督管理机构规定的条件，并报国务院证券监督管理机构核准。

公司对公开发行股票所募集资金，必须按照招股说明书所列资金用途使用。改变招股说明书所列资金用途，必须经股东大会作出决议。擅自改变用途而未作纠正的，或者未经股东大会认可的，不得公开发行新股。

（三）公司债券公开发行的条件

1. 公司债券公开发行的基本条件

根据《证券法》第16条的规定，公开发行公司债券，应当符合下列条件：

（1）股份有限公司的净资产不低于人民币3000万元，有限责任公司的净资产不低于人民币6000万元；

（2）累计债券余额不超过公司净资产的40%；

（3）最近3年平均可分配利润足以支付公司债券1年的利息；

（4）筹集的资金投向符合国家产业政策；

（5）债券的利率水平不超过国务院限定的利率水平；

（6）国务院规定的其他条件。

公开发行公司债券筹集的资金，必须用于核准的用途，不得用于弥补亏损和非生产性支出。

2. 公司不得再次公开发行公司债券的情形

（1）前一次公开发行的公司债券尚未募足；

（2）对已公开发行的公司债券或者其他债务有违约或者延迟支付本息的事实，仍处于继续状态；

（3）违反《证券法》规定，改变公开发行公司债券所募资金的用途。

[①] 参见《证券法》第12条。

3. 可转债的发行条件

上市公司发行可转换为股票的公司债券，除应当符合前述条件外，还应当符合公开发行股票的条件，并报国务院证券监督管理机构核准。

二、发行方式和审核

证券的发行既关乎公司利益，也涉及广大投资者甚至是社会公众，目前在全世界范围内对证券的发行都普遍实施了不同程度的国家监管，主要有注册制和核准制两种方式。

注册制以美国1933年《证券法》和日本《证券交易法》为代表，是指法律对证券发行的实质性条件不作规定，只规定发行人应当公开的信息范围，证券发行主管机构受理证券发行人的注册申请后，只对申报文件的全面性、真实性、准确性和及时性作出形式审查，而对证券本身是否具有投资价值不作实质性审查，在一定时期内若主管部门没有异议，申请自动生效。发行人即可发行证券。

核准制以美国部分州的"蓝天法"和欧陆国家公司法为代表，是指证券发行人依照发行条件和程序向证券发行主管机构提出发行申请，主管机构受理申请后要对发行申请进行形式审查和实质审查，发行人得到批准后才能发行证券。

根据新修订的《证券法》，我国现阶段实行证券公开发行的核准制。国务院证券监督管理机构下设发行审核委员会（以下简称发审委），依法审核股票发行申请。发审委审核发行人股票发行申请以及可转换公司债券等中国证监会认可的其他证券的发行申请。发审委委员由中国证监会的专业人员和中国证监会外的有关专家组成，由中国证监会聘任。发审委以投票方式对股票发行申请进行表决，提出审核意见。发审委的具体组成办法、组成人员任期、工作程序，由国务院证券监督管理机构规定。国务院证券监督管理机构依照法定条件负责核准股票发行申请。核准程序应当公开，依法接受监督。参与审核和核准股票发行申请的人员，不得与发行申请人有利害关系，不得直接或者间接接受发行申请人的馈赠，不得持有所核准的发行申请的股票，不得私下与发行申请人进行接触。

三、证券保荐

保荐制度源于英国，实质证券发行人在申请公开发行证券及所发行的证券在上市过程中，必须聘请具有保荐资格的专业保荐人对其进行辅导、推荐、承销、担保，保荐人要对发行人的申请文件和信息披露资料的真实性承担法律责任。

我国《证券法》第11条第1款规定："发行人申请公开发行股票、可转换为股票的公司债券，依法采取承销方式的，或者公开发行法律、行政法规规定实行保荐制度的其他证券的，应当聘请具有保荐资格的机构担任保荐人。"可见保荐制度在我国主要适用于：（1）公开发行股票、可转债，依法采取承销方式；（2）公开发行法律、行政法规规定实行保荐制度的其他证券。

四、证券承销

（一）承销的种类

我国《证券法》规定的证券承销业务有代销和包销两种方式。

证券代销是指证券公司代理发行人发售证券，在承销期结束时，将未售出的证券全部退还给发行人的承销方式。上市公司非公开发行股票未采用自行销售方式或者上市公司配股的，应当采用代销方式。股票发行采用代销方式，代销期限届满，向投资者出售的股票数量未达到拟公开发行股票数量70%的，为发行失败。发行人应当按照发行价并加算银行同期存款利息返还股票认购人。

证券包销是证券公司将发行人的证券按照协议全部购入或者在承销期结束时将销售剩余证券全部自行购入的承销方式。

证券公司在代销、包销期内，对所代销、包销的证券应当保证先行出售给认购人，证券公司不得为本公司预留所代销的证券和预先购入并留存所包销的证券。

（二）承销团

《证券法》规定向不特定对象公开发行的证券票面总值超过人民币5000万元的，应当由承销团承销。承销团应当由主承销以及参与承销的证券公司组成。组成承销团的承销商应当签订承销团协议，由主承销商负责组织承销工作。证券发行由两家以上证券公司联合主承销的，所有担任主承销商的证券公司应当共同承担主承销责任，履行相关义务。承销团由3家以上承销商组成的，可以设副主承销商，协助主承销商组织承销活动。

（三）证券的销售期限

《证券法》规定证券代销、包销期限最长不得超过90日。公开发行股票，代销、包销期限届满，发行人应当在规定的期限内将股票发行情况报国务院证券监督管理机构备案。

第四节 证券交易

一、证券交易的条件及方式

（一）证券交易的条件

证券交易应具有以下条件：

（1）证券交易当事人依法买卖的证券，必须是依法发行并交付的证券。非依法发行的证券，不得买卖。

（2）依法发行的证券，法律对其转让期限有限制性规定的，在限定的期限内，不得买卖。

（3）依法公开发行的证券，应当在依法设立的证券交易所上市交易或者在国务院批准的其他证券交易场所转让。

（二）证券交易的方式

证券交易具有如下方式：

（1）证券在证券交易所上市交易，应当采用公开的集中交易方式或者国务院证券监督管理机构批准的其他方式。

（2）证券交易当事人买卖的证券可以采用纸面形式或者国务院证券监督管理机构规定的其他形式。

(3) 证券交易以现货和国务院规定的其他方式进行。

二、限制和禁止的证券交易行为

（一）限制和禁止的证券交易行为的一般规定

(1) 证券交易所、证券公司、证券登记结算机构从业人员，证券监督管理机构的工作人员和法律、行政法规规定禁止参与股票交易的其他人员，在任期或者法定限期内，不得直接或者以化名、借他人名义持有、买卖股票，也不得收受他人赠送的股票。任何人在成为前款所列人员时，其原已持有的股票必须依法转让。

(2) 为股票发行出具审计报告、资产评估报告或者法律意见书等文件的证券服务机构和人员，在该股票承销期内和期满后6个月内，不得买卖该种股票。除上述规定外，为上市公司出具审计报告、资产评估报告或者法律意见书等文件的专业机构和人员，自接受上市公司委托之日起至上述文件公开后5日内，不得买卖该种股票。

(3) 上市公司董事、监事、高级管理人员和持有上市公司股份5%以上的股东，将其持有的该公司的股票在买入后6个月内卖出，或者在卖出后6个月内又买入，由此所得收益归该公司所有，公司董事会应当收回其所得收益。但是，证券公司因包销购入售后剩余股票而持有5%以上股份的，卖出该股票不受6个月的时间限制。

【案例6-2】

某上市公司董事吴某，持有该公司6%的股份。吴某将其持有的该公司股票在买入后的第5个月卖出，获利600万元。

请问：关于此收益，应该如何让处理？

解析：上市公司董事、监事、高级管理人员和持有上市公司股份5%以上的股东，将其持有的该公司的股票在买入后6个月内卖出，或者在卖出后6个月内又买入，由此所得收益归该公司所有，公司董事会应当收回其所得收益。公司董事会不按照规定执行的，股东有权要求董事会在30日内执行。公司董事会未在上述期限内执行的，股东有权为了公司的利益以自己的名义（而非以公司名义）直接向人民法院提起诉讼。

（二）禁止内幕交易行为

《证券法》规定禁止证券交易内幕信息的知情人和非法获取内幕信息的人利用内幕信息从事证券交易活动。内幕交易是指知悉证券交易内幕信息的知情人和非法获取内幕信息的人，利用内幕信息进行证券交易的活动。

内幕信息的知情人包括：(1) 发行人的董事、监事、高级管理人员；(2) 持有公司5%以上股份的股东及其董事、监事、高级管理人员，公司的实际控制人及其董事、监事、高级管理人员；(3) 发行人控股的公司及其董事、监事、高级管理人员；(4) 由于所任公司职务可以获取公司有关内幕信息的人员；(5) 证券监督管理机构工作人员，以及由于法定职责对证券的发行、交易进行管理的其他人员；(6) 保荐人、承销的证券公司、证券交易所、证券登记结算机构、证券服务机构的有关人员；(7) 国务院证券监督管理机构规定的其他人。

内幕信息是指证券交易活动中,涉及公司的经营、财务或者对该公司证券的市场价格有重大影响的尚未公开的信息,包括:(1)法律规定上市公司必须公开的、可能对股票价格产生较大影响,而投资者尚未得知的重大事件;(2)公司分配股利或者增资的计划;(3)公司股权结构的重大变化;(4)公司债务担保的重大变更;(5)公司营业用主要资产的抵押、出售或者报废,一次超过该资产的30%;(6)公司的董事、监事、高级管理人员的行为可能依法承担重大损害赔偿责任;(7)上市公司收购的有关方案;(8)国务院证券监督管理机构认定的对证券交易价格有显著影响的其他重要信息。

内幕交易行为给投资者造成损失的,行为人应当依法承担赔偿责任。

【案例 6-3】

1993年9月16日晚,襄樊上证与深圳华阳保健用品公司(以下简称深圳华阳)双方业务人员洽谈业务时谈及深圳华阳将大量购入延中股票的内容,襄樊上证在得知这一内幕信息后,于1993年9月17日至27日分三次自营购入延中股票62.73万股,并于10月7日除留下5300股外,将其余股票全部高价抛出,获利16711808元。

对此次事件,证监会的处罚决定如下:

(1)对襄樊上证利用内幕交易,挪用客户资金获取的非法所得16711808元予以没收,罚没款上缴国库;(2)襄樊上证现存延中股票余额5300股应自收到本处罚决定之日起3日内按市价卖出,所获收入扣除按1993年9月17日每股9.64元的买入价计算的成本后的盈利予以没收,罚没款上缴国库;(3)对襄樊上证处以罚款人民币200万元,罚款上缴国库;(4)暂停襄樊上证的自营业务2个月,责成其进行内部整顿。证监会将会同中国人民银行有关部门对其整顿情况进行检查验收并决定是否恢复其证券自营业务。[①]

(三)禁止操纵证券市场行为

操纵证券市场,是指以获取利益或者减少损失为目的,利用掌握的资金等优势影响证券市场价格,制造证券市场假象,诱导或者致使投资者在不了解事实真相的情况下作出证券投资决定,扰乱证券市场秩序的行为。

操纵市场的行为包括:(1)通过单独或者合谋,集中资金优势、持股优势或者利用信息优势联合或者连续买卖,操纵证券交易价格或者证券交易量;(2)与他人串通,以事先约定的时间、价格和方式相互进行证券交易,影响证券交易价格或者证券交易量;(3)在自己实际控制的账户之间进行证券交易,影响证券交易价格或者证券交易量;(4)其他手段操纵证券市场。

操纵证券市场行为给投资者造成损失的,行为人应当依法承担赔偿责任。

---

① 中国证券监督管理委员会《关于中国农业银行襄樊市信托投资公司上海证券业务部违反证券法规行为的处罚决定》,1994年1月28日。

【案例6-4】
广东欣盛投资顾问有限公司、广东中百投资顾问有限公司、广东百源投资顾问有限公司、广东金易投资顾问有限公司四家公司自1998年10月5日起，集中资金，利用627个个人股票账户及3个法人股票账户，大量买入"深锦兴"（后更名为"亿安科技"）股票。持仓量从1998年10月5日的53万股，占流通股的1.52%，到最高时2000年1月12日的3001万股，占流通股的85%。同时，还通过其控制的不同股票账户，以自己为交易对象，进行不转移所有权的自买自卖，影响证券交易价格和交易量，联手操纵"亿安科技"的股票价格。

截至2001年2月5日，上述四家公司控制的627个个人股票账户及3个法人股票账户共实现盈利4.49亿元，股票余额77万股。

对此次事件，证监会的处罚决定如下：

（1）没收上述四家公司违法所得4.49亿元，并罚款4.49亿元；

（2）责令上述四家公司在收到本处罚决定之日起3个月内，在交易所监督下卖出剩余股票77万股，并注销违规开立的个人股票账户，盈利予以没收。①

(四) 禁止虚假陈述和信息误导行为

《证券法》规定，禁止国家工作人员、传播媒介从业人员以及有关人员编造、传播虚假信息，扰乱证券交易。禁止证券交易所、证券公司、证券登记结算机构、证券服务机构及其从业人员，证券业协会、证券监督管理机构及其工作人员，在证券交易活动中作出虚假陈述或者信息误导。

(五) 禁止欺诈客户行为

欺诈客户，是指代理人在证券交易及相关活动中，违背被代理人的真实意思进行代理的行为，以及诱导客户进行不必要的证券交易的行为。《证券法》禁止证券公司及其从业人员从事下列欺诈行为：（1）违背客户的委托为其买卖证券；（2）不在规定时间内向客户提供交易的书面确认文件；（3）挪用客户所委托买卖的证券或者客户账户上的资金；（4）未经客户的委托，擅自为客户买卖证券，或者假借客户的名义买卖证券；（5）为牟取佣金收入，诱使客户进行不必要的证券买卖；（6）利用传播媒介或者通过其他方式提供、传播虚假或者误导投资者的信息；（7）其他违背客户真实意思表示，损害客户利益的行为。

欺诈客户行为给客户造成损失的，行为人应当依法承担赔偿责任。

(六) 市场禁入者

我国证券法规定的市场禁入是指对违反我国证券法律法规的相关人员禁止其从事证券相关业务或担任相应职务的法定处罚措施。

2006年7月10日，中国证监会颁布的《证券市场禁入规定》开始施行，规定了中国证监会可以根据情节严重的程度，对以下七类人员采取证券市场禁入措施：（1）发行人、上市公司的董事、监事、高级管理人员，其他信息披露义务人或者其他信息披露义务人的

---

① 资料来源：证监罚字 [2001] 7号。

董事、监事、高级管理人员；（2）发行人、上市公司的控股股东、实际控制人或者发行人、上市公司控股股东、实际控制人的董事、监事、高级管理人员；（3）证券公司的董事、监事、高级管理人员及其内设业务部门负责人、分支机构负责人或者其他证券从业人员；（4）证券公司的控股股东、实际控制人或者证券公司控股股东、实际控制人的董事、监事、高级管理人员；（5）证券服务机构的董事、监事、高级管理人员等从事证券服务业务的人员和证券服务机构的实际控制人或者证券服务机构实际控制人的董事、监事、高级管理人员；（6）证券投资基金管理人、证券投资基金托管人的董事、监事、高级管理人员及其内设业务部门、分支机构负责人或者其他证券投资基金从业人员；（7）中国证监会认定的其他违反法律、行政法规或者中国证监会有关规定的有关责任人员。

被中国证监会采取证券市场禁入措施的人员，在禁入期间，除不得继续在原机构从事证券业务或者担任原上市公司董事、监事、高级管理人员职务外，也不得在其他任何机构中从事证券业务或者担任其他上市公司董事、监事、高级管理人员职务。被采取证券市场禁入措施的人员，应当在收到中国证监会作出的证券市场禁入决定后立即停止从事证券业务或者停止履行上市公司董事、监事、高级管理人员职务，并由其所在机构按规定程序解除其被禁止担任的职务。

第五节 证券上市

证券上市交易，应当向证券交易所提出申请，由证券交易所依法审核同意，并由双方签订上市协议。证券交易所根据国务院授权的部门的决定安排政府债券上市交易。

一、股票上市

（一）股票上市的条件

股份有限公司申请股票上市，应当符合下列条件：

(1) 股票经国务院证券监督管理机构核准已公开发行。
(2) 公司股本总额不少于人民币 3000 万元。
(3) 公开发行的股份达到公司股份总数的 25% 以上；公司股本总额超过人民币 4 亿元的，公开发行股份的比例为 10% 以上。
(4) 公司最近 3 年无重大违法行为，财务会计报告无虚假记载。

证券交易所可以规定高于前款规定的上市条件，并报国务院证券监督管理机构批准。

（二）股票上市的申请文件及公告

向证券交易所申请股票上市，应当提交下列文件：（1）上市报告书；（2）申请上市的股东大会决议；（3）公司章程；（4）公司营业执照；（5）依法经会计师事务所审计的公司最近 3 年的财务会计报告；（6）法律意见书和上市保荐书；（7）最近一次的招股说明书；（8）证券交易所上市规则规定的其他文件。

上市申请经证券交易所审核同意，上市公司与证券交易所需签订上市协议。签订上市协议的公司应当在规定的期限内公告股票上市的有关文件，并置备于指定场所供公众查阅。

上市公司除公告上述规定的上市申请文件外，还应当公告下列事项：（1）股票获准在证券交易所交易的日期；（2）持有公司股份最多的前十名股东的名单和持股数额；（3）公司的实际控制人；（4）董事、监事、高级管理人员的姓名及其持有本公司股票和债券的情况。

二、债券上市

（一）债券上市的条件

申请公司债券上市交易，应当符合下列条件：

（1）公司债券的期限为 1 年以上。

（2）公司债券实际发行额不少于人民币 5000 万元。

（3）公司申请债券上市时仍符合法定的公司债券发行条件。

（二）债券上市的申请及文件

向证券交易所申请债券上市，应当提交下列文件：（1）上市报告书；（2）申请上市的董事会决议；（3）公司章程；（4）公司营业执照；（5）公司债券募集办法；（6）公司债券的实际发行数额；（7）证券交易所上市规则规定的其他文件。

申请可转换为股票的公司债券上市，还应报送保荐人出具的上市保荐书。

三、信息公开制度

发行人、上市公司依法披露的信息，必须真实、准确、完整、及时，不得有虚假记载、误导性陈述或者重大遗漏。

（一）公开文件

发行股票、公司债券的公司，发行人必须根据真实、完整的原则公告招股说明书、公司债券募集办法；依法发行新股或者公司债券的，还应当公告财务会计报告。

股份有限公司发行股票应当按规定编制招股说明书，向社会公开披露有关信息；其股票获准在证券交易所上市时，上市公司应当编制上市公告书，向社会公开披露有关信息。

（二）公开报告

1. 定期报告

上市公司和公司债券上市交易的公司，必须在每一会计年度内每半年公布一次其财务状况和经营情况，包括中期报告和年度报告。

（1）中期报告。公司应当于每个会计年度的上半年结束之日起 2 个月内完成中期报告，报送证监会和证交所并公告。其内容包括公司财务报告和经营情况，涉及公司的重大诉讼事项，已发行的股票、公司债券变动情况，提交股东大会审议的重要事项，证监会规定的其他事项。

（2）年度报告。公司应当在每个会计年度结束后 4 个月内编制完成年度报告，报送证监会和证交所并公告。其主要内容包括公司概况，公司财务会计报告和经营情况，董事、监事、高级管理人员简介及其持股情况，已发行的股票、公司债券情况，包括持有公司股份最多的前十名股东名单和持股数额，公司的实际控制人，证监会规定的其他事项。

上市公司董事、高级管理人员应当对公司定期报告签署书面确认意见。上市公司监事会应当对董事会编制的公司定期报告进行审核并提出书面审核意见。

2. 临时发生重大事件的报告。

公司发生重大事件时,应当立即编制重大事件公告书报送证监会和证交所,并向社会披露。重大事件是指下列可能对公司的股票价格产生重大影响的情况:(1)公司的经营方针和经营范围的重大变化;(2)公司的重大投资行为和重大的购置财产的决定;(3)公司订立重要合同,可能对公司的资产、负债、权益和经营成果产生重要影响;(4)公司发生重大债务和未能清偿到期重大债务的违约情况;(5)公司发生重大亏损或者重大损失;(6)公司生产经营的外部条件发生的重大变化;(7)公司的董事、1/3以上监事或者经理发生变动;(8)持有公司5%以上股份的股东或者实际控制人,其持有股份或者控制公司的情况发生较大变化;(9)公司减资、合并、分立、解散及申请破产的决定;(10)涉及公司的重大诉讼,股东大会、董事会决议被依法撤销或者宣告无效;(11)公司涉嫌犯罪被司法机关立案调查,公司董事、监事、高级管理人员涉嫌犯罪被司法机关采取强制措施;(12)证监会规定的其他事项。

(三)信息公开不实的法律后果

《证券法》第69条规定:"发行人、上市公司公告的招股说明书、公司债券募集办法、财务会计报告、上市报告文件、年度报告、中期报告、临时报告以及其他信息披露资料,有虚假记载、误导性陈述或者重大遗漏,致使投资者在证券交易中遭受损失的,发行人、上市公司应当承担赔偿责任;发行人、上市公司的董事、监事、高级管理人员和其他直接责任人员以及保荐人、承销的证券公司,应当与发行人、上市公司承担连带赔偿责任,但是能够证明自己没有过错的除外;发行人、上市公司的控股股东、实际控制人有过错的,应当与发行人、上市公司承担连带赔偿责任。"

四、证券上市交易的暂停和终止

(一)股票上市交易的暂停和终止

上市公司丧失上市条件的,其股票依法暂停上市或者终止上市。对此,《证券法》第55条、第56条作了明确规定:

证券交易所决定暂停上市公司股票上市的情形有:(1)公司股本总额、股权分布等发生变化不再具备上市条件;(2)公司不按照规定公开其财务状况,或者对财务会计报告作虚假记载,可能误导投资者;(3)公司有重大违法行为;(4)公司最近3年连续亏损;(5)证券交易所上市规则规定的其他情形。

证券交易所决定终止上市公司股票上市的情形有:(1)公司股本总额、股权分布等发生变化不再具备上市条件,在证券交易所规定的期限内仍不能达到上市条件;(2)公司不按照规定公开其财务状况,或者对财务会计报告作虚假记载,且拒绝纠正;(3)公司最近3年连续亏损,在其后一个年度内未能恢复盈利;(4)公司解散或者被宣告破产;(5)证券交易所上市规则规定的其他情形。

(二)债券上市交易的暂停和终止

公司债券上市交易后,公司有下列情形之一的,由证券交易所决定暂停其公司债券的上市交易:(1)公司有重大违法行为;(2)公司情况发生重大变化不符合公司债券上市条件；(3) 公司债券所募集资金不按照核准的用途使用；(4) 未按照公司债券募集办法履行义务；(5) 公司最近2年连续亏损。

公司有上述第 (1) 项、第 (4) 项所列情形之一，经查实后果严重的；有上述第 (2) 项、第 (3) 项、第 (5) 项所列情形之一，在限期内未能消除的；公司解散或者被宣告破产的，由证券交易所决定终止该公司债券上市。

对证券交易所作出的不予上市、暂停上市、终止上市决定不服的，可以向证券交易所设立的复核机构申请复核。

第六节　上市公司收购

(一) 上市公司收购制度的概念与分类

上市公司收购，是指收购者利用股份控制目标公司以实现多元化经营和规模经营的方式。这种收购不是传统的产权收购，也不是单纯的投资，而是通过收买目标公司的股票，达到控股甚至兼并的目的。上市公司在收购本质上是一种证券交易行为。

根据收购所采用的形式可以分为要约收购和协议收购。《证券法》对这两种收购形式都作出了严格细致的规定。

(二) 要约收购

1. 要约收购的含义

要约收购是指投资者通过证券交易所向目标公司全体股东发出收购其股份的意图，由受要约人分别承诺，从而获得该公司控制权的行为。根据有关法律规定，要约收购须具备以下要件：要约人必须有控制目标公司的意图，受要约人是目标公司的全体股东；要约含有受要约约束的意思表示；要约必须公开发出且内容明确具体。要约收购有广义和狭义之分，广义上的要约收购是指持有公司上市股票5%以上股票的收购人购买其他持有人所持股票的收购行为。狭义上的要约收购仅指持有公司30%以上股票的收购人所进行的收购行为。持有公司总股本5%以上、30%以下者，视为一般收购行为，持有公司总股本30%以上者，视为继续收购。

2. 要约收购的适用条件

要约收购的适用条件主要有两个，一是持股比例，二是继续进行收购。

(1) 持股比例。《证券法》第88条规定："通过证券交易所的证券交易，投资者持有或者通过协议、其他安排与他人共同持有一个上市公司已发行的股份达到30%时，继续进行收购的，应当依法向该上市公司所有股东发出收购上市公司全部或者部分股份的要约。收购上市公司部分股份的收购要约应当约定，被收购公司股东承诺出售的股份数额超过预定收购的股份数额的，收购人按比例进行收购。"

(2) 继续进行收购。投资者通过证券交易所的证券交易持有，或者通过协议、其他安排与他人共同持有一个上市公司已发行的股份达到30%时，继续进行收购的，应当依法向该上市公司所有股东发出收购上市公司全部或部分股份的邀约。

3. 要约收购程序

(1) 制备并报送上市公司收购报告书。《证券法》第89条规定："依照前条规定发出收购要约，收购人必须事先向国务院证券监督管理机构报送上市公司收购报告书，并载明下列事项：①收购人的名称、住所；②收购人关于收购的决定；③被收购的上市公司名称；④收购目的；⑤收购股份的详细名称和预定收购的股份数额；⑥收购期限、收购价格；⑦收购所需资金额及资金保证；⑧报送上市公司收购报告书时持有被收购公司股份数占该公司已发行的股份总数的比例。收购人还应当将上市公司收购报告书同时提交证券交易所。"

（2）公告收购要约。收购人在按法律规定报送上市公司收购报告书之日起15日后，公告其收购要约。在上述期限内，国务院证券监督管理机构发现上市公司收购报告书不符合法律、行政法规规定的，应当及告知收购人，收购人不得公告其收购要约。收购要约约定的收购期限不得少于30日，并不得超过60日。

（3）预售与收购。在收购要约确定的承诺期限内，收购人不得撤销其收购要约。收购人需要变更收购要约的，必须事先向国务院证券监督管理机构及证券交易所提出报告，经批准后，予以公告。

采取要约收购方式的，收购人在收购期限内，不得卖出被收购公司的股票，也不得采取要约规定以外的形式和超出要约的条件买入被收购公司的股票。

（4）公告。收购行为完成后，收购人应当在15日内将收购情况报告国务院证券监督管理机构和证券交易所，并予公告。

（三）协议收购

1. 协议收购的含义

协议收购是指收购人通过与目标公司的股东签署个别协议而获得该公司控制权的行为。协议收购仅适用于对非上市股票的收购，实质上是一种股份转让行为。根据我国有关法律规定，协议收购须经过以下步骤：订立收购协议；达成协议后3日内，收购人将该收购协议向国务院证券监督管理机构及证券交易所提交书面报告，并予公告；发行收购协议；收购行为结束后，收购人应当在15日内将收购情况报告国务院证券监督管理机构和证券交易所，并予以公告。

2. 协议收购程序

（1）谈判并拟定收购协议草案。协议收购是双方或多方自愿的行为，首先要进行谈判、磋商，拟定收购协议草案。

（2）批准。大宗股份转让、受让一般均须经买卖各方当事人的股东会或董事会批准。涉及国家授权机构持有的股份的转让，或者经行政审批可进行的股份转让，协议收购相关当事人应当获得有关主管部门批准。

（3）签订收购协议。收购协议草案经双方或多方当事人的有关机构批准后，双方或各方当事人正式签订收购协议。

（4）报告与公告。以协议方式收购上市公司时，达成协议后，收购人必须在3日内将该收购协议向国务院证券监督管理机构及证券交易所作出书面报告，并予公告。在公告前不得履行收购协议。

（5）委托中介机构保存股票与存放资金。采取协议收购方式的，协议双方可以临时委托证券登记结算机构保管协议转让的股票，并将资金存放于指定的银行。

(6) 过户。收购报告书公告后，协议收购当事人应当按照证券交易所和证券登记结算机构的业务规则和要求，申请办理股份转让和登记过户手续。

(7) 收购结束报告与公告。收购行为完成后，收购人应当在15日内将收购情况报告国务院证券监督管理机构和证券交易所，并予公告。

3. 协议收购的法律后果

《证券法》第96条规定："采取协议收购方式的，收购人收购或者通过协议、其他安排与他人共同收购一个上市公司已发行的股份达到30%时，继续进行收购的，应当向该上市公司所有股东发出收购上市公司全部或者部分股份的要约。但是，经国务院证券监督管理机构免除发出要约的除外。"

【思考题】

1. 证券分为哪几种类型？
2. 什么是证券发行？其发行方式有哪些？
3. 什么是证券交易？证券交易的方式有哪些？
4. 什么是信息公开制度？
5. 什么是上市公司收购制度？
6. 什么是内幕交易？进行内幕交易将会承担什么责任？
7. 什么是虚假陈述？虚假陈述有什么法律后果？
8. 操纵市场有哪几种手段？
9. 1999年11月，某国有企业为增加收益，经企业领导班子决定，将企业所有的流动资金500万元用于证券投资，主要是炒作上市交易的股票来赚取差价收益。企业以职工张某名义在某证券公司开立账户，并派王某、张某在证券公司操作。某日，该证券公司因自营业务资金不够，私自挪用了客户的资金，被张某发觉。于是，证券公司向张某提出：想向张某融资300万元，并许以高利。张某立即报告企业厂长，厂长同其他领导协商后表示同意。3日后，提供了上述资金。①

请问：以上案例有哪些行为违反了我国《证券法》的规定？

---

① 案例来源于叶朱主编：《经济法概论习题集》，上海财经大学出版社2007年版，第247页。

第七章 票 据 法

【重难点提示】 有关出票、承兑、背书、保证、付款等票据行为的相关规定。其中汇票是重点，有关支票和本票的许多规定与汇票类似，做一般了解即可。

第一节 概 述

一、票据法概述

（一）票据

票据是商品经济发展到一定阶段的产物。票据法中的票据是指限定于支付一定金额为目的的特种证券（有价证券）。详言之，即发票人记载一定时间、地点、签名于票据上，无条件约定由自己或委托他人，以支付一定金额为目的的有价证券。

（二）票据的特征

（1）票据为设权证券。所谓设权，是指票据上的权利，必须是作成证券而发生。票据不是用来证明已经存在的权利，而是创设权利。

（2）票据为要式证券。证券要作成必须要具备一定的方式；票据之作成依法律要记载一定的事项。若必要记载事项有所欠缺，除票据法上另有规定外，其票据应属无效，故票据为要式证券。

（3）票据为文义证券。票据上的权利义务，均依票据上所记载的文义为准，不得以文义以外的事项作为票据上权利义务的依据。凡在票据上签名的，就应当就票据上的文义负责。故票据为文义证券。

（4）票据为债权证券。票据债权人占有票据，就可以就票据上所记载的一定金额向特定票据债务人行使请求权。

（5）票据为有价证券。票据权利的行使与处分，以占有票据为必要，如果持票人丧失票据，便无理由行使票据债权。

（6）票据为金钱证券。即以一定金钱的支持为其标的。

（7）票据为无因证券。票据如果具备法律要件，其权利就成立。票据持有人没有必要明示其原因。签名于票据上者，须依票据上所记载的文义事项负责。

（8）票据为流通证券。票据上的权利依背书或交付方法自由转让。其中无记名票据依交付而转移；记名票据除发票人在票据上有禁止转让的记载外，持票人可以背书方法转让于第三人，是为票据的流通性。

（9）票据为提示证券。票据的占有与票据权利之行使关系密切，票据权利人向票据债务人请求履行票据上之债务，必须证明占有票据，证明的最佳方式为提示。

（10）票据为返还证券，又称缴回证券。票据权利人因占有票据，而主张票据上之权利，在受领票据上所定的金钱后，应将票据缴回于向其给付之人。若票据流通在外，表明票据债务尚未消灭。

二、票据行为

所谓票据行为，是指设定、让与票据权利，或将票据权利授予他人行使的法律行为。一般而言，除通过再交付票据方式移转票据权利的票据权利让与行为之外，票据行为均属行为人自己设定票据债务的要式行为。①

票据行为具有如下特征：

（一）定型性

定型性也称"要式性"，是指票据行为在内容上有法定记载事项，在形式上也应将其记载于票据上，行为人不得随意选择变更。要式之目的在于使票据之样式清楚，条理明确，易于辨别，方便流通。

（二）抽象性

抽象性也称票据行为的无因性。一般来说，票据行为是建立在一定的原因关系基础上，但票据行为之成立于否，又不受这种原因关系的影响。持票人没有理由来证明执票的原因。对票据的签发、取得和转让应当有真实的交易关系和债权债务关系。

（三）独立性

独立性是指已经具备基本形式要件之票据上的多个法律行为彼此独立发生效力。如无行为能力人之签名，不影响其他签名之效力等。

（四）文义性

文义性是指票据行为的内容，以票据上所记载的文义为准。

三、票据立法介绍

票据法是指调整票据关系和票据行为中的非票据的法律规范的总称。票据法是私法又是强行法，具有国际性。

（一）国外的票据立法简况

世界上目前存在着以德国票据法系为基础的日内瓦统一票据法系和英美票据法系。1988年12月联合国第43次大会通过了《联合国国际汇票和国际本票公约》，该公约必须经过至少10个国家送交批准文件或加入文件后才能生效。各国票据法的国际统一将是未来的发展方向。

（二）国内票据立法介绍

1995年5月10日，八届全国人大常委会第十三次会议通过了《中华人民共和国票据法》（以下简称《票据法》），自1996年1月1日起施行；2004年十届全国人民代表大会常务委员会第十一次会议通过了《关于修改〈中华人民共和国票据法〉的决定》。中国人

---

① 覃有土主编：《商法学》，高等教育出版社2004年版，第366页。

民银行是我国管理票据的专门部门。1997年8月21日中国人民银行受国务院委托制定了《票据管理实施办法》，自1997年10月1日施行。2000年2月24日最高人民法院通过了《关于审理票据纠纷案件若干问题的规定》，对票据纠纷案件的受理和管辖、票据保全、举证责任、票据权利及抗辩、失票救济、票据效力、票据背书、票据保证、法律适用、法律责任等作了详细的解释。

第二节　票据法律关系

一、票据上的法律关系

票据上的法律关系包括票据法律关系("票据关系")和与票据行为相关联的非票据关系。

（一）票据关系的概念

所谓票据关系，是指基于票据行为而产生的票据当事人之间的权利义务关系。在票据关系中，享有权利的人为债权人如持票人；承担义务之人为债务人，如背书人、承兑人等。

（二）票据关系的构成要件

1. 票据法律关系的主体

这是指票据法律关系的参加者，即在票据关系中一定权利的参与者和一定义务的承担者，即票据权利人和票据义务人。

票据权利人是指合法取得票据的持有人。这种合法取得包括原始取得和继受取得两种。原始取得是指签发票证的人，基于签发票据的行为而创设票据权利。原始取得的方式还包括善意第三人基于善意从无处分权人处取得票据而享受票据上权利的行为。继受取得是指持票人从有处分权人继受票据权利而成为票据权利所有者。继受取得一般通过背书转让或交付的方式而从有处分人手中取得；也可因为普通债权的转让、继承、公司合并或营业受让而取得权利成为权利主体。

票据义务人，又称票据债务人，是指有义务依票据文义记载事项付款的人。依义务人在债务中所处的位置顺序，又可以分为第一义务人和第二义务人。

2. 票据法律关系的客体

法律关系客体是指法系关系主体之间权利义务所指向的对象。在票据法律关系中其客体为应支付的金钱。

3. 票据法律关系的内容

具体的权利和义务构成法律关系的内容。票据法律关系的内容包括：持票人与汇票人之间的关系；持票人与本票人之间的关系；持票人与前手的追索法律关系；汇票持有人与参加承兑人或预备付款人之间的法律关系；汇票参加承兑人与被参加人及前手之间的法律关系等。

二、票据上的非法律关系

票据上的非法律关系也称为非票据关系或"票据行为基础关系"，是指事实上与票据行为有密切关系,而不是票据行为本身的法律关系。在法律上不被认为是票据行为。

这些关系包括:《票据法》规定的正当权利人对于因恶意或重大过失而取得票据者,行使票据返还请求权的关系;因时效届满或手续欠缺而丧失票据权利的执票人对发票人或承兑人行使利益返还请求权而发生的关系;付款人与票据持有人之间发生的基于付款后返还票据的关系等。

三、民事票据法律关系

这类非票据关系是基于民法的规定而产生的,称为民事票据法律关系,通常可分为"原因关系"、"预约关系"、"资金关系"。

票据原因关系是指票据法律关系当事人之间因为买卖、供贷、赠与、保证等原因接受票据所依据的法律关系。

票据预约关系是指票据当事人在接受票据之前,对于票据的发行和让与必先有合意,以此作为接受票据的依据。如出票人与受款人之间对于票据的金额、到期日、付款地等事项,一定要先有预约。票据预约的实现就是发生票据行为。票据预约是否被遵守,由民法规定;若不依约履行则构成民法上的债务不履行。票据行为成立则由《票据法》规定。

票据资金关系,是指汇票或支票付款人与出票人或其他资金义务人之间就付款和资金安排的关系。

第三节 汇 票

一、汇票概述

(一) 汇票的概念和特征

汇票是指出票人签发的,委托付款人在见票时或者在指定日期无条件支付确定的金额给收款人或者持票人的票据。

汇票是信用证券,付款在未来的日期进行;汇票也是委托证券,由出票人委托他人(付款人)付款。汇票对付款人的资格无限制。

(二) 汇票的种类

1. 银行汇票和商业汇票

银行汇票是指由银行签发的,为在本银行有金钱的收款人持往异地转账结算或支取货币的汇票。商业汇票是指由银行以外的其他主体签发的汇票。根据《票据法》和相关法规的规定,商业汇票的出票人限制在具有法人资格的工商业和事业单位内。商业汇票可分为银行承兑汇票和商业承兑汇票。

2. 即期汇票和远期汇票

即期汇票是见票即付的汇票。

远期汇票是指载明在一定期日或特定日期付款的汇票,又可分为定期汇票(定日汇票)、计期汇票和注期汇票。

3. 一般汇票和变式汇票

一般汇票是指分别以出票人、收款人和付款人为主体的汇票。

变式汇票是指一人同时兼具出票人、收款人、付款人这三个基本当事人中的两种或两种以上身份的汇票。变式汇票包括已受汇票（发票人以自己为收款人之汇票）；已付汇票（发票人以自己为付款人之汇票）；付受汇票（以付款人为收款人之汇票）；已受付汇票（发票人以自己为收款人兼付款人之汇票）。

二、汇票的出票

汇票的出票，又称汇票的发票、汇票的发行。《票据法》第20条规定："出票是指出票人签发票据并将其交付给收款人的票据行为。"出票包括制作票据和交付两个行为要件。制作票据是指按《票据法》的规定，在票据上记载法定内容，签名或盖章的行为；交付是指发票人依其本意将做成的票据实际交付他人占有的行为。此两种要件，缺一则出票行为不成立。

（一）出票的记载事项

如前所述，汇票为要式证券，出票则为要式行为。出票需要有符合法律规定的格式或条款来记载一定的事项。主要分为下述几种：

1. 绝对必要记载事项

根据《票据法》第22条的规定，汇票必须予以记载的事项包括表明其为"汇票"的字样、无条件支付的委托（即凭票支付）、确定的金额、付款人名称、收款人名称、出票日期、出票人签章等。

2. 相对必要记载事项

票据的相对必要记载事项，是指在出票时应当予以记载，但如果未作记载，《票据法》另外有补充规定，汇票并不因此而无效。《票据法》第23条规定："汇票上记载付款日期、付款地、出票地等事项的，应当清楚、明确。汇票上未记载付款日期的，为见票即付。汇票上未记载付款地的，付款人的营业场所、住所或者经常居住地为付款地。汇票上未记载出票地的，出票人的营业场所、住所或者经常居住地为出票地。"

3. 任意记载事项

任意记载事项是指当事人约定，自由选择是否记载的事项。一经记载即发生法律效力。《票据法》规定出票人在汇票上记载"不得转让"字样的，汇票不得转让。即是此类明证。

4. 不得记载之事项

发票人签发汇票后，即承担保证汇票承兑和付款的责任。若违反此规定，在汇票上记载"免除担保承兑和免除担保付款"，则该记载无效，但汇票继续有效。

（二）出票的效力

出票人依照《票据法》的规定完成出票行为后，即产生票据上的效力。

1. 对出票人的效力

出票人委托他人付款，一旦该行为成立，就必须保证该付款能得以实现。如果付款人不予付款，出票人就应该承担票据责任。《票据法》第26条规定："出票人签发汇票后，即承担保证该汇票承兑和付款的责任。"这表明，收款人在向付款人行使票据权利而得不到满足时，出票人必须就此承担票据责任，从法律上讲，该责任是一种担保责任，即担保汇票的承兑和付款。所谓担保责任，是指汇票的出票人，应按照汇票的文义负担保承兑及付款的责任。所谓担保承兑，是指出票人保证其签发的汇票能获得承兑，如果持票人在请求承兑时遭到拒绝，出票人必须向持票人负偿还责任。所谓担保付款，指汇票到期不获付款时，出票人应负偿还责任。汇票若记载有免除担保付款之义，此文义无效。

2. 对收款人的效力

收款人取得票据后，取得付款请求权。此请求权包括期待权和追索权。在收款人未参加承兑前，此请求权为一种承兑期待；持票人在汇票期日到达，经付款明示被拒绝付款，完成保全程序后，可以行使追索权。

3. 对付款人的效力

汇票之出票，为单方法律行为，无须出票人与收款人之间达成合意。

三、汇票的背书

（一）汇票背书的概念和性质

《票据法》第27条规定："背书是指在票据背面或者粘单上记载有关事项并签章的票据行为。"从法理上分析，背书包括以下五个要素：

（1）背书为附属之票据行为，在制作发票后成立。

（2）背书是以转让票据权利为首要目的的票据行为。转让票据权利是背书的首要目的；以委托取款或设定质权为目的的背书行为是背书的特殊行为。

（3）背书是持票人的票据行为。为背书行为的持票人称背书人，从背书人处接受汇票的人称被背书人。

（4）背书人应该在票据背面或粘单上签章，以此区别于出票人的出票行为和付款人的承兑行为。

（5）背书是要式法律行为，背书人在背书上签章，并记载票据权利转让的意思。

（二）背书的种类

1. 一般转让背书

一般转让背书是指持票人以转让汇票权利为目的而为的背书。具体包括记名背书、空白背书以及单纯交付三种。记名背书是指背书人记载被背书人的姓名或名称并签名的背书。我国《票据法》不承认空白背书。

2. 非转让背书

非转让背书是指持票人非以转让汇票权利为目的，而是以授予他人一定的汇票权利为目的的背书，即非转让背书是特殊意义上的背书。它主要包括委托取款背书和设质背书。

前者主要是指以委托他人代为取款为目的的背书,后者是以担保债务而在汇票上设定质权为目的。《票据法》第35条对此有所规定。

四、汇票的承兑

(一) 汇票承兑的概念

所谓承兑,是指汇票付款人承诺在汇票到期日支付汇票金额的票据行为。承兑是附属票据行为。票据承兑后,付款人即成为票据债务人,负付款义务。付款人不履行承兑义务的,持票人可行使追索权,而不问票据是否到期。拒绝承兑后,票据不得背书转让,背书转让的,背书人应负票据责任。

(二) 汇票承兑的程序

承兑包括承兑提示和承兑两个过程。

1. 承兑提示

承兑提示,是指汇票持票人于汇票到期日前,向付款人出示汇票,请求付款人承兑的行为。

《票据法》第39条规定:"定日付款或者出票后定期付款的汇票,持票人应当在汇票到期日前向付款人提示承兑。"第40条规定:"见票后定期付款的汇票,持票人应当自出票日起1个月内向付款人提示承兑。汇票未按照法定期限提示承兑的,持票人丧失对其前手的追索权。"

提示行为在性质上为非票据行为,而是保全票据权利的行为。

2. 承兑

承兑是指汇票付款人承诺在汇票到期日支付汇票金额的票据行为。《票据法》规定了"承兑"的相关记载事项:承兑汇票正面需记载"承兑"字样和承兑日期并签章;见票后定期付款的汇票,应当在承兑时记载付款日期。付款人承兑汇票,不得附有条件,否则视为拒绝承诺。

【案例7-1】

乙公司在与甲公司交易中获金额300万元的汇票1张,付款人为丙公司。乙公司请求承兑时,丙公司在汇票上签注:"承兑。甲公司款到后支付。"

请问:丙公司是否作出了承兑行为?

解析:根据《票据法》第43条的规定,付款人承兑汇票,不得附有条件;承兑附有条件的,视为拒绝承兑。因此,丙公司的行为实质上是拒绝承兑。

五、汇票的保证

汇票的保证,是指汇票债务人以外的第三人为担保特定汇票债务人履行债务,以负担与其同一内容的汇票债务为目的的一种附属票据行为。其法律特征如下:

(1) 汇票保证的当事人包括保证人、被保证人(汇票债务人)及持票人(汇票权利人)。

(2) 汇票保证的目的是担保汇票债务之履行。保证人同意保证，就表明同意以自己的财力来增强汇票的信用，当汇票债务不能履行时，保证人有代为履行的义务。

(3) 汇票保证是票据行为，保证是附属票据行为。汇票保证是单方法律行为，与民法上的契约保证行为不同。

(4) 汇票保证属无因行为。票据保证人基于何种原因为他人提供担保，也不论票据保证行为的实施有无原因，以及其原因是否成立，票据保证都不受影响。

(5) 如果票据不能为提示承兑或未能承兑，保证人就应承担责任。

六、汇票的付款

（一）付款的概念

所谓付款，是指汇票的付款人或付款人的委托代理人支付汇票金额，消灭汇票关系的行为。付款是票据行为的终点。

（二）付款行为

付款行为及其效力，是指付款人向按期提示的持票人支付货币的法律行为。付款人必须在持票人提示付款当日足额付款。付款时，还应审查汇票背书的连续性和提示付款人的身份证明。

（三）追索权的行使

持票人应当自收到被拒绝承兑或者被拒绝付款的有关证明之日起 3 日内，将被拒绝事由通知其前手；其前手应当自收到通知之日起 3 日内书面通知其再前手。或其前手在规定期限内将通知按法定地址或约定的地址邮寄的，视为已发出通知。拒绝事由的通知必须采取书面形式。因限期通知给其前手或出票人造成损失的，由没有按照规定期限通知的汇票当事人，承担以汇票金额为限的责任赔偿。

（四）再追索权的行使

被追索人清偿债务后，与持票人享有同一权利，可以向其他汇票债务人行使再追索权，请求支付已清偿的全部金额等费用。

【案例 7-2】

甲公司在与乙公司交易中获得由乙公司签发的面额为 50 万元的汇票 1 张，付款人为丙银行。甲公司向丁购买了一批货物，将汇票背书转让给丁，以支付货款，并记载"不得转让"字样。后丁又将此汇票背书给戊。

请问：如戊在向丙银行提示承兑时遭拒绝，戊可向谁行使追索权？

解析：《票据法》第 61 条第 1 款规定："汇票到期被拒绝付款的，持票人可以对背书人、出票人以及汇票的其他债务人行使追索权。"本案中，乙公司是出票人，丁是背书人，戊在被拒绝付款后，可以向乙公司与丁行使追索权。

《票据法》第 34 条规定："背书人在汇票上记载'不得转让'字样，其后手再背书转让的，原背书人对后手的被背书人不承担保证责任。"本题中，甲公司是在背书时记载了"不得转让"字样的背书人，根据法律的规定，甲对其后手丁的被背书人戊不承担保证责任。因此，戊不能向甲公司行使追索权。

另外，丙银行是付款人，在戊提示付款时丙银行已经拒绝了戊的付款请求，不是票据债务人，不属于被追索人员的范围。

第四节 本票和支票

一、本票

（一）本票的概念与特征

1. 本票的概念

本票是由出票人签发的，承诺自己在见票时无条件支付确定的金额给收款人或者持票人的票据。

2. 本票的特征

（1）与其他票据共同的特征。本票是票据的一种，具有一切票据所共有的性质。即本票是完全有价证券、设权证券、无因证券、文义证券、金钱债权证券、流通证券、要式证券等。

（2）本票是由出票人自己对收款人支付并承担绝对的付款责任的票据。这是本票区别于汇票、支票的根本所在。在汇票和支票中，原则上存在三方基本当事人，即出票人、付款人和收款人，出票人一般自己不负付款责任，而是委托付款人支付票据金额。而在本票中只存在两方基本当事人，即出票人和收款人，出票人自己承担绝对的付款责任。由此，汇票和支票又称委付证券，本票称为自付证券。

（3）本票是出票人在到期日无条件支付票款的票据。本票的到期日不以见票即付为限，可以由出票人指定一定的付款日期，因此，本票与汇票一样，也是一种信用证券。①

（二）本票的种类

根据不同的标准可对本票作出如下分类：

1. 记名式、指示式和无记名式

这是以本票上记载权利人的方式为标准做的分类。《票据法》规定，本票必须记载收款人名称。因此，我国《票据法》规定的本票只有记名式本票一种，不承认指示式和无记名式本票。

2. 即期本票和远期本票

这是以本票上指定的到期日方式为标准划分的。我国《票据法》规定的银行本票属于见票即付本票。

3. 银行本票和商业本票

这是以本票的出票人为标准做的区分。银行签发的本票为银行本票，其他企业单位和事业单位签发的为商业本票。我国《票据法》只承认银行本票，不承认商业本票。

---

① 范健主编：《商法》，高等教育出版社2007年版，第424页。

(三) 本票的特殊规则

1. 本票的出票

本票的出票从形式上看，与汇票的出票一样，是指出票人作成票据，并将票据交付给收款人的基本票据行为。但从内容上看，本票的出票与汇票不同，汇票的出票是出票人委托付款人向收款人支付一定金额的票据行为，而本票的出票则是指出票人表示自己承担支付本票金额债务的票据行为。

2. 本票的出票的款式

本票出票的款式，是指出票人在出票时在本票上记载的事项。根据《票据法》的规定，本票的必要记载事项包括：（1）表明"本票"的字样；（2）无条件支付的承诺；（3）确定的金额；（4）收款人名称；（5）出票日期；（6）出票人签章。这些事项属于绝对必要记载事项，若未记载上述规定事项之一的则本票为无效。根据《票据法》第76条的规定，付款地和出票地是相对必要记载事项。

3. 本票出票的效力

本票出票的效力，是指出票人签发本票后承担的责任以及收款人因此享有的权利。

对出票人来说，出票人必须承担对本票持票人的责任，出票人的这种责任是一种无条件的责任，又是一种绝对的责任，出票人的付款义务不因持票人对其权利的行使或保全手续的欠缺而免除。

对于收款人来说，出票人签发本票后，收款人及以后的持票人就取得本票上的权利，包括付款请求权和追索权。由于本票无承兑制度，本票一经出票，主债务人就是确定的，因此收款人取得的付款请求权是一种现实的权利，这一点与汇票不同。汇票在经付款人承兑前，不存在主债务人，收款人享有的收款请求权仅仅是一种期待权，只有经付款人承兑后，该期待权才能转化成现实权。

二、支票

(一) 支票的概念和特征

1. 支票的概念

《票据法》第81条规定："支票是出票人签发的，委托办理支票存款业务的银行或者其他金融机构在见票时无条件支付确定的金额给收款人或者持票人的票据。"

2. 支票的特征

支票具有如下特征：

（1）与其他票据共同的特征。支票是票据的一种，具有一切票据所共有的性质。即支票是完全有价证券、设权证券、无因证券、文义证券、金钱债权证券、流通证券、要式证券等。

（2）付款人特征。支票的付款人限于经中国人民银行批准办理支票业务的银行或其他金融机构（如农村信用合作社），不能是其他自然人或法人。

（3）见票即付性。支票见票即付，不像汇票与本票那样有即期与远期之分，因此，汇票、本票是信用证券，而支票是支付证券，其功能主要在于代替现金进行支付。

（4）支票的无因性受到限制。《票据法》第87条规定："支票的出票人所签发的支票金额不得超过其付款时在付款人处实有的存款金额。"

(二) 支票的种类

根据不同的标准对支票作出如下分类：

1. 记名式、指示式和无记名式

这是以支票上记载权利的方式为标准作的分类。我国承认无记名支票。

2. 现金支票和转账支票

这是以支票的付款方式为标准作的分类。现金支票只能支取现金，不能用于转账；转账支票只能用于转账，不得支取现金。

3. 一般支票和变式支票

这是以当事人是否兼任为标准作的分类。变式支票又有对己支票（出票人以自己为付款人）、指己支票（出票人以自己为收款人）、受付支票（出票人以付款人为收款人）三种。我国《票据法》仅承认变式支票。

(三) 支票的特殊规则

1. 出票

从形式上看，支票的出票与汇票、本票一样，是指出票人做成票据，并将票据交付给收款人的票据行为；但从内容上看，支票的出票是指出票人委托银行与其他金融机构无条件向持票人支付一定金额的票据行为。

2. 出票的款式

根据《票据法》第84条的规定，支票必须记载如下事项：（1）表明"支票"的字样；（2）无条件支付的委托；（3）确定的金额；（4）付款人名称；（5）出票日期；（6）出票人签章。这些属于绝对必要记载事项，未记载其中任何一项的，支票无效。支票的付款地和出票地属于相对必要记载事项。

3. 支票出票的效力

支票出票的效力是指出票人签发支票后，出票人、付款人和收款人所承担的责任或享有的权利。

对支票出票人来说，一经签发支票，就应该承担支票付款的责任。即使支票因超过提示付款期限等原因而未获付款，出票人仍应对持票人承担票据责任。

对付款人来说，出票人签发支票的行为对自己没有强制性效力，付款人并不因出票行为而负有付款义务。支票出票人的出票行为是出票人单方面的委托付款人付款的行为，付款人因此而获得的是一项付款的权限，至于付款人是否接受出票人的委托向持票人付款，完全由付款人自己决定。

对收款人来说，出票人一经签发支票，便取得向付款人请求付款的权利。由于支票属于委付证券，出票行为是单方面法律行为，因此持票人无法确切知道付款人是否会付款。所以，收款人因出票行为享有的权利是一种期待权。

4. 支票的付款

支票的付款是指付款人根据持票人的请求向其支付支票金额，以消灭支票关系的行为。持票人在请求付款时，必须有付款提示。《票据法》第91条规定："支票的持票人应当自出票日起10日内提示付款；异地使用的支票，其提示付款的期限由中国人民银行另行规定。超过提示付款期限的,付款人可以不予付款;付款人不予付款的,出票人仍应当对持票人承担票据责任。"

【思考题】

1. 什么是票据?票据的特征有哪些?
2. 什么是票据关系?它与民事票据法律关系有什么不同?
3. 银行汇票和商业汇票有什么不同?
4. 汇票、支票、本票三者有什么区别?
5. 出票的效力是什么?
6. 票据的绝对必要记载事项有哪些?
7. 追索权行使的规则是什么?
8. 票据保证和民法上的保证有何不同?
9. A电器公司于1997年3月1日向B银行借贷人民币本息共100万元,约定还款日期为1998年3月1日,因种种原因而逾期未归还。1998年3月10日,A电器公司向B银行提示了一张银行承兑汇票副本,该汇票的出票人为C进出口公司,付款人和承兑人均为B银行,收款人为D公司,被背书人为A电器公司,到期日为同年3月9日,金额为100万元。A电器公司以持票人身份尝试请求B银行将票款兑付后划入H公司账户,归还该公司贷款,至于欠B银行的贷款则推迟几天再归还。B银行对A电器公司称:"本行应凭票支付贵公司100万元,而贵公司亦欠本行100万元贷款未还,故本行不仅不必另行支付该汇票票款给贵公司,而且在结算后有权要求贵公司交出汇票的正本。"A电器公司见状便赶忙收回票据副本,转而向C进出口公司索要票款,未果。于是,3月29日,A电器公司干脆直接将汇票背书转让给H公司了事。

请问:

(1) B银行的主张能否成立?
(2) C进出口公司是否应当向A电器公司支付票款?为什么?
(3) A电器公司背书是什么性质的背书?H公司是否享有票据权利?

第八章 保险法

【重难点提示】 保险法的基本原则；保险合同的分类；投保人及保险人在保险合同的履行中应承担的义务；人身保险合同中的宽限期条款、复效条款、不可争条款、年龄误告条款、自杀条款；财产保险合同中的重复保险、保险代位。

第一节 保险法概述

一、保险法的定义和内容

《中华人民共和国保险法》（以下简称《保险法》）第2条规定："本法所称保险，是指投保人根据合同约定，向保险人支付保险费，保险人对于合同约定的可能发生的事故因其发生所造成的财产损失承担赔偿保险金责任，或者当被保险人死亡、伤残、疾病或者达到合同约定的年龄、期限等条件时承担给付保险金责任的商业保险行为。"可见，我国《保险法》上所说的保险，仅指商业保险。本书以下论及保险，除特别指出之外，亦仅指狭义保险即商业保险。

保险法是指以保险关系为调整对象的法律。保险法有广狭二义。广义保险法是指调整保险关系的一切法律规范的总称，它既包括属于民商法范畴的保险合同法和保险特别法，也包括属于行政法范畴的保险业法和社会保险法。狭义保险法一般专指保险合同法。在学理上，学者们将保险业法、社会保险法称为保险公法，而将保险合同法及保险特别法称为保险私法。因此，广义保险法既包括保险私法，亦包括保险公法；狭义保险法仅指保险私法，而且一般仅指保险私法中的主要部分，即保险合同法。应该说，我国现行的保险法，既有保险私法，亦有保险公法。作为法典化的《保险法》是公法与私法的结合体，但它又不是传统意义上的广义保险法，因为其中并不包括属于公法范畴的社会保险法，也没有包括属于私法范畴的海上保险合同制度。

二、保险法的基本原则

（一）保险利益原则

保险利益原则是保险法的基本原则之首。无保险利益者则无保险可言。

1. 保险利益的意义及其构成要件

《保险法》第12条规定："保险利益是指投保人或者被保险人对保险标的具有的法律上承认的利益。"因此，保险利益从本质上说，是某种经济利益。这种经济利益既可以是现有的，也可以是可期待的；可以是一定的财产或与财产相连的利益，也可以是因保险事故的发生而丧失的权利或法律上的赔偿责任。

一般认为,保险利益的构成,应当符合以下条件:(1)保险利益必须是为法律所认可的利益。(2)保险利益必须是经济上的利益。(3)保险利益必须是确定的利益。

2. 保险利益的种类

无论是财产保险还是人身保险,都不可无保险利益。但是,保险利益原则对这两类保险的适用是有所不同的。

(1)财产保险的保险利益。《保险法》第12条第4款规定:"财产保险是以财产及其有关利益为保险标的的保险。"根据这一规定,财产保险的保险利益来源于各种有形的财产和无形的权益。

(2)人身保险的保险利益。在人身保险中,原则上衡量投保人是否具有保险利益依然是以其是否具有法律所认可的经济上的利害关系,并且这种保险利益也应当以投保人实际可能丧失的利益为限。但是,对人身保险关系中利益价值的判断,要比财产关系复杂得多。在这个问题上,《保险法》第31条规定:"投保人对下列人员具有保险利益:①本人;②配偶、子女、父母;③前项以外与投保人有抚养、赡养或者扶养关系的家庭其他成员、近亲属;④与投保人有劳动关系的劳动者。除前款规定外,被保险人同意投保人为其订立合同的,视为投保人对被保险人具有保险利益。"

3. 保险利益存在的时间

《保险法》第12条第2款规定:"财产保险的被保险人在保险事故发生时,对保险标的应当具有保险利益。"第48条规定:"保险事故发生时,被保险人对保险标的不具有保险利益的,不得向保险人请求赔偿保险金。"由此可见,在财产保险中,投保人在投保时,不要求具有保险利益。但发生保险事故时,被保险人必须对保险标的具有保险利益,否则,无权向保险人索赔。

人身保险的保险利益的存在时间,与财产保险的保险利益的存在时间有所不同。《保险法》第12条第1款规定:"人身保险的投保人在保险合同订立时,对被保险人应当具有保险利益。"第31条第3款规定:"订立合同时,投保人对被保险人不具有保险利益的,合同无效。"可见,在人身保险中,保险利益必须于保险合同订立时存在,至于在保险事故发生时是否有保险利益存在,则无关紧要。

(二)最大诚信原则

凡民事活动都应遵循诚信原则。诚实信用,是指任何一方当事人对他方不得隐瞒欺诈,都必须善意地、全面地履行自己的义务。鉴于保险关系的特殊性,法律对其诚实信用程度的要求远远高于其他民事活动。因为保险合同是射幸合同,保险危险是不确定的,保险人主要是依据投保人对保险标的告知和保证来决定是否承保和保险费的多少。如果投保人欺诈或隐瞒,就有可能导致保险人判断失误和上当受骗。所以,保险合同又被称为最大的诚信合同。最大诚信原则也就被确立为保险法的又一项基本原则。在保险活动中,投保人遵守最大诚信原则主要体现在如实告知和履行保证上;保险人遵守该项原则则主要体现在弃权与禁止抗辩上。

(三)损失补偿原则

损失补偿原则是由保险的经济补偿性质和职能所决定的,最直接地体现了保险的经济补偿职能,因而是保险法几项基本原则中的基础,保险法的许多原则和制度如代位追偿、委付、重复保险的分摊等,都是由它派生出来的。损失补偿原则可归纳为以下两点:第一,被保险人只有遭到约定的保险危险所造成的损失,才能得到补偿。在保险期限内,即便发生了保险事故,但如果被保险人有险无损,并没有造成损失,或者造成损失的并不是约定的危险事故所致,就无权要求保险人赔偿。第二,补偿的量应该是等于实际损失的量。也就是说,保险人的补偿恰好能使保险标的恢复到保险事故发生之前的状况。被保险人不应获得多于损失的赔偿,保险人也不应少赔。

(四)近因原则

在保险实务中,各国用以判定较为复杂的因果关系即一果多因的案件时,通常采用近因原则。所谓近因,并非指时间上最接近损失的原因即后发生的原因(最近的原因),而是指有支配力或一直有效的原因。在我国,没有采用"近因"这一概念,而是以"导致损失的重要原因"或"主要原因"作为判断一果多因责任的依据。但是,有关近因原则的精神还是可以参考的。在处理一些保险纠纷案时,实际上也适用了近因原则。

【案例 8-1】

2010 年 10 月 30 日,甲公司在征得职工同意后为本单位 6 名女职工投保了妇科癌症普查保险,保险期间为 5 年,保险金额为每人 1 万元。在投保时,甲公司全额支付了保险费。2012 年 6 月,员工陈某因公被调离原单位。2013 年 1 月,陈某被诊断出患有癌症。陈某向保险公司提出了给付保险金的申请,但保险公司以陈某调离后与原单位已经不再具有利益关系,保险合同失效为由,拒绝支付保险金。

请问:保险公司是否应向陈某给付保险金?

解析:保险公司应向陈某给付保险金。《保险法》第 12 条规定:"人身保险的投保人在保险合同订立时,对被保险人应当具有保险利益。"因此,只要在订立时投保人对被保险人具有保险利益,保险合同即为有效,不要求发生保险事故时有保险利益。

第二节 保险合同总则

一、保险合同的概念及特征

(一)保险合同的概念

保险合同是投保人与保险人约定保险权利义务关系的协议。依据保险合同,投保人应向保险人支付约定的保险费,保险人则应在约定的保险事故发生或在约定人身保险事件出现或期限届满时,履行赔付保险金的义务。从性质而言,保险合同并不能直接促使物权发生、变更或消灭。因此保险合同为债权合同之一种,而非物权合同。[①]

[①] 刘宗荣:《保险法》,台湾三民书局 1995 年版,第 32 页。

(二) 保险合同的特征

1. 有偿性

合同当事人一方享有合同约定的权益，须向对方当事人偿付相应代价的合同，为有偿合同；反之，则为无偿合同。保险合同为有偿合同。因为，一方面，投保人订立保险合同转移风险，要求保险人承担保险责任，应当按照约定向保险人支付保险费，保险费为保险人承担保险责任的代价；另一方面，保险人向投保人收取保险费，相对应地承担保险责任。可见，保险人和投保人依保险合同享受权利或权益，均不是无偿的，所以保险合同为有偿合同。

2. 射幸性

保险合同的目的是使保险人在特定的不可预料或不可抗力事故发生时，对被保险人履行赔偿或给付的义务。因此，保险合同属射幸合同。但保险合同与同样属于射幸合同的赌博行为不同，前者是以保险利益为标的，在保险利益受侵害时，由保险人补偿（或赔偿），主要是补偿被保险人的损害，而不增加被保险人的利益，故两者不能混为一谈。此外，保险合同这种射幸性质只是就单个保险合同而言的，如就全部承保的保险合同总体来看，总保险费收入与总赔偿金额的关系是经过科学测算的，两者大体应相互平衡，在这方面不存在偶然性，即不存在射幸性。

3. 附合性

根据订立合同中双方地位来划分，合同可分为附合合同和议商合同。附合合同是指一方受到严格的限制，而另一方不受限制或受限制较少的合同。与之相对应的是议商合同，即在订立合同时双方平等协商而建立的合同。保险合同为附合定式契约，主要因为，保险行为由于其技术性、行业垄断性，使得保险合同的内容，多由保险业先行确定，而一般的投保人只能依保险业者所确定的条款订立合同。故投保人只有是否订立合同的自由，而无对其内容进行实质性磋商的自由。为了消除此种不平等交易的缺陷，我国《保险法》对因保险合同的附合性所带来的弊端作出了各种规制。

4. 不要式性

合同依其成立是否以履行法定方式为标准分为要式合同与不要式合同。《保险法》第13条规定："投保人提出保险要求，经保险人同意承保，保险合同成立。保险人应当及时向投保人签发保险单或者其他保险凭证。"可见，保险合同为不要式合同。投保人和保险人意思表示一致时保险合同即成立，签发保险单或者其他保险凭证是保险人在合同成立后应该履行的义务。

二、保险合同的分类

（一）财产保险合同与人身保险合同

财产保险合同与人身保险合同是以保险标的性质为标准所进行的分类。保险标的是指作为保险对象的财产及其有关利益或者人的寿命和身体。[①] 概言之，保险标的，包括经济生活客体和主体，即财产和人身。因此，根据保险标的不同进行分类，可把保险分为财产

---

① 参见《中华人民共和国保险法》第12条第3款、第4款。

保险、人身保险及无形利益保险三类。由于各种无形权利及责任无不与财产、人身具有直接或间接的联系，所以，根据此种分类标准，一般仅分为财产保险和人身保险两大类。该种分类对各国保险及其合同的法律分类影响甚广。我国《保险法》第二章保险合同就分为"财产保险合同"与"人身保险合同"。

（二）补偿性保险合同与定额性保险合同

补偿性保险合同与定额性保险合同，是以保险金之给付性质为标准所作的分类。补偿性保险合同，又称"评价保险合同"，是指在危险事故发生后，由保险人评定被保险人的实际损失从而支付保险金的一种合同。通常以财产保险合同居多。定额保险合同，即合同当事人双方事先协议一定数目的保险金额，至危险事故发生时，由保险人依照保险金额给付责任的一种合同。大多数的人身保险合同都属定额保险合同。

（三）定值保险合同与不定值保险合同

定值保险合同与不定值保险合同，是以保险价值之估计为标准所进行的分类。因人身保险并无保险价值问题，故此分类仅适合于财产保险。定值保险合同，是指当事人双方事先确定保险标的价值并载明于保单中的一种保险合同。定值保险大多适用于保险价值不易确定的保险标的，如古玩、书画、矿物标本等。

不定值保险合同，即被保险财产的价值不先确定，合同中则载明"须至危险事故发生后，再行估计其价值而确定其损失"。这种保险合同，仅记载保险金额，而将保险标的的实际价值留待危险发生之际需要确定保险赔偿的限度时才去估算。由于保险标的在这种保险合同中所载的实际价值可能变动，因此，理赔价值也是不固定的。与定值保险合同中确定赔偿金额的方法不同，不定值保险合同是根据保险标的在保险事故发生时的实际价值估定其损失额的。换言之，在不定值保险合同中，保险标的的实际价值应当以保险事故发生时当时当地保险标的的市场价格为准。

三、保险合同的主体

（一）保险人

保险人，又称承保人，是指与投保人订立保险合同，并按照合同约定承担赔偿或者给付保险金责任的保险公司。根据《保险法》的有关规定，保险人的主要特征有：（1）保险人是依法设立的保险公司。《保险法》第6条规定："保险业务由依照本法设立的保险公司以及法律、行政法规规定的其他保险组织经营，其他单位和个人不得经营保险业务。"（2）保险人是经营保险业的保险公司。依法设立的保险公司只能经营保险业务，不得经营保险业以外的任何业务。（3）保险人是保险合同的一方当事人，依照各保险合同的约定来承担保险责任。

（二）投保人

投保人，又称要保人，是指与保险人订立保险合同，并按照合同约定负有支付保险费义务的人。投保人不论是为自己的利益订立的合同，还是为他人利益订立的合同，都必须承担交纳保险费的义务。在任何情况下，只要保险合同依法成立，且保险期限未届满，投保人就不能免除其承担的交纳保险费的义务。无论自然人或法人均可以成为投保人。当投保人是法人时，其民事行为能力以其设立时取得的法律资格来确定。

（三）被保险人

被保险人是指其财产或者人身受保险合同保障，享有保险金请求权的人。保险合同所保障的对象为被保险人的财产或者人身，因为保险事故必须发生在被保险人的财产或人身之上。

（四）受益人

受益人是指人身保险合同中由被保险人或者投保人指定的享有保险金请求权的人。受益人资格一般没有限制，自然人、法人均可为受益人。凡有权利能力的公民，虽不具有行为能力也可以作为受益人，同时也不要求受益人与被保险人或投保人必须存在保险利益关系。即使是胎儿，也可作为受益人，但须以活着出生为限。依我国《保险法》的规定，受益人仅适用于人身保险合同。

四、保险合同的形式、内容及其解释

保险合同的形式，是指保险当事人双方合意的表现形式，是保险合同内容的外部表现，即保险合同内容的载体。关于保险合同的形式，《保险法》第13条规定："投保人提出保险要求，经保险人同意承保，保险合同成立。保险人应当及时向投保人签发保险单或者其他保险凭证。保险单或者其他保险凭证应当载明当事人双方约定的合同内容。当事人也可以约定采用其他书面形式载明合同内容。"该规定表明，保险合同一般以保险单证为载体。实务中，保险单证主要有投保单、暂保单、保险单。

保险合同的内容，即指保险合同上所约定的保险条款。保险条款可分为基本条款和特约条款两部分。基本条款是依照《保险法》的规定必须记载的事项。根据《保险法》第18条第1款的规定，保险合同的基本条款包括下列一些事项：（1）保险人的名称和住所；（2）投保人、被保险人的姓名或者名称、住所，以及人身保险的受益人的姓名或者名称、住所；（3）保险标的；（4）保险责任和责任免除；（5）保险期间和保险责任开始时间；（6）保险金额；（7）保险费以及支付办法；（8）保险金赔偿或者给付办法；（9）违约责任和争议处理；（10）订立合同的年、月、日。

所谓特约条款，是指保险合同的当事人在保险合同保单条款之外，另行约定，担保履行特种义务的条款。《保险法》第18条第2款规定："投保人和保险人可以约定与保险有关的其他事项。""约定与保险有关的其他事项"，即特约条款。凡对于过去、现在或未来的事项，无论其本质上是否重要，一经特约，即成为保险合同的一部分，有绝对的效力，当事人不得违背。

保险条款的解释，是对保险合同条款的理解和说明。当保险合同为格式合同时，保险条款是保险人事先印就的，保险人在拟定保险条款时难免会更多地考虑自身利益。而被保险人由于缺乏专门知识和受时间限制，往往不可能对保险条款作细致的研究，因此，为了避免保险人拟定的保险条款规定模棱两可，损害被保险人的利益，当遇到保险合同条文含义不清时，应作不利于保险人而有利于被保险人或受益人的解释。这一解释方法已为我国《保险法》第30条确定："采用保险人提供的格式条款订立的保险合同，保险人与投保人、被保险人或者受益人对合同条款有争议的，应当按照通常理解予以解释。对合同条款有两种以上解释的，人民法院或者仲裁机构应当作出有利于被保险人和受益人的解释。"

五、保险合同的履行

（一）投保人（被保险人）的义务

1. 保险费的交付义务

保险费是保险人承担保险责任的对价。《保险法》第 14 条规定，保险合同成立后，投保人按照约定交付保险费。因此，交付保险费是投保人的契约义务，投保人应当按照合同约定的方式、数额、时间及地点等向保险人交纳保险费。

《保险法》第 35 条规定："投保人可以按照合同约定向保险人一次支付全部保险费或者分期支付保险费。"所谓一次交付，也称为趸交，就是一次付清全部保险费。所谓分期支付，就是将保险合同的期间划分成几个交费期间，每一个期间交付一定的金额。关于保险费交付的期限，如果合同中有特别约定的，依其约定；合同未作特别约定的，投保人应当在保险合同成立时向保险人交付保险费。

2. 告知义务

在保险合同订立时，投保人或被保险人应当将保险标的的有关重要事项如实告知保险人。《保险法》第 16 条确立了告知义务制度："订立保险合同，保险人就保险标的或者被保险人的有关情况提出询问的，投保人应当如实告知。投保人故意或者因重大过失未履行前款规定的如实告知义务，足以影响保险人决定是否同意承保或者提高保险费率的，保险人有权解除合同。前款规定的合同解除权，自保险人知道有解除事由之日起，超过 30 日不行使而消灭。自合同成立之日起超过 2 年的，保险人不得解除合同；发生保险事故的，保险人应当承担赔偿或者给付保险金的责任。投保人故意不履行如实告知义务的，保险人对于合同解除前发生的保险事故，不承担赔偿或者给付保险金的责任，并不退还保险费。投保人因重大过失未履行如实告知义务，对保险事故的发生有严重影响的，保险人对于合同解除前发生的保险事故，不承担赔偿或者给付保险金的责任，但应当退还保险费。保险人在合同订立时已经知道投保人未如实告知的情况的，保险人不得解除合同；发生保险事故的，保险人应当承担赔偿或者给付保险金的责任。"

3. 防灾减损的义务

所谓防灾减损，即指维护保险标的安全，避免灾害的发生或减低损失程度。《保险法》第 51 条规定："被保险人应当遵守国家有关消防、安全、生产操作、劳动保护等方面的规定，维护保险标的的安全。保险人可以按照合同约定对保险标的的安全状况进行检查，及时向投保人、被保险人提出消除不安全因素和隐患的书面建议。投保人、被保险人未按照约定履行其对保险标的的安全应尽责任的，保险人有权要求增加保险费或者解除合同。保险人为维护保险标的的安全，经被保险人同意，可以采取安全预防措施。"

4. 危险增加的通知义务

所谓危险的增加，是指保险合同当事人订立合同时未曾预料到，但在保险期限内有关保险标的危险因素或危险程度的增加。危险增加的通知义务，是指在保险合同有效期限内，保险标的面临危险增加的，被保险人依据合同应当履行的将危险增加的情况通知保险人的义务。《保险法》第 52 条规定："在合同有效期内，保险标的的危险程度显著增加的，被保险人应当按照合同约定及时通知保险人，保险人可以按照合同约定增加保险费或者解除合同。保险人解除合同的,应当将已收取的保险费,按照合同约定扣除自保险责任开始之日起至合同解除之日止应收的部分后,退还投保人。被保险人未履行前款规定的通知义务的,因保险标的的危险程度显著增加而发生的保险事故,保险人不承担赔偿保险金的责任。"

5. 保险事故发生的通知义务

所谓保险事故,是指保险合同约定的保险责任范围内的事故。保险事故发生时的通知义务,也称出险的通知义务,是指在保险合同有效期限内,合同约定的保险事故发生后,投保人、被保险人或受益人应当将此情形及时通知保险人的义务。《保险法》第21条规定:"投保人、被保险人或者受益人知道保险事故发生后,应当及时通知保险人。故意或者因重大过失未及时通知,致使保险事故的性质、原因、损失程度等难以确定的,保险人对无法确定的部分,不承担赔偿或者给付保险金的责任,但保险人通过其他途径已经及时知道或者应当及时知道保险事故发生的除外。"

6. 保险事故发生时的施救义务

所谓施救义务,是指保险合同约定的保险事故发生时,投保人、被保险人除及时通知保险人外,还应当采取积极合理的措施,抢救出遇险的财产,以避免或减少损失的义务。《保险法》第57条明确规定:"保险事故发生时,被保险人应当尽力采取必要的措施,防止或者减少损失。保险事故发生后,被保险人为防止或者减少保险标的的损失所支付的必要的、合理的费用,由保险人承担;保险人所承担的费用数额在保险标的损失赔偿金额以外另行计算,最高不超过保险金额的数额。"

(二) 保险人义务的履行

1. 危险承担义务

危险承担义务,亦即保险人的保险责任。我国《保险法》第14条规定:"保险合同成立后,投保人按照约定交付保险费,保险人按照约定的时间开始承担保险责任。"承担危险之义务是保险人收受保险费的对价,属契约义务。

当保险合同约定的赔偿或给付保险金的条件成就时,保险人承担的保险责任即由存在而转化为实际履行。

保险人应当赔偿或给付保险金的数额一经确定,并与请求权人达成一致的协议,就应当依据下列期限支付:(1) 合同约定的期限。保险合同中明确约定有保险金支付期限的,保险人应当在合同约定的期限内,赔偿或给付保险金。(2) 法定的期限。如果保险合同中没有约定保险金支付期限,保险人应当依据法律规定的期限支付。根据《保险法》第23条的规定,在保险人与被保险人或受益人达成有关赔偿或给付保险金额的协议后10日内,履行赔偿或给付保险金义务。

2. 订约说明义务

《保险法》第17条规定:"订立保险合同,采用保险人提供的格式条款的,保险人向投保人提供的投保单应当附格式条款,保险人应当向投保人说明合同的内容。对保险合同中免除保险人责任的条款,保险人在订立合同时应当在投保单、保险单或者其他保险凭证上作出足以引起投保人注意的提示,并对该条款的内容以书面或者口头形式向投保人作出明确说明;未作提示或者明确说明的,该条款不产生效力。"上述规定,在学理上称为保险人的订约说明义务。

3. 承担必要合理费用的义务

保险人除了承担基本义务以外，在某些情况下还要承担支付必要合理费用的义务。

（1）施救费用。施救费用是在保险标的出险时，被保险人为防止损失或减少损失而支付的抢救、保护、整理保险标的的必要的、合理的费用。我国《保险法》第 57 条第 2 款规定："保险事故发生后，被保险人为防止或者减少保险标的的损失所支付的必要的、合理的费用，由保险人承担；保险人所承担的费用数额在保险标的损失赔偿金额以外另行计算，最高不超过保险金额的数额。"

（2）查勘费用。查明和确定保险事故的性质、原因和保险标的损失程度在保险中称为审核责任。审核责任是理赔程序中的一个非常重要的环节，也是保险人履行合同义务的一个必经程序。在保险实践中，审核工作一般由保险人与被保险人直接协商进行。如果保险人与被保险人对审核的内容达不成一致意见，就会聘请有关的技术专家或公估机构的技术人员进行专业调查和评估。该项专业调查和评估，不论是应保险人的请求而进行的，还是应被保险人的请求而进行的，为此而支出的费用，均应由保险人承担。我国《保险法》第 64 条规定："保险人、被保险人为查明和确定保险事故的性质、原因和保险标的的损失程度所支付的必要的、合理的费用，由保险人承担。"

（3）仲裁或者诉讼费用。在责任保险中，责任保险的被保险人因给第三人造成损害的保险事故而被提起仲裁或者诉讼的，除合同另有约定外，由被保险人支付的仲裁或者诉讼费用以及其他必要的、合理的费用，由保险人承担。

【案例 8-2】

2010 年 5 月，秦某的丈夫吴某左大腿下段疼痛，被送入医院治疗。当年 6 月，医院出具两份病理检测报告，显示吴某的左股骨下段为恶性纤维组织细胞瘤（俗称骨癌）。一个多月后，秦某找到福州一家保险公司，为丈夫投了份人寿保险，保险金额为 10 万元，保险期限为 20 年，受益人为秦某本人。当时保险业务员问秦某，她丈夫有没有"患肝癌肺癌等重大疾病"，秦某说没有。双方在合同中约定，如果吴某因意外伤害或主险合同生效之日起 1 年后因病身故，保险公司赔给秦某 10 万元。2012 年 9 月 2 日，吴某因病身故。10 天后，秦某向保险公司提出理赔。[①]

请问：保险公司是否应该向秦某给付保险金？

解析：根据《保险法》有关规定，投保人隐瞒事实，未履行告知义务，且足以影响到保险人是否同意承担或提高保险费率的，保险人有权解除保险合同。对于合同解除前发生的保险事故，保险公司不承担给付保险金的责任。在本案中，秦某故意隐瞒事实，不履行如实告知的义务，因此无法得到保险金。

---

① 参见《隐瞒丈夫骨癌病情急买保险》，载中保网：http://www.sinoins.com/101181/45692.html，2010 年 5 月 24 日访问。

第三节 人身保险合同

一、人身保险合同的概念和特征

人身保险合同是以人的寿命和身体为保险标的的保险合同。与财产保险合同相比,人身保险合同具有以下特殊性:(1)保险标的的不可估价性;(2)保险金额的定额性;(3)保险金义务履行的给付性;(4)保险期限的长期性;(5)保险责任准备金的储蓄性。

二、人身保险合同的法律分类

传统的人身保险,仅以人寿保险为限。现代意义上的人身保险,则几乎涵盖了人的生、老、病、伤、残、死等各种风险,主要有人寿保险、伤害保险和健康保险三大类。尽管如此,人身保险在各国法律上所涵盖的范围不尽相同。

我国《保险法》将人身保险合同分为以下三类:

1. 人寿保险合同

人寿保险合同,又称为生命保险合同,是指以被保险人的寿命为保险标的、以其生存或者死亡为保险事故而成立的保险合同。人寿保险是最早的人身保险,有死亡保险、生存保险、生死两全保险、简易人身保险、年金保险等具体形式。依照人寿保险合同,投保人按照约定向保险人支付保险费,在被保险人死亡或者生存到保险期间届满时,保险人按照约定向被保险人或受益人给付保险金。

2. 意外伤害保险合同

意外伤害保险合同是以被保险人的身体为保险标的、以其受到意外伤亡为保险事故而成立的保险合同。意外伤害保险承保被保险人因为意外事件发生的伤残、死亡风险,与人寿保险的死亡保险有重合,故人寿保险时常附加承保意外伤害。依照意外伤害保险合同,投保人按照约定向保险人支付保险费,在被保险人因意外事故致伤或者致残或者死亡时,保险人按照约定向被保险人或者受益人给付保险金。

3. 健康保险合同

健康保险合同又称为疾病保险合同,是以被保险人的身体健康为标的,以其患病、分娩和因疾病、分娩致残或致亡为保险事故而成立的保险合同。但是,应当注意的是,健康保险和其他人身保险相比,相当程度上具有财产保险损害填补的性质。依照健康保险合同,投保人按照约定向保险人支付保险费,在被保险人患病、分娩或者因疾病、分娩致残或者死亡时,保险人按照约定向被保险人或者受益人给付保险金。

三、人身保险合同的受益人

(一)受益人的指定

受益人的资格,一般并无限制,但该受益人必须由被保险人或者投保人予以指定。《保险法》第39条规定:"人身保险的受益人由被保险人或者投保人指定。投保人指定受益人时须经被保险人同意。投保人为与其有劳动关系的劳动者投保人身保险,不得指定被保险人及其近亲属以外的人为受益人。被保险人为无民事行为能力人或者限制民事行为能力人的，可以由其监护人指定受益人。"被保险人作出同意的意思表示可以是明示或默示，也可以是被保险人事后追认的，投保人的指定方能有效。如果被保险人是无民事行为能力人或限制行为能力人时，可以由其监护人指定受益人。监护人指定受益人时，应从被监护人（被保险人）的利益出发进行指定。

（二）受益人的变更

《保险法》第41条规定："被保险人或者投保人可以变更受益人并书面通知保险人。保险人收到变更受益人的书面通知后，应当在保险单或者其他保险凭证上批注或者附贴批单。投保人变更受益人时须经被保险人同意。"根据这条规定，被保险人或者投保人均有权变更受益人。投保人变更受益人时，应当经过被保险人的同意，被保险人不同意的，其变更无效。当被保险人或投保人变更受益人时，应当以书面方式通知保险人，保险人在收到变更受益人的书面通知后，应当在保险单上加批注，注明变更后的受益人。此外，受益人的变更应当在保险事故发生之前。在受益人有数人的场合，被保险人或者投保人有权变更全部或一部分受益人。

（三）受益顺序和份额

《保险法》第40条第2款规定："受益人为数人的，被保险人或者投保人可以确定受益顺序和受益份额；未确定受益份额的，受益人按照相等份额享有受益权。"被保险人或投保人可以指定一人或者数人为受益人。当受益人为一人时，就不存在受益顺序和受益份额问题。但当受益人为多数人时，就产生受益顺序和受益份额问题。

受益顺序即各受益人在保险事故发生后获得保险金给付的先后顺序。受益顺序一般为：（1）原始受益人，即最初指定的受益人。（2）后继受益人，即保险单上注明的原始受益人死亡后由其受益的人。例如，保险单上被保险人指定其配偶为原始受益人，同时又指定其子女为后继受益人。在这种情况下，原始受益人先于被保险人先亡时，后继受益人才取得受益权。（3）法定受益人。未指定受益人或指定的受益人先于被保险人死亡，或者放弃、丧失受益权的，被保险人的法定继承人视为受益人。

《保险法》第42条规定："被保险人死亡后，有下列情形之一的，保险金作为被保险人的遗产，由保险人依照《中华人民共和国继承法》的规定履行给付保险金的义务：（1）没有指定受益人，或者受益人指定不明无法确定的；（2）受益人先于被保险人死亡，没有其他受益人的；（3）受益人依法丧失受益权或者放弃受益权，没有其他受益人的。受益人与被保险人在同一事件中死亡，且不能确定死亡先后顺序的，推定受益人死亡在先。"总之，在各种受益人中，原始受益人优于后继受益人，后继受益人优于法定受益人。对于同一顺序的多数受益人，被保险人或者投保人可以确定每人的受益份额，确定的受益份额可以相等，也可以不等。未确定受益份额的，受益人按照相等的份额享有受益权。

（四）受益权的撤销

受益权的撤销是指被保险人或投保人指定受益人后，如果发现该受益人有不轨行为（如企图谋害被保险人）时，将依法取消受益人的受益权利。《保险法》第43条第2款规定："受益人故意造成被保险人死亡、伤残、疾病的，或者故意杀害被保险人未遂的，该受益人丧失受益权。"受益权的丧失与受益人的变更是有原则区别的。受益人的变更，往往是投保人或被保险人与该指定的受益人的感情发生变化的缘故；而受益权的丧失，则是由于原指定的受益人有加害被保险人的行为或企图。因此，只要发现指定的受益人有谋害保险人的行为或企图，即使投保人或被保险人原来已声明放弃其处分权，仍然可以行使其撤销权。

四、人身保险合同的常见条款

（一）宽限期条款

所谓宽限期限，是指在人身保险合同中分期支付保险费的情形下，投保人在支付了首期保险费后，对到期没有交纳续期保险费的投保人给予一定时间的优惠，让其在宽限期内补交续期保险费。宽限期限也称优惠期限，在宽限期限内，保险合同继续有效；如果在此期限内发生保险事故，保险人仍要负给付保险金的责任，不过要从给付金额中相应扣除欠交保险费。《保险法》第36条规定："合同约定分期支付保险费，投保人支付首期保险费后，除合同另有约定外，投保人自保险人催告之日起超过30日未支付当期保险费，或者超过约定的期限60日未支付当期保险费的，合同效力中止，或者由保险人按照合同约定的条件减少保险金额。被保险人在前款规定期限内发生保险事故的，保险人应当按照合同约定给付保险金，但可以扣减欠交的保险费。"

（二）复效条款

复效条款是与宽限期条款相关联的又一常见条款。保险合同的复效，是指保险合同的效力中止以后重新恢复其效力。人身保险合同中投保人缴付首期保险费后，在宽限届满仍未续缴已到期保险费的，合同效力即告中止。但"中止"仅是契约的暂时停止效力，并不是"终止"。中止是暂时停止效力；而终止则是完全失效。投保人在合同效力中止后一定期限内和一定条件下仍然有权申请恢复契约的效力。我国《保险法》第37条第1款对此明文规定："合同效力依照本法第36条规定中止的，经保险人与投保人协商并达成协议，在投保人补交保险费后，合同效力恢复。"

复效须经投保人提出复效申请，并与保险人达成复效协议方可。为了防止逆选择，保险人对于申请复效，一般都规定了复效条件，主要包括：（1）申请复效的时间。人身保险合同申请复效的时间为2年，超过这个期限，就不能复效，保单终止，保险人应当向受益人支付保单上的现金价值或退还已缴保费。（2）申请复效应尽告知义务。与申请投保一样，申请复效仍要尽告知义务，提供可保性证明。（3）复效时，应补交停效期间的保险费及利息，但保险人不承担停效期间发生的保险责任。（4）复效时须还清保单上的一切借款，或重新办理借款手续。

（三）不可争条款

不可争条款又称为2年后不否定条款、不可抗辩条款。在被保险人生存期间，从保险合同生效之日起满一定时期后（通常为2年），保险人不得以投保人在订立合同时违反诚信原则，未如实履行告知义务为理由，而主张解除合同。

我国《保险法》第32条第1款关于"被保险人的年龄不符承保年龄限制"的规定属于不可争条款，该条规定："投保人申报的被保险人年龄不真实，并且其真实年龄不符合合同约定的年龄限制的，保险人可以解除合同，并按照合同约定退还保险单的现金价值。保险人行使合同解除权，适用本法第 16 条第 3 款、第 6 款的规定。"而按照第 16 条第 3 款、第 6 款的规定，该项合同解除权，自保险人知道有解除事由之日起，超过 30 日不行使而消灭。自合同成立之日起超过 2 年的，保险人不得解除合同；发生保险事故的，保险人应当承担赔偿或者给付保险金的责任。保险人在合同订立时已经知道投保人未如实告知的情况的，保险人不得解除合同；发生保险事故的，保险人应当承担赔偿或者给付保险金的责任。

（四）年龄误告条款

人身保险合同中，被保险人的年龄是一个"重要事项"，足以影响保险人决定是否同意或者提高保险费率。年龄误告条款是如何处理被保险人年龄申报错误的依据，它是指如果投保时，误报了被保险人的年龄，保险合同仍然有效，但应依据真实年龄予以更正的调整。但应注意的是如果投保人申报的被保险人年龄不真实，并且被保险人的真实年龄已不符合保险合同规定的年龄限制（如我国开办的简易人身保险最高承保年龄为 65 岁，而投保人投保时真实年龄为 66 岁），属于不可争条款，保险合同无效，退还已缴保险费。

被保险人年龄误报可能出现两种情况：一是申报年龄大于真实年龄，二是申报年龄小于真实年龄。可能导致的结果也有两种：一是实缴保费多于应缴保费，即溢缴保险费；二是实缴保费少于应缴保费。我国《保险法》第 32 条第 2、3 款对上述两种情况的调整方法分别进行了规定：

1. 溢缴保费时的调整

（1）在保险事故发生或期满生存给付保险金时，如果发现了误报年龄时一般应按真实年龄和实际已缴保费调整给付金额。调整公式为：

$$应付保险金 = 约定保险金额 \times \frac{实缴保险费}{应缴保险费}$$

公式中的实缴保险费是指投保人按错报年龄实际已缴纳的保险费，应缴保险费是按被保险人真实年龄计算应该缴纳的保险费。

（2）在保险合同有效期间，如果发现了被保险人的年龄误报，既可以按前式调整保险金额，也可以退还溢缴保险费，一般地，保险人都按第一种方式调整保险金额，只有在调整后的保险金额超过了保险合同规定的限度时，才运用退还溢缴保费方式进行调整。我国《保险法》规定，溢缴保险费时，应当退还多收的保险费。

2. 少缴保险费时的调整

（1）在合同有效期间，可要求投保人补交少交的保险费。

（2）在保险事故发生时，则只能按实交保费调整给付金额，调整公式如上。

（五）自杀条款

自杀条款是指人身保险之被保险人，在投保一定期间内自杀者，保险人不承担保险金之给付义务，仅退还保险单的现金价值；但法定期间经过后的自杀，保险人应承担保险责任。《保险法》第 44 条对自杀条款进行了明确规定："以被保险人死亡为给付保险金条件的合同，自合同成立或者合同效力恢复之日起 2 年内，被保险人自杀的，保险人不承担给付保险金的责任，但被保险人自杀时为无民事行为能力人的除外。"

第四节 财产保险合同

一、足额保险、不足额保险与超额保险

保险价值与保险金额均为用货币表现的金额量,按照二者之大小的不同,其关系之样态可分为:等于、大于和小于三种,并分别称之为足额保险、不足额保险与超额保险。

(一) 足额保险

足额保险,又称"等值保险",指保险金额之数额与保险价值之数额相等的保险。保险金额是指保险人承担赔偿或者给付保险金责任的最高限额。在足额保险合同中,关键是对保险标的价值的确定。而保险价值的确定方式不同,又可分为定值保险与不定值保险。因此,在定值保险与不定值保险中,足额保险的含义亦不相同。(1)在定值保险情形下,若保险金额与当事人约定之保险价值相等,即为足额保险。《保险法》第 55 条第 1 款规定:"投保人和保险人约定保险标的的保险价值并在合同中载明的,保险标的发生损失时,以约定的保险价值为赔偿计算标准。"其中,"约定保险价值"即指"定值保险"。(2)在不定值保险情形下,若当事人约定之保险金额与保险标的物在保险事故发生时的价值相等时,则为足额保险。《保险法》第 55 条第 2 款规定:"投保人和保险人未约定保险标的的保险价值的,保险标的发生损失时,以保险事故发生时保险标的的实际价值为赔偿计算标准。"这即为不定值保险的规定。

由于在定值保险与不定值保险中,足额保险之含义不同,那么保险事故发生时,保险人承担赔偿保险金责任的计算方式亦不相同:在定值保险中,则为保险人的保险金额等于保险价值;在不定值保险中,依下列公式计算:

$$实际损失 \times \frac{保险金额}{保险价值} = 赔偿金额(保险人应为之保险赔偿数额)$$

在上述公式中,由于为等值保险,即保险金额等于保险价值。因此,其结论是:保险人的保险赔偿数额等于实际损失。

(二) 不足额保险

不足额保险,又称"部分保险",是指保险金额的数额低于保险价值的数额。同样,不足额保险在定值保险与不定值保险之情形下,有不同的含义。具体来说,在定值保险中是指保险金额少于当事人于订约时预先约定的保险标的物在保险事故发生时的价值,即就约定保险价值额的部分为保险。在不定值保险中是指保险金额的数额小于保险事故发生时保险标的物的实际价值的数额,即就标的物实际价值的部分为保险。

《保险法》第 55 条第 4 款规定:"保险金额低于保险价值的,除合同另有约定外,保险人按照保险金额与保险价值的比例承担赔偿保险金的责任。"在不足额保险中,保险人所负之保险赔偿责任的计算公式为:

$$实际损失额(毁损减失部分之价值) \times \frac{保险金额(小)}{保险价值(大)} = 赔偿金额$$

上述公式中,定值保险的保险价值为事先约定价值;不定值保险的保险价值为事故发

生时标的之实际价值。

（三）超额保险

超额保险，指保险合同所订之保险金额大于保险价值的保险。定值保险和不定值保险均可能发生超额保险之情形。在定值保险中，超额保险是指保险金额大于当事人订约时所约定保险标的物在保险事故发生时的价值。因此，从常理而言，定值保险合同中不可能出现超额保险之情形。在不定值保险中，虽未明文约定保险价值，如果保险事故发生时保险标的的实际价值小于订立保险合同时约定的保险金额，则为超额保险。

二、重复保险

（一）重复保险的概念及构成要件

重复保险，简称"复保险"，是相对于"单保险"而言的一个范畴。《保险法》第56条第4款规定："重复保险是指投保人对同一保险标的、同一保险利益、同一保险事故分别与两个以上保险人订立保险合同，且保险金额总和超过保险价值的保险。"

重复保险必须同时具备下列要件：

1. 须向数个保险人订立数个保险合同

重复保险的保险人数为复数，保险合同亦必须为复数。如投保人与一个保险人订立一个保险合同或数个保险合同，皆为单保险而非复保险。如与数个保险人订立一个保险合同，则为保险人联合负其责任，属于共同保险，而非重复保险。

2. 须为同一保险标的上的同一保险利益

若投保人就不同的保险标的与数个保险人订立数个保险合同，不构成重复保险。但同一保险标的，常具有不同的保险利益，故虽为同一保险标的，而以不同保险利益订立数个保险合同，例如，甲就其所有之A屋所有权之保险利益投保，乙又就A屋之"抵押权"的保险利益而投保，因保险利益不同，依然为各个单保险而非复保险。

3. 须为同一保险标的上同一保险事故

投保人就同一保险利益向数个保险人投保，所投保的保险事故须相同才能构成重复保险。反之，则仍为单保险，例如甲就其房屋分别向M保险人投保火灾险，向N投保水灾险，向D投保地震险，则不是重复保险。

4. 须有保险期间之重叠性

重复保险以时间有重叠性为必要。时间上的重叠分为"全部重叠"和"部分重叠"两种。全部重叠，指投保人就同一保险标的、同一保险事故和保险利益，向不同保险人订立的数个保险合同，其保险之起讫时间均相同，此种情形称为"同时重复保险"。部分重叠，指投保人就同一保险标的、同一保险利益、同一保险事故向数个保险人订立的数个保险合同，其起讫时间虽非完全相同，但仍有部分相同。此种情形称为"异时重复保险"。须注意的是，时间上的重叠，是指"数个保险合同"之"生效期间"的重叠，并非指"成立期间"之重叠。

（二）重复保险的法律效果

《保险法》第56条规定："重复保险的各保险人赔偿保险金的总和不得超过保险价值。除合同另有约定外，各保险人按照其保险金额与保险金额总和的比例承担赔偿保险金的责任。重复保险的投保人可以就保险金额总和超过保险价值的部分,请求各保险人按比例返还保险费。"可见,我国《保险法》对重复保险的法律效力采"比例分担主义"的立法政策。但当重复保险的保险人中有一人以上破产或丧失清偿能力导致给付不能时,由于各保险人所应负担的比例是固定的,因此,被保险人因为某一保险人给付不能而不能获取保险金,又无法由其他有给付能力的保险人补偿。为解决此一问题,应借鉴连带赔偿主义的立法技术,使各保险人的外部关系采连带责任,而各保险人间的内部关系则按连带责任的内部求偿权处理,其求偿额度按各自保险金额与保险金额总和的比例来确定。

三、保险代位

(一) 保险代位权的含义

保险代位①,是保险法中古老而独具特色的一项制度。它是指因第三者对保险标的的损害而造成保险事故的,保险人自向被保险人赔偿保险金之日起,在赔偿金额范围内代位行使被保险人对第三者请求赔偿的权利。《保险法》第60条规定:"因第三者对保险标的的损害而造成保险事故的,保险人自向被保险人赔偿保险金之日起,在赔偿金额范围内代位行使被保险人对第三者请求赔偿的权利。前款规定的保险事故发生后,被保险人已经从第三者取得损害赔偿的,保险人赔偿保险金时,可以相应扣减被保险人从第三者已取得的赔偿金额。保险人依照本条第1款规定行使代位请求赔偿的权利,不影响被保险人就未取得赔偿的部分向第三者请求赔偿的权利。"

(二) 保险人行使代位权的对象

保险代位权的义务主体为负有赔偿责任的第三人。第三人泛指保险合同当事人以外的所有人,不仅包括自然人,也包括法人及非法人团体。为了使被保险人所领受保险金能获得实益,若被请求的第三人为与被保险人有经济上或生计上的利害关系者,应禁止保险人对其行使代位权,此为各国保险法之通例。我国《保险法》第62条明确规定,保险人不得对被保险人的家庭成员或者其他组成人员行使代位请求赔偿的权利。这是因为家庭成员或其他组成人员互负扶养义务,互享扶养权利,在经济上存在利益与共的关系,若保险人向被保险人给付之后,基于代位权向其家庭成员请求返还,保险人所为保险给付之功能会大受折损。故法律上将"家庭成员或其他组成人员"视为被保险人。但是,若损失是由被保险人家庭成员或其组成人员的故意行为造成保险事故的,保险人仍得行使代位权。此为保险代位权的例外。

(三) 保险人行使代位权的范围

保险代位权属于法定债权,其权利范围受被保险人向第三人享有的赔偿请求权的限制。保险代位权的行使是否受保险人的补偿金额限制,我国法律规定并不统一,学者认识也有分歧。依我国《保险法》第60条的规定,保险人必须在赔偿金额范围内代位行使被保险人对第三者请求赔偿的权利。然我国《海商法》第254条第2款规定:"保险人从第

---

① 保险代位包括权利代位和物上代位。《保险法》第59条规定:"保险事故发生后,保险人已支付了全部保险金额,并且保险金额等于保险价值的,受损保险标的的全部利益归于保险人。"此规定即为物上代位。本节主要阐述权利代位。

三人取得的赔偿,超过其支付的保险赔偿的,超过部分应当返还给被保险人。"由此可见,保险人的代位权范围可不受赔偿金额限制;只是当其获得的赔偿数额超过其支付的补偿金额时,须将超过部分返还给被保险人。

(四)妨碍代位及其效果

被保险人对请求权的处分行为,因发生时间的不同而对保险人代位权产生不同的影响效果。《保险法》第61条规定:"保险事故发生后,保险人未赔偿保险金之前,被保险人放弃对第三者请求赔偿的权利的,保险人不承担赔偿保险金的责任。保险人向被保险人赔偿保险金后,被保险人未经保险人同意放弃对第三者请求赔偿的权利的,该行为无效。被保险人故意或者因重大过失致使保险人不能行使代位请求赔偿的权利的,保险人可以扣减或者要求返还相应的保险金。"

(五)代位追偿之禁止

代位追偿原则是损失补偿原则的派生原则,是对损失补偿原则的补充和完善,所以代位追偿原则与损失补偿原则同样只适用于各种财产保险,而不适用于人身保险。《保险法》第46条规定:"被保险人因第三者的行为而发生死亡、伤残或者疾病等保险事故的,保险人向被保险人或者受益人给付保险金后,不享有向第三者追偿的权利。但被保险人或者受益人仍有权向第三者请求赔偿。"因为人身保险的保险标的是无法估价的人的生命和身体机能,因而不存在由于第三者的赔偿而使被保险人或受益人获得额外利益的问题。所以,如果发生第三者侵权行为导致的人身伤害,被保险人可以获得多方面的赔偿而无须转让权益,保险人也无权代位追偿。

【案例8-3】

2009年春节,李先生将车借给朋友,结果出了交通事故,经武汉市物价局定损为74050元。李先生的朋友赔了他7万元钱,同时李先生要求保险公司全赔。保险公司表示不能重复理赔,只承担总损失扣除第三者已赔偿的部分,即4050元。李先生表示不服并提起诉讼。

请问:保险公司应该向李先生赔付多少?

解析:根据《保险法》第60条第2款的规定,因第三者对保险标的的损害而造成保险事故的,被保险人已经从第三者取得损害赔偿的,保险人赔偿保险金时,可以相应扣减被保险人从第三者已取得的赔偿金额。因此,李先生只能从保险公司得到4050元的给付。

【思考题】

1. 简述保险法的主要内容。
2. 结合我国《保险法》的现行规定,简述保险利益原则、最大诚信原则、损失补偿原则之间的关系。
3. 简述违反告知义务的法律后果。
4. 简述投保人、被保险人、受益人之间的关系。
5. 试比较不足额保险与超额保险法律效果的差异。

6. 李某，男，4 岁，2010 年 11 月 10 日由其母亲黄某向保险公司投保了"少儿终身平安保险"，保单载明生存受益人为李某，身故受益人为李某的父亲。2011 年 11 月 15 日晚，李某在其母亲黄某的带领下，从所住楼房 5 层坠落身亡。经公安机关调查取证，认定其母子死因系自杀。李某身故后，保险公司对该案进行了细致调查。经了解，黄某家境良好，经济宽裕，丈夫为某银行职员，黄某则在某公司从事人事工作。近一段时间以来，黄某在单位因与某领导关系紧张而一直情绪低落，闷闷不乐，以致携子自杀。请问：保险公司是否应该向李某的父亲给付保险金？

第九章 竞争法律制度

【重难点提示】欺骗性交易行为的概念及特征；侵犯商业秘密行为的概念、特征及种类；滥用市场支配地位的概念、表现形式及支配地位的判定；经营者集中的概念、情形，《反垄断法》的适用除外。

竞争法上所讲的竞争即市场竞争，是指具有不同经济利益的两个以上的经营者，为争取自身利益最大化，以其他利益关系人为对手，采用各种商业策略，争取交易机会的行为。

在我国，一般认为，竞争法是反不正当竞争法和反垄断法的合称。因此，竞争法是指调整在反垄断和反不正当竞争过程中发生的社会关系的法律规范的总称。美国于1890年制定的《谢尔曼法》是世界上第一部反垄断法。德国于1896年颁布的《反不正当竞争法》是世界上第一部反不正当竞争法。

第一节 反不正当竞争法

我国于1993年通过并于同年12月1日开始实施的《中华人民共和国反不正当竞争法》（以下简称《反不正当竞争法》）是我国第一部统一的竞争法律。此外，在民法、企业法、知识产权法、药品管理法、食品卫生法、产品质量法、消费者权益保护法、广告法、对外贸易法等方面的法律、法规中，以及我国参加的有关国际条约中，都有反不正当竞争的规定。

一、不正当竞争行为的概念与特征

不正当竞争行为是指经营者违背自愿、平等、公平、诚实信用的原则和公认的商业道德，损害其他经营者的合法权益，扰乱社会经济秩序的行为。不正当竞争行为具有如下特征：

1. 主体的特定性

不正当竞争行为是经营者在竞争活动中的违法行为。只有参与市场竞争的经营者才可能实施不正当竞争行为。这里所称的经营者主要是指从事商品经营或者营利性服务的法人、其他经济组织和个人。政府行政机关或其他不以营利为目的的社会团体不是经营者。

2. 行为的反道德性

不正当竞争行为违背了自愿、平等、公平、诚实信用等公认的交易原则和商业道德。不正当竞争行为通常表现为违法者采取欺诈、强迫或其他违背商业道德的方式进行。这是不正当竞争行为最本质的特征。

3. 后果的危害性

不正当竞争行为的危害性后果主要表现在侵犯竞争者和消费者合法权益,损害市场机制和市场秩序。此外,商业贿赂等不正当竞争行为还败坏了社会风气。

二、不正当竞争行为的主要类型

我国《反不正当竞争法》分则部分列举了 6 种具体的不正当竞争行为,应当注意的是,不正当竞争行为并不限于以下所列举的 6 种行为。

(一)欺骗性交易行为

1. 欺骗性交易行为的定义和特征

欺骗性交易行为,也称仿冒行为,是经营者采用假冒、仿冒或其他虚假手段,使交易相对人产生混淆或误信,从而获得交易机会的行为。

欺骗性交易行为具有以下特征:

(1) 主体一般是商品或服务的推销者;

(2) 客观上采用了欺骗手段;

(3) 主观上存在使人误信的故意;

(4) 损害后果的双重性。

2. 欺骗性交易与商业混同的区别

商业混同是指仿冒、假冒他人已经存在并享有一定声誉的商标、产品、企业名称、产地等,从而使人们将真假产品混淆,其特征是必须存在仿冒、假冒的对象。欺骗性交易行为的外延更广。

3. 欺骗性交易行为的表现形式

(1) 假冒他人注册商标。

《商标法》第 52 条规定,有下列行为之一的,均属侵犯注册商标专用权:

①未经商标注册人的许可,在同一种商品或者类似商品上使用与其注册商标相同或者近似的商标的;

②销售侵犯注册商标专用权的商品的;

③伪造、擅自制造他人注册商标标识和销售伪造、擅自制造的注册商标标识的;

④未经商标注册人同意,更换其注册商标并将该更换商标的商品又投入市场的;

⑤给他人的注册商标专用权造成其他损害的,这又包括以下两种情形:第一,在同种或类似商品上,将与他人注册商标相同或近似的文字、图形作为商品名称或商品装潢使用,并足以造成误认的;第二,故意为侵犯他人注册商标专用权行为提供仓储、运输、邮寄、隐匿等便利条件的。

(2) 擅自使用与知名商品相同或近似的名称、包装、装潢,造成混淆。

(3) 擅自使用他人的企业名称或姓名,引人误认为是他人的商品。

(4) 伪造或冒用质量标志、伪造产地,对商品质量作引人误解的虚假表示。

4. 欺骗性交易行为的法律规制

(1)《反不正当竞争法》第 21 条第 1 款规定:"经营者假冒他人的注册商标,擅自使用他人的企业名称或者姓名，伪造或者冒用认证标志、名优标志等质量标志，伪造产地，对商品质量作引人误解的虚假表示的，依照《中华人民共和国商标法》、《中华人民共和国产品质量法》的规定处罚。"同时，对于《商标法》、《产品质量法》不能规制的欺骗性交易行为，《反不正当竞争法》则作了相应的处理性规定。

(2)《商标法》、《刑法》规定的侵犯注册商标专用权行为。

①《商标法》第53条规定："有本法第52条所列侵犯注册商标专用权行为之一，引起纠纷的，由当事人协商解决；不愿协商或者协商不成的，商标注册人或者利害关系人可以向人民法院起诉，也可以请求工商行政管理部门处理。工商行政管理部门处理时，认定侵权行为成立的，责令立即停止侵权行为，没收、销毁侵权商品和专门用于制造侵权商品、伪造注册商标标识的工具，并可处以罚款。当事人对处理决定不服的，可以自收到处理通知之日起15日内依照《中华人民共和国行政诉讼法》向人民法院起诉；侵权人期满不起诉又不履行的，工商行政管理部门可以申请人民法院强制执行。进行处理的工商行政管理部门根据当事人的请求，可以就侵犯商标专用权的赔偿数额进行调解；调解不成的，当事人可以依照《中华人民共和国民事诉讼法》向人民法院起诉。"

②《商标法》第56条规定："侵犯商标专用权的赔偿数额，为侵权人在侵权期间因侵权所获得的利益，或者被侵权人在被侵权期间因被侵权所受到的损失，包括被侵权人为制止侵权行为所支付的合理开支。前款所称侵权人因侵权所得利益，或者被侵权人因被侵权所受损失难以确定的，由人民法院根据侵权行为的情节判决给予50万元以下的赔偿。"

③《商标法》第54条规定："对侵犯注册商标专用权的行为，工商行政管理部门有权依法查处；涉嫌犯罪的，应当及时移送司法机关依法处理。"

④《刑法》第213、214、215条规定的有关犯罪行为：

a. 假冒注册商标罪。未经注册商标所有人许可，在同一种商品上使用与其注册商标相同的商标，情节严重的，处3年以下有期徒刑或者拘役，并处或者单处罚金；情节特别严重的，处3年以上7年以下有期徒刑，并处罚金。

b. 销售假冒注册商标的商品罪。销售明知是假冒注册商标的商品，销售金额数额较大的，处3年以下有期徒刑或者拘役，并处或者单处罚金；销售金额数额巨大的，处3年以上7年以下有期徒刑，并处罚金。

c. 非法制造、销售非法制造的注册商标标识罪。伪造、擅自制造他人注册商标标识或者销售伪造、擅自制造的注册商标标识，情节严重的，处3年以下有期徒刑、拘役或者管制，并处或者单处罚金；情节特别严重的，处3年以上7年以下有期徒刑，并处罚金。

⑤根据《产品质量法》第53条的规定，经营者伪造产品产地的，伪造或者冒用他人的厂名、厂址的，伪造或者冒用认证标志等质量标志的，责令改正，没收违法生产、销售的产品，并处违法生产、销售产品货值金额等值以下的罚款；有违法所得的，并处没收违法所得；情节严重的吊销营业执照。

⑥《反不正当竞争法》第21条第2款规定："经营者擅自使用知名商品特有的名称、包装、装潢，或者使用与知名商品近似的名称、包装、装潢，造成和他人的知名商品相混淆，使购买者误认为是该知名商品的，监督检查部门应当责令停止违法行为，没收违法所得，可以根据情节处以违法所得1倍以上3倍以下的罚款；情节严重的，可以吊销营业执

照;销售伪劣商品,构成犯罪的,依法追究刑事责任。"

(二) 商业贿赂行为

1. 商业贿赂行为的概念及特征

《反不正当竞争法》第 8 条规定:"经营者不得采用财物或者其他手段进行贿赂以销售或者购买商品。在账外暗中给予对方单位或者个人回扣的,以行贿论处;对方单位或者个人在账外暗中收受回扣的,以受贿论处。经营者销售或者购买商品,可以以明示方式给对方折扣,可以给中间人佣金。经营者给对方折扣、给中间人佣金的,必须如实入账。"接受折扣、佣金的经营者必须如实入账。"根据《关于禁止商业贿赂行为的暂行规定》第 2 条的规定,商业贿赂是指经营者为销售或者购买商品而采用财物或者其他手段进行贿赂对方单位或者个人的行为。

商业贿赂行为具有以下法律特征:

(1) 商业贿赂的主体是行贿人和受贿人。商业贿赂包括行贿和受贿两类。商业行贿主体是经营者,包括购买者和销售者。不是经营者的其他主体行贿可以构成刑法意义上行贿行为,但不能构成商业贿赂行为。商业受贿行为的主体包括经营者(购买者和销售者)或者内部人员、代理人以及有关国家工作人员。

《关于禁止商业贿赂行为的暂行规定》第 3 条规定:"经营者的职工采用商业贿赂手段为经营者销售或者购买商品的行为,应当认定为经营者的行为。"单位从事经济活动时,其本身不能具体实施行为,而是通过自然人从事活动,此时自然人实施的行为在法律上应当认定为单位的行为。

(2) 商业贿赂的主观要件是故意和自愿的,行贿的目的要件是想利用财物或者其他手段收买交易对象或者有关决策人员,使之利用职务上或业务上的便利促使交易或取得有利交易条件以销售或购买商品,谋求不正当利益。商业行贿的动机有几种情况:一是追求非法利益;二是追求的利益是合法的,只是能否获得这种利益尚处于不确定的状态;三是追求的利益不仅是合法的,而且是应该得到的利益处于相对确定的状态。虽出于无奈或迫不得已的因素,但不影响商业贿赂行为的构成,只是处罚时作为从轻情节予以考虑。

(3) 商业贿赂行为在客观方面表现为行贿人实施了利用财物或者其他手段收买交易对象或有关人员的行为,或者是受贿人实施了非法索取或收受他人财物或其他利益的行为(不一定是利用职务便利)。财物是指现金和实物,包括经营者为销售或购买商品,假借促销费、宣传费、赞助费、科研费、劳务费、咨询费和佣金等名义或者以报销各种费用等方式,给予对方单位和个人的财物。其他手段是指提供国内外各种名义的旅游、考察等给予财物以外的财物利益的行为。

(4) 商业贿赂行为侵害的客体是其他经营者的正当竞争和正常的经营活动,以及公平竞争机制和社会经济秩序。

2. 与商业贿赂行为相关的几种行为

(1) 回扣,是指经营者在销售商品时在账外暗中以现金和实物或其他方法退给对方单位和个人的一定比例的商品价款,具有以下法律特征:

①回扣发生在交易一方和交易相对人之间,不是支付给中间人的劳务报酬。

②回扣的客体是财物,是一定比例的价款,但不是在形式上按商品价款比例进行的

量化。

③回扣的支付和接受是通过"账外暗中"的秘密方法进行的。"账外暗中"是指未在依法设立的反映其生产经营活动或者行政事业经费收支的财务账上按照财务会计制度规定明确如实记载，包括不入财务账、转入其他财务账或者做假账等。

④收受回扣的是对方单位或个人。

回扣与一般的商业贿赂区别主要是：支付贿赂的价款有着不同的来源；对"账外暗中"的要求不同。"账外暗中"是回扣的法定要件，但不是一般的商业贿赂的必不可少的内容。

（2）佣金，是指经营者在市场交易中给予为其提供服务的具有合法经营资格的中间人的劳务报酬，具有以下法律特征：

①佣金是一种劳务报酬，是对中间人为促成交易的劳务活动的价值补偿。佣金不发生在交易双方之间，是经营者付给商业活动中为它提供中介服务的中间人的劳务报酬。佣金可以是买方给的，也可以是卖方给的，还可以是买卖双方给的。中间人必须有独立的地位，有合法的经营资格。不具有合法经营资格的不能接受佣金，如为他人提供服务接受佣金属无照经营。这一特征是区别佣金与商业贿赂的重要界限。

②其给付对象只能是中间人。

③其给付和接受必须以公开明示的方式进行，必须如实入账。

（3）附赠，是指经营者在市场交易中，附带地向对方无偿地提供一定的现金和物品的行为，具有以下法律特征：

①附赠是商品交易行为的从行为；

②附赠的主体是经营者与其交易对方；

③附赠的赠品是现金和物品；

④附赠是公开进行的，必须如实入账；

⑤附赠必须一视同仁；

⑥附赠不得超过必要限度，附赠必须是次要的、附属的。

3. 商业贿赂的法律责任

《反不正当竞争法》第22条规定："经营者采用财物或者其他手段进行贿赂以销售或者购买商品，构成犯罪的，依法追究刑事责任；不构成犯罪的，监督检查部门可以根据情节处以1万元以上20万以下的罚款，有违法所得的，予以没收。"

（三）虚假宣传行为

1. 虚假宣传行为的概念和特征

《反不正当竞争法》第9条规定："经营者不得利用广告或者其他方法，对商品的质量、制作成分、性能、用途、生产者、有效期限、产地等作引人误解的虚假宣传。广告的经营者不得在明知或者应知的情况下，代理、设计、制作、发布虚假广告。"虚假宣传行为是指经营者为获得市场竞争优势和不正当利益，对产品或者服务作虚假不实、引人误解的宣传行为，具有以下法律特征：

（1）虚假宣传行为的主体不仅包括商品和服务的经营者，也包括广告的经营者；

（2）虚假宣传行为发生于商品或服务过程中；

(3) 虚假宣传的内容和所起效果与事实不符。

2. 虚假宣传行为的法律规制

根据《广告法》的规定，利用广告对商品或者服务作虚假宣传的，由广告监督检查机构责令广告主停止发布，并以等额广告费用在相应范围内公开更正、消除影响。发布虚假广告欺骗和误导消费者，使购买商品或者接受服务的消费者合法权益受到损害，由广告主依法承担民事责任。如果广告经营者和广告发布者明知或者应知广告虚假，仍进行设计、制作、发布的，应当依法承担连带责任。

《反不正当竞争法》第 24 条规定："经营者利用广告或者其他方法，对商品作引人误解的虚假宣传的，监督检查部门应当责令停止违法行为，消除影响，可以根据情节处以 1 万元以上 20 万元以下的罚款。广告的经营者，在明知或者应知的情况下，代理、设计、制作、发布虚假广告的，监督检查部门应当责令停止违法行为，没收违法所得，并依法处以罚款。"根据《广告法》的规定，利用广告对商品或者服务作虚假宣传的，由广告监督管理部门对负有责任的广告经营者、广告发布者没收广告费用，并处广告费用 1 倍以上 5 倍以下的罚款；情节严重的，依法停止其广告业务。

广告主、广告经营者、广告发布者违反国家规定，利用广告对商品或者服务作虚假宣传，情节严重的，处 2 年以下有期徒刑或者拘役，并处或者单处罚金。

(四) 侵犯商业秘密行为

1. 商业秘密的概念

我国《反不正当竞争法》规定，商业秘密是指不为公众所知悉、能为权利人带来经济利益、具有实用性并经权利人采取保密措施的技术信息和经营信息。上述权利人是指依法对商业秘密享有所有权和经商业秘密所有人许可的享有使用权的公民、法人或其他组织。商业秘密可分为技术秘密和经营秘密。

(1) 技术秘密。技术秘密是指有关生产制造方面的秘密，一切用于生产制造或为生产制造花费了人力、物力和财力而获得的设计、程序、产品配方、制作工艺、制作方法等技术信息。

(2) 经营秘密。经营秘密又称为商务秘密，是有关经营和决策方面的秘密，涉及经营者的机构、财务人事、经营等多方面，包括管理诀窍、客户名单、货源情报、产销策略、招投标中的标底及标书内容等经营信息。

2. 商业秘密的法律特征

(1) 秘密性。该信息不为公众所知悉，不属于公有领域的信息和任何人都可享有的公共财富，不能从公开渠道直接获取。这种秘密性是相对的，不是绝对的，商业秘密所产生的竞争优势不需要排他性，不同的开发者对同样的商业秘密都可以取得权利，作为商业秘密只要求在同行业中不是众所周知的即可。

(2) 价值性。该信息能通过现在或将来的使用为权利人带来现实的或者潜在的经济利益或者竞争优势。

(3) 实用性。该信息具有确定的可应用性，可转化为具体实施的方案或形式，能运用于工农业生产经营并能创造经济效益和社会效益。

(4) 管理性。该信息已经过权利人采取保密措施，包括订立保密协议，建立保密制度及采取其他合理的保密措施。这种保密措施只要求达到合理程度，并不要求做到万无一失。

3. 侵犯商业秘密行为的种类

侵犯商业秘密行为是指为了竞争或个人目的，通过不正当方法获取、披露或使用权利人商业秘密的行为。侵犯商业秘密行为主要有以下形式：

（1）盗窃、利诱、胁迫或者其他不正当手段获取权利人商业秘密的行为。

（2）披露、使用或者允许他人使用以不正当手段获取权利人的商业秘密的行为。

（3）违反约定或者违反权利人有关保守商业秘密的要求，披露、使用或者允许他人使用其掌握的商业秘密的行为。

（4）第三人非法获取、使用、或者披露他人商业秘密的行为。

第三人明知或应知是属于上述第（1）、（2）、（3）项所列举的违法行为，仍然予以获取、使用或者披露他人商业秘密的，视为侵犯商业秘密。

4. 侵犯商业秘密的法律责任

侵犯商业秘密给被侵害的经营者造成损害的应当承担赔偿责任，被侵害的经营者的损失难以计算的，赔偿额为侵权人在侵权期间所获得的利润；并应当承担被侵害的经营者因调查该经营者侵害其合法权益的不正当竞争行为所支付的合理费用。

侵犯商业秘密的，监督检查部门应当责令停止违法行为，可以根据情节处以1万元以上20万元以下的罚款。

侵犯商业秘密行为，给商业秘密的权利人造成重大损失的，处3年以上7年以下有期徒刑或者拘役，并处罚金。此外我国《刑法》还对单位犯罪作了规定。

（五）不正当销售行为

不正当销售行为是指行为人采取利诱或其他不正当手段夺取交易机会，向交易相对人促销商品或服务的行为。《不正当竞争法》规定了两种不正当销售行为，即不正当亏本销售行为和不正当有奖销售行为。

1. 不正当亏本销售行为

（1）不正当亏本销售行为的概念和特征

不正当亏本销售行为是指经营者以排挤竞争对手为目的，以低于成本的价格销售商品。不正当亏本销售行为是不正当价格销售的一种形式，经营者企图通过低于成本的价格，争取购买者，占领市场或者扩大市场份额，从而达到削弱甚至排斥竞争对手的目的。它是经营者为了排挤竞争对手或独占市场，生产企业以低于本企业生产成本销售产品，经销企业以低于本企业进货成本（含销售费用）销售产品，扰乱正常的生产经营秩序，损害国家利益和其他经营者合法权益的行为。《反不正当竞争法》第11条规定："经营者不得以排挤竞争对手为目的，以低于成本的价格销售商品。"《价格法》也有类似规定。

不正当亏本销售行为属于全国性的，由国务院价格主管部门认定；属于省及省以下区域的，由省、自治区、直辖市人民政府价格主管部门认定。

不正当亏本销售行为的法律特征主要有：①行为人主观上只能是故意，以排挤竞争对手为目的；②客观上表现为销售价格低于成本价格；③结果上表现为损害竞争对手的利益，但不以竞争对手遭受实际经济损失为条件。只要有合法理由实施了该行为，即使没有给竞争对手造成实际经济损失，也认定为侵害了其他经营者的合法权益，发生损害结果，构成违法。

《反不正当竞争法》第11条规定："有下列情形之一的，不属于不正当竞争行为：①销售鲜活商品；②处理有效期限即将到期的商品或者其他积压的商品；③季节性降价；④因清偿债务、转产、歇业降价销售商品。"此外经营者由于成本较高，以低于本企业成本但不低于行业平均成本的价格销售，未对国家利益或者其他经营者利益造成损害的，也不能认为是不正当亏本销售。

（2）不正当亏本销售行为的法律责任。

根据《价格法》的规定，经营者违反法律，实施不正当亏本销售的，责令改正，没收违法所得，可以并处违法所得5倍以下的罚款；没有违法所得的，予以警告，可以并处罚款；情节严重的，责令停业整顿，或者由工商行政管理机关吊销营业执照。《价格违法行为行政处罚规定》对没有违法所得的处理又作了补充，即可以并处3万元以上30万元以下罚款。

2. 不正当有奖销售行为

（1）有奖销售行为的概念。

有奖销售是指经营者销售商品或者提供服务时，附带性地向购买者提供物品、金钱或者其他经济利益的行为。

有奖销售分为两种类型：一是附赠式有奖销售，即经营者对购买指定商品或达到购买一定金额的所有购买者给予奖励；二是抽奖式有奖销售，即以抽签、摇号等带有偶然性的方法决定购买者是否中奖的有奖销售。所谓偶然性的方法是指具有不确定的方式，即是否中奖只是一种可能性，是否中奖不能由参与人控制。

（2）不正当有奖销售行为的形式。

①采用谎称有奖或者故意让内定人员中奖的欺骗方式进行有奖销售。包括谎称有奖销售或者对所设奖的种类、中奖概率、最高奖金额、总金额、奖品种类、数量、质量和提供方法等作虚假不实的表示；采用不正当的手段故意让内部人员中奖；故意将设有中奖标志的商品、奖券不投放市场或者不与商品、奖券同时投放市场；故意将带有不同奖金金额或者奖品标志的商品、奖券按不同时间投放市场等。

②利用有奖销售的手段推销质次价高的商品。这种行为是利用购买者投机获利的侥幸心理，使有奖销售的商品品质与其价格不符，使得优质产品无法公平地与劣质产品竞争，损害市场秩序和社会公共利益，损害消费者利益。是否属于质次价高，由工商行政管理机关根据同期市场同类商品的价格、质量和购买者的投诉进行认定，必要时会同有关部门认定。

③抽奖式的有奖销售，最高奖的金额超过5000元。巨奖销售是经营者滥用其经济实力排挤其他经营者进行不正当竞争的表现，很可能造成弱小企业被排斥出市场，助长购买者投机心理，扰乱了竞争秩序，故为法律所禁止。

（3）不正当有奖销售行为的法律责任。

经营者因价格违法行为致使消费者或者其他经营者多付价款的，应当退还多付部分，造成损害的，应当依法承担赔偿责任。

经营者违反规定进行不正当有奖销售的，监督检查部门应当责令停止违法行为，可以根据情节处以1万元以上10万元以下的罚款。

（六）诋毁商誉行为

1. 商业诽谤行为的概念和特征

商业诽谤行为又称诋毁商誉行为，是指经营者为谋取不正当利益，自己或者利用他人，通过捏造、散布虚伪事实等不正当竞争手段，对竞争对手的商业信誉、商品声誉进行恶意诋毁、贬低，侵害竞争对手商誉权，以削弱其市场竞争能力的行为。

商誉是商业信誉和商品声誉的总称，泛指社会对特定经营者及其商品的总体评价，实际上是经营者人格权与荣誉权的体现。商业信誉是指经营者本身的信誉，商品声誉是指经营者经营的水平或服务的信誉。经营者的商誉是交易相对人与其进行交易时必须考虑的因素，具有无形的价值，是市场主体立足于市场、进行市场竞争的重要条件。商誉通过一定的中介加以传播能产生效益，商业诽谤行为使得商誉权人依法对其所创造的商誉专有权被侵害，使商誉能给商誉权人带来的可预期的经济效益减少甚至丧失，公平的竞争秩序也会由此遭到破坏，因此商业诽谤行为为法律所禁止。《反不正当竞争法》第14条规定："经营者不得捏造、散布虚伪事实，损害竞争对手的商业信誉、商品声誉。"

商业诽谤行为具有以下法律特征：

（1）行为主体是经营者。作为市场主体的经营者为排斥具有竞争关系的其他经营者而采取商业诽谤行为，如果不是经营者，则不属于《反不正当竞争法》调整。

（2）行为人主观上是出于故意。过失亦构成违法，但不属于《反不正当竞争法》调整。

（3）客观上表现为捏造、散布损害竞争对手的商业信誉、商品声誉的虚伪事实。侵权者既要捏造又要散布捏造的虚伪事实，只捏造不散布则不构成商业诽谤行为。以不正当竞争为目的，明知是捏造的事实而加以散布的也构成商业诽谤行为。捏造、散布的事实必须是虚假的，如果是真实的，则不构成商业诽谤行为。

（4）已经或者可能造成商誉的损害。商业诽谤行为的损害可以是实际发生的损害，也可以是有损害的危险，两者均构成损害。

2. 商业诽谤行为的法律责任

经营者的商业诽谤行为给被侵害的经营者造成损害的应当承担赔偿责任，被侵害的经营者的损失难以计算的，赔偿额为侵权人在侵权期间因侵权所获得的利润；并应当承担被侵害的经营者因调查该经营者侵害其合法权益的不正当竞争行为所支付的合理费用。

《反不正当竞争法》对商业诽谤行为的行政责任未作规定。其刑事责任根据《刑法》的规定，犯商业诽谤罪的处2年以下有期徒刑或者拘役，并处或者单处罚金。单位犯商业诽谤罪的，对单位判处罚金，并对直接负责的主管人员和其他责任人员，依照上述规定处罚。

第二节 反垄断法

中华人民共和国第十届全国人民代表大会常务委员会第二十九次会议于2007年8月30日通过《中华人民共和国反垄断法》（以下简称《反垄断法》），该法已于2008年8月1

日起施行。根据我国《反垄断法》及相关法学理论,法律上关于垄断的基本含义是指,垄断主体在市场经济运行过程中进行的排他性控制或对市场竞争进行实质性限制、妨碍公平竞争秩序的行为或状态。法律意义上的垄断具有两个显著的特征,即违法性和危害性。《反垄断法》第3条规定:"本法规定的垄断行为包括:(1)经营者达成垄断协议;(2)经营者滥用市场支配地位;(3)具有或者可能具有排除、限制竞争效果的经营者集中。"

一、垄断协议

(一) 含义

垄断协议是指两个或者两个以上的经营者(包括行业协会等经营者团体),通过协议或者其他协同一致的行为,实施固定价格、划分市场、限制产量、排挤其他竞争对手等排除、限制竞争的行为。各国及国际组织对垄断协议的称谓并不完全相同。如德国称为"卡特尔",法国称为"非法联合行动",欧盟称为"限制竞争协议"。

(二) 构成要件

(1) 协议或者协同行为由多个独立主体构成;
(2) 经营者之间存在通谋或协同一致的行为;
(3) 导致或者可能导致垄断的后果。

(三) 特征

(1) 实施主体是两个或者两个以上的经营者;
(2) 共同或者联合实施该行为;
(3) 以排除、限制竞争为目的。

例如,部分家电生产企业共同形成的"价格联盟",就属于固定价格的垄断协议。

(四) 表现形式

1. 横向协议

《反垄断法》禁止具有竞争关系的经营者达成下列垄断协议:(1)固定或者变更商品价格;(2)限制商品的生产数量或者销售数量;(3)分割销售市场或者原材料采购市场;(4)限制购买新技术、新设备或者限制开发新技术、新产品;(5)联合抵制交易;(6)国务院反垄断执法机构认定的其他垄断协议。

2. 纵向协议

禁止经营者与交易相对人达成下列垄断协议:(1)固定向第三人转售商品的价格;(2)限定向第三人转售商品的最低价格;(3)国务院反垄断执法机构认定的其他垄断协议。

(五) 可以被豁免的垄断协议

根据我国《反垄断法》第15条第1款的规定,经营者能够证明所达成的协议属于下列情形之一的,不适用《反垄断法》第13条、第14条的规定:

(1) 为改进技术、研究开发新产品的;
(2) 为提高产品质量、降低成本、增进效率,统一产品规格、标准或者实行专业化分工的;
(3) 为提高中小经营者经营效率,增强中小经营者竞争力的;

（4）为实现节约能源、保护环境、救灾救助等社会公共利益的；
（5）因为经济不景气，为缓解销售量严重下降或者生产明显过剩的；
（6）为保障对外贸易和对外经济合作中的正当利益的；
（7）法律和国务院规定的其他情形。

二、滥用市场支配地位

（一）概念

滥用市场支配地位，又称为滥用市场优势地位，是企业获得一定的市场优势地位后滥用这种地位，对市场中的其他主体进行不公平的交易或排斥竞争对手的行为。

《反垄断法》第17条规定："本法所称市场支配地位，是指经营者在相关市场内具有能够控制商品价格、数量或者其他交易条件，或者能够阻碍、影响其他经营者进入相关市场能力的市场地位。"

（二）表现形式

1. 不正当的价格行为

（1）占有支配地位的企业以获得超额垄断利润或排挤竞争对手为目的，确定、维持和变更商品价格，以高于或低于在正常状态下可能实行的价格来销售其产品。

（2）严重损害了消费者的权益，使得消费者应当享有的部分福利转移给垄断厂商；同时也妨碍了其他竞争者进入市场，对竞争构成实质性的限制。

2. 差别对待

（1）处于市场支配地位的企业没有正当理由，对条件相同的交易对象，就其所提供的商品的价格或其他交易条件给予明显区别对待的行为；最常见的形式是价格歧视。

（2）卖方对购买相同等级、相同质量货物的买方要求支付不同的价格，或买方对于提供相同等级、相同质量货物的卖方要求不同的价格，从而使相同产品的卖方因销售价格不同或买方因进货价格不同而获得不同的交易机会，直接影响到他们之间的公平竞争。

（3）同一产品的不同批发价会直接影响到零售价，不同的零售价则直接影响到消费者的利益。

3. 强制交易

处于市场支配地位的企业采取利诱、胁迫或其他不正当的方法，迫使其他企业违背其真实意愿与之交易或促使其他企业从事限制竞争的行为。强制交易包括：

（1）强迫他人与自己进行交易；
（2）强迫他人不与自己的竞争对手进行交易；
（3）迫使竞争对手放弃或回避与自己竞争。

《刑法》第226条规定："以暴力、威胁手段强买强卖商品、强迫他人提供服务或者强迫他人接受服务，情节严重的，处3年以下有期徒刑或者拘役，并处或者单处罚金。"

4. 搭售和附加不合理交易条件

在商品交易过程中，拥有经济优势的一方利用自己的优势地位，在提供商品或服务时，强行搭配销售购买方不需要的另一种商品或服务，或附加其他不合理条件的行为。

搭售的目的是为了将市场支配地位扩大到被搭售产品的市场上，或妨碍潜在的竞争者进入这个市场。

判断一个搭售行为是否合理应当考虑的因素：搭售是否出于该商品的交易习惯；被搭售的商品若分开销售，是否有损于商品的性能和使用价值；搭售企业的市场地位。

法律禁止的搭售首先是一种不合理的安排。如果是为了保证产品的质量和稳定性，要求买方购买一定的配套产品不应当属于禁止之列。

违法的搭售行为必须具有严重的反竞争效果，即通过搭售会加强企业在市场上的支配地位，从而给市场竞争带来显著的不利影响。

在识别一个搭售行为是否具有反竞争性时，应当考虑搭售企业的搭售目的、市场地位、相关的市场结构、商品的特性等许多因素。

5. 掠夺性定价

掠夺性定价又称劫掠性定价，是占市场支配地位的一个或多个经营者为排挤现有竞争对手或阻止新的经营者进入相关市场以维持其垄断地位，无正当理由地以低于其成本的价格持续销售商品，并且将竞争对手排挤出市场以后又规定垄断价格的行为。

6. 独家交易

独家交易又称排他性交易，是指处于市场支配地位的企业要求经销商在特定市场内只经销自己的商品，不得经销其他企业的同种或同类商品，包括经销商只向制造商独买、制造商只向经销商独卖。

独家交易能使制造商和经销商长期稳定供销渠道，降低交易成本；使经销商从事单一的或固定的商品的经营，从而集中力量促销；可以提前开展促销活动，增强一定的竞争效果。但是，独家交易会阻止其他制造同类产品的制造商进入市场，也会限制经销商的营业自由而损害效率。

7. 拒绝交易

拒绝交易又称抵制，是指占市场支配地位的经营者拒绝向其购买者销售商品的行为。其典型的行为是拒绝供货。

8. 限制转售价格

限制转售价格又称维持转售价格，是指供应商确定销售商向客户转售商品的价格。

（三）滥用市场支配地位的法律责任

《反垄断法》第 47 条规定："经营者违反本法规定，滥用市场支配地位的，由反垄断执法机构责令停止违法行为，没收违法所得，并处上一年度销售额 1% 以上 10% 以下的罚款。"

【案例 9-1】

茅台和五粮液滥用市场支配地位案[①]

茅台和五粮液公司因实施价格垄断行为，2013 年 2 月 22 日分别被贵州省物价局和四川省发改委依法处以 2.47 亿元、2.02 亿元的罚款。

本次罚单上，贵州茅台被罚 2.47 亿元，五粮液被罚 2.02 亿元，均占其 2012 年销售

---

① 资料来源于新华网：www.xinhuanet.com，2013 年 2 月 27 日访问。

额的1%。相对于欧盟对英特尔开出的10.6亿欧元的罚单，占其上一年销售额的4.15%。很多人认为，对白酒巨头罚得太少了。但罚款不是终极目的，促使企业整改才是。在罚款之前根据执法机构的检查，茅台废止了违反《反垄断法》的营销政策，有利于其获得一定的宽大处理。

类似于白酒这样的"纵向价格垄断"行为，在汽车、高级服装和体育用品等多个行业也普遍存在。这次反垄断"板子"打在茅台和五粮液上，可以对其他滥用市场支配地位的巨头企业起到震慑作用。当前，茅台、五粮液已进入奢侈品序列，且其涉嫌的"纵向垄断"，对竞争的抑制程度要比"横向垄断"轻得多。之后应把调查重点放到关系国计民生的、影响百姓普遍利益的"横向垄断"行为上去。

在此案中，消费者如何索赔？

茅台实施"最低限价令"等违反《反垄断法》的营销政策，直接受害者无疑是购买茅台的消费者。因为"最低限价令"的存在，使消费者失去了以更低价格购买茅台的机会。经营者实施垄断行为，给他人造成损失的，依法应当承担民事责任。

根据2012年5月最高人民法院出台的《关于审理因垄断行为引发的民事纠纷案件应用法律若干问题的规定》（这是关于《反垄断法》的首部司法解释），公民可直接起诉垄断企业。由于反垄断案件中存在原告举证难的特点，针对部分垄断行为，应由被告承担举证责任。

三、经营者集中

（一）经营者集中的含义

经营者集中是指经营者通过合并、资产购买、股份购买、合同约定（联营、合营）、人事安排、技术控制等方式取得对其他经营者的控制权或者能够对其他经营者施加决定性影响的情形。其中，合并是最重要和最常见的一种经营者集中形式。

（二）经营者集中的构成条件

（1）从主观上要求一个或几个企业有控制其他企业的意思。

（2）从行为上要求控制企业能够对被结合的企业施加控制性影响，控制其主要经营活动。

（3）从效果上要求控制的行为是有计划的长期行为。

（三）经营者集中的情形

1. 经营者合并

经营者合并主要是指法人或者其他组织之间的合并，有两种情形：一种是吸收合并，即经营者吸收其他经营者，被吸收的经营者主体资格消灭；另一种是两个以上的经营者合并后成为一个新的经营者，合并各方主体资格都不再存在。

2. 经营者通过取得股权或者资产的方式取得对其他经营者的控制权

经营者通过取得其他经营者的股份（资产）进而直接或者间接地控制其他经营者的行为，这是借助了股东的地位，取得对其他经营者的控制权的行为。

3. 经营者通过合同等方式取得对其他经营者的控制权或者能够对其他经营者施加决定性影响

经营结合是通过订立经营合同的方式实现对其他经营者的控制权,彼此之间形成了人力、业务、技术等的相互配合,通过经营权的制约形成了事实上的集中形态。

(四)经营者集中的类型

按照当事人是否处于相同的生产阶段,可以将经营者集中分为横向经营者集中、纵向经营者集中和混合经营者集中。

横向经营者集中,是指在相关市场的同一生产经营阶段,从事同样生产经营活动的经营者之间的集中。换言之,横向经营者集中是指处于相同市场层次上的或者说具有竞争关系的企业之间的集中。例如在同一地理区域内相互竞争的两个服装制造商之间的集中。横向经营者集中最易形成垄断。

纵向经营者集中,是指从事同一产业、处于不同市场层次的经营者之间的集中。即同一产业中处于不同阶段而实际上相互间有买卖关系的各个经营者之间的集中。例如某种产品的生产商与该产品的销售商或使用者之间的集中。纵向经营者集中对竞争影响稍小。

混合经营者集中,是指横向经营者集中和纵向经营者集中以外的其他经营者集中方式,是处于不同市场上的企业之间的集中,即参与集中的企业既不存在竞争关系,也不存在商品买卖关系。例如某电器生产企业与某食品生产企业之间的集中。此种经营者集中对竞争影响稍小。

(五)经营者集中事先申报制度

经营者集中一般是市场经济条件下市场主体的合同自由行为,经营者可以通过公平竞争、自愿联合,依法实施集中,扩大经营规模,提高市场的竞争能力。但由于经营者集中有可能导致排除和限制竞争,所以各国政府都对经营者集中进行政府管制。我国采取事前申报的强制申报制度。经营者集中达到国务院规定的申报标准的,经营者应当事先向国务院反垄断机构申报,未申报的不得实施集中。

经营者向国务院反垄断执法机构申报集中,应当提交下列文件、资料:申报书;集中对相关市场竞争状况影响的说明;集中协议;参与集中的经营者经会计师事务所审计的上一会计年度财务会计报告;国务院反垄断执法机构规定的其他文件、资料。

国务院反垄断执法机构应当自收到经营者提交的文件、资料之日起30日内,对申报的经营者集中进行初步审查,作出是否实施进一步审查的决定,并书面通知经营者。国务院反垄断执法机构作出不实施进一步审查的决定或者逾期未作出决定的,经营者可以实施集中。国务院反垄断执法机构作出决定前,经营者不得实施集中。

(六)经营者集中未申报不得实施集中的情形

国务院于2008年8月颁布的《关于经营者集中申报标准的规定》第3条规定:"经营者集中达到下列标准之一的,经营者应当事先向国务院商务主管部门申报,未申报的不得实施集中:

(1)参与集中的所有经营者上一会计年度在全球范围内的营业额合计超过100亿元人民币,并且其中至少两个经营者上一会计年度在中国境内的营业额均超过4亿元人民币。

（2）参与集中的所有经营者上一会计年度在中国境内的营业额合计超过 20 亿元人民币，并且其中至少两个经营者上一会计年度在中国境内的营业额均超过 4 亿元人民币。营业额的计算，应当考虑银行、保险、证券、期货等特殊行业、领域的实际情况，具体办法由国务院商务主管部门会同国务院有关部门制定。"

（七）经营者集中行为的豁免

《反垄断法》第 22 条规定："经营者集中有下列情形之一的，可以不向国务院反垄断执法机构申报：

（1）参与集中的一个经营者拥有其他每个经营者 50% 以上有表决权的股份或者资产的；

（2）参与集中的每个经营者 50% 以上有表决权的股份或者资产被同一个未参与集中的经营者拥有的。"

【案例 9-2】

可口可乐收购汇源果汁案①

2008 年 9 月 3 日，可口可乐公司宣布，计划以 24 亿美元收购在香港上市的中国汇源果汁集团有限公司。这一收购计划引起社会的强烈反响。广大网友纷纷要求保护民族品牌，反对可口可乐收购汇源果汁。在一项有 4 万人参与的调查中，82.3% 的人持不赞同意见。

2008 年 9 月 18 日，商务部收到可口可乐公司收购中国汇源公司的经营者集中反垄断申报材料。经申报方补充，申报材料达到了《反垄断法》第 23 条规定的要求，11 月 20 日商务部对此项集中予以立案审查，12 月 20 日决定在初步审查基础上实施进一步审查。

2009 年 3 月 18 日，中国商务部正式宣布，根据《反垄断法》的规定，禁止可口可乐公司收购汇源果汁公司。据悉，这是《反垄断法》自 2008 年 8 月 1 日实施以来首个未获通过的案例。

解析：商务部依据《反垄断法》的相关规定，从市场份额及市场控制力、市场集中度、集中对市场进入和技术进步的影响、集中对消费者和其他有关经营者的影响及品牌对果汁饮料市场竞争产生的影响等几个方面进行了审查。审查工作严格遵循相关法律法规的规定。在审查过程中，充分听取了有关方面的意见。

可口可乐并购汇源未通过反垄断调查，原因是此项集中将对竞争产生不利影响，不利于中国果汁行业的健康发展。商务部具体阐述了未通过审查的三个原因：第一，该项集中完成后可口可乐公司可能利用其在碳酸软饮料市场的支配地位，搭售、捆绑销售果汁饮料，或者设定其他排他性的交易条件，集中限制果汁饮料市场竞争，导致消费者被迫接受更高价格、更少种类的产品；第二，由于既有品牌对市场进入的限制作用，潜在竞争难以消除该等限制竞争效果；第三，集中还挤压了国内中小型果汁企业生存空间，给中国果汁饮料市场竞争格局造成不良影响。

---

① 资料来源于腾讯网：http://finance.qq.com，2008 年 9 月 9 日访问。

据悉，为了减少集中对竞争产生的不利影响，商务部与可口可乐公司就附加限制性条件进行了商谈，要求申报方提出可行的解决方案。可口可乐公司对商务部提出的问题表达了自己的意见，提出初步解决方案及其修改方案。经过评估，商务部认为修改方案仍不能有效减少此项集中对竞争产生的不利影响。据此，根据《反垄断法》第28条的规定，商务部作出禁止此项集中的决定。

四、行政垄断行为

行政性垄断是指地方政府、政府经济主管部门、其他政府职能部门或其他具有政府行政管理职能的单位，凭借行政权力排斥、限制或妨碍市场竞争的行为。行政性垄断是由于来自于市场以外的、与市场要素及市场运行没有直接关系的社会力量引起的垄断。行政性垄断是一种制度性的、具有取消竞争功能的垄断情形。行政性垄断主要有下列表现形式：

（一）地区垄断

地区垄断是指某一地区的政府为保护本地企业和本地区利益而实施的排斥、限制或妨碍外地企业参与本地市场竞争或者本地企业参与外地市场竞争的行为。地区垄断割裂了本地市场与外地市场的联系，导致地区封闭，阻碍统一市场的建立和完善。《反不正当竞争法》第7条第2款规定："政府及其所属部门不得滥用行政权力，限制外地商品进入本地市场，或者本地商品流向外地市场。"《产品质量法》第11条规定："任何单位和个人不得排斥非本地区或者非本系统企业生产的质量合格产品进入本地区、本系统。"

（二）行业垄断

行业垄断是指特定行业的行政主管部门或者具有行政管理职能的公司为保护本行业的利益而运用行政权力排斥、限制和妨碍其他行业参与竞争的垄断行为。行业垄断限制的是不同行业或部门之间的竞争，其结果是形成行业封闭或部门封闭。

（三）行政强制交易垄断

行政强制交易垄断是指政府或政府主管部门滥用行政权力，限定他人购买其指定的经营者的商品的垄断行为。《反不正当竞争法》第7条第1款规定："政府及其所属部门不得滥用行政权力，限定他人购买其指定的经营者的商品，限制其他经营者正当的经营活动。"

《反不正当竞争法》第30条规定："政府及其所属部门违反本法第7条规定，限定他人购买其指定的经营者的商品、限制其他经营者正当的经营活动，或者限制商品在地区之间正常流通的，由上级机关责令其改正；情节严重的，由同级或者上级机关对直接责任人员给予行政处分。被指定的经营者借此销售质次价高商品或者滥收费用的，监督检查部门应当没收违法所得，可以根据情节处以违法所得1倍以上3倍以下的罚款。"

五、《反垄断法》的适用除外

（一）《反垄断法》适用除外的含义与一般要件

《反垄断法》的适用除外，是指允许特定市场主体的特定垄断行为不适用《反垄断法》基本规定的一种制度。各国反垄断法一般都有适用除外的法律制度。实际上，反垄断法中的各种禁止性规定同反垄断法适用除外同时存在，它反映了反垄断法在竞争与垄断之间寻求的平衡点。有些经济部门实行垄断比竞争更有益，否则会给国家和消费者的利益造成损害，因而必须由国家指定或允许的企业进行垄断经营。

反垄断法适用除外的一般要件包括：

（1）根据《反垄断法》的一般性规定，属于应限制或应禁止的行为；

（2）该种行为的宏观经济利益大于其限制竞争所造成的损害；

（3）法律直接规定其不适用《反垄断法》的限制和禁止性规定，或者依照法律规定的程序认可其不适用《反垄断法》的限制和禁止性规定；

（4）行为因适用除外而取得合法性。

这几项要件的核心标准是第（2）项，它表明了当法律价值冲突的时候，在此表现为宏观经济利益与竞争效益的冲突，法律应选择更为重要的价值进行保护。

（二）《反垄断法》适用除外的具体内容

1. 自然垄断

自然垄断，是指根据产业的性质不宜开展竞争的事业部门，在一定的地域或时期内实行的国家法律允许的独占经营。产生自然垄断的条件是市场的需求容量固定或较小，若有多家企业进行经营，必然产生激烈的价格竞争，其结果会造成各竞争者遭受亏损，从而使竞争的企业无法继续经营，最终不得不退出竞争，使这一行业重新出现一家企业单独经营的局面。投资规模大的公用事业、金融企业、农业等大多属于自然垄断的行业。如果竞争过度，反而会造成资源浪费，给消费者带来损害。

2. 国家垄断

国家垄断是指国家从有利于国民经济全局发展的目的出发，对某些部门和国有自然资源实行独占。国家垄断是和国家在特定时期的经济政策导向密切相关的，是国家对经济运行的一种干预和保护。国家垄断是通过国家权力来实现的，它既包括所有权的垄断，也包括经营权的垄断。世界各国一般都存在一定程度的国家垄断。国家垄断的行业部门各国有所不同，一般集中于交通运输、邮电通信、能源、土地等。国家垄断在法律中应有明确规定，不得违法进行。

3. 特定组织和人员的垄断

特定组织和人员包括工会、劳工、自由职业（含医生、律师、会计师、审计师等），他们之所以被豁免适用《反垄断法》，是由其本身所具有的特性决定的。例如，各种自由职业者如医生、律师等，由于职业的性质，不适合开展竞争，否则不利于服务质量和职业道德的维护。因此，对其赋予《反垄断法》的适用除外是必要的。

4. 法律明确规定的某些特定行为和企业的联合组织

这些行为和组织又具体分为以下几种情况：

（1）在特定情况下，为促进整体经济和全局利益的行为，如结构危机卡特尔、不景气卡特尔；

（2）为对抗国外垄断、保护本国利益的行为，如进出口卡特尔；

（3）为提高效率、改进技术、减少成本，且不损害竞争的行为，如合理化卡特尔、专门化卡特尔等；

(4) 为促进竞争而进行的中小企业对抗大企业的行为，如组建企业协同组织、中小企业合作卡特尔等；

(5) 知识产权的实施行为，如《专利法》、《商标法》和《著作权法》等承认的权利独占行为。

获得《反垄断法》适用除外的垄断企业或其他组织，必须在法律规定的范围内开展经营活动，不得滥用其合法垄断的市场优势。如果利用市场优势实施限制竞争行为的话，同样要受到相应的法律规制。如我国《反不正当竞争法》第6条规定："公用企业或者其他依法具有独占地位的经营者，不得限定他人购买其指定的经营者的商品，以排挤其他经营者的公平竞争。"

【思考题】

1. 如何保护商业秘密不被他人侵犯？
2. 请阐述滥用市场支配地位所带来的后果。
3. 构成经营者集中的条件是什么？

第十章　产品质量法

【重难点提示】 生产者、销售者的产品质量责任和义务；生产者、销售者的损害赔偿责任。

第一节　产品质量法概述

1993年2月22日第七届全国人民代表大会常务委员会第三十次会议通过了《中华人民共和国产品质量法》（以下简称《产品质量法》），该法于2000年7月8日予以修正。

一、产品和产品质量的概念

（一）产品的含义

我国《产品质量法》第2条规定："本法所称产品是指经过加工、制作，用于销售的产品。建设工程不适用本法规定；但是，建设工程使用的建设材料、建筑构配件和设备，属于前款规定的产品范围的，适用本法规定。"可见，《产品质量法》不调整初级农产品和不动产。在我国，建设工程的质量适用其他法律的规定；军工产品质量监督办法由国务院、中央军事委员会另行规定。根据上述规定，对我国《产品质量法》中的"产品"应作如下理解：

（1）《产品质量法》调整的产品，是经过加工、制作的物质产品，这就排除了表现为知识产权的精神产品，也排除了未经过加工、制作的天然产品，如矿产品、农产品。

（2）经过加工、制作的物质产品必须以用于销售为目的。加工、制作产品者具有营利的目的，纯为科学研究或纯为自己使用的产品，不属于《产品质量法》所称的产品。

（3）经过加工、制作用于销售的产品仅限于动产。

（二）产品质量的含义

产品质量是指反映产品满足明示或隐含要求的能力的特征和特性的总和，它由各种要素所组成。这些要素又被称为产品所具有的特征和特性。一般来说，产品的特性包括产品的适用性、安全性、可靠性、可维修性、经济性等几个方面。在我国，产品质量是指国家有关法律法规、质量标准以及合同规定的对产品适用、安全及其特性的要求。

二、产品质量法的概念

产品质量法是调整产品质量监督关系和产品质量责任关系的法律规范总称。产品质量法的调整对象包括两个方面的社会关系：

1. 产品质量监督管理关系

产品质量监督管理关系是指国家为提高产品质量和经济效益，确定产品质量管理监督体制和产品标准的过程中发生的经济关系。

2. 产品质量责任关系

产品质量责任关系是指国家在确立生产经营者的产品质量责任和义务，强制生产经营者因违法而承担法律责任过程中产生的经济关系。

第二节　产品质量的监督

一、产品质量监督的概念及其体制

产品质量监督，是指由产品质量监督机构、有关组织和消费者，按照技术标准，对企业的产品质量进行评价、考核和鉴定，以促进企业加强质量管理，执行质量标准，保证产品质量，维护消费者的利益。

我国《产品质量法》确立了我国产品质量监督管理体制。

（一）明确了各级人民政府及其工作人员对产品质量工作的责任

各级人民政府应当把提高产品质量纳入国民经济和社会发展规划，加强对产品质量工作的统筹规划和组织领导，引导、督促生产者、销售者加强产品质量管理，提高产品质量，组织各有关部门依法采取措施，制止产品生产、销售中违反《产品质量法》的行为，保障《产品质量法》的施行。

（二）明确了产品质量监督部门对产品质量工作的责任和职权

国务院产品质量监督部门主管全国产品质量监督工作。县级以上地方产品质量监督部门主管本行政区域内的产品质量监督工作。法律对产品质量的监督部门另有规定的，依照法律的规定执行。

（三）明确了人民政府有关部门对产品质量工作的责任

国务院有关部门在各自的职责范围内负责产品质量监督工作，县级以上人民政府有关部门在各自的职责范围内负责产品质量工作。

我国《产品质量法》在强化产品质量监督管理体制的同时，还强化了企业产品质量的内部约束机制。《产品质量法》要求生产者、销售者应当建立健全内部产品质量监督管理制度，严格实施岗位质量规范、质量责任及相应的考核监督办法。

二、产品质量监督制度

（一）产品质量检验制度

产品质量检验是指检验机构根据特定标准对产品质量进行检测，并判断合格与否的活动。产品质量检验根据检验主体的不同可分为第三方检验和生产经营者自检；根据检验性质的不同可分为国家检验和民间检验；根据被检产品销售范围的不同可分为国内产品检验和进出口检验；根据检验程序的不同可分为出厂检验和入库检验；根据检验方法的不同可分为全数检验和抽样检验。产品质量检验制度是指产品检验法确认的关于产品质量检验方法、程序、要求和法律性质的各项内容的总称。产品质量检验制度主要包括以下内容：

1. 产品质量检验机构

产品质量检验机构是县级以上人民政府产品质量监督管理部门依法设置或者授权的为社会提供公正检验数据和检验结论的机构。产品质量检验机构必须具备相应的检测条件和能力，经省级以上人民政府产品质量监督部门或者其授权的部门考核合格后，方可承担产品质量检验工作。法律、行政法规对产品质量检验机构另有规定的依其规定执行。

2. 产品质量检验的社会中介机构

从事产品质量检验的社会中介机构必须依法设立，不得与行政机关和其他国家机关存在隶属关系。

3. 产品质量检验的要求

产品质量应当检验合格，不得以不合格产品冒充合格产品。

4. 产品质量检验的结果

产品质量检验机构必须依法按照有关标准，客观、公正地出具检验结果。

（二）产品质量标准化管理制度

产品质量的标准化管理是产品质量标准及与产品质量有关的其他标准的制定、组织实施和监督活动的总称。国家有计划地发展标准化事业。标准化工作应当纳入国民经济和社会发展计划。

1. 产品质量标准的制定

依据《中华人民共和国标准化法》（以下简称《标准化法》）第2条的规定，对下列需要统一的技术要求，应当制定标准：（1）凡工业产品的品种、规格、质量、等级或者安全、卫生要求；（2）工业产品的设计、生产、检验、包装、储存、运输、使用的方法或者生产、储存、运输中的安全、卫生要求；（3）有关环境保护的各项技术要求和检验方法；（4）建设工程的设计、施工方法和安全要求；（5）有关工业生产、工程建设和环境保护的技术术语、符号、代号和制图方法；（6）农业产品的品种、规格、质量、等级、检验、包装、储存、运输以及生产技术、管理技术的要求；（7）信息、能源资源、交通运输的技术要求。

产品质量标准按制定的部门或单位以及使用范围的不同，可分为国家标准、行业标准、地方标准和企业标准。

国家标准是由国务院标准化行政主管部门制定的标准。

行业标准是在没有国家标准又需要在全国某个行业范围内统一技术要求的情况下，由国务院有关行政主管部门制定的标准。行业标准必须报国务院标准化行政主管部门备案。在国家标准公布后，该行业标准即行废止。

地方标准是在没有国家标准和行业标准的情况下又需要在省、自治区、直辖市范围内统一工业产品的安全、卫生要求的情况下，省、自治区、直辖市标准化行政主管部门制定的标准。地方标准应报国务院标准化行政主管部门和国务院有关行政主管部门备案。在国家标准和行业标准公布后，该地方标准即行废止。

企业标准是由企业制定并在企业内部适用的标准。企业标准应当报当地政府标准化行政主管部门和有关行政主管部门备案。国家鼓励企业制定严于国家标准和行业标准的企业标准。国家鼓励企业积极采用国际标准。

2. 产品质量标准的实施

按性质的不同，标准可分为强制性标准和推荐性标准。强制性标准是国家标准、行业标准和地方标准中必须执行的标准。推荐性标准不具有强制执行的效力，由执行者自愿采用。国际标准也是推荐性标准。国家标准、行业标准中的强制性标准在全国范围内实施，强制性的地方标准在该行政区划内实施。强制性标准必须执行，国家引导执行推荐性标准。

可能危及人体健康和人身、财产安全的工业产品必须符合保障人体健康和人身、财产安全的国家标准、行业标准；未制定国家标准、行业标准的，必须符合保障人体健康和人身、财产安全的要求。

（三）企业质量体系认证制度

企业质量体系认证制度是国务院产品质量监督部门认可的或其授权部门认可的认证机构，依据国际通用的"质量管理和质量保证"系列标准，根据企业的申请，对企业的质量体系和质量保证能力审核合格后颁发企业质量体系认证证书，予以证明的制度。企业质量体系认证的目的是在合同条件下提高供方的质量信誉，向需方提供质量保证，增强企业的竞争能力；在非合同条件下加强企业质量管理，实现质量目标。

国家根据国际通用的质量管理标准，推行企业质量体系认证制度。企业根据自愿原则可以向国务院产品质量监督部门认可的或者国务院产品质量监督部门授权的部门认可的认证机构申请企业质量体系认证。经认证合格的，由认证机构颁发企业质量认证证书。

国际通用的"质量管理和质量保证"系列标准是由国际标准化组织（ISO）于1987年颁布的ISO9000系列国际标准。我国于1992年将ISO9000系列国际标准等同采用我国国家标准。等同采用的国家标准的技术内容与ISO9000完全相同。

（四）产品质量认证制度

产品质量认证，是指依据具有国际水平的产品标准和技术要求，经过认证机构确认并通过颁发认证证书和产品认证标志的形式，证明产品符合相应标准和技术要求的活动。

国家根据国际先进的产品标准和技术要求，推行产品质量认证制度。企业根据自愿原则可以向国务院产品质量监督部门认可的或者国务院产品质量监督部门授权的部门认可的认证机构申请产品质量认证。经认证合格的，由认证机构颁发企业质量认证证书。准许企业在产品或者其包装上使用产品质量认证标志。

产品质量认证，分为安全认证和合格认证。实行安全认证的产品必须符合《产品质量法》和《标准化法》的有关规定。实行合格认证的产品，必须符合《标准化法》中有关强制性标准的有关规定，没有相应强制性规定的，必须符合有关社会公认的安全、卫生要求。

（五）以抽查为主要方式的产品质量监督检查制度

依《产品质量法》的规定，国家对产品质量实行以抽查为主要方式的产品质量监督检查制度，以推动企业保证和提高产品质量，其主要内容如下：

（1）监督检查的产品主要分为三类：一是可能危及人体健康和人身、财产安全的产品；二是影响国计民生的重要工业产品；三是消费者、有关组织反映有质量问题的产品。

（2）监督检查工作由国务院产品质量监督部门规划和组织。县级以上地方产品质量监督部门在本行政区划内也可以组织监督抽查。法律对产品质量的监督检查另有规定的，依有关法律的规定执行。对依法进行的产品质量监督检查，生产者、销售者不得拒绝。国家监督抽查的产品，地方不得另行重复抽查；上级监督检查的产品，下级不得另行重复抽查。

（3）抽查的样品应当在市场上或者企业成品仓库内的待销产品中随机抽查。根据监督抽查的需要，可以对产品进行检验。检验抽查样品的数量不得超过检验的合理需要，并不得向被检查人收取检验费用。监督检验所需检验费用按照国务院规定列支。

（4）生产者、销售者对抽查检验的结果有异议的，可以自收到检验结果之日起15日内向实施监督抽查的产品质量监督部门或者其上级产品质量监督部门申请复检，由受理复检的产品质量监督部门作出复检结论。

（5）国务院和省、自治区、直辖市人民政府的产品质量监督部门应当定期公布其监督抽查的产品的质量状况公告。进行监督检查的产品质量不合格的，由实施监督抽查的产品质量监督部门责令其生产者、销售者限期改正。逾期不改正的，由省级以上人民政府产品质量监督部门予以公告；公告后经复查仍不合格的，责令停业，限期整顿；整顿期满后经复查产品质量仍不合格的，吊销营业执照。

（六）奖惩制度

国家鼓励推行科学的质量管理方法，采用先进的科学技术，鼓励企业产品质量达到并且超过行业标准、国家标准和国际标准。对产品质量管理先进和产品质量达到国际先进水平、成绩显著的单位和个人，给予奖励。同时对违反《产品质量法》的单位和个人追究相应的民事责任、行政责任和刑事责任。

（七）产品质量的社会监督制度

消费者有权就产品质量问题，向产品的生产者、消费者查询；向产品质量监督部门、工商行政管理部门及有关部门申诉，接受申诉的部门应当负责处理。保护消费者利益的社会组织可以就消费者反映的产品质量问题建议有关部门负责处理，支持消费者对因产品质量造成的损害向人民法院起诉。任何单位和个人有权对产品质量违法行为，向产品质量监督管理部门或者其他有关部门检举；产品质量监督管理部门和其他有关部门应当为检举人保密并按照省、自治区、直辖市人民政府的规定给予奖励。

第三节 生产者、销售者的产品质量责任和义务

一、产品质量责任和义务

产品质量义务是指法律规定的产品质量法律关系主体必须作出的一定行为或不得作出的一定行为，它是产品质量法律关系的重要内容之一。

首先，从性质上说，产品质量义务是法律规定的义务。也就是说，产品质量义务是一种法律义务，它基于产品质量法律规范而产生，并以国家强制力保障其履行。因而这种义务不同于基于道德、宗教教义或其他社会规范产生的义务。

其次，从内容上说，产品质量义务包括作为义务和不作为义务两个方面。作为义务也即积极义务，是指义务主体必须作出一定行为的义务，如《产品质量法》规定的"销售者应当建立并执行进货检查验收制度，验明产品合格证明和其他标识"；不作为义务也即消极义务，是指义务主体不得进行一定行为的义务，如《产品质量法》规定的"生产者不得伪造产地，不得伪造或者冒用他人的厂名、厂址"。

最后，产品质量责任和义务的主体，包括产品的生产者和销售者。

二、生产者的产品质量责任和义务

产品质量的责任和义务主体，是指对保证产品质量负有责任和义务的人。根据《产品质量法》第3条和第14条的规定，产品质量的义务主体是产品的生产者和销售者。

产品的生产者，就是从事产品生产、加工、制作等工作的人员或单位。

产品的销售者，就是从事产品销售的单位或个人。

按照《产品质量法》第三章第一节的规定，生产者应承担以下四个方面的产品质量义务：

1. 生产者应保证产品的内在质量

它包括三层含义：

（1）生产者生产的产品不得存在危及人身、财产安全的不合理的危险；产品有保障人体健康，人身、财产安全的国家标准、行业标准的，应符合该标准。也就是说，要保证产品的安全要求。

（2）产品应具备应当具备的使用性能，但对产品使用性能上所存在的瑕疵已作出说明的除外。

（3）产品质量应符合其注明采用的产品标准，符合以产品说明、实物样品等方式表明的质量状况。

生产者应保证产品内在质量的义务，包括明示担保义务和默示担保义务两方面的内容。

法律上的明示，是指通过语言或行为作出的某种保证或承诺的表示。《产品质量法》中的明示担保，是指产品生产者、销售者对产品的性能、质量作出的某种明确的声明或陈述的保证、承诺，它主要见于生产者、销售者证明其产品符合某一标准或要求的说明、广告之中。如《产品质量法》规定的产品质量应"符合在产品或者其包装上注明采用的产品标准，符合以产品说明、实物样品等方式表明的质量状况"，因此，一旦生产者在其产品上或包装上注明采用某种标准时，就说明生产者已作出明示的保证，即保证该产品的质量、性能符合所标明的标准的要求、状况；一旦生产者在产品的说明中明确表明产品的功能、效用、保质期、质量等级等质量状况时，就成为了生产者的一项承诺和保证，证明或保证该产品的质量状况达到产品说明的情形。同样，当生产者以实物样品表明产品质量时，或以广告、宣传等公众可以了解产品质量的方式表明产品质量状况时，生产者就已经作出了一项陈述和承诺，说明生产者对其明示的产品的质量状况负责，保证产品质量达到实物样品或广告等方式陈述的质量条件要求。

明示担保是生产者履行合同义务的一种表示。当产品质量不符合明示担保时，产品的购买者、消费者可以根据合同的约定,要求生产者予以修理、更换或退货;造成损失的,可以要求赔偿损失。

生产者对产品质量的默示担保义务是一种法定义务。因为这种义务并非根据买卖双方的口头或书面合同的约定而产生,而是直接根据法律的规定和法律的效力另行加入合同之中,成为合同的必然组成部分。默示担保,包括适销性默示担保和符合特殊用途的默示担保两方面。

我国《产品质量法》规定的生产者应承担的默示担保义务,主要有以下两种:(1)产品质量要具备产品应具备的使用性能;(2)产品质量要符合安全、卫生标准的要求,不存在危及人身、财产安全的不合理危险。这两种默示担保义务的性质是不同的,前者在一定条件下可以排除,即产品质量如果不具备该类产品应具备的使用性能时,生产者如果对产品存在使用性能的瑕疵已进行明确说明的,就可以免除其默示担保义务;而后者在任何情况下,都不能免除。因为根据我国《标准化法》的规定,安全、卫生标准是强制性标准,任何企业都必须执行强制性标准。

2. 产品标识应符合法律规定的要求

根据《产品质量法》第27条的规定,产品或者其包装上的标识必须真实,并符合下列要求:

(1) 有产品质量检验合格证明;

(2) 有中文标明的产品名称、生产厂名和厂址;

(3) 根据产品的特点和使用要求,需要标明产品规格、等级、所含主要成分的名称和含量的,用中文相应予以标明;需要事先让消费者知晓的,应当在外包装上标明,或者预先向消费者提供有关资料;

(4) 限期使用的产品,应当在显著位置清晰地标明生产日期和安全使用期或者失效日期;

(5) 使用不当,容易造成产品本身损坏或可能危及人身、财产安全的产品,应当有警示标志或者中文警示说明。同时,该法还规定,裸装的食品和其他根据产品的特点难以附加标识的裸装产品,可以不附加产品标识。

3. 产品包装必须符合要求,有警示标志或中文警示说明标明储运注意事项

应当注意,这主要是针对某些特殊产品(即剧毒、危险、易碎、储运中不能倒置以及有其他特殊要求的产品)规定的,不是对所有产品的包装要求。

4. 不得生产假冒伪劣产品

法律对生产者作出了7项禁止性规定:(1)不得生产国家明令淘汰的产品;(2)不得伪造产地;(3)不得伪造或冒用他人的厂名、厂址;(4)不得伪造或者冒用认证标志、名优标志等质量标志;(5)不得掺杂、掺假;(6)不得以假充真、以次充好;(7)不得以不合格产品冒充合格产品。

生产者如果不履行上述规定的产品质量义务,就要依法承担相应的法律责任,包括民事责任、行政责任和刑事责任。

三、销售者的产品质量责任和义务

根据《产品质量法》的规定,销售者的产品质量义务,有以下四个方面:

1. 严格检查验收的义务

销售者应严格执行进货检查验收制度,验明产品合格证明和其他标识。销售者除对产品进行感观检查外,必要时,可通过科学手段对产品的内在质量进行检验。

2. 严格保管义务

销售者应采取必要的保管措施,保持产品的原有质量。

3. 保证销售的产品的标识符合法律规定要求的义务

具体而言,这包括《产品质量法》第27条规定的相关要求。

4. 不得销售假冒伪劣产品

法律对销售者规定了7项禁止性规定:(1)不得销售失效、变质的产品;(2)不得伪造产地;(3)不得伪造或冒用他人的厂名、厂址;(4)不得伪造或者冒用认证标志、名优标志等质量标志;(5)不得掺杂、掺假;(6)不得以假充真、以次充好;(7)不得以不合格产品冒充合格产品。

销售者如果违反了以上法律规定,不履行其法定的产品质量义务,就要承担相应的法律责任。

第四节 损害赔偿和罚则

违反《产品质量法》的法律责任,是指产品的生产者、销售者不履行或不安全履行法定的产品质量义务时,所应承担的法律后果。

我国《产品质量法》规定的产品质量责任,包括民事责任(合同责任和侵权责任)、行政责任、刑事责任三大责任。

一、产品质量合同违约责任

产品质量合同违约责任,是指生产者、销售者基于产品购销、买卖合同而承担的违约民事责任。其中,最主要的是销售者承担的产品质量违约责任。

产品销售者在销售产品时,销售者与购买产品的用户、消费者之间就形成了产品买卖合同关系。这种合同关系的成立,包括两种情况:一种是销售者与购买者签订了书面合同,合同中明确规定了对产品质量的要求,约定了产品质量义务等;另一种是销售者与购买者没有签订书面合同,而是一手交钱一手交货,即时清结的,在这种情况下,产品销售发货票等为合同关系的证明。在这种合同中,对产品质量的要求、产品质量义务等大多是没有明确约定的。从现实生活看,后一种情况是比较多见的。因此,《产品质量法》对销售者在什么情况下承担产品质量合同责任作了比较具体的规定。

二、销售者的损害赔偿责任

按照《产品质量法》第40条规定,在下述几种情况下,产品的销售者应承担产品合同责任：(1) 不具备产品应当具备的使用性能而事先未作说明的；(2) 售出的产品，不符合其承诺的或标明的质量状况的，即不符合在产品或其包装上注明采用的产品标准的；(3) 不符合以产品说明、实物样品等方式表明的质量状况的。

承担产品合同责任的方式，按照法律规定共有四种：修理、更换、退货和赔偿消费者的损失。这就是说，销售者售出的产品，在保修期内出现违约情形的，应进行无偿修理，包括无偿更换零件；对于无法修理或不宜修理的，应为消费者无偿更换同种类型和型号的产品；对于经多次修理仍不合格或无同种类型产品更换的，销售者可以根据消费者的要求，解除产品买卖合同关系，收回质量不合格的产品，但应退回原货款；售出的产品给购买产品的消费者造成经济损失的，包括直接经济损失和由于产品质量不符合要求而必然带来的间接经济损失，销售者应当赔偿其损失。

【案例 10-1】

原告高某受雇于杨某为被告张甲家建楼房，杨某和高某等人均无个体工匠资质。2011年 4 月 13 日上午，原告在张甲楼房施工时，二楼屋面的水泥楼板断裂，原告随断裂的楼板跌到一楼，连同一楼楼板掉到地面，因而受伤。原告受伤后于 2011 年 4 月 13 日至 5 月 11 日在县中医院住院治疗，支出医疗费、误工费、护理费、住院伙食补助费和交通费共计 12736.50 元。原告要求张甲和楼板生产商张乙承担连带赔偿责任，未果，遂诉至人民法院。另查明，楼板系被告张乙生产，而张乙未能提供其产品质量合格的证据，楼板断裂时楼板上堆放的建筑材料较多。

被告张乙辩称：我生产的楼板每年都通过了质检部门的检测，属合格产品，不存在质量问题，楼板断裂是原告所在的没有建筑资质的施工队在施工过程中堆放在楼板上的建筑材料超过楼板的承载重量造成的。因此，请求驳回原告的诉讼请求。

被告张甲辩称：我的楼房是承包给杨某建设的，我仅提供建筑材料，所有的建筑工程由杨某完成，因工程尚未完成，我无法行使对楼板的使用权，原告因楼板断裂受到损害，我对此没有任何过错。我不是楼板的生产者，也不是楼板的销售者，原告以产品质量存在问题为由要求我承担连带责任无法律依据。本案是产品责任纠纷，原告不能同时以我未对承揽人的施工资质进行审查为由要求我赔偿。因此，请求驳回原告对我的诉讼请求。

法院经审理认为：公民的生命健康权受法律保护，侵害公民身体造成伤害的，应当承担民事赔偿责任。因产品存在缺陷造成人身损害的，生产者应当承担赔偿责任。受害人对损害的发生也有过错的，可以减轻侵害人的责任。被告张乙辩称其提供的是合格产品，但其生产的楼板在使用过程中断裂，其未能提供产品的合格证明，其向本院申请对其生产并出售给张甲家的楼板质量是否合格进行检测，后又以无法提供检测样品为由撤回了该申请，故其辩称其提供的楼板系合格产品证据不足。原告要求张乙承担损害赔偿责任符合法律规定，本院依法予以支持。但是，原告所在的施工队在楼板上放置的材料较多，楼板承受的压力大，是导致楼板断裂、致伤原告的另一原因，应减轻被告张乙的损害赔偿责任。综合被告张乙在本案中的过错程度，被告张乙应承担 60% 的赔偿责任为宜。原告在本院向其释明后仍拒绝追加其雇主作为被告，故其在本案中要求被告张甲赔偿无法律依据，其可另行主张权利。因调解不成，最后人民法院依照《中华人民共和国民法通则》第 119

条、第131条,《中华人民共和国产品质量法》第41条第1款、第44条第1款,《最高人民法院关于审理人身损害赔偿案件适用法律若干问题的解释》第17条第1款的规定,判决如下:

一、原告高某的医疗费9968.54元、误工费1719.55元(14.45元/天×119天)、护理费419.05元(14.45元/天×29天)、住院伙食补助费522元(18元/天×29天)、交通费100元,合计12729.14元,由被告张乙赔偿其60%,即7637.48元。

二、驳回原告其余诉讼请求。

案件受理费520元、勘验费100元、其他诉讼费800元,合计1420元,由原告高某负担628元,被告张乙负担792元。

一审宣判后,双方当事人均没有提起上诉。①

解析:

本案是一起因产品质量引起的人身损害赔偿纠纷,主要涉及两个法律问题:

第一,被告张乙作为产品生产者的责任。

产品质量侵权责任,是指生产者、销售者因产品存在缺陷而造成他人人身、缺陷产品以外的其他财产损害时,应当承担的赔偿责任。一般认为,构成产品侵权责任,须具备以下要件:一是须产品存在缺陷。二是须有人身、财产的损害事实。即缺陷产品造成了消费者或第三人的人身伤害,或造成了缺陷产品以外的财产损害。而产品自身存在的质量问题和产品自身损坏造成的财产损害,则属于违约责任处理的范畴。三是须有因果关系,即人身、财产损害的事实是由产品的缺陷所致。依据《产品质量法》第41条的规定,因产品存在缺陷造成人身、缺陷产品以外的其他财产损害的,生产者应当承担赔偿责任。据此因产品存在缺陷,造成人身财产损害的,应由该产品的生产者承担赔偿责任。生产者的赔偿责任,不以生产者具有过错(故意或过失)为责任成立要件,因此属于严格责任,即无过错责任原则。

本案中,被告张乙生产楼板并投入流通,原告在使用过程中楼板发生断裂,被告张乙未提供证据证实其生产的楼板系合格产品,故对楼板断裂造成原告损失应当承担赔偿责任。但由于原告所在的施工队在楼板上放置的材料较多,楼板承受的压力过大,是导致楼板断裂、致伤原告的另一原因,因此应减轻被告张乙的损害赔偿责任。

第二,在雇佣与承揽过程中,责任承担不同。本案中的被告张甲是否应当承担赔偿责任?

本案中,被告张甲与原告所在的施工队是雇佣关系,还是承揽关系,性质不同,将决定被告张甲是否应当承担赔偿责任。当事人双方就是承揽合同还是雇佣合同发生争议时,可以综合分析下列因素,结合案件具体情况予以认定:(1)当事人之间是否存在控制支配和从属关系;(2)是否由一方当事人指定工作物场所,提供劳动工具或设备,限制工作时间;(3)是定期给付劳动报酬,还是一次性结算劳动报酬;(4)是连续性提供劳动,还是一次性提供劳动成果;(5)当事人一方提供的劳动是独立的业务,还是经营成果的组成部分。如当事人之间存在控制、支配和从属关系,由一方提供劳动工具或设备,限

---

① 资料来源于法律快车网:http://www.lawtime.cn/jn,2012年12月23日访问。

工作时间，定期给付劳动报酬，所提供的劳动是经营活动的组成部分，可以认定是雇佣合同，反之，则应认定为承揽关系。据此可以认定本案被告张甲与原告所在的施工队之间是承揽合同关系，被告张甲为定作人，原告所在的施工队为承揽人，而原告与杨某之间是雇佣关系还是一种合伙关系，并不影响雇主对雇员的责任或是合伙人之间的责任。

最高人民法院《关于审理人身损害赔偿案件适用法律若干问题的解释》第10条规定："承揽人在完成工作过程中对第三人造成损害或者造成自身损害的，定作人不承担赔偿责任。"因此被告张甲不应该承担任何赔偿责任。

三、生产者的损害赔偿责任

产品质量侵权民事责任，又称为产品责任，是指因产品存在缺陷，造成他人人身、财产损害所应承担的民事侵权赔偿责任。这种责任的成立，不以合同关系的存在为前提条件；消费者即使与生产者、销售者之间没有合同关系，也能够就其因产品缺陷所受损害提出赔偿请求。

（一）产品责任的构成要件

在传统的民事责任理论中，通常认为侵权民事责任的构成应具备以下四个条件：违法行为、损害事实、侵权行为与损害事实的因果关系、主观过错。产品责任作为一种民事侵权责任，其构成无疑也应基本符合上述条件；但产品责任作为一种特殊形态的民事侵权责任，其构成条件又具有一定的特殊性。从前述产品责任的概念以及《产品质量法》第29条等的规定可以看出，产品责任的构成必须同时具备以下几个要件：

1. 产品存在缺陷

我国《产品质量法》第46条规定："本法所称缺陷，是指产品存在危及人身、他人财产安全的不合理的危险；产品有保障人体健康和人身、财产安全的国家标准、行业标准的，是指不符合该标准。"这里应特别注意两点：其一，这种危险，必须是一种不合理的危险。从某种意义上说，几乎任何东西都可能具有危及安全的危险性。其中，有些物品（如炸药、雷管、剃须刀等）的本质决定了其是危险的，如果不以适当的方式使用，就很容易引起伤害。但是，没有人只是因为刮脸时偶尔割伤了自己，而把剃须刀归为有缺陷的产品。就大多数物品而言，只有在错误使用时才会产生危险。因此，法律允许"合理的危险"存在，并将"合理的危险"从产品责任中予以排除。其二，某种产品，如果符合保障人体健康和人身、财产安全的国家标准、行业标准的，即便其客观上也存在危险，也不应认定为是缺陷产品。

缺陷状态可以发生在设计、制造、使用说明三个方面，即产品缺陷可以表现为设计上的缺陷、制造上的缺陷和使用说明上的缺陷。

（1）设计缺陷，主要是指产品在设计方面存在某些不安全因素。设计缺陷大致包括：①采用的原材料不合格或不适当；②采用的配方不适当；③其他缺乏安全性的设计。如家用电器应有漏电安全保护装置而没有设计等。产品设计上的缺陷危险性极大，因为它表明产品具有内在的危险；对于消费者来说，所有使用和消费该产品的人员，都有可能遭受损害。

(2) 制造缺陷，主要是指产品制造过程中发生的缺陷，如制造过程不符合设计规范、零部件装配错误或遗漏等。

(3) 使用说明缺陷，它又称为指示、警示缺陷，主要是指不适当地使用说明，也即通常所说的告知义务的违反。其具体情况有三种：①不适当告知。告知义务有一定的范围，如果告知了所有应当告知的事项，即为适当告知，否则就是不适当告知。"告知的事项"应符合法律、法规关于产品说明、警示标志的具体要求。②滥用告知。虽然对产品的使用情况作了一定的告知，但告知的内容过于笼统抽象，含义不明确。③虚假告知。如作出与产品质量事实不相符合的说明等。必须强调，产品缺陷是一个具有特定含义的法律用语，它与我们通常所说的产品质量不合格并非同一概念。产品缺陷的含义比产品质量不合格更广。质量不合格的产品一定是有缺陷的产品，但有缺陷的产品不一定就是质量不合格的产品，如内在质量合格的产品，如果产品的使用说明、警示标志存在不合理的危险，也为缺陷产品。

2. 产品已经造成了人身伤害或财产损失

也即必须有实际的损害事实存在。如果产品存在缺陷，但由于消费者在使用产品时未涉及缺陷范围，或在使用中及时发现缺陷而停止使用或采取了有效的弥补、防范措施，即使该产品的价值比原先可能有所降低（如有此种情形，属于产品质量违约责任），但并没有造成人身伤害或缺陷产品以外的其他财产的损害，那么，就不存在产品侵权赔偿问题。

3. 产品缺陷与损害事实之间有因果关系

产品存在缺陷且该缺陷直接导致了他人的人身、财产损害，才能认定为它们之间具有因果关系。否则，即使产品存在缺陷，消费者在使用、消费该产品时，人身或财产也造成了一定的损害，但产品的缺陷与损害事实之间不存在因果关系，受害人也不能以产品责任请求赔偿。

（二）产品责任的承担方式

产品责任作为民事法律责任的一种，其承担责任的方式不外乎《民法通则》第134条规定的承担民事责任的十种方式。由于产品责任是一种造成他人财产、人身损害的侵权民事责任，因而《产品质量法》规定的承担产品责任的具体方式仅为两种：一是恢复原状；二是赔偿损失。

1. 恢复原状

产品存在缺陷，造成受害人财产部分损坏，如果可以通过加工、修理等使之复原的，侵害人应当采取措施，使受到损害的财产恢复到受损害前的状态。

2. 赔偿损失

赔偿损失包括两种情形：其一，产品存在缺陷，造成受害人财产损失，侵害人除采用恢复原状这种承担责任的方式外，还可以采用折价赔偿的方式；如果受害人因缺陷产品遭受其他重大财产损失的，侵害人应赔偿其全部实际损失；其二，产品存在缺陷，造成受害人人身伤害的，侵害人应当赔偿由此引起的财产损失。

人身伤害，按伤害的程度不同可分为一般伤害、残疾、死亡三种情况。因伤害的程度不同，给受害人造成损失就不同，赔偿的具体范围也就有区别：①造成受害人身体一般伤害的，应当赔偿医疗费、因误工减少的收入；②造成受害人残疾的，除了赔偿医疗费外，还应赔偿残疾人的生活特需费用和受害人因丧失劳动能力而减少的收入；③造成受害人死亡的，除支付受害人的医疗费（包括死亡前曾进行抢救、医疗的费用）外，并应支付丧葬费、抚恤费、死者生前抚养的人必要的生活费等费用。

（三）产品责任的归责原则及免责事由

产品责任的归责原则，是指生产者、销售者就产品缺陷所致的损害，承担何种形式的责任。根据《产品质量法》的规定，我国产品责任所采用的是严格责任与过错责任相结合的归责原则。

生产者承担的是严格责任。只要存在产品缺陷、损害事实、二者之间的因果关系，不论产品生产者对产品缺陷主观上有无过错，该产品的生产者都要承担产品责任。

法律一方面加重了产品生产者的责任，另一方面又科学地设置了免责条款。按照《产品质量法》第41条的规定，生产者如果能够证明有下列情形之一的，即不承担赔偿责任：(1) 未将产品投入流通的；(2) 产品投入流通时，引起损害的缺陷尚不存在的；(3) 将产品投入流通时的科学技术水平尚不能发现缺陷的存在的。

销售者承担的是过错责任。只要存在产品缺陷、损害事实、二者之间的因果关系，并且产品的销售者对产品缺陷还具有过错的情况下，销售者才承担产品责任。但是，一旦发生了产品质量侵权事件，而该产品的销售者如果不能指明缺陷产品的生产者，也不能指明缺陷产品的供货者，根据法律规定，就应由销售者承担民事侵权赔偿责任。这种情况下的销售者，实际上已经被视为生产者，因而不论该缺陷是否由销售者的过错造成，都应由其承担产品责任。

四、因产品缺陷造成他人人身伤害、财产损害的赔偿及损害赔偿的范围

（一）产品质量违法的行政责任

产品质量违法的行政责任是指产品的生产者、销售者违反《产品质量法》的规定所应承担的行政法律责任，也即产品质量行政违法行为的法律后果。

根据《产品质量法》的规定，产品质量行政法律责任有以下几种：责令改正、更正、或责令公开更正；责令停止生产、销售；没收违法生产或销售的产品；没收违法所得；罚款；吊销营业执照。

根据《产品质量法》的规定，产品质量行政违法行为及其各自的法律后果如下：

(1) 生产、销售不符合保障人体健康及人身、财产安全的国家标准、行业标准的产品。其法律后果有四种：一是责令停止生产、销售；二是没收违法生产、销售的产品和违法所得；三是处以违法生产、销售产品（包括已售出和未售出的产品，下同）货值金额等值以上3倍以下的罚款；四是吊销营业执照。需要注意的是，上述四种法律责任中，罚款必须"并处"，而营业执照是否要吊销，可以根据不同的案情而定。对于销售者来说，后三种法律后果，只有当其"明知"产品是不符合保障人体健康及人身、财产安全的国家标准、行业标准而予以销售时，方可适用之。

(2) 生产者、销售者在产品中掺杂、掺假，以假充真，以次充好，或者以不合格产品冒充合格产品。其法律后果有：责令停止生产、销售；没收违法生产、销售的产品；没收违法所得；并处以违法生产、销售产品货值金额50%以上3倍以下的罚款；情节严重

的,吊销营业执照。

(3) 生产者、销售者伪造产品的产地,伪造或冒用他人的厂名、厂址,伪造或者冒用认证标志等质量标志。其法律后果有:责令公开更正;没收违法生产、销售的产品;没收违法所得;并处违法生产、销售产品货值金额等值以下的罚款。

(4)《产品质量法》第54条规定:"产品标识不符合本法第27条规定的,责令改正;有包装的产品标识不符合本法第27条第(4)项、第(5)项规定,情节严重的,责令停止生产、销售,并处违法生产、销售产品货值金额30%以下的罚款;有违法所得的,并处没收违法所得。"

(5) 生产国家明令淘汰的产品的,销售国家明令淘汰并停止销售的产品的,责令停止生产、销售,没收违法生产销售的产品,并处违法生产、销售产品货值金额等值以下的罚款;有违法所得,并处没收违法所得;情节严重的,还可以吊销营业执照。

(6) 销售失效、变质产品的,责令停止销售,没收违法销售的产品和违法所得,并处以违法销售产品货值金额2倍以下的罚款;情节严重的,吊销营业执照。

(7) 产品质量检验机构、认证机构伪造检验结果或者出具虚假证明的,责令改正,对单位、直接负责的主管人员和其他责任人员处以罚款;没收违法所得;情节严重的,取消其检验资格、认证资格。

(二) 产品质量违法的刑事责任

根据《产品质量法》有关规定,对下列几种产品质量严重违法行为,应依法追究刑事责任:

(1) 生产、销售不符合保障人体健康及人身、财产安全的国家标准、行业标准的产品,构成犯罪的。

(2) 生产者、销售者在产品中掺杂、掺假,以假充真,以次充好,或者以不合格产品冒充合格产品,构成犯罪的。

(3) 销售失效、变质的产品,构成犯罪的。

(4) 以行贿、受贿或其他非法手段推销、采购下述产品,构成犯罪的:①不符合保障人体健康及人身、财产安全的国家标准、行业标准的产品;②以假充真,以次充好,或者以不合格产品冒充合格产品;③国家明令淘汰的产品;④失效、变质的产品。

(5) 产品质量检验机构、认证机构伪造检验结果或者出具虚假证明,构成犯罪的。

五、诉讼时效期间和请求权期限

(一) 诉讼时效的种类

1. 普通诉讼时效

诉讼时效期间为2年,法律另有规定的除外。

2. 短期诉讼时效

下列请求权的诉讼时效期间为1年:(1) 身体受到伤害要求赔偿的;(2) 出售质量不合格的商品未声明的;(3) 延付或拒付租金的;(4) 寄存财物被丢失或者毁损的。

3. 长期诉讼时效

涉外货物买卖合同及技术进出口合同争议提起诉讼或者仲裁的期限为4年。

4. 最长诉讼时效

最长诉讼时效是指期间为 20 年的诉讼时效期间。

（二）诉讼时效期间的起算

诉讼时效应从被侵害人能够行使请求权时起算，而被侵害人要能够行使请求权，原则上应当符合下列条件：客观上必须有受侵害的事实；主观上被侵害人必须知道或者应当知道债权请求权被侵害。此处的"知道或者应当知道权利被侵害"包括知道侵害人和侵害事实两个方面。因此《民法通则》第 137 条规定，诉讼时效从知道或者应当知道权利被侵害时起开始计算。

六、产品质量民事纠纷的处理

因产品质量发生民事纠纷时，当事人可以采取以下四种解决方式：

（一）协商

协商，是指双方当事人在平等、自愿、互谅互让的基础上，依据事实、法律、政策解决相互之间的纠纷。在这里应当指出的是，协商不得违背法律、法规和社会公德，双方所处的地位完全平等，一方不得采取威胁、恐吓等手段，胁迫另一方作出违背自己意愿、不真实的决定，同时也不得损害第三方的合法权益。协商的结果需要靠双方自觉履行，如果其中一方反悔或者不履行协议，可以寻求其他解决的办法。

（二）调解

调解，是指双方当事人自愿将纠纷交予第三人进行调停。调解一般可以分为民间调解和国家行政机关调解两种。调解也是在双方当事人平等、自愿、互谅互让的基础上，依据事实、法律、政策进行的，调解结果并没有法律上的约束力，需要靠双方自觉履行才能实现，如果其中一方反悔或者不履行协议，另一方只能采取其他方式解决。

（三）仲裁

双方当事人不愿通过协商、调解解决或者协商调解解决不成的，可以根据当事人各方达成的仲裁协议向仲裁机构申请仲裁。仲裁是指国家仲裁机构根据各方当事人达成的协议，依照法律规定的程序，对纠纷进行裁决的活动。从上述概念可以看出，裁决与协商、调解具有以下不同：

（1）提请仲裁的前提是各方之间必须提前达成提请仲裁的协议；

（2）国家仲裁机构必须依照法律规定的仲裁程序进行仲裁；

（3）仲裁裁决一经作出就对各方产生法律上的约束力，各方必须完全按照仲裁裁决的规定履行各自的义务，如果一方不履行规定的义务，另一方可以向法院申请强制执行。

（四）起诉

当事人各方没有达成仲裁协议的，可以向人民法院起诉。因产品质量产生的民事纠纷，应当按照《民事诉讼法》规定的程序提起，人民法院根据各方产生纠纷的事实，适用相关的法律进行判决。根据我国《民事诉讼法》的规定，民事诉讼案件采取两审终审制，当事人对人民法院第一审判决不服，可以向上一级人民法院提起上诉，二审法院的判决为终审判决；如不执行终审判决，当事人可以提请法院强制执行。

【案例 10-2】

某市技术监督局在 2011 年初接连接到菜农投诉：由于使用了有毒棚膜，造成 1 万平方米的大棚蔬菜绝收，经济损失达 33 万余元。这批有毒棚膜是该市某蔬菜供销服务站从吉林省某市某厂进的货，自 2010 年 10 月以来，该市有 6 个乡镇共有 27 户菜农购买并使用了这种有毒的棚膜。菜农朱某购买了这种棚膜，先后栽种了黄瓜、西红柿、芹菜、芸豆等，连栽连种 7 次竟全部死掉。经中国科学院大连化学物理研究所检验，此膜含有国家早已明令禁用于农膜生产的邻苯二甲酸二异丁酯。当地农民根据此检验结果去找该市某蔬菜供销服务站，要求其赔偿经济损失，但该蔬菜供销服务站认为责任在吉林省某市某厂，自己不应当承担赔偿责任。①

解析：本案涉及产品质量责任及其承担的法律问题。

《产品质量法》第 26 条规定，产品质量应当"不存在危及人身、财产安全的不合理的危险，有保障人体健康和人身、财产安全的国家标准、行业标准的，应当符合该标准"；第 33 条规定销售者要"验明产品合格证和其他标识"，即销售者首先要对产品的外在质量把关。为保证产品的质量，销售者还应设立专门的检验机构和检验人员，对进货产品的内在质量把关。

本案中吉林省某市某厂无视国家有关农膜生产所用原料的禁令，仍然生产有毒棚膜坑农误农，对由此产生的严重后果有不可推卸的责任。销售的产品质量不合格，可能有以下原因：一是销售者未严格执行进货验收手续；二是产品质量本身有问题，这些问题是在制造中形成的，如本案中农膜所含的邻苯二甲酸二异丁酯靠销售单位的测检手段较难查出，而生产企业本来知道有问题，却偏偏提供一些虚假的合格证明；三是销售者明知产品质量有问题，却要进货并帮助销售，以得到好处。但无论何种原因，销售者都要承担损害赔偿责任，而受侵害的消费者也有权要求销售者先行赔偿，如果属于产品的生产者的责任，销售者在赔偿后，有权向产品的生产者追偿。这项制度即《产品质量法》第 43 条规定的先行赔偿制度和追偿制度。

在本案中蔬菜供销服务站辩称自己没有责任、不应当承担法律责任是错误的，无论其是否有过错，都应该先行赔偿农民的损失，若确实是吉林省某市某厂的责任，可以向生产厂家追诉。

【思考题】

1. 生产者、销售者对产品质量有哪些义务？
2. 如果产品质量有问题，消费者应如何维护自己的权益？
3. 生产者对产品质量免责的情形有哪些？

---

① 资料来源于豆丁网：http：//www.docin.com/，2012 年 12 月 23 日访问。

第十一章 消费者权益保护法

【重难点提示】消费者享有的权益；经营者承担的义务；消费者权益保护的途径。

第一节 消费者权益保护法概述

一、消费者的概念和基本特征

根据《中华人民共和国消费者权益保护法》的规定，消费者是指为生活消费需要购买、使用商品或者接受服务的人。

消费者具有以下特征：消费者从事的消费活动属于生活消费；消费的客体包括商品和服务；消费者的消费活动表现为购买商品或者接受服务；消费者主要指个人消费者，但单位也可以视为消费者。

二、消费者权益保护法的概念

消费者权益保护法是有关保护消费者在购买、使用商品或者接受服务时应享有的合法权益的法律规范的总称。

消费者权益保护法的调整对象主要有：国家和生产经营者之间的关系；国家和消费者之间的关系；生产经营者和消费者之间关系。

1993年10月31日我国第八届全国人大常委会第四次会议通过了《中华人民共和国消费者权益保护法》（以下简称《消费者权益保护法》），该法自1994年1月1日施行。并根据中华人民共和国主席令第18号《全国人民代表大会常务委员会关于修改部分法律的决定》对该法第52条作出修改，并自2009年8月27日起施行。2013年10月25日，十二届全国人大常委会第五次会议表决通过了关于修改《中华人民共和国消费者权益保护法》的决定草案，这是该部法律自1994年实施近20年来的首度大修改。新消法于2014年3月15日起施行。消费者为生活消费需要购买、使用商品或者接受服务，其权益受《消费者权益保护法》保护。农民购买、使用直接用于农业生产的生产资料，参照《消费者权益保护法》执行。

第二节 消费者权益与经营者的义务

一、消费者的权利

消费者权益是指个人为了满足物质、文化生活需要而购买、使用各种物质产品、精神产品或者接受劳动服务时依法享有的权益。它包括消费者有权作出一定的行为和要求经营者作出一定行为两个方面。

《消费者权益保护法》第一次以单行法律的形式明确了消费者的权利，是法律赋予广大消费者自我保护的强大武器。

消费者的权利是国家保护消费者利益的核心所在，具体包括：

（一）保障安全权

《消费者权益保护法》第 7 条规定："消费者在购买、使用商品和接受服务时享有人身、财产安全不受损害的权利。消费者有权要求经营者提供的商品和服务，符合保障人身、财产安全的要求。"

安全权是消费者最基本、最重要的权利，它在消费者权利体系中居于首要位置，包括人身权利和财产权利。保护公民生命健康权，是国家法律的主要任务。任何人不得非法伤害他人生命、损害他人健康。在《消费者权益保护法》中，生命健康权有其特定的内涵。它是指消费者在购买、使用商品或接受服务时，享有身体各器官及其机能不受破坏和生命不受危害的权利。如果商品或服务不安全，则会使消费者的健康受到伤害，甚至会造成生命危险导致死亡。因此，人身安全权是经营者和消费者都要考虑的首要问题。

财产安全权包括消费者购买、使用的商品或者接受的服务的安全，也包括除此之外的其他财产的安全。一方面，商品、服务本身存在安全问题，消费者可以要求经营者承担责任；另一方面，消费者因购买、使用的商品或接受的服务使其他财产蒙受损失，也有权要求赔偿。

消费者在有偿取得商品时，有权要求其符合国家的安全、卫生标准，不因此受到伤害；在有偿取得服务时，有权要求其设施、用品、用料等安全、卫生，并有权要求采取保护措施，不危及人身、财产安全。

（二）知悉真情权

《消费者权益保护法》第 8 条规定："消费者享有知悉其购买、使用的商品或者接受的服务的真实情况的权利。"

充分了解商品或服务的真实情况，是消费者购买商品或者接受服务的前提。知情权包括三层含义：一是消费者有权要求经营者按法律、法规的规定用文字的方式标明商品或者服务的有关情况；二是消费者在购买、使用商品或者接受服务时，有权询问、了解商品或者服务的有关情况；三是消费者有权要求经营者以文字或口头形式保护其提供的商品或者服务的情况具有真实性。

随着信息技术的发展，网购逐渐成为人们购物的主流方式之一。但由于这种消费方式不易辨别商品的真实性，而且投诉的数量居高不下。据不完全统计，全国工商部门和消费者协会在 2012 年受理的申诉投诉量中涉及网购的申诉投诉数量居首位，超过整个服务类申诉投诉量的一半。

对此，2013 年修订的《消费者权益保护法》第 28 条特别强调了"采用网络、电视、电话、邮购等方式提供商品或者服务的经营者，以及提供证券、保险、银行等金融服务的经营者，应当向消费者提供经营地址、联系方式、商品或者服务的数量和质量、价款或者费用、履行期限和方式、安全注意事项和风险警示、售后服务、民事责任等信息"。

（三）自主选择权

《消费者权益保护法》第 9 条规定："消费者享有自主选择商品或者服务的权利。消费者有权自主选择提供商品或者服务的经营者，自主选择商品品种或者服务方式，自主决定购买或者不购买任何一种商品，接受或不接受任何一项服务。消费者在自主选择商品或者服务时，有权进行比较、鉴别和挑选。"

自主选择权简称选择权，包括四个方面的权能：一是选择经营者权，到哪一家去购买商品、接受谁家的服务，完全由消费者自己来决定，经营者不能强行要求消费者与自己进行交易；二是选择商品品种或者接受服务方式权；三是自主决定购买或者不购买任何一种商品，接受或者不接受任何一种服务权；四是比较、鉴别和挑选权。

2013 年修订的《消费者权益保护法》第 25 条赋予消费者在适当期间单方解除合同的权利：经营者采用网络、电视、电话、邮购等方式销售商品，消费者有权自收到商品之日起 7 日内退货，且无须说明理由，但根据商品性质不宜退货的除外。① 经营者应当自收到退回货物之日起 7 日内返还消费者支付的商品价款。退回商品的运费由消费者承担；经营者和消费者另有约定的，按照约定。

（四）公平交易权

《消费者权益保护法》第 10 条规定："消费者享有公平交易的权利。消费者在购买商品或者接受服务时，有权获得质量保障、价格合理、计量正确等公平交易条件，有权拒绝经营者的强制交易行为。"

《消费者权益保护法》第 4 条规定："经营者与消费者进行交易，应当遵循自愿、平等、诚实信用的原则。"这一原则包含有公平交易权的内容，但这是对当事人双方而言的，也就是说经营者与消费者双方在交易中都有公平交易权。但在消费领域，消费者往往处于弱者地位，因此这里所说的公平交易权是消费者单方面的权利。

公平交易权包括三个条件：一是质量有保障，消费者有权要求商品和服务符合国家规定的质量标准；二是价格合理，价格合理要求商品或服务的价格与其价值相符；三是计量正确，计量正确包括两层含义，即要使用符合法律规定的计量器具和计量要充足。

---

① 《消费者权益保护法》第 25 条规定："（1）消费者定作的；（2）鲜活易腐的；（3）在线下载或者消费者拆封的音像制品、计算机软件等数字化商品；（4）交付的报纸、期刊。"

(五) 获得赔偿权

《消费者权益保护法》第 11 条规定:"消费者因购买、使用商品或者接受服务受到人身、财产损害的,享有依法获得赔偿的权利。"

求偿权包括要求财产损害赔偿和精神损害赔偿两个方面。经营者提供的商品或者服务,造成消费者或者其他人的人身伤害的,应当支付医疗费、护理费、误工费、伤残者生活补助费;造成死亡的,要支付丧葬费、死亡赔偿金、由其扶养的人所必需的生活费用。财产损害既包括直接损失,也包括间接损失。给消费者精神上造成了损害,消费者也可以要求经营者给予赔偿。

享有求偿权的主体很广泛,既包括购买、使用商品或者接受服务的消费者本人,也包括既未购买商品、也未使用商品的第三人。第三人虽不是消费者,但他们的损失却都是由于购买、使用该种商品或者接受该项服务引起的。因此,《消费者权益保护法》赋予第三人与购买、使用商品或接受服务的消费者本身同等的求偿权。

消费者既可以要求销售者,也可以要求生产者赔偿,消费者对被告有选择权,生产者和销售者需承担连带责任。

最后需要明确的是,《消费者权益保护法》赋予消费者求偿权,并不意味着对消费者所受到的损害只有求偿权一种保护方式。《民法通则》规定了十种民事责任的承担方式,其中返还财产、恢复原状、修理、重作、更换和消除影响、恢复名誉、赔礼道歉等均可以作为保护消费者权益的保护方式。这些保护方式可以单独使用,也可以与赔偿损失的保护方法并用。

(六) 依法结社权

《消费者权益保护法》第 12 条规定:"消费者享有依法成立维护自身合法权益的社会团体的权利。"

结社权是《宪法》第 35 条赋予公民的一项基本权利,源于结社自由。消费者依法成立维护自身合法权益的社会团体,属于公民结社的组成部分,体现了《宪法》的结社自由原则,应当受到《宪法》的保护。《消费者权益保护法》对消费者结社权的规定,既是对消费者权益保护组织合法性的规定,也是对《宪法》基本原则的具体化。

赋予消费者结社权是非常必要的。在消费领域,虽然法律上赋予任何民事主体平等的法律地位,但实际上经营者具有经济上的优势,消费者缺少有关商品和服务知识等诸多因素,使消费者往往处于不利的地位。在经营者和消费者的交易中,消费者一般处于弱势地位。而作为单独个体的消费者往往无力与经营者对抗,这就需要消费者有组织地参加消费者保护工作,建立一个能够有效维护每一个消费者合法权益的团体。

(七) 知识获得权

《消费者权益保护法》第 13 条规定:"消费者享有获得有关消费和消费者权益保护方面的知识的权利。消费者应当努力掌握所需商品或者服务的知识和使用技能,正确使用商品,提高自我保护意识。"

消费知识是指有关商品、服务、市场以及消费心理方面的知识;对于商品,要能够了解它的品种、生产厂家、质量和等级，同时还要了解商品的性能、使用方法和价格等方面的知识；对于服务，要了解它的内容、质量和费用等方面的知识；对于市场，消费者要了解在哪里、怎样才能买到合适的商品？消费心理是指消费者在消费上要有正确的成熟的心理态度，消费应当同经济发展水平相适应；同其收入水平相适应，不能盲目高消费，也不能过分抑制消费。消费者没有消费方面的知识，就难以得到满意的商品和服务，难以正确地使用商品，充分发挥商品的价值，但要使自己的权益不受侵犯，仅有消费知识是不够的，还必须了解消费者权益保护知识。消费者只有了解消费者权益保护知识，才能知道自己的权益是否被侵犯，才能知道经营者触犯了什么法律，可以通过何种途径获得多少赔偿。

（八）维护尊严权

《消费者权益保护法》第14条规定："消费者在购买、使用商品和接受服务时，享有其人格尊严、民族风俗习惯得到尊重的权利，享有个人信息依法得到保护的权利。"

该项权利包括两个方面：一是要尊重消费者的人格尊严；二是要尊重消费者的民族风俗习惯。公民的人格尊严受到法律保护，禁止用侮辱、诽谤等方式损害公民的名誉。人格尊严是指公民的荣誉、名誉、肖像权和人身自由权受法律保护，人格尊严不受侵犯是我国公民的基本权利之一。如果否定了一个人的人格尊严权，就等于剥夺了其他一切权利。同人格尊严一样，消费者的民族风俗习惯也应受到尊重。

（九）监督批评权

《消费者权益保护法》第15条规定："消费者享有对商品和服务以及保护消费者权益工作进行监督的权利。消费者有权检举、控告侵害消费者权益的行为和国家机关及其工作人员在保护消费者权益工作中的违法失职行为，有权对保护消费者权益工作提出批评、建议。"

监督权包括两个方面的监督：一是对商品和服务进行监督；二是对消费者权益保护工作进行监督。商品和服务是消费行为的客体，损害消费者权益的行为都是发生在购买、使用商品或者接受服务的过程中。因此，消费者有必要对商品和服务进行监督，这类监督的内容很广泛，主要有：对质量进行监督；对价格进行监督；对服务态度进行监督。此外，消费者还可以对商品和服务的品种、供应、售后服务和侵权行为等问题进行监督。

对消费者权益的保护工作的监督，也是监督权的内容。消费者权益保护工作的好坏直接关系到消费者的合法权益能否得到保障，因此，消费者有必要对保护消费者权益的机构或者组织进行监督，以促进使其更好地为消费者服务。

监督权又具体分为四种权能：检举权、控告权、批评权和建议权。

二、经营者的义务

经营者的义务，是指经营者在消费领域中所必须履行的某种责任。即提供商品或者服务的经营者，在从事以营利为目的的经营活动时必须按照法律的规定或者合同的约定作出一定行为，或者必须抑制一定的行为。

消费者的权利和经营者的义务是相对应的。消费者的权利，即为经营者的义务，经营者只有履行义务，才能使消费者的权益得到实现。《消费者权益保护法》在规定消费者应享有权利的基础上，进一步规定了经营者应履行的义务，其意义在于明确经营者的义务。通过国家法律的约束性和强制性，督促经营者履行应尽的义务，确保消费者权利的实现。

根据《消费者权益保护法》第三章的规定，经营者必须履行下列义务：

（一）依法定或约定履行义务

经营者向消费者提供商品或者服务，应当按照《消费者权益保护法》和其他有关法律、法规的规定履行义务。经营者和消费者有约定的，应当按照约定履行义务，但双方的约定不得违背法律、法规的规定。经营者向消费者提供商品或者服务，应当恪守社会公德，诚信经营，保障消费者的合法权益；不得设定不公平、不合理的交易条件，不得强制交易。

（二）听取意见和接受监督

经营者应当听取消费者对其提供的商品或者服务的意见，接受消费者的监督。

（三）保障人身和财产安全

经营者应当保证其提供的商品或者服务符合保障人身、财产安全的要求。对可能危及人身、财产安全的商品和服务，应当向消费者作出真实的说明和明确的警示，并说明和标明正确使用商品或者接受服务的方法以及防止危害发生的方法。经营者发现其提供的商品或者服务存在缺陷，有危及人身、财产安全危险的，应当立即向有关行政部门报告和告知消费者，并采取停止销售、警示、召回、无害化处理、销毁、停止生产或者服务等措施。采取召回措施的，经营者应当承担消费者因商品被召回支出的必要费用。

宾馆、商场、餐馆、银行、机场、车站、港口、影剧院等经营场所的经营者，应当对消费者尽到安全保障义务。

（四）提供真实情况的义务

经营者向消费者提供有关商品或者服务的质量、性能、用途、有效期限等信息，应当真实、全面，不得作虚假或者引人误解的宣传。

对消费者提供的商品或者服务的质量和使用方法等问题提出的询问，应当作出真实、明确的答复，经营者提供的商品应当明码标价。

（五）标明名称和标记的义务

经营者应当标明其真实名称和标记。租赁他人柜台或者场地的经营者，应当标明其真实名称和标记。

经营者的名称或者营业标记，在消费领域中的重要作用就是区别商品或服务的经营主体，区别商品或服务的来源。经营者的名称和标记一方面代表着经营者的商业信誉，另一方面代表着经营者的法律身份。如果名称或标记不真实，会误导消费者选择商品或服务，使消费者产生错误认识，选择了自己不愿意购买的商品或接受的服务，并且在遭受损失后，亦会因名称不真实而无法投诉。

租赁柜台或场地是经营者扩大营利的手段,如果租赁柜台或场地的经营者不使用自己的名称或标记,或者出租者不标明出租柜台或场地的承租者身份,而使消费者误认为是出租方的营业活动,进而使消费者利益受到损害。因此标明真实名称或标记是十分重要的。

(六) 出具购货凭证和服务单据的义务

为了有利于解决经营者和消费者之间发生的纠纷,使经营者和消费者之间的交易有据可查,以进一步保护消费者的合法权益,经营者提供商品或者服务,应当按照国家有关规定或者商业惯例向消费者出具发票等购货凭证或者服务单据;消费者索要发票等购货凭证或者服务单据的,经营者必须出具。

购货凭证是销售者与购买者之间建立的买卖合同履行后,向购买者出具的证明合同履行的书面凭据。服务单据是提供服务方在提供服务方与接受服务方的服务合同履行后,向接受服务方出具的证明合同履行的书面凭证。

(七) 提供符合要求的商品或服务

经营者应当保证在正常使用商品或者接受服务的情况下其提供的商品或者服务应当具有其质量、性能、用途和有效期限;但消费者在购买该商品或者接受该服务前已经知道其存在瑕疵的除外。经营者以广告、产品说明、实物样品或者其他方式表明商品或者服务质量状况的,应当保证其提供的商品或者服务的实际质量与表明的质量状况相符。

经营者提供的机动车、计算机、电视机、电冰箱、空调器、洗衣机等耐用商品或装饰装修等服务,消费者自接受商品或者服务之日起6个月内发现瑕疵,发生争议的,由经营者承担有关瑕疵的举证责任。

(八) 不得从事不公平、不合理的交易

2013年修订的《消费者权益保护法》第26条规定:"经营者在经营活动中使用格式条款的,应当以显著方式提请消费者注意商品或者服务的数量和质量、价款或者费用、履行期限和方式、安全注意事项和风险警示、售后服务、民事责任等与消费者有重大利害关系的内容,并按照消费者的要求予以说明。

经营者不得以格式条款、通知、声明、店堂告示等方式,作出排除或者限制消费者权利、减轻或者免除经营者责任、加重消费者责任等对消费者不公平、不合理的规定,不得利用格式条款并借助技术手段强制交易。

格式条款、通知、声明、店堂告示等含有前款所列内容的,其内容无效。"

格式合同又称定型化合同、标准化合同,是指经营者先确定权利和义务的内容,经消费者签署后生效的协议。因格式合同的内容在交易之前已经确定,消费者只要接受即可生效,所以格式合同能缩短交易过程,节省时间和精力。但是,格式合同条款是由经营从事某项交易并熟悉本行业习惯的经营者事先确定的,经营者有可能利用这一优势在合同中作出对消费者不利的规定,而作为消费者在有些情况下只能接受这种规定,这就造成了经营者与消费者之间的不平等,违反了公平原则。

(九) 不得侵犯消费者的人身权

消费者的人身权利受法律保护,经营者不得侵犯消费者的人身权利。经营者不得对消

费者进行侮辱、诽谤，不得搜查消费者的身体及其携带的物品，不得侵犯消费者的人身自由。

（十）保护消费者个人信息

2013年修订的《消费者权益保护法》第29条规定："经营者收集、使用消费者个人信息，应当遵循合法、正当、必要的原则，明示收集、使用信息的目的、方式和范围，并经消费者同意。经营者收集、使用消费者个人信息，应当公开其收集、使用规则，不得违反法律、法规的规定和双方的约定收集、使用信息。

经营者及其工作人员对收集的消费者个人信息必须严格保密，不得泄露、出售或者非法向他人提供。经营者应当采取技术措施和其他必要措施，确保信息安全，防止消费者个人信息泄露、丢失。在发生或者可能发生信息泄露、丢失的情况时，应当立即采取补救措施。

经营者未经消费者同意或者请求，或者消费者明确表示拒绝的，不得向其发送商业性信息。"

第三节　消费者权益的保护

一、国家对消费者权益的保护

国家制定有关消费者权益的法律、法规、规章和强制性标准，应当听取消费者和消费者协会等组织的意见。

各级人民政府应当加强领导，组织、协调、督促有关行政部门做好保护消费者合法权益的工作，落实保护消费者合法权益的职责。各级人民政府应当加强监督，预防危害消费者人身、财产安全行为的发生，及时制止危害消费者人身、财产安全的行为。

各级人民政府工商行政管理部门和其他有关行政部门应当依照法律、法规的规定，在各自的职责范围内，采取措施，保护消费者的合法权益。有关行政部门应当听取消费者和消费者协会等组织对经营者交易行为、商品和服务质量问题的意见，及时调查处理。有关行政部门在各自的职责范围内，应当定期或者不定期对经营者提供的商品和服务进行抽查检验，并及时向社会公布抽查检验结果。有关行政部门发现并认定经营者提供的商品或者服务存在缺陷，有危及人身、财产安全危险的，应当立即责令经营者采取停止销售、警示、召回、无害化处理、销毁、停止生产或者服务等措施。

有关国家机关应当依照法律、法规的规定，惩处经营者在提供商品和服务中侵害消费者合法权益的违法犯罪行为。

人民法院应当采取措施，方便消费者提起诉讼。对符合《中华人民共和国民事诉讼法》起诉条件的消费者权益争议，必须受理，及时审理。

二、消费者权益机构和组织

(一) 消费者组织

消费者组织是指依法成立的对商品和服务进行社会监督的保护消费者合法权益的社会团体,包括消费者协会和其他消费者组织。

依法结社权是消费者的一项重要权利,依法成立消费者组织就是实现这一权利的具体体现。成立消费者组织的目的是对商品和服务进行社会监督,以便更好地保护消费者的合法权益。保护消费者的合法权益是全社会的共同责任,因此,全社会都应支持消费者组织的合法活动,大众传播媒介应当做好维护消费者合法权益的宣传,对损害消费者合法权益的行为进行舆论监督。

消费者组织具有以下四个特征:(1)消费者组织就其性质而言,属于社会团体。从微观上看,消费者是孤立的、分散的个体,但从总体上看,消费者又是社会上的特殊群体,从维护自身利益出发,消费者可以也有必要以共同的利益为基础组成社会团体。(2)消费者组织必须依法成立,即必须依《社会团体登记管理条例》等有关法律、法规的规定履行成立手续。(3)消费者组织就其任务而言,是对商品和服务进行社会监督。(4)消费者组织的宗旨是保护消费者的合法权益。

(二) 中国消费者协会

中国消费者协会是1984年12月26日经国务院批准成立的具有法人资格的全国性消费者协会,它的领导机构是理事会,理事会选举出常务理事会,常务理事会在理事会闭会期间行使领导职权。常务理事会设会长、副会长、秘书长和副秘书长等职务。1987年9月,在国际消费者联盟组织第十二届世界大会上,中国消费者协会被接纳为正式会员。

(三) 消费者协会的职能

消费者协会是消费者组织的重要形式,依据《消费者权益保护法》第32条的规定,消费者协会履行下列职能:

(1) 向消费者提供消费信息和咨询服务,提高消费者维护自身合法权益的能力,引导文明、健康、节约资源和保护环境的消费方式;

(2) 参与制定有关消费者权益的法律、法规、规章和强制性标准;

(3) 参与有关行政部门对商品和服务的监督、检查;

(4) 就有关消费者合法权益的问题,向有关部门反映、查询,提出建议;

(5) 受理消费者的投诉,并对投诉事项进行调查、调解;

(6) 投诉事项涉及商品和服务质量问题的,可以委托具备资格的鉴定人鉴定,鉴定人应当告知鉴定意见;

(7) 就损害消费者合法权益的行为,支持受损害的消费者提起诉讼或者依照本法提起诉讼;

(8) 对损害消费者合法权益的行为,通过大众传播媒介予以揭露、批评。

各级人民政府对消费者协会履行职责应当予以必要的经费等支持。对侵害众多消费者合法权益的行为，中国消费者协会以及在省、自治区、直辖市设立的消费者协会，可以向人民法院提起诉讼。

由于消费者协会和其他消费者组织都是非营利性的社会团体，因此，它们不具有经营、营利的职能。依据《消费者权益保护法》第38条的规定，消费者组织不得从事商品经营和营利性服务，不得以收取费用或者其他牟取利益的方式向消费者推荐商品和服务。

三、消费者权益争议的解决

（一）消费者权益争议的解决途径

根据我国《消费者权益保护法》第39条的规定，消费者和经营者发生消费者权益争议的，可以通过下列途径解决：（1）与经营者协商和解；（2）请求消费者协会调解；（3）向有关行政部门申诉；（4）根据与经营者达成的仲裁协议提请仲裁机构仲裁；（5）向人民法院提起诉讼。

消费者向有关部门投诉的，该部门应当自收到投诉之日起7个工作日内，予以处理并告知消费者。

（二）损害赔偿责任的承担

当消费者的合法权益受到损害时，消费者可以依法要求经营者承担损害赔偿的责任。这包括以下几种情形：

（1）消费者在购买、使用商品时，其合法权益受到损害的，可以向销售者要求赔偿。销售者赔偿后，属于生产者的责任或者属于向销售者提供商品的其他销售者的责任的，销售者有权向生产者或者其他销售者追偿。

（2）消费者或者其他受害人因商品缺陷造成人身、财产损害的，可以向销售者要求赔偿，也可以向生产者要求赔偿。属于生产者责任的，销售者赔偿后，有权向生产者追偿。属于销售者责任的，生产者赔偿后，有权向销售者追偿。

（3）消费者在接受服务时，若其合法权益受到损害，消费者可以向服务者要求赔偿。

（4）消费者在购买、使用商品或者接受服务时，其合法权益受到损害，因原企业分立、合并的，可以向变更后承担其权利义务的企业要求赔偿。

（5）使用他人营业执照的违法经营者，若其提供的商品或服务损害了消费者的合法权益，则消费者可以直接向其要求赔偿，也可以向营业执照的持有人要求赔偿。

（6）消费者在展销会、租赁柜台购买商品或者接受服务，其合法权益受到损害的，可以向销售者或者服务者要求赔偿。展销会结束或者柜台租赁期满后，也可以向展销会的举办者、柜台的出租者要求赔偿。展销会的举办者、柜台的出租者赔偿后，有权向销售者或者服务者追偿。

（7）消费者通过网络交易平台购买商品或者接受服务，其合法权益受到损害的，可以向销售者或者服务者要求赔偿。网络交易平台提供者不能提供销售者或者服务者的真实名称、地址和有效联系方式的，消费者也可以向网络交易平台提供者要求赔偿；网络交易平台提供者作出更有利于消费者的承诺的，应当履行承诺。网络交易平台提供者赔偿后，有权向销售者或者服务者追偿。

网络交易平台提供者明知或者应知销售者或者服务者利用其平台侵害消费者合法权益，未采取必要措施的，依法与该销售者或者服务者承担连带责任。

（8）消费者因经营者利用虚假广告提供商品或者服务，其合法权益受到损害的，可以向经营者要求赔偿。广告的经营者、发布者发布虚假广告的，消费者可以请求行政主管部门予以惩处。广告的经营者不能提供经营者的真实名称、地址的，应当承担赔偿责任。广告经营者、发布者设计、制作、发布关系消费者生命健康商品或者服务的虚假广告，造成消费者损害的，应当与提供该商品或者服务的经营者承担连带责任。

社会团体或者其他组织、个人在关系消费者生命健康商品或者服务的虚假广告或者其他虚假宣传中向消费者推荐商品或者服务，造成消费者损害的，应当与提供该商品或者服务的经营者承担连带责任。

【案例11-1】

2010年1月30日，王某等3名原告在宝安区环球通讯龙华二分店购买了3部中电通讯科技有限责任公司（下称"中电通讯"）生产的手机，价格共计4650元。原告当时要求该店销售人员在手机发票上注明了"假一赔十"的字样。

不料，3部手机相继出现死机故障，原告通过网上查询发现手机可能是假冒产品，随即将3部手机邮寄到中电通讯进行鉴定。中电通讯于2月12日出具了3部手机的鉴定证明："检验证实送检的3部手机非中电通信科技有限责任公司生产的CECT手机产品或其公司授权的任何一家公司生产的产品，系冒用中电通信科技有限责任公司厂名、厂址及产品型号的CECT手机产品。"

在拿到厂家鉴定证明后，原告向商家提出兑现"假一赔十"承诺的要求无果，随后投诉到宝安区消委会，要求环球通讯退回货款4650元，赔偿46500元，赔偿误工、车旅费、通信费2800元。

接到投诉后，宝安区消委会与环球通讯龙华二分店取得联系。店方表示愿意兑现承诺，但必须以政府质量技术监督评鉴机构鉴定结果为准。

3月30日，王某电话告知店方，手机经深圳质量技术监督局检测鉴定为假冒产品，并提供了检测报告。4月12日上午，在宝安区消委会的主持下，王某等3人及其律师与环球通讯区域负责人许先生交换了相关证据和意见。环球通讯的答复却是环球通讯及龙华二分店从未作出过"假一赔十"的承诺，"假一赔十"承诺是销售员个人行为，并未得到公司授权，所以环球通讯及龙华二分店不能承担法律责任，无法按照"假一赔十"的标准赔偿。

10月18日宝安区人民法院龙华法庭判决，支持王某等3名原告"假一赔十"的诉讼请求，被告深圳市环球通讯设备有限公司（下称"环球通讯"）及其龙华二分店赔偿原告共计46500元，并支付原告手机鉴定费1500元、查询费180元。①

---

① 资料来源于中国新闻网：www.chinanews.com/，2012年12月24日访问。

四、违反《消费者权益保护法》的法律责任

(一) 经营者的民事责任

1. 经营者违反《产品质量法》应承担的民事责任

《消费者权益保护法》第 48 条规定,经营者提供商品或者服务有下列情形之一的,除本法另有规定外,应当依照其他有关法律、法规的规定,承担民事责任:

(1) 商品或者服务存在缺陷的;
(2) 不具备商品应当具备的使用性能而出售时未作说明的;
(3) 不符合在商品或者其包装上注明采用的商品标准的;
(4) 不符合商品说明、实物样品等方式表明的质量状况的;
(5) 生产国家明令淘汰的商品或者销售失效、变质的商品的;
(6) 销售的商品数量不足的;
(7) 服务的内容和费用违反约定的;
(8) 对消费者提出的修理、重作、更换、退货、补足商品数量、退还货款和服务费用或者赔偿损失的要求,故意拖延或者无理拒绝的;
(9) 法律、法规规定的其他损害消费者权益的情形。

经营者对消费者未尽到安全保障义务,造成消费者损害的,应当承担侵权责任。

2. 致人伤残的民事责任

经营者提供商品或者服务,造成消费者或者其他受害人人身伤害的,应当支付医疗费、治疗期间的护理费、因误工减少的收入等费用;造成残疾的,还应当支付残疾者生活自助具费、生活补助费、残疾赔偿金以及由其抚养的人所必需的生活费等费用。

3. 致人死亡的民事责任

经营者提供商品或者服务,造成消费者或者其他受害人死亡的,应当支付丧葬费、死亡赔偿金以及由死者生前扶养的人所必需的生活费等费用。

4. 侵犯其他人身权的民事责任

经营者对消费者进行侮辱、诽谤,搜查消费者的身体及其携带的物品,经营者侵害消费者的人格尊严、侵犯消费者人身自由或者侵害消费者个人信息依法得到保护的权利的,应当停止侵害、恢复名誉、消除影响、赔礼道歉,并赔偿损失。经营者有侮辱诽谤、搜查身体、侵犯人身自由等侵害消费者或者其他受害人人身权益的行为,造成严重精神损害的,受害人可以要求精神损害赔偿。

5. 造成财产损害的民事责任

经营者提供商品或者服务,造成消费者财产损害的,应当按照消费者的要求,以修理、重作、更换、退货、补足商品数量、退还货款和服务费用或者赔偿损失等方式承担民事责任。消费者与经营者另有约定的,按照约定履行。

6. 违反约定的民事责任

(1) 负责"三包"。对国家规定或者经营者与消费者约定包修、包换、包退(简称"三包")的商品,经营者应当负责修理、更换或者退货。在保修期内经两次修理仍不能正常使用的,经营者应当负责更换或者退货。对包修、包换、包退的大件商品,消费者要

求经营者修理、更换、退货的，经营者应当承担运输等合理费用。

（2）经营者以邮购方式提供商品的，应当按照约定提供。未按照约定提供的，应当按照消费者的要求履行约定或者退回货款，并应当承担消费者必须支付的合理费用。

（3）经营者以预收款方式提供商品或者服务的，应当按照约定提供。未按照约定提供的，应当按照消费者的要求履行约定或者退回预付款；并应当承担预付款的利息、消费者必须支付的合理费用。

7. 提供不合格商品的民事责任

若经营者所提供的商品依法经有关行政部门认定为不合格的商品，消费者要求退货的，经营者应当负责退货。

8. 欺诈行为的民事责任

《消费者权益保护法》规定了惩罚性赔偿金制度，即经营者在提供商品或者服务时有欺诈行为，则经营者应当按照消费者的要求增加赔偿其受到的损失，增加赔偿的金额为消费者购买商品的价款或者接受服务的费用的3倍；增加赔偿的金额不足500元的，为500元。法律另有规定的，依照其规定。

经营者明知商品或者服务存在缺陷，仍然向消费者提供，造成消费者或者其他受害人死亡或者健康严重损害的，受害人有权要求经营者依照本法第四十九条、第五十一条等法律规定赔偿损失，并有权要求所受损失2倍以下的惩罚性赔偿。

【案例11-2】

2011年秋，刘某夫妇因使用电热水器而双双死于浴室。事件发生后，公安部门将该热水器送电器检测中心检测。经检测鉴定，该热水器电路设计不合理，尤其是关键部位没有防潮绝缘性能。经过实验，在刘某家浴室的条件下，只要使用10分钟，就会因水蒸气导致漏电，使整个热水器的电热部位都带电，随着喷头水的流出，洗浴者势必触电死亡。因此，这种热水器只能安装在浴室外使用，如要安装在浴室内，则必须调整电路并在关键部位使用防水绝缘材料。而该热水器对上述危险并未作警示说明，从而导致消费者错误使用死于非命。对此，该缺陷产品的生产者应当承担法律责任。为防止类似事故的发生，公安机关在取得检测结果的当天即通知生产该热水器的电器厂停止生产，并组织力量追回售出的热水器。事后，对该事故发生负有责任的电器厂厂长与技术员依法被追究刑事责任，死者家属也获得了相应的赔偿。电器厂则按照电器检测中心的建议，聘请专家对电路予以调整，更换材料，并在热水器外壳上喷上了注意事项和警示标志。在经有关部门鉴定合格并取得生产许可证后，恢复生产。①

解析： 本案涉及经营者的警示说明义务。根据《消费者权益保护法》第18条关于经营者警示说明义务的规定，本案中电热水器作为家用电器，属于可能危及人身、财产安全的商品。对于此类商品，生产者对可能发生的危险应作出真实的警示说明，并说明正确使用该商品的方法以防止危害的发生。而本案中的生产者，不仅对产品设计疏于注意，而且

---

① 资料来源：华西都市报．四川在线，www.wccdaily.con.cn/epaper/hxdsb/html/，2012年11月12日访问。

对该产品的使用也不作相应的警示说明，其行为已违反了《产品质量法》和《消费者权益保护法》的有关规定，没有忠实地履行自己的义务，生产者对所造成的损害理应承担法律责任并给受害人家属以赔偿。同时，鉴于本案后果严重，追究直接责任者的刑事责任也是应该的。这里还应指出的是，公安机关在处理该案时，行动果断，措施得力，防止了损害的进一步扩大。

（二）经营者的经济责任与行政责任

我国《消费者权益保护法》第56条规定，经营者有下情形之一的，除承担相应的民事责任外，其他有关法律、法规对处罚机关和处罚方式有规定的，依照法律、法规的规定执行；法律、法规未作规定的，由工商行政管理部门或者其他有关行政部门责令改正，可以根据情节单处或者并处警告、没收违法所得、处以违法所得1倍以上10倍以下的罚款，没有违法所得的，处以50万元以下的罚款；情节严重的，责令停业整顿、吊销营业执照：

（1）提供的商品或者服务不符合保障人身、财产安全要求的；

（2）在商品中掺杂、掺假，以假充真，以次充好，或者以不合格商品冒充合格商品的；

（3）生产国家明令淘汰的商品或者销售失效、变质的商品的；

（4）伪造商品的产地，伪造或者冒用他人的厂名、厂址，篡改生产日期，伪造或者冒用认证标志等质量标志的；

（5）销售的商品应当检验、检疫而未检验、检疫或者伪造检验、检疫结果的；

（6）对商品或者服务作虚假或者引人误解的宣传的；

（7）拒绝或者拖延有关行政部门责令对缺陷商品或者服务采取停止销售、警示、召回、无害化处理、销毁、停止生产或者服务等措施的；

（8）对消费者提出的修理、重作、更换、退货、补足商品数量、退还货款和服务费用或者赔偿损失的要求，故意拖延或者无理拒绝的；

（9）侵害消费者人格尊严、侵犯消费者人身自由或者侵害消费者个人信息依法得到保护的权利的；

（10）法律、法规规定的对损害消费者权益应当予以处罚的其他情形。

经营者有前款规定情形的，除依照法律、法规规定予以处罚外，处罚机关应当记入信用档案，向社会公布。经营者对行政处罚决定不服的，可以依法申请行政复议或者提起行政诉讼。经营者违反本法规定，应当承担民事赔偿责任和缴纳罚款、罚金，其财产不足以同时支付的，先承担民事赔偿责任。

（三）经营者的刑事责任

《消费者权益保护法》规定经营者提供商品或者服务，造成消费者或者其他受害人身伤害或者死亡，构成犯罪的，应依法追究刑事责任。以暴力、威胁等方法阻碍有关行政部门工作人员依法执行职务的，依法追究刑事责任；拒绝、阻碍有关行政部门工作人员依法执行职务，未使用暴力、威胁方法的，由公安机关依照《中华人民共和国治安管理处罚法》的规定处罚。经营者违反本法规定提供商品或者服务、侵害消费者合法权益，构成犯罪的，依法追究刑事责任。我国《刑法》对经营者的刑事责任作了详细规定。

（四）国家机关工作人员的行政责任和刑事责任

国家机关工作人员玩忽职守或者包庇经营者，侵害消费者合法权益行为的，由其所在单位或者上级机关给予行政处分；情节严重，构成犯罪的，依法追究刑事责任。

【思考题】

1. 消费者有哪些合法的权利是受法律保护的？
2. 经营者的义务是什么？
3. 当消费者的合法权益受侵害时该怎么办？

第十二章 税 法

【重难点提示】增值税法；个人所得税法。

第一节 税法总论

一、税收概述

税，最早出现在孔子所修编年史《春秋》中的"初税亩"一词中。《说文解字》对"税"的解释是："租也，从禾从兑。"税自古就有，其根本是指社会成员向政府缴纳一部分农产品的义务。据史书记载，最早出现税收的地方是在世界文明的发祥地——非洲的尼罗河流域和古希腊的爱琴海区域。在公元前3000多年，古埃及的农奴就通过公社向法老纳税。我国的税收，最早出现在夏代，大约是在公元前21世纪。据《尚书·禹贡》记载："禹别九州，随山浚川，任土作贡。"这些充分说明了税收是随着国家的产生而出现的社会历史现象。迄今为止，它已经经历了奴隶社会、封建社会、资本主义社会和社会主义社会等不同的社会形态。随着社会生产力和商品经济的发展，产生过许多与各自社会形态相适应的税收形式，税收也从最初的实物税发展到货币税；由单一的直接税发展到明目繁多的间接税；由一次课征制发展到多种税、多次征收的复合税制。现在，世界各国都根据自己的政治经济状况，设置了不同的税种，各个税种相互联系，相互配合，形成了一个完整的现代社会税收体系。

（一）税收的概念及特征

1. 税收的概念

税收，历史上称为"赋税"、"捐税"、"租税"，简称为税。从根本上来说，税收是指国家凭借其职能需要，按照预定标准，无偿地征收实物或者货币而形成的一种特定的分配关系，是国家取得财政收入的主要形式。

2. 税收的特征

与其他财政收入相比，税收具有强制性、无偿性、固定性三个特征，即所谓的税收三性。

税收的强制性是指税的征收是不以纳税人的意志甚至不以征税机关的意志为转移，而是以征税主体即国家的意志为转移，因此，税收的强制性又称为单方意志性。具体表现在税务机关必须依法行使征税权力，纳税人必须依法按时、足额缴纳税款，履行自己的义务，否则将受到法律的制裁。

税收的无偿性是指税的征收不是等价有偿的交换，国家征税无须对纳税人进行直接的利益返还。税收的这一特征使得它与其他等价有偿的交换收入有根本区别。比如，通常提到的税与费的区别，这两者之间最重要的区别就在于税具有无偿性，而费是有偿收取的。

税收的固定性是指税的征收是长期的、按照一定的标准进行的，并且这种标准必须是相对稳定的，不能朝令夕改。这种固定性在一定程度上限制了征税主体的权力，防止在征税中可能出现的征收无度行为，又为纳税人提供了纳税的客观依据，保障了纳税人的合法权益。

这三个特征是相互联系的，是缺一不可的统一整体，是税收区别于其他财政收入的基本标志。

（二）税收的分类

根据不同的标准，可将税收作出不同的分类。

1. 中央税与地方税

按照税收的归属级次可分为中央税和地方税。

中央税，也称为国家税，是指税收管理权和所有权归中央一级政府的税种，在我国主要是国家税务局负责征收。地方税，是指税收的管理权和所有权归地方一级政府的税种，在我国主要是地方税务局负责征收。

实践中，除了中央税与地方税之外，还存在中央、地方共享税的形式。它是按照中央统一立法，由国家税务局负责征收，税款按照一定的比例再返还给地方。

2. 直接税与间接税

按照税负是否会发生转嫁可分为直接税与间接税。

直接税是指纳税义务人同时是税收的实际负担人，纳税人不能或者不便于把税负转嫁给别人的税种，比如我国的所得税。间接税是指纳税人可以把税负转嫁给他人，自己不直接承担税负的税收，比如我国的流转税。

其实，从税收征收的层面来看，直接税和间接税的划分没有太大意义。税务机关只能针对法律上的纳税义务人征税，而不必对经济上的税收负担人征税。但是在税收立法的层次，立法者则必须考虑税收的转嫁效果，否则就可能达不到预期的税收目的。

3. 流转税、所得税、财产税与行为税

按照征税对象的不同，税收可分为流转税、所得税、财产税与行为税。

流转税是指以纳税人的商品流转额或非商品流转额为征税对象所征收的一类税。我国现行的增值税、营业税、消费税均属于流转税。它主要是在生产、流通和服务业发挥重要作用。

所得税，也称为收益税，是指以纳税人的所得额（受益额）为征税对象所征收的一类税。所谓所得额，是指纳税人的纯收入或净收入。原来我国所得税的税种比较多，经过改革后目前只剩下两种：企业所得税和个人所得税。所得税对于调节社会分配水平，解决社会分配不公的问题，具有重要的作用。

财产税，是指以纳税人所拥有或支配的财产数量或价值为征税对象所征收的一类税。主要针对的是某些价额较高、对国民经济影响较大的稳定财产，如土地、房产、车船等征收的税。它的目的在于促进纳税人合理、有效地使用财产，并为国家取得财政收入。

行为税，是指以纳税人的某些特定行为为征税对象所征收的一类税。例如印花税、车辆购置税等。它开征的目的是在于对某些特定行为发挥调节作用。

除了上述分类外，还存在其他的一些分类，比如按照税收目的是否特定可分为一般目的税与特定目的税等。

二、税法概述

（一）税法的概念及特征

1. 税法的概念

税收是经济学的概念，税法是法学的概念。税收和税法的关系十分密切，税收是税法产生的基础，税法是税收的法律依据。对于税法的概念，目前学界没有达成共识，一般是从广义和狭义角度来理解。本书所阐述的税法指的是广义的税法。

从狭义角度看，税法是指国家最高权力机关制定的关于税收的法律。目前，我国狭义的税法包括《中华人民共和国个人所得税法》、《中华人民共和国企业所得税法》、《中华人民共和国车船税法》和《中华人民共和国税收征收管理法》等。

从广义角度看，税法是指国家权力机关及其授权的行政机关依照法定程序制定的有关调整税收关系的法律规范的总称。这里的法律规范主要包括 WTO 原则、国际税收协议或协定、宪法中有关税收方面的条款、税收法律、税收行政法规、税收行政规章、地方性税收法规和规章、地方性税收自治条例和单行条例、税法解释以及存在于其他法律法规中的与税收有关的条款。

2. 税法的特征

税法的特征是指税法区别于其他部门法，比如民法、行政法等的标志。一般认为，税法包括确定性、财产权单方转移性以及权利义务对等性三个特征。

税法的确定性是指税收法定，即没有基本的法律甚至是宪法依据，政府不能向纳税人征税，纳税人也没有义务纳税。

税法的调整对象是税收关系；税收是纳税人将自己的财产权从自己向国家进行了转移，这种转移是单向的。

税收在本质上是一种国家和人民之间的对价关系，是人民享受国家提供的各种服务所支付的一种对价，因此，税法所规范的权利义务具有对等性。

（二）税法的构成要素

税法构成要素是指实体税法的构成要素，也就是与每个单行税种所对应的单行法律或者法规共同涉及的内容。判断某一个要素是否属于税法构成要素，其标准就是看其是否税法成立的必备条件。根据税法学界的通说，税法的构成要素主要包括纳税人、征税对象、税目、计税依据、税率、纳税环节、纳税期限、纳税地点、税收优惠等。

1. 纳税人

纳税人，又称为纳税主体，是指税法规定的、享有税法权利并承担税法义务的单位和个人。税法所要解决的核心问题之一就是对谁征税或由谁来承担纳税义务的问题，没有纳税人就无法征税。因此，纳税人是税法要素中的首要因素。

2. 征税对象

征税对象，又称为课税对象，是指征税的标的物，也就是对什么征税，在法学上称为征税客体。每一种税法都规定了该种税的征税对象。征税对象不同,税种也就不同。

3. 税目

税目,是指税法中规定的征税对象的具体项目,是征税对象的具体化。确定税目的作用,一是明确了征税对象的具体范围,凡列入税目的则征税,没有列入税目的就不征税;二是针对不同的税目规定差别税率,以体现国家在不同时期的经济政策和立法意图。

4. 计税依据

计税依据也称为税基,是指计算税款的依据,是征税对象量的表现。计税依据与征税对象是不同的概念,征税对象解决的是对什么东西征税,而计税依据是解决如何计量的问题。因此,计税依据的确定十分重要,因为它直接影响纳税人的税负。

5. 税率

税率是指应纳税额与计税依据之间的比例,是计算应纳税额的尺度,是税法结构中的核心要素。税率的高低,直接影响到国家财政收入的多少和纳税人税收负担的轻重,因此,在制定税法时,税率的设计必须合理、公平、恰当。我国现行税制中,采用的税率形式主要有三种:比例税率、累进税率、定额税率。

(1) 比例税率,是指对同一征税对象不管数额大小,均适用同一比例的税率。比例税率的特点是,就同一征税对象而言,不同的纳税人的税收负担是相同的,计算简便,符合税收效率原则。

(2) 累进税率,也称为累进税制,是指对统一征税对象,随着征税对象数额的大小,征收比例也随着提高的税率。通俗地说,就是把征税对象按照数额的大小,划分为不同的等级,对每个等级分别规定不同的税率,征税对象数额越大,税率越高。累进税率能够调节纳税人的收入水平,有利于缓解社会分配不公的矛盾。

(3) 定额税率,又称为固定税率,是按照征税对象的计量单位直接规定应纳税额的税率形式。其特点是计算方便,应纳税额不受生产成本高低或者市场价格升降的影响,税负比较稳定。

6. 纳税环节

纳税环节,是指税法规定的,应税商品从生产制造到消费整个过程中应当缴纳税款的阶段。合理规定纳税环节,便于控制税源,确保税款征收。税种不同,纳税环节也就不尽相同。比如,我国所得税一般在纳税人取得所得以后进行征收。

7. 纳税期限

纳税期限,是指纳税人缴纳税款的具体时间。各税种法都明确规定了该种税的税款缴纳入库期限。纳税期限是纳税人履行纳税义务的法定时间界限,也是税务机关行使征税权力和进行违法处理的法定时间界限。

8. 纳税地点

纳税地点,是指税法规定的纳税人缴纳税款的地点。确定纳税地点,既要方便纳税人申报纳税,又要便于税务机关进行征收管理。

9. 税收优惠

税收优惠,是指税法根据国家一定时期政治、经济和社会发展的需要,对某类纳税人或者某些征税对象给予的优惠。具体包括减税、免税、起征点、免征额、加速折旧、亏损结转等。税收优惠既可以体现国家政策,又可以起到对某种行为进行鼓励或者限制的作用,能够弥补税收法律制度的不足。通过税收优惠可以把税法的严肃性、原则性与现实需要的特殊性、灵活性结合起来,更好发挥税收的调节作用。

第二节 税收实体法

一、流转税法律制度

(一)增值税法

增值税法是指由国家制定的,调整在增值税的征收和管理过程中所产生的各种社会关系的法律规范的总称。我国现行的增值税征收依据是《中华人民共和国增值税暂行条例》、《中华人民共和国增值税暂行条例实施细则》以及 2011 年 11 月 16 日财政部和国家税务总局联合制定的《营业税改征增值税试点方案》①。

1. 增值税的纳税人

凡在我国境内销售货物或者提供加工、修理修配劳务以及进口货物的单位和个人,为增值税的纳税人。

根据纳税人年销售额的大小和会计核算水平的不同,增值税的纳税人可以分为一般纳税人和小规模纳税人。一般纳税人是指年应税销售额在规定标准以上,并能按照会计制度和税务机关的要求进行会计核算的企业和企业性单位。小规模纳税人是指年销售额在规定标准以下,并且会计核算不健全,不能按照规定报送有关税务资料的增值税纳税人。这两者的区别还表现在一般纳税人的税率是 17% 和 13%,以及 2011 年"营业税改增值税试点"新增加的 11% 和 6% 的税率;而小规模纳税人的税率则是 3%;一般纳税人使用增值税专用发票,小规模纳税人使用普通发票等。

此外,根据 2012 年起试点的《营业税改增值税试点方案》相关规定,混业经营、油气田企业等也属于试点地区的增值税纳税人。②

2. 增值税的征税范围

增值税的征税范围包括在中华人民共和国境内销售货物或者提供加工、修理修配劳务和进口货物三个方面。

3. 增值税的税率

增值税的税率主要有以下几种:

---

① 此外还包括随后财政部和国家税务总局制定的《交通运输业和部分现代服务业营业税改征增值税试点实施办法》、《交通运输业和部分现代服务业营业税改征增值税试点有关事项的规定》和《交通运输业和部分现代服务业营业税改征增值税试点过渡政策的规定》等文件。试点范围首先是从上海市开始,随后根据国务院的规定,自 2012 年 8 月 1 日起至 2012 年底,将交通运输业和部分现代服务业营业税改征增值税试点范围,由上海市分批扩大至北京、天津、江苏、浙江、安徽、福建、湖北、广东 8 个省、直辖市和宁波、厦门、深圳 3 个计划单列市。

② 此处主要是指《交通运输业和部分现代服务业营业税改征增值税试点有关事项的规定》里的相关规定。

(1) 基本税率：17%。纳税人大部分销售货物或者进口货物都适用17%的税率，纳税人提供加工、修理修配劳务的均适用17%的税率，纳税人提供有形动产租赁服务的亦适用17%的税率。

(2) 低税率：13%。主要分为三大类货物：第一类是人民生活必需品，包括粮食、食用植物油、自来水、暖气、冷水、热水、煤气、石油液化气、天然气、沼气、居民用煤炭制品；第二类属于精神食粮类，包括图书、报纸、杂志；第三类是农业生产资料，包括饲料、化肥、农药、农机、农膜以及国务院规定的其他货物。

(3) 零税率：主要是针对货物出口时进行退税的情况，一方面在货物报关出口销售时不征税，另一方面还要对该出口货物在以前各经营环节承担的增值税予以全部退还，使其以不含税价格进入国际市场。

(4) 征收率：主要是针对小规模纳税人而言，一律是3%。

(5) 试点新增税率11%①：主要针对试点地区的交通运输业、建筑业等。

(6) 试点新增税率6%：主要是指试点地区的除有形动产的租赁服务之外的其他部分现代服务业，比如陆路运输服务、水路运输服务、航空运输服务、管道运输服务、研发和技术服务、信息技术服务、文化创意服务、物流辅助服务、鉴证咨询服务等。

4. 增值税的计算与缴纳

(1) 一般纳税人应缴纳税额的计算，公式如下：

当期应纳税额＝当期销项税额－当期进项税额

销项税额＝销售额×税率

增值税是价外税，因此计税的销售额是不含税的销售额，如果含税的话，应首先换算成不含税的销售额，然后再使用上述公式计算。换算公式如下：

销售额＝含税销售额÷（1+增值税税率）

(2) 小规模纳税人应纳税额的计算。一般情况下，按照简易办法计算，不得抵扣进项税额，公式为：

应纳税额＝销售额×征收率

小规模纳税人一般纳税人取得的销售额所包含的内容是一样的，都是不包含增值税税额，如果包含的话，则销售额＝含税销售额÷（1+增值税征收率）。

(3) 进口货物应纳税额的计算。凡申报进入中国海关境内的货物均征收增值税。具体计算方法如下：

应纳税额＝组成计税价格×税率（税率与内销货物一样：17%或13%）

组成计税价格＝关税完税价格+关税+消费税（如果进口货物不属于消费税的范围，则组成计税价格不需要加上消费税的项目）

5. 增值税的税收优惠

(1) 增值税的起征点，是指开始征税的起点。当销售额未达到起征点时，免征增值税；超过起征点时，则全额征税。增值税的起征点只适用于个人。

---

① 本部分主要是针对前述新试点地区的"营业税改增值税"方案而言。后文中所述的营业税部分亦同。

增值税起征点的幅度规定如下：销售货物的，为月销售额5000~20000元；销售应税劳务的，为月销售额5000~20000元；按次纳税的，为每次（日）销售额300~500元。省、自治区、直辖市财政厅（局）和国家税务局应在规定的幅度内，根据实际情况确定本地区适用的起征点，并报财政部、国家税务总局备案。

（2）增值税的免税项目。增值税的减免税权属于国务院，任何部门、地区不得私自规定减免税项目。根据《增值税暂行条例》的规定，下列项目免征增值税：①农业生产者销售的自产农业产品；②避孕药品和用具；③向社会收购的古旧图书；④直接用于科学研究、科学实验的进口仪器、设备；⑤外国政府、国际组织无偿援助的进口物资和设备；⑥对符合国家产业政策要求的国内投资项目，在投资总额内进口的自用设备；⑦由残疾人组织直接进口供残疾人专用的物品；⑧销售自己使用过的除游艇、摩托车、应征消费税的汽车以外的物品。兼营免税、减税项目的，应当单独核算减税、免税项目的销售额；未单独核算销售额的，不得免税、减税。

此外，根据2012年起试点的《营业税改增值税试点方案》相关规定，下列项目在试点地区免征增值税①：①个人转让著作权；②残疾人个人提供应税服务；③航空公司提供飞机播洒农药服务；④试点纳税人提供技术转让、技术开发和与之相关的技术咨询、技术服务；⑤符合条件的节能服务公司实施合同能源管理项目中提供的应税服务；⑥自2012年1月1日起至2013年12月31日，注册在上海的企业从事离岸服务外包业务中提供的应税服务；⑦台湾航运公司从事海峡两岸海上直航业务在大陆取得的运输收入；⑧台湾航空公司从事海峡两岸空中直航业务在大陆取得的运输收入；⑨美国ABS船级社在非营利宗旨不变、中国船级社在美国享受同等免税待遇的前提下，在中国境内提供的船检服务；⑩随军家属就业；⑪军队转业干部就业；⑫城镇退役士兵就业；⑬失业人员就业。

【案例12-1】

2011年2月，山东省济南市政协委员、某面粉公司副总经理兼总工程师潘某某在济南市两会上提案建议降低"馒头税"，引发社会广泛关注。据悉，这已是潘委员连续3年在济南市两会上的提案。其实，所谓的馒头税指的是对馒头生产企业征收的增值税，而并非是专门开征的"馒头税"。由此引发了公众对中小企业增值税征收的思考。

（二）营业税法

营业税法，是指由国家制定的，调整在营业税的征收与管理过程中所产生的各种社会关系的法律规范的总称。现行基本法规有《营业税暂行条例》、《营业税暂行条例实施细则》。

1. 营业税的纳税人

营业税的纳税人是指在我国境内提供应税劳务、转让无形资产或者销售不动产的单位

---

① 根据《交通运输业和部分现代服务业营业税改征增值税试点过渡政策的规定》，此税收优惠政策的审批期限为2011年1月1日至2013年12月31日，以试点纳税人到税务机关办理减免税手续之日起作为优惠政策起始时间。税收优惠政策在2013年12月31日未执行到期的，可继续享受至3年期满为止。

和个人。

2. 营业税的征税范围

营业税的征税范围包括在我国境内提供应税劳务、转让无形资产、销售不动产。

营业税与增值税有相同甚至交叉之处，但是两者的侧重点不同，增值税侧重货物销售，而营业税侧重劳务方面。

3. 营业税的税率

按照行业的不同设置了四档税率①：

（1）交通运输业、建筑业、邮电通信业、文化体育业为3%。

（2）服务业、转让无形资产、销售不动产为5%。

（3）金融保险业5%。

（4）娱乐业为5%～20%，具体适用由各地按照实际情况在幅度内决定。其中，自2001年起，夜总会、歌厅、舞厅、射击、狩猎、跑马、游戏、高尔夫、游艺、电子游戏厅等娱乐行为一律是20%营业税；自2004年起，保龄球、台球减按5%征收营业税，税目还是属于娱乐业。

4. 营业税应纳税额的计算

应纳税额＝营业额（转让额或者销售额）×税率

5. 营业税的税收优惠

（1）营业税的起征点。营业税起征点的适用范围仅限于个人。营业税起征点的幅度规定如下：若是按期纳税的，为月营业额1000～5000元；若是按次纳税的，为每次（日）营业额100元。地方税务机关在此幅度内自行确定本地区的起征点。

（2）营业税的减免。下列项目免征营业税：

①托儿所、幼儿园、养老院、残疾人福利机构提供的育养服务，婚姻介绍、殡葬服务；②残疾人员个人提供的劳务；③医院、诊所和其他医疗机构提供的医疗服务；④学校和其他教育机构提供的教育劳务，学生勤工俭学提供的劳务；⑤农业机耕、排灌、病虫害防治、植物保护、农牧保险以及相关技术培训业务，家禽、牲畜、水生动物的配种和疾病防治；⑥纪念馆、博物馆、文化馆、文物保护单位管理机构、美术馆、展览馆、书画院、图书馆举办文化活动的门票收入，宗教场所举办文化、宗教活动的门票收入；⑦境内保险机构为出口货物提供的保险产品。

（三）消费税法

消费税法是指由国家制定的，调整在消费税的征收与管理过程中所产生的各种社会关系的法律规范的总称。现行基本法规有《中华人民共和国消费税暂行条例》（以下简称《消费税暂行条例》）、《中华人民共和国消费税暂行条例实施细则》、《关于调整和完善消费税政策的通知》等。

1. 消费税的纳税人

消费税的纳税人是指在我国境内从事生产、委托加工和进口《消费税暂行条例》中

---

① 此处的税率主要是指全国范围内适用的。因此，本书没有将《营业税改征增值税试点方案》中涉及的试点地区的"交通运输业、建筑业等"删除。

规定的应税消费品的单位和个人,以及国务院确定的销售《消费税暂行条例》规定的应税消费品的其他单位和个人。

2. 消费税的征税范围

一般情况下,消费税主要是针对特定的消费品和消费行为征收。我国目前主要是针对部分消费品进行征收,根据相关规定,主要包括以下14种消费品:(1)烟,包括卷烟、雪茄烟和烟丝;(2)酒及酒精;(3)化妆品;(4)贵重首饰及珠宝玉石;(5)鞭炮、焰火;(6)成品油;(7)汽车轮胎;(8)小汽车;(9)摩托车;(10)高尔夫球及球具;(11)高档手表;(12)游艇;(13)木制一次性筷子;(14)实木地板。

这些消费税的税目或体现了"寓禁于征"的精神,如烟、酒等;或体现了"节约能源"、"向富人课税"的精神,如小汽车、游艇等。

3. 消费税的税率

现行消费税按从价征税和从量征税分别实行比例税率和定额税率两种。其中,除了黄酒、啤酒、汽油、柴油四种实行定额税率,白酒、卷烟实行比例税率和定额税率的复合征收外,其他应税消费品实行比例税率,最低税率为3%,最高税率为45%。

4. 消费税应纳税额的计算

(1)实行从价定率办法计算的应纳税额=应税消费品的销售额×比例税率

(2)实行从量定额办法计算的应纳税额=应税消费品的销售数量×定额税率

5. 消费税的税收优惠

消费税一般不给予减免税优惠,除了极少数情况下:(1)对纳税人出口应税消费品,免征消费税,国务院另有规定的除外。出口应税消费品的免税办法,由国务院财政、税务部门规定。(2)纳税人自产自用的应税消费品,用于连续生产应税消费品的,不纳税。比如,将自产的酒精用于生产白酒不用缴纳消费税;而将自产的米酒作为福利发给本单位的员工就应该缴纳消费税。(3)委托加工的应税消费品直接出售的,不再缴纳消费税。

二、财产税法律制度

(一)房产税法

房产税,是指以房产为征税对象,按照房产的计税价值或者租金收入向房产的所有权人征收的一种税。我国现行的房产税法律规范主要是1986年10月1日起施行的《中华人民共和国房产税暂行条例》(以下简称《房产税暂行条例》)。

1. 房产税的纳税人

房产税的纳税人是指产权所有人、经营管理单位、承典人、房产代管人或者使用人。

具体来说,产权属于国家所有的,以经营管理的单位为纳税人;产权属于集体和个人所有的,以集体单位和个人为纳税人;产权属于产权出典的,以承典人为纳税人;产权所有人、承典人不在房产所在地的或者产权未确定及租典纠纷未解决的,以房产代管人或者使用人为纳税人。自2009年1月1日起,外商投资企业、外国企业和组织以及外籍个人,依照《房产税暂行条例》缴纳房产税。

2. 房产税的征税范围

房产税的征税范围主要是我国境内的房屋,具体来说是指在城市、县城、建制镇和工矿区的房屋，不包括农村的房屋。

3. 房产税的计税依据

我国现行房产税采用比例税率，分为从价计征和从租计征。从价计征的，税率为1.2%，即依照房产原值一次减除10%~30%（具体减除幅度，由省、自治区、直辖市人民政府规定）后余值的1.2%计征；从租计征的，税率为12%，即依照房屋所有权人出租房屋使用权所得报酬的12%计征。自2001年1月1日起，对个人按照市场价格出租的居民住房，其房产税减按4%的税率征收。

4. 房产税的税收优惠

按照《房产税暂行条例》的规定，下列房产免纳房产税：（1）国家机关、人民团体、军队自用的房产；（2）由国家财政部门拨付事业经费的单位自用的房产；（3）宗教寺庙、公园、名胜古迹自用的房产；（4）个人所有非营业用的房产；（5）经财政部批准免税的其他房产。除上述可以减免的事项外，如果纳税人纳税确有困难的，可由省、自治区、直辖市人民政府确定，定期减征或者免征房产税。

5. 中国房产税的改革试点

作为一种特殊的财产税，自20世纪80年代颁布以来，房产税在现实中发挥的作用很有限。近年来，随着房价居高不下，在老百姓承受高房价的压力下，国家逐步开始着手对房产税进行改革试点，以期在一定程度上抑制房价的过高、过快增长。

2011年1月28日，国务院决定在重庆、上海开始试点对部分个人住房征收房产税，开创了我国住房制度改革以来向个人拥有住房征收财产税的先河，是我国房产税改革历程中的重要发展。根据《上海市开展对部分个人住房征收房产税试点的暂行办法》，从1月28日起对上海居民家庭新购第二套及以上住房和非上海居民家庭的新购住房征收房产税，税率根据房价高低分别暂定为0.6%和0.4%。根据《重庆市人民政府关于进行对部分个人住房征收房产税改革试点的暂行办法》，自1月28日起对个人拥有的独栋商品住宅、个人新购的高档住房以及在重庆市同时无户籍、无企业、无工作的个人新购的第二套（含第二套）以上的普通住房征收房产税。其中，独栋商品住宅和高档住房建筑面积交易单价在上两年主城九区新建商品住房成交建筑面积均价3倍以下的住房，税率为0.5%；3倍（含3倍）~4倍的，税率为1%；4倍（含4倍）以上的税率为1.2%。在重庆市同时无户籍、无企业、无工作的个人新购第二套（含第二套）以上的普通住房，税率为0.5%。

（二）车船税法

车船税，是对我国境内拥有车辆、船舶的单位和个人所征收的一种财产税。我国现行的车船税征收依据是2012年1月1日起正式实施的《中华人民共和国车船税法》（以下简称《车船税法》）和《中华人民共和国车船税法实施条例》。

1. 车船税的纳税人

按照我国现行法律规定，凡是在我国境内的车辆、船舶的所有人或者管理人均为车船税的纳税义务人。此处所述车船管理人是指实践中一些对车船拥有管理使用权，而所有权却属于国家机关单位。

2. 车船税的征税对象

车船税的征税对象是指车辆和船舶。具体来说包括依法应当在车船登记管理部门登记的机动车辆和船舶和依法不需要在车船登记管理部门登记的在单位内部场所行驶或者作业的机动车辆和船舶。

3. 车船税的税额

车船税的适用税额，按照《车船税法》所附的《车船税税目税额表》执行。具体来说，对车辆征税遵循两个原则：乘用车依排气量从小到大递增税额；客车按照核定载客人数20人以下和20人（含）以上两档划分，递增税额。将船舶区分为机动船舶和游艇，分别按照净吨位和艇身长度进行征收。

4. 车船税的税收优惠

根据《车船税法》的规定，对以下车船免征车船税：（1）捕捞、养殖渔船；（2）军队、武装警察部队专用的车船；（3）警用车船；（4）依照法律规定应当予以免税的外国驻华使领馆、国际组织驻华代表机构及其有关人员的车船。此外，对节约能源、使用新能源的车船可以减征或者免征车船税；对受严重自然灾害影响纳税困难以及有其他特殊原因确需减税、免税的，可以减征或者免征车船税。具体办法由国务院规定，并报全国人民代表大会常务委员会备案。省、自治区、直辖市人民政府根据当地实际情况，可以对公共交通车船，农村居民拥有并主要在农村地区使用的摩托车、三轮汽车和低速载货汽车定期减征或者免征车船税。

三、所得税法律制度

(一) 企业所得税法

1. 企业所得税及企业所得税法的含义

企业所得税，是指对一国境内的所有企业在一定时期内的生产经营所得和其他所得等收入，进行法定的生产成本、费用和损失等扣除后的余额所征收的一种税。

企业所得税法，是指由国家制定的，调整在企业所得税的征收和管理过程中所产生的各种社会关系的法律规范的总称。有些国家也称之为公司所得税、法人税等。

我国现行的基本规范是2007年3月16日第十届全国人民代表大会第五次会议通过的《中华人民共和国企业所得税法》（以下简称《企业所得税法》）和2007年11月28日国务院公布的《中华人民共和国企业所得税法实施条例》。

2. 企业所得税的纳税人

根据《企业所得税法》第2条的规定，我国企业所得税的纳税人主要分为居民企业和非居民企业。

（1）居民企业，包括依照中国法律在中国境内成立的企业；依照外国（地区）法律成立但实际管理机构在中国境内的企业。

（2）非居民企业，包括依照外国（地区）法律成立且其实际管理机构不在中国境内，但在中国境内设立机构、场所的；在中国境内未设立机构、场所，但有来源于中国境内所得的企业。

个人独资企业和合伙企业不适用于《企业所得税法》。

3. 企业所得税的征税对象

企业所得税的征税对象为企业每一纳税年度的收入总额，减除不征税收入、免税收入、各项扣除以及允许弥补的以前年度亏损后的余额，也就是应纳税所得额。

4. 企业所得税的税率

企业所得税的基本税率是25%。

非居民企业在中国境内未设立机构、场所的，或者虽设立机构、场所但取得的所得与其所设机构、场所没有实际联系的，就其来源于中国境内的所得缴纳企业所得税，税率是20%。

5. 企业所得税的应纳税额

应纳税额＝应纳税所得额×适用税率

6. 企业所得税的税收优惠

《企业所得税法》实行"以产业优惠为主、区域优惠为辅"的税收优惠体系。具体如下：

（1）企业的下列收入为免税收入：①国债利息收入；②符合条件的居民企业之间的股息、红利等权益性投资收益；③在我国境内设立机构、场所的非居民企业从居民企业取得与该机构、场所有实际联系的股息、红利等权益性投资收益；④符合条件的非营利组织的收入。

（2）企业的下列所得，可以免征、减征企业所得税：①从事农、林、牧、渔项目的所得；②从事国家重点扶持的公共基础设施项目投资经营的所得；③从事符合条件的环境保护、节能节水项目的所得；④符合条件的技术转让所得；⑤非居民企业在中国境内未设立机构、场所，但取得来源于中国境内的所得，或者虽设立机构、场所但取得的所得与其所设机构、场所没有实际联系的，原则上减按20%的税率征收企业所得税。

（二）个人所得税法

1. 个人所得税和个人所得税法的概念

个人所得税，是指以个人（即自然人）所得为征收对象的一种税。现行所得税是中、外籍人员统一适用的所得税。

个人所得税法，是指由国家制定的，调整在个人所得税的征收与管理过程中所产生的各种社会关系的法律规范的总称。

我国现行的基本法规是2011年9月1日起实施的《中华人民共和国个人所得税法》（以下简称《个人所得税法》）和2011年9月1日起实施的《中华人民共和国个人所得税法实施条例》。

2. 个人所得税的纳税人

根据住所和时间的标准，我国《个人所得税法》将个人所得税的纳税人分为居民纳税人和非居民纳税人。

居民纳税人，是在中国境内有住所，或者无住所而在境内居住满1年的个人。居民纳税人负有无限纳税义务，即其所取得的应纳税所得，无论是来源于中国境内还是中国境外任何地方，都要在中国境内缴纳个人所得税。

非居民纳税人，是在中国境内无住所又不居住或者无住所而在境内居住不满1年的个人。非居民纳税人负有有限纳税义务,仅就其从中国境内取得的所得纳税。

3. 个人所得税的征税对象

我国《个人所得税法》第2条列举了11种应税所得项目:
(1) 工资、薪金所得;(2) 个体工商户的生产、经营所得;(3) 对企事业单位的承包经营、承租经营所得;(4) 劳务报酬所得;(5) 稿酬所得;(6) 特许权使用费所得;(7) 利息、股息、红利所得;(8) 财产租赁所得;(9) 财产转让所得;(10) 偶然所得;(11) 经国务院财政部门确定征税的其他所得。

4. 个人所得税的税率

(1) 工资、薪金所得,适用3%~45%的7级超额累进税率,按月应纳税所得额计算征收。

(2) 个体工商户的生产、经营所得和对企事业单位的承包经营、承租经营所得,适用5%~35%的5级超额累进税率,按全年应纳税所得额计算征收。

(3) 其他所得。劳务报酬所得,特许权使用费所得,财产租赁所得,财产转让所得,利息、股息、红利所得,偶然所得和其他所得,适用20%的比例税率;稿酬所得,适用比例税率,为20%,并按应纳税额减征30%,所以稿酬所得的实际适用税率是14%。

5. 个人所得税的应纳税额

(1) 工资、薪金所得的应纳税额计算公式:

应纳税额=应纳税所得额×适用税率-速算扣除数=(每月收入额-3500或4800)×适用税率-速算扣除数

由于工资、薪金的税率采用的是超额累进税率,计算比较麻烦,因此,采用速算扣除数的计算方法,可以简化计算过程。速算扣除数是按照全额累进税率法计算的数额减去按照超额累进税率法计算的数额之差。

(2) 个体工商户的生产、经营所得的应纳税额计算公式:

应纳税额=应纳税所得额×适用税率-速算扣除数=(全年收入总额-成本、费用和损失)×适用税率-速算扣除数

扣除标准是由各省、自治区、直辖市地方税务机关确定。此处的速算扣除数计算方法与上述工资、薪金处类似。

(3) 对企事业单位的承包经营、承租经营所得的应纳税额计算公式:

应纳税额=应纳税所得额×适用税率-速算扣除数

(4) 劳务报酬所得的应纳税额计算公式:

每次收入不足4000元的应纳税额=应纳税所得额×适用税率=(每次收入额-800)×20%

每次收入在4000元以上的应纳税额=应纳税所得额×适用税率=每次收入额×(1-20%)×20%

对劳务报酬所得一次收入畸高的,实行加成征收。

(5) 特许权使用费和财产租赁所得的应纳税额计算公式:

每次收入不足4000元的应纳税额=应纳税所得额×适用税率=(每次收入额-800)×20%

每次收入在4000元以上的应纳税额=应纳税所得额×适用税率=每次收入额×(1-20%)×20%

(6) 稿酬所得的应纳税额计算公式：

每次收入不足4000元的应纳税额＝应纳税所得额×适用税率×（1-30%）＝（每次收入额-800）×20%×（1-30%）

每次收入超过4000元的应纳税额＝应纳税所得额×适用税率×（1-30%）＝每次收入额×（1-20%）×20%×（1-30%）

(7) 财产转让所得的应纳税额计算公式：

应纳税额＝应纳税所得额×适用税率＝（收入总额-财产原值-合理费用）×20%

(8) 偶然所得和利息、股息、红利所得的应纳税额计算公式：

应纳税额＝应纳税所得额×适用税率＝每次收入×20%

6. 个人所得税的税收优惠

(1) 免纳个人所得税的情形。

根据《个人所得税法》第4条的规定，下列各项个人所得，免纳个人所得税：①省级人民政府、国务院部委和中国人民解放军军以上单位，以及外国组织、国际组织颁发的科学、教育、技术、文化、卫生、体育、环境保护等方面的奖金；②国债和国家发行的金融债券利息；③按照国家统一规定发给的补贴、津贴；④福利费、抚恤金、救济金；⑤保险赔款；⑥军人的转业费、复员费；⑦按照国家统一规定发给干部、职工的安家费、退职费、退休工资、离休工资、离休生活补助费；⑧依照我国有关法律规定应予免税的各国驻华使馆、领事馆的外交代表、领事官员和其他人员的所得；⑨中国政府参加的国际公约、签订的协议中规定免税的所得；⑩经国务院财政部门批准免税的所得。

(2) 减征个人所得税的情形。

根据《个人所得税法》第5条的规定，有下列情形之一的，经批准可以减征个人所得税：①残疾、孤老人员和烈属的所得；②因严重自然灾害造成重大损失的；③其他经国务院财政部门批准减税的。

【案例12-2】

某大学教师龚某2011年收入情况如下①：

(1) 每月工资收入4000元；

(2) 完成法学学术专著一部，获得稿酬10000元；

(3) 为某公司进行广告设计，取得报酬5000元；

(4) 年底时，其撰写的法学专著获得教育部颁发的科研成果奖，取得奖金6000元；

(5) 因家中失窃，获得保险公司赔偿12万元。

请根据上述资料计算龚某当年应缴纳的个人所得税。

解析：（1）龚某每月工资所得应纳个人所得税为：

(4000-2000)×15%-125＝175（元）

2011年全部工资所得应纳个人所得税为：

175×12＝2100（元）；

---

① 《经济法概论（财经类）》，中华工商联合出版社、华中师范大学出版社2010年版．

（2）龚某稿酬所得应纳个人所得税为：
10000×（1-20%）×20%×（1-30%）= 1120（元）
（3）龚某广告设计所得应纳个人所得税为：
5000×（1-20%）×20% = 800 元
（4）龚某所获教育部奖可以免征个人所得税。
（5）龚某因家中失窃获得的保险金应纳个人所得税为：
120000×20% = 24000（元）
龚某 2011 年应缴纳的个人所得税为：
2100+1120+800+24000 = 28020（元）

第三节　税收程序法

一、税收征管法

（一）税收征管法概述

税收征管法，是指国家制定的，调整在税收的征收与管理过程中所产生的各种社会关系的法律规范的总称。我国的现行的法律规范主要是《中华人民共和国税收征收管理法》（以下简称《税收征收管理法》）、《中华人民共和国税收征收管理法实施细则》。其中，《税收征收管理法》第 2 条明确规定："凡依法由税务机关征收的各种税收的征收管理，均适用本法。"

（二）税务征管具体制度

1. 税务登记制度

税务登记，又称为纳税登记，是指税务机关对纳税人、扣缴义务人的生产、经营活动依法进行登记并据此对纳税人、扣缴义务人实施税务管理的一种法定制度。它是税务机关对纳税人、扣缴义务人实施税务管理的首要环节和基础工作，是征纳双方建立税务联系的开始。在我国，税务登记是纳税人、扣缴义务人必须依法履行的义务。

根据税务登记的内容不同，可以分为：开业税务登记；变更税务登记；停业、复业税务登记；注销税务登记；其他税务登记。

2. 纳税申报制度

纳税申报，是指纳税人按照税法的规定，向征税机关提交有关纳税事项书面报告的一种法定行为。在现代税收征管模式下，纳税申报是确定纳税人的应纳税额，采集纳税人信息并对纳税人实施税务审计的重要前提和基础。纳税人发生纳税义务后，不论是固定业户还是临时经营者，无论是企业、单位还是个人，无论是否享有减免税待遇，都应在税法规定的期限内到主管税务机关进行纳税申报。

按照我国《税收征收管理法》的规定，纳税申报的主体主要包括四大类：第一类是负有纳税义务的单位和个人，应在发生纳税义务之后，按照税法规定的期限，向主管税务机关办理纳税申报；第二类是取得临时应税收入或者发生应税行为的纳税人，在发生了纳税义务之后,应当向经营地税务机关办理纳税申报和缴纳税款;第三类是享有减税、免税待遇的纳税人,在减免税期间也应当按照规定办理纳税申报;第四类是扣缴义务人作为间接负有纳税义务的单位和个人,也必须依法在规定的期限内报送代扣代缴、代收代缴税款报告表以及依法应当报送的其他材料。

随着通信技术的发展,纳税申报的方式也呈现多元化的趋势,根据我国税法的规定,目前纳税申报方式主要有以下几种方式:直接申报方式、邮寄申报方式、电话语音、电子数据交换和网络传输的电子申报方式等。

3. 税收保全制度

税收保全制度,是指税务机关对可能由于纳税人的行为或者某种客观原因,造成应纳税款不能得到有效保证或者难以保证的情况下,采取限制纳税人处理或者转移其商品、货物或者其他财产措施的制度。可以采取税收保全措施的纳税人是从事生产经营的纳税人,不包括非从事生产经营人、扣缴义务人和担保人。这既体现了依法征收的根本原则,又保障了能够及时有效征收税款。

(1) 税收保全适用条件:①税务机关有根据认为从事生产、经营的纳税人有逃避纳税义务的行为;②纳税人转移、隐匿财产;③纳税人不能提供纳税担保的;④纳税机关采取税收保全措施的,应当经县以上税务局(分局)局长批准。

(2) 税收保全措施:①书面通知纳税人开户银行或者其他金融机构冻结纳税人的金额相当于应纳税款的存款;②扣押、查封纳税人的价值相当于应纳税款的商品、货物或者其他财产。在执行税收保全措施时,税务机关除了要依照法定权限和法定程序进行外,还要充分考虑到纳税人个人和其所扶养家属维持生活所必需的住房和用品的排除,一般情况下,对于单价在 5000 元以下的其他生活用品,也不得采取税收保全措施。

二、税收救济法

有权利必有救济。税收救济是纳税人、扣缴义务人和其他税收当事人依法维护自己合法权益的有效途径和机制,它以存在税务行政争议为前提,以保护税务行政相对人的合法权益为目的,主要包括税收行政复议、税收行政诉讼和税收行政赔偿三种形式。

税收行政复议,是指由作出税务具体行政行为的税务机关的上一级税务机关,对原税务具体行政行为进行内部审查、处理的行政活动。

税收行政诉讼,是指由人民法院审理税收争议的一系列活动。

税收行政赔偿,是指税务机关及其工作人员违法行使职权,侵犯税收相对人的合法权益并给其造成损害,由国家承担赔偿责任,由致害的税务机关作为赔偿义务机关代表国家予以赔偿的一项法律救济制度。

【案例 12-3】

2011 年 10 月,有着"中国童装名镇"之称的浙江省湖州市织里镇发生一起因征税引发的群体性事件。事件的起因是织里镇税务部门对童装业主根据其拥有的缝纫机的数量为基数核定征收营业税和个人所得税,人称"机头税"。虽然征收"机头税"符合《税收征收管理法》第 35 条和第 37 条有关核定征收的规定,但是却存在着税收执法不透明、征税主体随意变更等税收征管过程中的程序性问题。

【思考题】

1. 结合身边案例，请阐述你对税收的基本认识。
2. 请简要比较增值税一般纳税人与小规模纳税人的区别。
3. 结合所学知识，请思考房产税在沪、渝两地的实施意义何在？
4. 请结合《车船税法》出台的背景，简述《车船税法》出台的重要意义。
5. 某纺织厂为增值税一般纳税人，2011年经营情况如下：

（1）该厂将生产的一批羊绒面料作为春节礼物发给职工，按同规格纺织品的同期销售价格计算的销售额为30万元；

（2）销售真丝面料30000匹，含税销售收入为351万元；

（3）收购棉花一批，作为生产的原材料，共计15万元；

（4）向外地经销商销售绸缎一批，由A公司负责运输，绸缎销售额为30万元，收到A公司开具发票上注明运费1.98万元；

（5）该厂从B生产企业（小规模纳税人）购进生产线一批，价款为6万元，未取得增值税专用发票。

请计算纺织厂当月应纳的增值税税额。

第十三章 劳 动 法

【重难点提示】 劳动法的基本概念；劳动法的调整对象；劳动保护制度；劳动合同的解除与终止；劳动争议的仲裁法律制度。

第一节 劳动法概述

一、劳动法的概念

劳动法作为我国社会主义法律体系中的一个重要法律部门，它是调整劳动关系以及与劳动关系有密切联系的其他社会关系的法律。制定劳动法的目的主要在于，通过调整劳动关系及其他关系，以保护劳动者的合法权益，建立和维护适应社会主义市场经济的劳动制度，促进经济发展和社会进步。

（一）劳动法的主要内容

劳动法是资本主义发展到一定阶段而产生的法律部门。它是从民法中分离出来的一个独立的法律部门。劳动法的主要内容包括：劳动者的主要权利和义务；劳动就业方针政策及录用职工的规定；劳动合同的订立、变更与解除程序的规定；集体合同的签订与执行办法；工作时间与休息时间制度；劳动报酬制度；劳动卫生和安全技术规程等。

（二）劳动法的作用

一般来说，劳动法的作用主要包括：完善劳务市场与用工制度，实现劳动力的合理流动，改变原有的分配体制，兼顾按劳取酬、效益优先的原则与社会公平原则，加快社会保障制度的改革，实现劳动部门的职能转变，适应市场经济条件下企业劳动关系多元化、企业化调整与规范的需要，建立职工参与、集体谈判、调解、仲裁等劳动关系协调制度，为保障劳动力市场顺利运行提供一套预防和化解劳动关系当事人双方矛盾的有效机制。

二、劳动法的起源和发展

劳动关系是伴随着社会发展而产生的，调整劳动关系的法律则要追溯到公元前18世纪。古巴比伦王国的《汉谟拉比法典》中就有关于奴隶主与奴隶的关系的规定。公元前5世纪中叶，罗马共和国颁布的"十二铜表法"也确认了奴隶主对奴隶的统治。无论是奴隶主与奴隶的关系，还是封建主与农奴的关系，其共同的特点是不存在独立的劳动关系，因此不存在独立的劳动法规。

在资本主义制度下，资产阶级政府除了用民法调整劳动关系以外，还制定了一些"劳工法规"来调整劳动关系。而在资本主义社会中，劳动关系是获得人身自由的工人与占有生产资料的资本家之间发生的劳动关系，这种劳动关系是一种劳动力的买卖关系。在资本主义的原始积累时期，资产阶级国家经常颁布法规强迫工人劳动，最大限度地延长劳动者的工作时间。

18世纪末至19世纪初，无产阶级反对资产阶级的斗争由自发性的运动发展到有组织和自觉的运动，工人强烈要求废除原有的"劳工法规"。自此，工人运动成为现代劳动法产生的客观条件。在英国，现代劳动法发展的第一个重要阶段是1802年《学徒健康与道德法》。在此之前"劳工法规"都是为了加强对劳动者的剥削而制定的，但这一新的法规却有了质的变化，它是为了保护工人利益而制定的，从此翻开了劳动法立法史的新一页。

劳动立法的形式多样，世界各国一般都提出制定劳动法典的要求，各种类型的国家也相继有了自己的劳动法。经过形式的发展和转变，劳动法越来越受到各国的重视，在世界各国的法律体系中占据了十分重要的地位。而且国际劳动立法也逐步被大多数国家所认可和支持，发挥着极其重要的作用。

三、劳动法的特征

（一）劳动法的基本价值取向是侧重保护劳动者

劳动关系是一种不平等的关系，资本的巨大支配力很容易把劳动者变成它的附属，因此侧重保护劳动者是劳动法与生俱来的使命。

（二）强制性规范与任意性规范相结合，以强制性规范为主

劳动法大多属于强制性规范，尤其是劳动基准法，它是国家对用人单位设定的义务，用人单位必须严格遵守，不能降低标准，只能在最低标准之上给予劳动者更好的劳动条件和工资福利待遇。

（三）实体法和程序法相统一

劳动法本身既有实体性法律规范，也有程序性法律规范，这是由劳动法的特殊性所决定的。由于劳动争议具有复杂性和特殊性，劳动争议的解决程序也有不同于普通民事纠纷和商事仲裁的特点，因此必须专门作出规定。

四、劳动法的渊源

劳动法的渊源主要有：作为国家根本大法、劳动法立法依据的《中华人民共和国宪法》；作为劳动法主要的、基本的表现形式的《中华人民共和国劳动法》（于1994年7月5日第八届全国人民代表大会常务委员会第八次会议通过，1995年1月1日正式实施，以下简称《劳动法》）；由全国人民代表大会及其常务委员会制定并颁布、专门调整劳动关系的法律；国务院根据宪法和法律，制定的调整劳动法律关系的行政法规；省、自治区、直辖市的人民代表大会及其常务委员会根据本行政区域的具体情况和实际需要，在不与宪法、法律、行政法规相抵触的前提下，制定的调整劳动法律关系的地方性法规；由最高人民法院在审理劳动争议案件中对于如何正确适用劳动法律规范所作的解释；经我国政府批准的具有法律效力的国际劳工公约。

五、劳动法的调整对象

（一）劳动关系

劳动法的主要调整对象是劳动关系，但并非所有社会劳动关系均由劳动法调整，劳动法调整的劳动关系是狭义的，一般是指劳动者与用人单位之间在实现劳动过程中发生的社会关系。其特点为：

1. 劳动关系的当事人是特定的，一方是劳动者，另一方是用人单位

劳动者只能是自然人，是劳动力的所有者，可以释放其脑力和体力的劳动能力以从事物质创造和完成其他工作任务。在我国劳动者包括在法定劳动年龄内具有劳动能力的我国公民、外国人、无国籍人。用人单位是指使用和管理劳动者并付给其劳动报酬的单位。

2. 劳动关系是在实现劳动过程中发生的社会关系

劳动关系是在职业劳动、集体劳动、工业劳动过程中发生的社会关系，非个人劳动、农业劳动和家庭劳动关系。

所谓实现劳动过程，就是劳动者参加到某一用人单位中去劳动，使劳动者与用人单位提供的生产资料、工作条件相结合。强调劳动过程，就是强调劳动力和生产资料相结合的生产过程，从而与物物交换的实现过程相区别。在我国，劳动法所调整的劳动关系产生于职业劳动、集体劳动和工业劳动过程中，非单位的个人雇佣关系和农业劳动关系、家庭成员的共同劳动关系不由劳动法调整。

3. 劳动关系具有人身、财产关系的属性

劳动者向用人单位提供劳动力，就是将其人身在一定限度内交给用人单位支配，因而劳动关系具有人身属性。这一属性决定了劳动者必须亲自履行劳动义务，并应遵守用人单位的内部劳动规则，按照劳动力使用者的要求进行劳动。劳动关系具有财产关系的属性，是指劳动者有偿提供劳动力，用人单位向劳动者支付劳动报酬，由此缔结的社会关系具有财产关系的性质。

4. 劳动关系具有平等、从属关系的属性

在市场经济条件下，劳动关系是通过现代契约形式——劳动合同确定的，双方当事人在建立变更或终止劳动关系时，依照平等、自愿、协商原则进行，因而劳动关系具有平等关系的属性。但由于双方力量的不平等，劳动关系存在着事实上的不平等，一般而言，劳动者处于相对弱势地位。同时劳动关系具有从属性，劳动关系一经确立，劳动者成为用人单位的职工，与用人单位存在身份、组织和经济上的从属关系。

（二）与劳动关系密切联系的其他关系

劳动法除了调整劳动关系以外，它还承担着调整与劳动关系密切联系的其他关系。这些关系本身并不是劳动关系，但是它们都与劳动关系有着密不可分的联系。在我国的法律体系中，这些关系主要包括：（1）处理劳动争议而发生的关系；（2）执行社会保险方面的关系；（3）监督劳动法律、法规的执行方面的关系；（4）工会组织与企业、事业单位、国家机关之间的关系；（5）在劳动管理方面发生的关系。这些关系与劳动关系共同构成我国劳动法的调整对象。

六、劳动法律关系

(一) 劳动法律关系的概念

劳动法律关系是指劳动法律法规在调整劳动关系的过程中形成的法律上的劳动权利和义务关系,是劳动关系在法律上的表现。劳动法律关系是一种权利义务关系,企业、事业单位、国家机关、社会团体、个体经济组织与职工之间根据劳动法各自享有的法律上的权利与义务。在我国,只有合法的劳动关系才受到法律保护,不符合国家法律规定的关系不具有劳动法律关系的形式,不受法律保护。

(二) 劳动法律关系的分类

在我国,按照生产资料所有制形式的不同,劳动法律关系可以划分为:(1) 全民所有制单位劳动法律关系;(2) 劳动人民群众集体所有制单位劳动法律关系;(3) 劳动者个体经营单位劳动法律关系;(4) 私营企业劳动法律关系;(5) 中外合资经营企业、中外合作经营企业劳动法律关系;(6) 外商独资经营企业劳动法律关系。

(三) 劳动法律关系的要素

劳动法律关系的要素包括三个方面:主体、内容、客体。

劳动法律关系的主体,一方是劳动者,必须是自然人,包括具有劳动能力的中国公民、外国人和无国籍人;另一方是用人单位,包括企业、事业、机关、团体、民办非企业单位等单位及个体经营组织。劳动法律关系的内容是指劳动法律关系的主体双方依法享有的权利和承担的义务,主要包括劳动者的权利与义务、法人的权利与义务。劳动法律关系的客体是劳动法律关系主体双方的权利义务共同指向的对象,即劳动者的劳动行为。

以下着重论述劳动法律关系的主体要素:

1. 劳动者

对于劳动者及其含义,不同国家及地区的立法有不同规定。在我国,劳动者是指具有劳动权利能力和劳动行为能力的公民。劳动权利能力是指依法享有劳动权利、承担劳动义务的资格或能力。我国《劳动法》第15条规定:"禁止用人单位招用未满16周岁的未成年人。"也就是说,我国法律规定公民的劳动权利能力始于16周岁。当然,16周岁以上公民的劳动权利能力还要受到户籍、职数、制度等因素的制约。劳动行为能力是公民以自己的行为依法行使劳动权利、履行劳动义务的能力。劳动行为能力受到年龄、健康、智力、行为自由等因素制约。

2. 用人单位

劳动法律关系的另一主体是用人单位,用人单位又称用工单位,是指具有用人权利能力和用人行为能力,使用1名以上职工并向职工支付工资的单位。用人单位的用人权利能力是指依法能够享有用人权利和承担用人义务的资格。用人单位的用人权利能力通常表现为国家允许使用劳动力的限度和要求用人单位为职工提供劳动条件的限度。根据现行规定和政策,制约用人单位用人权利能力的因素有职工编制和招工指标、职工录用基本条件、工资总额和最低工资标准、法定劳动时间和劳动安全卫生标准等。

用人单位的用人行为能力是指单位依法能够以自己的行为行使用人权利、履行用人义务的资格。用人单位只有具备一定的物质、技术和组织条件,足以按法定要求为职工提供必需的劳动条件、从而能够容纳一定职工并保障职工合法权益时，才能被视为具有用人行为能力。制约单位用人行为能力的因素有财产因素、组织因素等。

实践中，我们对于用人单位的认定经常参照《劳动法》及其实施意见的相关规定。用人单位可以分成以下几类：企业（包括全民所有制、集体所有制、私营企业）、个体经济组织（仅限于雇工在7人以下的个体工商户）、国家机关、事业单位、社会团体（包括行业协会、学会、联合会、研究会、联谊会、基金会、商会等民间组织）。除这些单位以外的其他主体不符合法律意义上用人单位的概念，不能成为劳动法律关系主体。

无营业执照的单位不具备法人资格，当然不能成为劳动法律关系的主体；被依法吊销营业执照、或被依法撤销登记备案的单位，只要企业法人资格未被注销的，仍然可以成为劳动法律关系的主体，成为劳动争议案件的当事人。另外，无论是劳动争议案件审理过程中还是劳动者就劳动争议向人民法院起诉时，企业法人被宣告破产的，均由依法成立的破产清算组作为用人单位。

（四）劳动法律关系的产生、变更、消灭

劳动法律关系的产生、变更、消灭，是指劳动关系产生、变更和消灭的条件。构成劳动法律关系产生、变更、消灭的依据是劳动法律事实。而劳动法中的法律事实，根据它是否包含当事人的意志，分为事件和行为。而且产生劳动法律关系的法律事实，只限于主体双方一致的合法意思表示，此外，法律事实中的事件或者违法行为也会引起劳动法律关系的变更、消灭。

（1）劳动法律关系的产生，是指劳动者同用人单位依据劳动法律规范和劳动合同约定，明确相互间的权利义务，形成劳动法律关系。

（2）劳动法律关系的变更，是指劳动者同用人单位依据劳动法律规范，变更其原来确定的权利义务内容。

（3）劳动法律关系的消灭，是指劳动者同用人单位依据劳动法律规范，终止其相互间的劳动权利义务关系。劳动法律关系的消灭，就是劳动权利义务关系的消灭。

【案例13-1】

24岁的杨某在甲公司工作。工作中，她和一位同事产生了感情，并确定了恋爱关系。可就在她沉浸在幸福之中时，公司人事主管突然找到她，要她写报告自动辞职。这大大出乎杨某的意料。人事主管说，公司有规定，恋爱关系或婚姻关系的双方不能同时在一个公司工作，而杨某在劳动合同中承诺"遵守公司规定"，所以公司有权解除与杨某的劳动合同。虽然杨某感到很委屈，但最后还是黯然离开了甲公司。

请问：公司能否依据这一规定解除与杨某的劳动法律关系？

解析：杨某在与公司签订的劳动合同中笼统地规定"遵守公司规定"，而公司规定的"恋爱关系或婚姻关系的双方不能同时在一个公司工作"与我国《婚姻法》规定的"婚姻自由"相悖，公司该项规定应为无效条款，因此公司不能依据该条款与杨某解除劳动合同。针对公司依据无效条款与杨某解除劳动法律关系的情况，杨某可以申请劳动仲裁，依法维权。

第二节 劳动基准法

一、概述

劳动基准法又称劳动条件基准法,主要以实现劳动关系中劳动者权益基准化(即制定和实施劳动基准)为基本职能的各项法律制度所构成。我国的劳动基准法的主要规定体现在《劳动法》的第 4 章(工作时间和休息休假)、第 5 章(工资)、第 6 章(劳动安全卫生)、第 7 章(女职工和未成年工特殊保护)。

二、工作时间

(一)工作时间概念

工作时间又称法定工作时间,指劳动者根据法律的规定,在一个昼夜或者一个周之内从事本职工作的时间。其表现形式主要有工作日(法律规定的劳动者在 1 个昼夜内工作的小时数总和)和工作周(法律规定的劳动者在 1 个周内工作的工作日总和)。工作时间具有以下法律特征:(1)工作时间是劳动者在劳动关系中履行劳动义务的时间,同时用人单位也依工作时间计发劳动者报酬。(2)工作时间不限于实际工作时间。工作时间的范围,不仅包括作业时间,还包括准备工作时间、结束工作时间以及法定劳动消耗时间。(3)工作时间的长度由法律直接规定或劳动者与用人单位通过集体合同或劳动合同进行约定。(4)劳动者或用人单位在不遵守工作时间的规定或约定时需承担相应的法律责任。

(二)工作时间的种类

1. 标准工作时间

根据法律规定,在正常情况下的工作时间称为标准工作时间,分为标准工作周和标准工作日。在通常情况下,法律对标准工作时间的最高限度进行了规定。我国《劳动法》第 36 条规定:"国家实行劳动者每日工作时间不超过 8 小时,平均每周工作时间不超过 44 小时的工时制度。"第 38 条规定:"用人单位应当保证劳动者每周至少休息 1 日。"根据 1995 年 3 月 25 日《国务院关于修改〈国务院关于职工工作时间的规定〉》的规定,职工每日工作 8 小时,每周工作 40 小时。

2. 非标准工作时间

在特殊情形下使用的不同于标准工作时间的工作时间称为非标准工作时间。根据《劳动法》第 39 条的规定,企业因生产特点不能实行标准工作时间的,经劳动行政部门批准,可以实行其他工作和休息办法。非标准工作时间包括缩短工作时间、延长工作时间、不定时工作时间、综合计算工作时间和计件工作时间。缩短工作时间是指在法定特殊情况或条件下少于标准工作时间长度的工作时间,目的在于保护在严重损害健康和恶劣劳动条件下劳动者的身体健康。延长工作时间是指依照法律规定,劳动者在标准工作时间之外延长的劳动时间。延长工作时间一般包括加班和加点。不定时工作时间,亦称不定时工作制,是指在法定特殊条件下实行的,每天工作不固定计算的工作时间长度。综合计算工作时间亦称综合计算工时工作制,是指以周、月、季、年等作为周期,集中安排并综合计算工作时间。计件工作时间是指劳动者以完成一定劳动额为计酬标准的工作时间。

三、工资

（一）工资的概念和特征

工资，又称薪金，是指用人单位依据法律、法规的规定和集体合同与劳动合同的约定，依据劳动者提供的劳动数量和质量，以货币形式直接支付给本单位劳动者的劳动报酬，一般包括计时工资、计件工资、奖金、津贴和补贴、延长工作时间的工资报酬以及特殊情况下支付的工资等。工资具有以下特征：（1）工资是劳动者基于和用人单位的劳动关系所取得的劳动报酬；（2）工资的确定依据是国家法律、法规的规定，以及集体合同、劳动合同的约定；（3）工资应当依法定形式支付，一般情况下只能用法定货币支付，且应当连续定期；（4）工资是用人单位对劳动者劳动工作的物质补偿，即支付工资是用人单位的法定义务。

（二）工资构成

工资作为对劳动者的物质补偿，取决于多重因素，故由若干部分构成。各国立法关于工资构成的规定不同，在我国，依据1990年1月1日国家统计局颁发的《关于工资总额组成的规定》和《〈关于工资总额组成的规定〉若干具体范围的解释》，以及原劳动部颁发的《工资支付暂行规定》和《对〈工资支付暂行规定〉有关问题的补充规定》，工资由基本工资和辅助工资组成。

基本工资作为劳动者所得工资额的基本组成部分，是指劳动者在法定或约定工作时间中提供正常劳务所得的报酬，具有常规性、结构性、等级性、固定性、主干性、基准性等特征，包括计时工资和计件工资。辅助工资是指除基本工资以外，对劳动者超出正常劳动之外的劳动耗费所支付的报酬，常见的类型有奖金、津贴和补贴、加班加点工资、年薪。加班加点工资是指用人单位对劳动者支付的加班工资和加点工资。根据《劳动法》第44条的规定，劳动者加班加点的，用人单位应当按照下列标准支付劳动者的工资报酬：（1）安排劳动者延长工作时间的，支付不低于工资的150%的工资报酬；（2）休息日安排劳动者工作又不能安排补休的，支付不低于工资的200%的工资报酬；（3）法定休假日安排劳动者工作的，支付不低于工资的300%的工资报酬。

特殊状况下支付的工资包括以下几种：（1）依据法律规定和相关政策，因病、工伤、产假、计划生育假、婚丧假、事假、探亲假、定期休假、停工学习、执行国家或社会义务等情况下支付的工资报酬；（2）附加工资、保留工资。

【案例13-2】

刘某与一家物流公司签订了一份为期1年的劳动合同。其中规定：实行计件工资，多劳多得。此后因公司订单充足，刘某常常被要求加班，偶尔日工作时间甚至超过12小时。对此，公司认为其按劳付酬，不必支付加班费。

请问：物流公司的做法对吗？

解析：《工资支付暂行规定》明确规定，单位在劳动者完成劳动定额或规定的工作任务后，安排劳动者在法定标准工作时间以外工作的，应按工资的150%、200%及最高

300%的标准支付工资。实行计件工资的劳动者，在完成计件定额任务后，由用人单位安排延长工作时间的，也应根据上述规定，分别按照不低于其本人法定工作时间计件单价的上述倍数支付其工资。因此刘某在完成计件任务以后，超出的部分单位应该依法支付加班费。

（三）工资保障

《劳动法》、《工资支付暂行规定》以及其他相关法律、法规都对劳动者工资保障做了相应规定，目的在于保障劳动者依法足额及时地取得工资，同时也保障劳动者正常的生活水平和秩序。

1. 最低工资保障

最低工资是指法律明确规定的，劳动者在法定工作时间内提供了正常劳动的前提下，用人单位应当支付的在最低限度内足以维持劳动者及其平均供养人口基本生活水平需要的工资，即工资的法定最低限额。一般有小时最低工资额、日最低工资额、周最低工资额和月最低工资额。《劳动法》第48条第2款规定："用人单位支付劳动者的工资不得低于当地最低工资标准。"

2. 工资支付保障

工资支付保障，是指对劳动者获得全部应得工资及其对工资支配权的保障。和最低工资保障相比，工资支付保障所干预的对象已由工资额的确定转到工资支付的行为；所保护的客体不只限于最低工资，而是扩大到全部应得工资；因此较之最低工资保障，其对劳动者提供了更进一步的保护。归纳言之，工资支付保障包括以下内容：

（1）工资支付的一般规则。

①货币支付规则，即工资应当以法定货币支付，不得以实物和有价证券替代货币支付。

②直接支付规则，即用人单位应当将工资支付给劳动者本人，本人因故不能领取工资时可由其亲属或委托他人代领，用人单位也可委托银行代发工资。

③定期支付规则，即工资必须在用人单位与劳动者约定的日期支付，如遇节假日或休息日，则应提前在最近的工作日支付；工资至少每月支付一次，实行周、日、小时工资制的可按周、日、小时支付工资；对完成一次性临时劳动或某项具体工作的劳动者，用人单位应在解除或终止劳动合同时一次付清劳动者的工资；劳动关系双方依法解除或终止劳动合同时，用人单位应在解除或终止合同时一次付清劳动者的工资。

④全额支付规则，即应当将职工应得的约定或者法定工资全部支付，不得克扣。同时规定，用人单位在支付工资时应向劳动者提供一份其个人的工资清单。

⑤优先支付规则，即企业破产或依法清算时，劳动者应得工资必须作为优先受偿的债权。

（2）工资支付的特殊规则。非正常情况下根据国家的规定按计时工资标准或一定比例支付工资，称为特殊情况下工资支付。特殊情况下工资支付具有以存在某种法定非正常情况作为总支付依据以及劳动者本人计时工资标准（或一定比例）作为工资支付标准两个特征。

根据《工资支付暂行规定》、《财政部对〈关于国营对外承包企业在国外人员和行政、企事业单位临时出国人员国内工资发放问题的请示〉的批复》中的相关规定，我国法定应当支付工资的特殊情况主要有：

①劳动者在法定工作时间内依法参加社会活动，用人单位应视同其提供了劳动而支付工资。社会活动包括：依法行使选举权或被选举权；当选代表出席乡（镇）、区以上政府、党派、工会、共青团、妇女联合会等组织召开的会议；出任人民法庭证明人；出席劳动模范、先进工作者大会；《工会法》规定的不脱产工会基层委员会会员因工会活动占用的生产或工作时间；其他依法参加的社会活动。

②劳动者依法享受年休假、探亲假、婚假、丧假期间，用人单位应按劳动合同规定的标准支付劳动者工资。

③非因劳动者的原因造成单位停工、停产在一个工资支付周期的，用人单位应按劳动合同规定的标准支付劳动者工资。超过一个工资支付周期的，若劳动者提供了正常劳动，则支付给劳动者的劳动报酬不得低于当地的最低工资标准；若劳动者没有提供正常劳动，应按国家相关规定办理。

④劳动者在调动工作期间、脱产学习期间、被错误羁押期间、错判服刑期间，用人单位应当按国家规定或劳动合同规定的标准支付工资。

⑤劳动者被公派在国（境）外工作、学习期间，其国内工资按国家规定的标准支付。

⑥职工加班加点，应当依法定标准支付加班加点工资。

（3）禁止非法扣除和无故拖欠劳动工资。《劳动法》第50条规定，不得克扣或者无故拖欠劳动者的工资。"克扣"是指用人单位无正当理由扣减劳动者应得的工资，"克扣"劳动者工资不包括以下减发工资的情况：①国家法律法规中明确规定的；②依法签订的劳动合同中有明确规定的；③用人单位依法制定并经职代会批准的厂规厂纪中有明确规定的；④企业工资总额与经济效益相联系，经济效益下浮时，工资必须下浮的（但支付给劳动者工资不得低于当地的最低工资标准）；⑤因劳动者请事假等原因相应减发工资等。

"克扣"也不包括法定的允许代扣的情况。《工资支付暂行规定》规定以下情况下，用人单位可以代扣工资：①用人单位代扣代缴的个人所得税；②用人单位代扣代缴的应由劳动者个人负担的各项社会保险费用；③法院判决、裁定中要求代扣的抚养费、赡养费；④法律、法规规定可以从劳动者工资中扣除的其他费用。

根据《劳动法》第102条的规定，因劳动者本人原因给用人单位造成经济损失的，用人单位可按照劳动合同的约定要求其赔偿经济损失。经济损失的赔偿，可以从劳动者本人的工资中扣除，但每月扣除的部分不得超过劳动者当月工资的20%。若扣除后剩余的工资部分低于当地最低工资标准，则按最低工资标准支付。

"无故拖欠"是指用人单位无正当理由超过规定时间未支付劳动者的工资。根据《对〈工资支付暂行规定〉有关问题的补充规定》的规定，"无故拖欠"劳动者工资不包括以下情形：①用人单位遇到非人力所能抗拒的自然灾害、战争等原因，无法按时支付工资；②用人单位确因生产经营困难、资金周转受到影响，在征得本单位工会同意后，可暂时延期支付劳动者工资，延期时间的最长限制可以由各省、自治区、直辖市劳动和社会保障部门根据各地情况确定。

(四) 工资总量的宏观调控

工资总量宏观调控，是指国家根据既定的宏观经济目标、社会目标，对地区、部门（产业）、单位工资总量的确定和相互关系，综合运用经济、行政和法律等多种手段进行控制和调节，实现资源的优化配置和国民经济的协调发展。国家通过工资立法、界定工资总额、调控地区或部门（产业）工资水平、调控用人单位工资总额等方式，使企业工资增长幅度保持在适度范围内，实现工资总量的增长与经济发展的增长相适应。

四、劳动保护制度

（一）劳动安全卫生制度

1. 劳动安全卫生概述

劳动安全卫生，是指通过规定劳动者的劳动环境和条件，保护劳动者在劳动中的生命安全和身体健康，又称为劳动保护、职业安全卫生，或简称为职业安全。劳动安全卫生法律规范的实施具有强制性，不允许用人单位通过任何形式免除或者降低劳动安全卫生保护的法定义务，同时劳动者本人也不允许基于任何动机放弃劳动安全保护的权利。劳动合同中，有关免除或降低用人单位保护义务或者劳动者放弃保护权利的条款一律无效。劳动安全卫生的保护范围只限于劳动过程中，只有在劳动过程中采取的各种劳动条件、保护劳动者生命安全和身体健康的措施，才属于劳动安全卫生制度的范围。

2. 劳动安全卫生法律关系中各方的权利义务

（1）劳动安全卫生管理机关的职责。根据相关的法律规定，国务院和地方各级人民政府及其有关部门负责安全生产的监督管理。县级以上人民政府对安全生产监督管理中存在的重大问题进行协调、解决。国务院负责安全生产监督管理的部门依法对全国安全生产工作进行综合监督管理；县级以上地方各级人民政府负责安全生产监督管理的部门依法对本行政区域内安全生产工作实施综合监督管理。

安全监督管理机关的职责主要有：①制定有关的安全卫生标准，建立各种劳动安全卫生基础制度；②监督用人单位执行国家规定的各项安全卫生标准；③对用人单位在职业安全卫生领域内的违法行为进行处罚；④进行劳动安全卫生的各项研究工作。

（2）用人单位的权利和义务。用人单位的权利：①依法制定单位内部劳动安全卫生规则或纪律，并要求劳动者必须遵守；②依法对企业内部的职业安全卫生规章制度的执行实施监督检查，纠正违规操作行为；③对违反职业安全卫生规章制度并造成事故的劳动者给予纪律处分。

用人单位的义务：①建立健全各项职业安全卫生制度，严格执行国家劳动安全卫生规程和标准；②对劳动者进行职业安全卫生教育；③提供符合国家规定的职业安全卫生和必要的劳动防护用品；④对从事有职业危害作业的劳动者进行定期健康检查；⑤依法参加工伤社会保险，为劳动者缴纳保险费。

（3）劳动者的权利与义务。劳动者的权利：①获得各项保护条件和保护待遇的权利；②知情权；③提出批评、检举、控告的权利；④对用人单位管理人员违章指挥、强令冒险作业拒绝执行的权利；⑤获得工伤保险和民事赔偿的权利。

劳动者的义务：①在劳动中必须严格遵守安全操作规定；②接受安全生产教育和培训；③报告义务。

3. 劳动安全卫生管理制度

为了加强安全生产监督管理，防治生产过程中的安全事故，维护劳动者的生命安全和身体健康，我国法律对劳动安全卫生管理制度做了详细的规定。劳动安全卫生管理制度主要由安全生产责任制度、"三同时"制度、职业安全卫生认证制度、职业安全卫生检查与监察制度、生产安全事故报告和调查处理制度、职业病危害事故报告处理制度6个方面组成。

（二）女职工的特殊劳动保护制度

1. 女职工特殊劳动保护概述

由于女性的生理结构和男性不同，特别是女性具有月经、妊娠、分娩、哺乳等生理机能的变化过程，使得女性在作业能力上有所下降，对毒物的敏感性提高，繁重紧张剧烈的作业以及不良的工作环境会对女职工健康及安全产生不良影响，同时也关系到下一代的健康水平，故需根据女职工的身体结构、生理机能的特点及抚育子女的特殊需要，给予妇女劳动方面的特殊权益的法律保障。

2. 女职工特殊保护的主要内容

（1）禁止女职工从事的劳动范围。根据《劳动法》第59条、《女职工劳动保护规定》第5条和《女职工禁忌劳动范围的规定》第3条的规定，禁止安排女职工从事矿山井下、国家规定的第四级体力劳动强度的劳动及其他女职工禁忌从事的劳动。其范围主要包括：①矿山井下作业；②森林业伐木、归楞及流放作业；③《体力劳动强度分级》标准中第Ⅳ级体力劳动强度的作业；④建筑业脚手架的组装和拆除作业，以及电力、电信行业的高处架线作业；⑤连续负重（指每小时负重次数在6次以上）每次负重超过20公斤，间断负重超过25公斤的作业。

（2）女职工特殊生理期间的特殊保护——"四期"保护。对女职工特殊生理期间的保护是指对女职工在经期、孕期、产期、哺乳期的保护，也称为女职工的"四期"保护，《劳动法》、《女职工劳动保护规定》、《女职工禁忌劳动范围的规定》对此做了相应的规定。如《劳动法》第60条规定："不得安排女职工在经期从事高处、低温、冷水作业和国家规定的第三级体力劳动强度的劳动。"《劳动法》第61条规定："不得安排女职工在怀孕期间从事国家规定的第三级体力劳动强度的劳动和孕期禁忌从事的活动。对怀孕7个月以上的女职工，不得安排其延长工作时间和夜班劳动。"《劳动法》第62条规定："女职工生育享受不少于90天的产假。"第63条规定："不得安排女职工在哺乳未满1周岁的婴儿期间从事国家规定的第三级体力劳动强度的劳动和哺乳期禁忌从事的其他劳动，不得安排其延长工作时间和夜班劳动。"

【案例13-3】

2012年2月，杨某与一家销售公司签订了为期2年的劳动合同，在公司负责货物调度工作。当公司得知杨某已经怀孕3个月后，以杨某与男友没有结婚便怀孕，违反国家的计划生育政策为由，要求和杨某解除合同，并要求杨某在1个月内办理交接手续。

请问：公司辞退杨某的行为合法吗？

解析：根据《劳动合同法》第42条的规定，女职工在孕期、产期、哺乳期的，用人单位不得依照本法解除劳动合同。同时，《劳动法》第29条第3款也规定，女职工在孕期、产期、哺乳期的，用人单位不得解除劳动合同。国务院《女职工保护条例》第4条规定，用人单位不得在女职工怀孕期、产期、哺乳期降低其基本工资，或者解除劳动合同。因此，杨某即使是未婚先孕，但是她依然受到劳动法有关女职工特殊保护条款的保护，公司不得以违反计划生育政策为由解除与杨某的劳动合同。

（三）未成年工的特殊劳动保护制度

1. 未成年工特殊劳动保护概述

在我国，未成年工是指年满16周岁未满18周岁的劳动者，我国根据未成年工身体尚未发育成熟的特点，制定了一系列的未成年工特殊保护的法律法规，确定了未成年工特殊劳动保护的基本原则与基本内容，实现了对未成年工在劳动过程中的特殊权益的保护。

2. 未成年工特殊保护的主要内容

（1）最低就业年龄。根据《未成年人保护法》第28条，《劳动法》第15、58条，《禁止使用童工规定》第2条、第4条和《未成年工特殊保护规定》第2条的规定，禁止用人单位招用未满16周岁的未成年人。同时，对于一些文艺、体育和特种工艺单位招用未满16周岁的未成年人，需依照国家有关规定，履行审批手续，并保障未成年工接受义务教育的权利。

（2）未成年工禁忌从事的劳动范围。根据《劳动法》第64条，《未成年工特殊保护规定》第3、4条和《未成年人保护法》第28条的规定，任何组织和个人依照国家相关规定招收已满16周岁未满18周岁的未成年人，应当在工种、劳动时间及强度和保护措施方面执行国家的有关规定。

用人单位不得安排未成年工从事以下范围的劳动：《生产性粉尘作业危害程度分级》国家标准中第一级以上的接尘作业；《有毒作业分级》国家标准中第一级以上的有毒作业；《高处作业分级》国家标准中第二级以上的高处作业；《冷水作业分级》国家标准中第二级以上的冷水作业；《高温作业分级》国家标准中第三级以上的高温作业；《低温作业分级》国家标准中第三级以上的低温作业；《体力劳动强度分级》国家标准中第四级体力劳动强度的作业；矿山井下及矿山地面采石作业；森林业中的伐木、流放及守林作业；工作场所接触放射性物质的作业；有易燃易爆、化学性烧伤和热烧伤等危险性大的作业；地质勘探和资源勘探的野外作业；潜水、涵洞、涵道作业和海拔三千米以上的高原作业（不包括世居高原者）；连续负重每小时在6次以上并每次超过20公斤，间断负重每次超过25公斤的作业；使用凿岩机、捣固机、气镐、气铲、铆钉机、电锤的作业；工作中需要长时间保持低头、弯腰、上举、下蹲等强迫体位和动作频率每分钟大于50次的流水线作业；锅炉司炉。

未成年工患有某种疾病或具有某些生理缺陷（非残疾型）时，用人单位不得安排其从事以下范围的劳动：《高处作业分级》国家标准中第一级以上的高处作业；《低温作业分级》国家标准中第二级以上的低温作业;《高温作业分级》国家标准中第二级以上的高温作业;《体力劳动强度分级》国家标准中第三级以上体力劳动强度的作业;接触铅、苯、汞、甲醛、二硫化碳等易引起过敏反应的作业。

(3) 对未成年工的定期健康检查。未成年工处于身体的发育阶段,劳动程度过重、劳动消耗过大都会影响到未成年工的身体健康,因此《劳动法》第65条、《未成年工特殊保护规定》第6、7、8条要求用人单位按下列要求对未成年工定期进行健康检查:①安排工作岗位之前;②工作满1年;③年满18周岁,距前一次的体检时间已超过半年。未成年工的健康检查,应按《未成年工健康检查表》列出的项目进行。用人单位应根据未成年工的健康检查结果安排其从事适合的劳动,对不能胜任原劳动岗位的,应根据医务部门的证明,予以减轻劳动量或安排其他劳动。

(4) 未成年工使用和特殊保护的登记。用人单位招收使用未成年工,除符合一般用工要求外,还须向所在地的县级以上劳动行政部门办理登记。劳动行政部门根据《未成年工健康检查表》、《未成年工登记表》,核发未成年工登记证。各级劳动行政部门审核体检情况和拟安排的劳动范围。未成年工须持未成年工登记证上岗。未成年工登记证由国务院劳动行政部门统一印制。未成年工的登记,由用人单位统一办理和承担费用。

(5) 未成年工的教育培训。未成年工上岗前用人单位应对其进行有关的职业安全卫生教育、培训;未成年工体检和登记,由用人单位统一办理和承担费用。

第三节 劳动争议处理制度

一、劳动争议概述

(一) 劳动争议的概念和特征

劳动争议又称劳动纠纷,在一些国家和地区又称为劳资争议和劳资纠纷。广义上的劳动争议是指劳动关系双方当事人或其团体之间关于劳动权利义务的争议;狭义上的劳动争议是指劳动关系双方当事人之间关于劳动权利和义务的争议。在我国劳动立法和劳动法学中,一般使用狭义的劳动争议概念。劳动争议的特征主要包括:(1) 劳动争议的产生是基于劳动关系;(2) 劳动争议的当事人为劳动者、用人单位或其他组织;(3) 劳动争议的内容是劳动权利和劳动义务。

(二) 劳动争议的主要分类

1. 按照劳动争议当事人的人数多少,可以分为个人劳动争议、集体劳动争议

个人劳动争议又称个别劳动争议,是指劳动者个人与用人单位之间的劳动争议,争议中劳动者当事人人数(1~2人)并未达到集体争议的法定人数。

集体劳动争议又称多人劳动争议,是指多个(3人以上)劳动者基于共同的申诉理由与所在的用人单位发生的劳动争议。

2. 按照劳动争议的内容,可以分为权利争议和利益争议

权利争议也称为实现既定权利的争议,是指因实现劳动法规定、集体合同和劳动合同所约定的权利义务发生的争议。也就是说,双方当事人的权利义务是既定的,在劳动法

律、行政法规、规章和地方法规中或者在集体合同及劳动合同中做了事先的确认。若双方当事人严格按照规定或者约定行使权利和履行义务，则不会产生争议；若一方当事人不按事先的规定或约定行使权利和履行义务或者就权利的行使及义务的履行发生认识上的分歧，就会发生劳动争议。

利益争议也称为待定权利争议，是指因为主张未来有待确认的权利和义务所发生的争议。一般发生在订立或者变更合同的过程中，当事人的权利义务尚未确定，若双方对权利和义务有着不同的看法和主张，就会发生争议。争议的目的往往是要求在合同中依法确定当事人的某一利益，进一步上升为权利。

3. 按照当事人国籍的不同，可以分为国内劳动争议和涉外劳动争议

国内劳动争议是指具有中国国籍的劳动者与用人单位发生的劳动争议。我国在国外设立的机构与我国派往该机构工作的人员之间、外商投资企业与我国职工之间发生的劳动争议也属于国内劳动争议。

涉外劳动争议是指一方或者双方当事人具有外国国籍或无国籍的劳动争议，包括外籍或无国籍劳动者与中国用人单位之间、外籍或无国籍劳动者与外国用人单位之间、中国籍劳动者与外国用人单位之间的劳动争议。

（三）劳动争议的范围

鉴于以前法律规定对劳动争议范围的界定各不相同，2008年5月1日实施的《中华人民共和国劳动争议调解仲裁法》（以下简称《劳动争议调解仲裁法》）对劳动争议范围作出了新的规定，列举了以下劳动争议范围：（1）因确认劳动关系发生的争议；（2）因订立、履行、变更、解除和终止劳动合同发生的争议；（3）因除名、辞退和辞职、离职发生的争议；（4）因工作时间、休息休假、社会保险、福利、培训以及劳动保护发生的争议；（5）因劳动报酬、工伤医疗费、经济补偿或者赔偿金等发生的争议；（6）法律、法规规定的其他劳动争议。

为正确审理劳动争议案件，根据《劳动法》、《劳动合同法》、《劳动争议调解仲裁法》、《中华人民共和国民事诉讼法》等相关法律规定，结合民事审判实践，最高人民法院于2010年7月12日通过了《关于审理劳动争议案件适用法律若干问题的解释（三）》，规定了以下三类归人民法院受理的劳动争议：（1）劳动者以用人单位未为其办理社会保险手续，且社会保险经办机构不能补办导致其无法享受社会保险待遇为由，要求用人单位赔偿损失而发生的争议；（2）因企业自主进行改制引发的争议；（3）劳动者依据《劳动合同法》第85条规定，向人民法院提起诉讼，要求用人单位支付加付赔偿金的。

（四）劳动争议的处理原则

《劳动法》第78条规定："解决劳动争议，应当根据合法、公正、及时处理的原则，依法维护劳动争议当事人的合法权益。"《劳动争议调解仲裁法》第3条规定："解决劳动争议，应当根据事实，遵循合法、公正、及时、着重调解的原则，依法保护当事人的合法权益。"

二、劳动争议的解决途径

根据《劳动争议调解仲裁法》的规定，劳动争议可以采取协商、调解、仲裁、诉讼四种方式解决。

（一）协商

协商是指在劳动争议发生后，劳动争议的双方进行接触和交涉，自行解决争议的方式。协商作为一种自助性质的私力救济方式，能否达成合意取决于争议双方当事人解决争议的合作诚意以及主观上和解的意愿。协商解决争议，可以在采取其他解决方式之前，也可以在采取了其他方式之后，在调解、仲裁、诉讼的过程中，双方仍可以进行协商，即协商是可以存在于劳动争议整个解决过程中的。劳动争议的协商也须遵守一定的原则，协商必须符合法律的规定，不得损害、集体、他人的合法权益。

同用人单位进行协商是发生劳动争议后绝大多数人采取的方式，但由于劳动者处于弱势群体的地位，因此《劳动争议调解仲裁法》第4条规定，劳动者可以请工会或者第三方共同与用人单位协商，达成和解协议。工会作为劳动者的组织，有代表劳动者同用人单位进行协商的权利和义务。

（二）调解

劳动争议调解，是指在劳动争议发生后，调解组织在查明事实、分清是非、明确责任的基础上，依照我国劳动法律法规和劳动双方的劳动合同约定，通过民主协商，推动争议双方互谅互让，达成协议，解决纠纷的一种活动。调解可以分为诉讼和仲裁中调解、诉讼和仲裁外调解两种。

劳动争议调解虽然不是劳动争议解决的必经程序，但作为劳动争议解决的"第一道工程"，对劳动争议的解决起到了很大的作用，具有即时、易于查明情况、方便争议当事人参与等优点，是我国劳动争议处理制度的重要组成部分。

（三）仲裁

劳动争议仲裁是指在劳动争议发生后，劳动争议仲裁委员会根据劳动争议双方当事人的申请，依照一定的法律程序，按照劳动法规和政策，以第三者的身份对当事人之间的劳动争议，在事实上作出判断，在劳动权利和义务上作出裁决，从而解决劳动争议的一种制度。

劳动争议仲裁是劳动争议解决的中间环节，也是劳动争议诉讼的前置程序，可以分为民间仲裁和国家仲裁。我国劳动争议仲裁属于国家仲裁，即国家授权专门仲裁机关行使国家仲裁权，对双方的劳动争议依法进行的仲裁。劳动争议仲裁具有专业性强和程序简便、及时的优点。

（四）诉讼

劳动争议诉讼是指在劳动争议发生后，劳动当事人不服劳动争议仲裁机构的仲裁处理结果，向人民法院提起诉讼，人民法院依法定的程序对劳动争议案件进行审理和判决的活动。

劳动争议诉讼是劳动争议处理的最终程序，通过司法程序保证劳动争议的最终解决。人民法院参与到劳动争议处理中，有利于当事人诉权的保障，有助于对仲裁委员会的裁决，有利于生效的调解协议、仲裁裁决和法院判决的执行。

三、劳动争议的调解

（一）劳动争议调解组织

根据《劳动争议调解仲裁法》第10条的规定，当事人在发生劳动争议后，可以到下列调解组织申请调解：(1) 企业劳动争议调解委员会；(2) 依法设立的基层人民调解组织；(3) 在乡镇、街道设立的具有劳动争议调解职能的组织。

企业劳动争议调解委员会由职工代表和企业代表组成。职工代表由工会成员担任或者由全体职工推举产生，企业代表由企业负责人指定。企业劳动争议调解委员会主任由工会成员或者双方推举的人员担任。劳动争议调解委员会的调解员应当公道正派、密切联系群众、热心调解工作，并且应具有一定的法律知识、政策水平和文化水平。

（二）劳动争议调解程序

当事人申请劳动争议调解可以书面申请，也可以口头申请。口头申请的，调解组织应当当场记录申请人的基本情况、申请调解的争议事项、理由和时间。

调解劳动争议，应当充分听取双方当事人对事实和理由的陈述，耐心疏导，帮助双方达成协议。

经调解达成协议，应当制作调解协议书。调解协议书由双方当事人签名或盖章，经调解员签名并加盖调解组织印章后生效，对双方当事人具有约束力，当事人应当履行。

自劳动争议调解组织收到调解申请之日起15日内未达成调解协议，当事人可以依法申请仲裁。

（三）劳动争议调解的法律效果

达成调解协议后，一方当事人在约定期限内不履行调解协议，另一方当事人可以依法申请仲裁。

对于因支付拖欠劳动报酬、工伤医疗费、经济补偿或者赔偿金事项达成调解协议，用人单位在协议约定期限内不履行的，劳动者可以持调解协议书依法向人民法院申请支付令。

四、劳动争议的仲裁

（一）劳动争议仲裁机构

劳动争议仲裁机构是指依照劳动争议处理的法律规定设立，采用调解和仲裁方式处理劳动争议的机构。劳动争议仲裁委员会是指经国家授权，依法独立进行劳动争议案件仲裁的专门机构。

（二）劳动争议仲裁管辖及当事人

劳动争议仲裁委员会负责管辖本区域内发生的劳动争议。劳动争议由劳动合同履行地或者用人单位所在地的劳动争议仲裁委员会管辖。双方当事人分别向劳动合同履行地和用人单位所在地的劳动争议仲裁委员会申请仲裁的，由劳动合同履行地劳动争议仲裁委员会管辖。

发生劳动争议的劳动者和用人单位为劳动争议仲裁案件的双方当事人。劳务派遣单位或者用人单位与劳动者发生劳动争议的,劳务派遣单位和用人单位为共同当事人。

与劳动争议案件的处理结果有利害关系的第三人,可以申请参加仲裁活动或者由劳动争议仲裁委员会通知其参加仲裁活动。

当事人可以委托代理人参加仲裁活动。委托他人参加仲裁活动,应当向劳动争议仲裁委员会提交由委托人签名或者盖章的委托书,委托书应当载明委托事项和权限。

丧失或者部分丧失民事行为能力的劳动者,由其法定代理人代为参加仲裁活动;无法定代理人的,由劳动争议仲裁委员会为其指定代理人。劳动者死亡的,由其近亲属或者代理人参加仲裁活动。

(三) 劳动争议仲裁的程序

1. 申请时效

劳动争议仲裁申请的时效是1年,自当事人知道或者应当知道其权利被侵害之日起计算,但对劳动关系存续期间拖欠劳动报酬发生争议的,申请仲裁的期限不受《劳动争议调解仲裁法》规定的时效期间的限制。但是,劳动关系终止的,应当自劳动关系终止之日起1年内提出。

劳动争议仲裁申请时效可以中断和中止。申请时效因当事人一方向对方当事人主张权利,或者向有关部门请求权利救济,或者对方当事人同意履行义务而中断,从中断时起,仲裁期间重新计算。因不可抗力或者有其他正当理由,当事人不能在法律规定的仲裁时效期间申请仲裁的,仲裁时效中止。从仲裁时效中止原因消除之日起,仲裁时效期间继续计算。

2. 申请和受理

劳动争议仲裁申请人申请仲裁应当提交书面申请,并按照被申请人的数量提交副本。书写申请书确有困难的,可以口头申请,由劳动争议仲裁委员会记入笔录,并告知对方当事人。申请书应载明下列事项:(1) 劳动者的姓名、性别、年龄、职业、工作单位和住所,用人单位的名称、住所和法定代表人或者主要负责人的姓名、职务;(2) 仲裁请求和所根据的事实、理由;(3) 证据和证据的来源、证人姓名和住所。

仲裁委员会应当在收到申请之日起5日内作出是否受理的决定;决定受理的,应当制作受理决定并送达申请人,并在受理后5日内将申请书副本送达被申请人,被申请人收到仲裁申请书副本后,应当在10日内向劳动争议仲裁委员会提交答辩书。劳动争议仲裁委员会在收到答辩书后,应当在5日内将答辩书副本送达申请人。被申请人未提交答辩书的,不影响仲裁程序的进行。认为不符合受理条件的,应当书面通知申请人不予受理,并说明理由。对劳动争议仲裁委员会不予受理或者逾期未作出决定的,申请人可向人民法院起诉。

3. 开庭和裁决

(1) 仲裁应坚持公开原则。劳动争议仲裁应当公开进行,但当事人协议不公开或者涉及国家秘密、商业秘密和个人隐私的除外。

(2) 仲裁庭的组成。劳动争议仲裁委员会裁决劳动争议案件实行仲裁庭制。仲裁庭由3名仲裁员组成,设立首席仲裁员。简单劳动争议案件可以由1名仲裁员仲裁。

(3) 通知与回避。劳动争议仲裁委员会应当在受理仲裁申请之日起5日内将仲裁庭的组成情况书面通知当事人。仲裁员是本案当事人、代理人的近亲属；与本案有利害关系的；与本案当事人、代理人有其他关系，可能影响公正裁决的；私自会见当事人、代理人，或者接受当事人、代理人请客送礼的，应当回避。当事人也有权以口头或者书面形式提出回避申请。

仲裁庭应当在开庭5日前，将开庭日期、地点书面通知双方当事人。当事人有正当理由的，可以在开庭3日前请求延期开庭。是否延期，由劳动争议仲裁委员会决定。申请人收到书面通知，无正当理由拒不到庭或者未经仲裁庭同意中途退庭的，可以视为撤回仲裁申请。被申请人收到书面通知，无正当理由拒不到庭或者未经仲裁庭同意中途退庭的，可以缺席判决。

（4）证据。当事人提供的证据经查证属实的，仲裁庭应当将其作为认定事实的根据。劳动者无法提供由用人单位掌握管理的与仲裁请求有关的证据，仲裁庭可以要求用人单位在指定期限内提供。用人单位在指定期限内不提供的，应当承担不利后果。

（5）鉴定。仲裁庭认为某些专门性问题需要鉴定的，可以交由当事人约定的鉴定机构鉴定；当事人没有约定或者无法达成约定的，由仲裁庭指定的鉴定机构鉴定。根据当事人的请求或者仲裁庭的要求，鉴定机构应当派鉴定人参加开庭。当事人经仲裁庭许可，可以向鉴定人提问。

（6）质证和辩论。当事人在仲裁过程中有权进行质证和辩论。质证和辩论终结时，首席仲裁员或者独任仲裁员应当征询当事人的最后意见。

（7）开庭记录。仲裁庭应当将开庭情况记入笔录。当事人和其他仲裁参加人认为对自己陈述的记录有遗漏或者差错的，有权申请补正。如果不予补正，应当记录该申请。笔录由仲裁员、记录人员、当事人和其他仲裁参加人签名或者盖章。

（8）和解。当事人申请劳动争议仲裁后，可以自行和解。达成和解协议的，可以撤回仲裁申请。

（9）先行调解。仲裁庭在作出裁决前，应当先行调解。调解达成协议的，仲裁庭应当制作调解书。调解书应当写明仲裁请求和当事人协议的结果。调解书由仲裁员签名，加盖劳动争议仲裁委员会印章，送达双方当事人。调解书经双方当事人签收后，发生法律效力。调解不成或者调解书送达前，一方当事人反悔的，仲裁庭应当及时作出裁决。

（10）裁决。仲裁庭裁决劳动争议案件，应当自劳动争议仲裁委员会受理仲裁申请之日起45日内结束。案情复杂需要延期的，经劳动争议仲裁委员会主任批准，可以延期并书面通知当事人，但是延长期限不得超过15日。逾期未作出仲裁裁决的，当事人可以就该劳动争议事项向人民法院提起诉讼。仲裁庭裁决劳动争议案件时，其中一部分事实已经清楚，可以就该部分先行裁决。

裁决应当按照多数仲裁员的意见作出，少数仲裁员的不同意见应当记入笔录。仲裁庭不能形成多数意见时，裁决应当按照首席仲裁员的意见作出。裁决书应当载明仲裁请求、争议事实、裁决理由、裁决结果和裁决日期。裁决书由仲裁员签名，加盖劳动争议仲裁委员会印章。对裁决持不同意见的仲裁员，可以签名，也可以不签名。

下列劳动争议，除《劳动调解仲裁法》另有规定外，仲裁裁决为终局裁决，裁决书自作出之日起发生法律效力：①追索劳动报酬、工伤医疗费、经济补偿或者赔偿金，不超过当地月最低工资标准 12 个月金额的争议；②因执行国家的劳动标准在工作时间、休息休假、社会保险等方面发生的争议。劳动者对上述一裁终局的仲裁裁决不服的，可以自收到仲裁裁决书之日起 15 日内向人民法院提起诉讼。

4. 先予执行

仲裁庭对追索劳动报酬、工伤医疗费、经济补偿或者赔偿金的案件，根据当事人的申请，可以裁决先予执行，移送人民法院执行。仲裁庭裁决先予执行的，应当符合下列条件：①当事人之间权利义务关系明确；②不先予执行将严重影响申请人的生活。劳动者申请先予执行的，可以不提供担保。

5. 履行与执行

当事人对发生法律效力的调解书、裁决书，应当依照规定的期限履行。一方当事人逾期不履行的，另一方当事人可以依照《民事诉讼法》的有关规定向人民法院申请执行。受理申请的人民法院应当依法执行。

6. 收费标准

《劳动争议调解仲裁法》第 53 条规定："劳动争议仲裁不收费。劳动争议仲裁委员会的经费由财政予以保障。"

五、劳动争议的诉讼

（一）劳动争议诉讼案件的管辖

劳动争议案件由用人单位所在地或者劳动合同履行地的基层人民法院管辖。劳动合同履行地不明确的，由用人单位所在地的基层人民法院管辖。双方当事人不服劳动争议仲裁委员会作出的同一仲裁裁决，当事人双方就同一仲裁裁决分别向有管辖权的人民法院起诉的，后受理的人民法院应当将案件移送给先受理的人民法院。

（二）劳动争议案件的诉讼参加人

1. 当事人

人民法院审理劳动争议案件，以争议的双方即用人单位与劳动者为当事人，不应将劳动争议仲裁委员会列为被告或者第三人。

当事人双方不服劳动争议仲裁委员会作出的同一仲裁裁决，均向同一人民法院起诉的，先起诉的一方当事人为原告，但对双方的诉讼请求，人民法院应当一并作出裁决。

用人单位与其他单位合并的，合并前发生的劳动争议，由合并后的单位为当事人；用人单位分立为若干单位的，其分立前发生的劳动争议，由分立后的实际用人单位为当事人。用人单位分立为若干单位后，对承受劳动权利义务的单位不明确的，分立后的单位均为当事人。

原用人单位以新的用人单位和劳动者共同侵权为由向人民法院起诉的，新的用人单位和劳动者列为共同被告。

劳动者在用人单位与其他平等主体之间的承包经营期间，与发包方和承包方双方或者一方发生劳动争议，依法向人民法院起诉的，应当将承包方和发包方作为当事人。

2. 第三人

用人单位招用尚未解除劳动合同的劳动者，原用人单位与劳动者发生的劳动争议，可以列新的用人单位为第三人。原用人单位以新的用人单位侵权为由向人民法院起诉的，可以列劳动者为第三人。

（三）劳动争议案件的审判程序

法院在受理劳动争议案件后，按照《民事诉讼法》规定的诉讼程序进行审判，实行两审终审制。

第四节　劳动合同法

劳动合同在明确劳动合同双方当事人的权利和义务的前提下，重在对劳动者合法权益的保护，被誉为劳动者的"保护伞"。作为我国劳动保障法制建设进程中的一个重要里程碑，《中华人民共和国劳动合同法》的颁布实施有着深远的意义。这部重要法律合理地规范了劳动关系，为构建与发展和谐稳定的劳动关系提供了法律保障。

一、劳动合同法概述

《中华人民共和国劳动合同法》（以下简称《劳动合同法》）是在 2007 年 6 月 29 日第十届全国人民代表大会常务委员会第二十八次会议上通过，自 2008 年 1 月 1 日起施行；并于 2012 年 12 月 28 日通过了《关于修改〈中华人民共和国劳动合同法〉的决定》，自 2013 年 7 月 1 日起施行。《劳动合同法》共分 8 章 98 条，包括总则、劳动合同的订立、劳动合同的履行和变更、劳动合同的解除和终止、特别规定、监督检查、法律责任和附则。《劳动合同法》是规范劳动关系的一部重要法律，在中国特色社会主义法律体系中属于社会法。

二、劳动合同的订立

《劳动合同法》第 10 条规定："建立劳动关系，应当订立书面劳动合同。已建立劳动关系，未同时订立书面劳动合同的，应当自用工之日起 1 个月内订立书面劳动合同。用人单位与劳动者在用工前订立劳动合同的，劳动关系自用工之日起建立。"

（一）劳动合同订立的原则

在订立劳动合同时要遵循合法原则、公平原则、平等自愿原则、协商一致原则、诚实守信原则。订立的劳动合同不得与现有法律相违背、不得有欺诈等行为，否则订立的劳动合同将视为无效合同。

（二）劳动合同订立的主体

订立劳动合同的双方均有主体资格的要求。对于劳动者来说须年满 16 周岁（只有文艺、体育、特种工艺单位录用人员可以例外），有劳动权利能力和行为能力；对于用人单位来说须是在中华人民共和国境内依法取得营业执照或者登记证书的企业或者个体经济组织；已取得营业执照或者登记证书的用人单位分支机构可以独立与劳动者订立劳动合同；未依法取得营业执照或者登记证书的用人单位分支机构，受用人单位委托可以与劳动者订立劳动合同。用人单位招用劳动者，不得扣押劳动者的居民身份证和其他证件，不得要求劳动者提供担保或者以其他名义向劳动者收取财物。

(三) 劳动合同订立的形式

用人单位自用工之日起即与劳动者建立劳动关系。建立劳动关系，应当订立书面劳动合同。对于已建立劳动关系，未同时订立书面劳动合同的，应当自用工之日起1个月内订立书面劳动合同。用人单位与劳动者在用工前订立劳动合同的，劳动关系自用工之日起建立。对于非全日制用工可以订立口头协议。

三、劳动合同的种类

《劳动合同法》第12条规定："劳动合同分为固定期限劳动合同、无固定期限劳动合同和以完成一定工作任务为期限的劳动合同。"

(一) 固定期限劳动合同

固定期限劳动合同是指用人单位与劳动者约定合同终止时间的劳动合同，用人单位与劳动者协商一致可以订立固定期限劳动合同。

(二) 无固定期限劳动合同

无固定期限劳动合同是指用人单位与劳动者约定无确定终止时间的劳动合同，如果出现了法律规定或合同约定的解除或终止条件的，双方可以解除或终止劳动合同。无固定期限劳动合同是一种特殊的劳动合同形式。根据《劳动合同法》第14条的规定，有下列情形之一，劳动者提出或者同意续订、订立劳动合同的，除劳动者提出订立固定期限劳动合同外，应当订立无固定期限劳动合同：(1) 劳动者在该用人单位连续工作满10年的；(2) 用人单位初次实行劳动合同制度或者国有企业改制重新订立劳动合同时，劳动者在该用人单位连续工作满10年且距法定退休年龄不足10年的；(3) 连续订立二次固定期限劳动合同，且劳动者没有下列情形，续订劳动合同的：①在试用期间被证明不符合录用条件的；②严重违反用人单位的规章制度的；③严重失职，营私舞弊，给用人单位造成重大损害的；④劳动者同时与其他用人单位建立劳动关系，对完成本单位的工作任务造成严重影响，或者经用人单位提出，拒不改正的；⑤因本法第26条第1款第1项规定的情形致使劳动合同无效的；⑥被依法追究刑事责任的；⑦劳动者患病或者非因工负伤，在规定的医疗期满后不能从事原工作，也不能从事由用人单位另行安排的工作的；⑧不能胜任工作，经过培训或者调整工作岗位，仍不能胜任工作的。其中连续工作满10年的起始时间，应当自用人单位用工之日起计算。劳动者非因本人原因从原用人单位被安排到新用人单位工作的，劳动者在原用人单位的工作年限合并计算为新用人单位的工作年限，原用人单位已经向劳动者支付经济补偿的，新用人单位在依法解除、终止劳动合同计算支付经济补偿的工作年限时，不再计算劳动者在原用人单位的工作年限。

(三) 以完成一定工作任务为期限的劳动合同

以完成一定工作任务为期限的劳动合同，是指用人单位与劳动者约定以某项工作的完成为合同期限的劳动合同。用人单位与劳动者协商一致，可以订立以完成一定工作任务为期限的劳动合同。一般在以下几种情况下，用人单位与劳动者可以签订以完成一定工作任务为期限的劳动合同：(1) 以完成单项工作任务为期限的劳动合同；(2) 以项目承包方式完成承包任务的劳动合同；(3) 因季节原因临时用工的劳动合同；(4) 其他双方约定的以完成一定工作任务为期限的劳动合同。对于以完成一定工作任务为期限的劳动合同，不得约定试用期。

四、劳动合同的内容

(一) 劳动合同必备条款

劳动合同必备条款主要有以下九方面内容：用人单位的名称、住所和法定代表人或者主要负责人；劳动者的姓名、住址和居民身份证或者其他有效身份证件号码；劳动合同期限；工作内容和工作地点；工作时间和休息休假；劳动报酬；社会保险；劳动保护、劳动条件和职业危害防护；法律、法规规定应当纳入劳动合同的其他事项。用人单位有两个以上办事机构的，以用人单位的主要办事机构所在地为住所；具有法人资格的用人单位，要注明单位的法定代表人；不具有法人资格的用人单位，必须在劳动合同中写明该单位的主要负责人。劳动者的住址，以其户籍所在的居住地为住址，其经常居住地与户籍所在地不一致的，以经常居住地为住址。新修改的《劳动合同法》对于被派遣劳动者的报酬的规定更加具体、更利于操作。《劳动合同法》第63条明确规定："被派遣劳动者享有与用工单位的劳动者同工同酬的权利。用工单位应当按照同工同酬原则，对被派遣劳动者与本单位同类岗位的劳动者实行相同的劳动报酬分配办法。用工单位无同类岗位劳动者的，参照用工单位所在地相同或者相近岗位劳动者的劳动报酬确定。"

【案例13-4】

2010年起，深圳一家快递公司进行用工制度"改革"，小袁被公司安排转为与一家劳务派遣公司签订劳动合同。虽然工作内容、工作岗位没有发生任何变化，但是小袁的工资却比从事同样岗位的同事每月少1000元，社会保险待遇相应降低。①

请问：快递公司的行为合法吗？快递公司的行为如果违法，需要承担什么法律责任？

解析：根据新修改的《劳动合同法》第63条的规定，本案中，袁某应该享有与用工单位的劳动者同工同酬的权利。新修改的《劳动合同法》第66条规定："劳动合同用工是我国的企业基本用工形式。劳务派遣用工是补充形式，只能在临时性、辅助性或者替代性的工作岗位上实施。"被派遣劳动者从事的岗位应该具有三性：临时性、辅助性、替代性，本案中，袁某与劳务派遣公司签订劳动合同后工作内容、工作岗位并没有任何变化，不符合法律规定的三性标准。因此快递公司的行为显属违法。

新修改的《劳动合同法》第92条第2款规定："劳务派遣单位、用工单位违反本法有关劳务派遣规定的，由劳动行政部门责令限期改正；逾期不改正的，以每人5000元以上1万元以下的标准处以罚款，对劳务派遣单位，吊销其劳务派遣业务经营许可证。"本案中，劳动行政部门可以责令快递公司限期改正，若快递公司逾期不改正，劳动行政部门可以处以罚款以及吊销劳务派遣单位的劳务派遣业务经营许可证。

---

① 案例来源：http://www.chinahrd.net/performance-management/diagnostic-analysis/2012/0627/166235.html，略有改编。

(二) 劳动合同约定条款

劳动合同的约定条款是指劳动合同除前款规定的必备条款以外，用人单位与劳动者还可以约定试用期、培训、保守秘密、补充保险和福利待遇等其他事项。该约定事项不能违反法律、行政法规的强制性规定，否则该约定无效。

1. 试用期

试用期，是指用人单位和劳动者建立劳动关系后为相互了解、选择而约定的考察期。劳动合同期限3个月以上不满1年的，试用期不得超过1个月；劳动合同期限1年以上不满3年的，试用期不得超过2个月；3年以上固定期限和无固定期限的劳动合同，试用期不得超过6个月。同一用人单位与同一劳动者只能约定一次试用期。以完成一定工作任务为期限的劳动合同或者劳动合同期限不满3个月的，不得约定试用期。试用期包含在劳动合同期限内。劳动合同仅约定试用期的，试用期不成立，该期限为劳动合同期限。劳动者在试用期的工资不得低于本单位相同岗位最低档工资或者劳动合同约定工资的80%，并不得低于用人单位所在地的最低工资标准。在试用期中，除劳动者有《劳动法》第39条和第40条第1项、第2项规定的情形外，用人单位不得解除劳动合同。用人单位在试用期解除劳动合同的，应当向劳动者说明理由。

2. 培训服务期

用人单位为劳动者提供专项培训费用，对其进行专业技术培训的，可以与该劳动者订立协议，约定服务期。劳动者违反服务期约定的，应当按照约定向用人单位支付违约金。违约金的数额不得超过用人单位提供的培训费用。用人单位要求劳动者支付的违约金不得超过服务期尚未履行部分所应分摊的培训费用。用人单位与劳动者约定服务期的，不影响按照正常的工资调整机制提高劳动者在服务期期间的劳动报酬。

3. 保守秘密和竞业禁止

用人单位与劳动者可以在劳动合同中约定保守用人单位的商业秘密和与知识产权相关的保密事项。竞业限制的人员限于用人单位的高级管理人员、高级技术人员和其他负有保密义务的人员。对负有保密义务的劳动者，用人单位可以在劳动合同或者保密协议中与劳动者约定在解除或者终止劳动合同后，禁止上述人员到与本单位生产或者经营同类产品、从事同类业务的有竞争关系的其他用人单位，或者自己开业生产或者经营同类产品、从事同类业务，由用人单位在竞业限制期限内按月给予劳动者经济补偿。劳动者违反竞业限制约定的，应当按照约定向用人单位支付违约金。竞业限制的范围、地域、期限由用人单位与劳动者约定，竞业限制的约定不得违反法律、法规的规定，竞业限制期限，不得超过2年。

4. 补充保险和福利待遇

补充保险是指由用人单位根据自身经济实力，在国家规定的时事政策和实施条件之下为本单位职工所建立的一种辅助性保险，包括补充养老保险和补充医疗保险等。福利待遇是用人单位在工资和社会保险之外向职工及其亲属提供一定货币、实物、服务等形式的物质帮助。

《劳动合同法》第25条对于违约金问题作出了专项规定。除培训后约定服务期和竞业禁止外，用人单位不得与劳动者约定由劳动者承担违约金。

五、劳动合同的效力

（一）劳动合同的生效

劳动合同生效是指具备有效要件的劳动合同按其意思表示的内容产生了法律效力，即劳动合同的内容对签约双方具有法律约束力。劳动合同的成立，是指用人单位与劳动者达成协议而建立劳动合同关系。双方在劳动合同上签字或者盖章即代表劳动合同成立，但是劳动合同的成立并不代表着合同生效。如果双方当事人根据特定的需要，在劳动合同中对生效的期限或者条件作出特别约定的，那么当事人约定的期限或条件一旦成立，劳动合同即生效。

（二）无效劳动合同

无效劳动合同是指劳动合同虽然已经成立，但因违反了法律、行政法规的强制性规定而被确认为无效的劳动合同。下列劳动合同无效或者部分无效：①以欺诈、胁迫的手段或者乘人之危，使对方在违背真实意思的情况下订立或者变更劳动合同的；②用人单位免除自己的法定责任、排除劳动者权利的；③违反法律、行政法规强制性规定的。对劳动合同的无效或者部分无效有争议的，由劳动争议仲裁机构或者人民法院确认。

（三）无效劳动合同的法律效果

劳动合同部分无效，不影响其他部分效力的，其他部分仍然有效。劳动合同被确认为无效，劳动者已付出劳动的，用人单位应当向劳动者支付劳动报酬。劳动报酬的数额，参照本单位相同或者相近岗位劳动者的劳动报酬确定。

六、劳动合同的解除

劳动合同解除一般是在劳动合同订立后，劳动合同期限届满之前。劳动合同解除分为协商解除和法定解除两种情况。由用人单位提出解除劳动合同而与劳动者协商一致的，必须依法向劳动者支付经济补偿。由劳动者主动辞职而与用人单位协商一致解除劳动合同的，用人单位无须向劳动者支付经济补偿。法定解除，是指在出现国家法律、法规或劳动合同规定的可以解除劳动合同的情形时，无须双方当事人一致同意，劳动合同效力可以自然或由单方提前终止。法定解除按劳动合同解除提出的先后顺序又可分为用人单位的单方解除和劳动者的单方解除。

（一）劳动者单方解除劳动合同

一般来说，劳动者单方解除劳动合同分为预告解除、随时解除和即时解除三种情况。

1. 预告解除

预告解除，是指依据《劳动合同法》第32、32的规定，劳动者提前30日以书面形式通知用人单位，可以解除劳动合同。劳动者在试用期内提前3日通知用人单位，可以解除劳动合同。

2. 随时解除

依据《劳动合同法》第38条的规定，用人单位有下列情形之一的，劳动者可以解除劳动合同：（1）未按照劳动合同约定提供劳动保护或者劳动条件的；（2）未及时足额支付劳动报酬的；（3）未依法为劳动者缴纳社会保险费的；（4）用人单位的规章制度违反法律、法规的规定，损害劳动者权益的；(5) 因本法第26条第1款规定的情形致使劳动合同无效的；(6) 法律、行政法规规定劳动者可以解除劳动合同的其他情形。

3. 即时解除

即时解除又称即时辞职，是指用人单位以暴力、威胁或者非法限制人身自由的手段强迫劳动者劳动的，或者用人单位违章指挥、强令冒险作业危及劳动者人身安全的，劳动者可以立即解除劳动合同，无须事先告知用人单位。

(二) 用人单位单方解除劳动合同

用人单位可以单方解除劳动合同的情形主要包括劳动者无过错性辞退、过错性辞退和经济性裁员三种。

1. 无过错性辞退

这主要包括以下情形：(1) 劳动者患病或者非因工负伤，在规定的医疗期满后不能从事原工作，也不能从事由用人单位另行安排的工作的；(2) 劳动者不能胜任工作，经过培训或者调整工作岗位，仍不能胜任工作的；(3) 劳动合同订立时所依据的客观情况发生重大变化，致使劳动合同无法履行，经用人单位与劳动者协商，未能就变更劳动合同内容达成协议的。劳动者符合以上情形，用人单位须提前30日以书面形式通知劳动者本人或者额外支付劳动者1个月工资后，可以解除劳动合同。

2. 过错性辞退

劳动者有下列情形之一的，用人单位可以解除劳动合同：(1) 在试用期间被证明不符合录用条件的；(2) 严重违反用人单位的规章制度的；(3) 严重失职，营私舞弊，给用人单位造成重大损害的；(4) 劳动者同时与其他用人单位建立劳动关系，对完成本单位的工作任务造成严重影响，或者经用人单位提出，拒不改正的；(5) 因本法第26条第1款第1项规定的情形致使劳动合同无效的；(6) 被依法追究刑事责任的。

3. 经济性裁员

经济性裁员主要是指企业出现了下列情形需要裁减人员20人以上或者裁减不足20人但占企业职工总数10%以上的：(1) 依照《企业破产法》规定进行重整的；(2) 生产经营发生严重困难的；(3) 企业转产、重大技术革新或者经营方式调整，经变更劳动合同后，仍需裁减人员的；(4) 其他因劳动合同订立时所依据的客观经济情况发生重大变化，致使劳动合同无法履行的。

经济性裁员涉及面广需要用人单位提前30日向工会或者全体职工说明情况，听取工会或者职工的意见后，裁减人员方案经向劳动行政部门报告，可以裁减人员。裁减人员时，应当优先留用下列人员：(1) 与本单位订立较长期限的固定期限劳动合同的；(2) 与本单位订立无固定期限劳动合同的；(3) 家庭无其他就业人员，有需要扶养的老人或者未成年人的。用人单位依照上述规定裁减人员，在6个月内重新招用人员的，应当通知被裁减的人员，并在同等条件下优先招用被裁减的人员。

劳动者有下列情形之一的，用人单位不得依照《劳动法》第40条、第41条的规定解除劳动合同：(1) 从事接触职业病危害作业的劳动者未进行离岗前职业健康检查，或者疑似职业病病人在诊断或者医学观察期间的；(2) 在本单位患职业病或者因工负伤并被确认丧失或者部分丧失劳动能力的；(3) 患病或者非因工负伤，在规定的医疗期内的；

(4)女职工在孕期、产期、哺乳期的;(5)在本单位连续工作满15年,且距法定退休年龄不足5年的;(6)法律、行政法规规定的其他情形。

用人单位违反《劳动法》规定解除或者终止劳动合同,劳动者要求继续履行劳动合同的,用人单位应当继续履行;劳动者不要求继续履行劳动合同或者劳动合同已经不能继续履行的,用人单位应当依照《劳动合同法》规定的支付双倍经济补偿金给劳动者。

七、劳动合同终止

现行《劳动合同法》对于劳动合同终止有明确的规定,劳动合同的终止属于法定终止,主要有以下六种情形:①劳动合同期满的;②劳动者开始依法享受基本养老保险待遇的;③劳动者死亡,或者被人民法院宣告死亡或者宣告失踪的;④用人单位被依法宣告破产的;⑤用人单位被吊销营业执照、责令关闭、撤销或者用人单位决定提前解散的;⑥法律、行政法规规定的其他情形。但是劳动合同的终止也有限制性规定,此项规定与劳动合同的限制性规定相同,即《劳动合同法》第42条的规定。

八、经济补偿

按照《劳动合同法》的规定,经济补偿是指在劳动者无过错的情况下,用人单位与劳动者解除或终止劳动合同而依法应给予劳动者的经济上的补助。经济补偿金与违约金、赔偿金在适用条件、性质、支付主体上均有不同。

经济补偿按劳动者在本单位工作的年限,按每满1年支付1个月工资的标准向劳动者支付。6个月以上不满1年的,按1年计算;不满6个月的,向劳动者支付半个月工资的经济补偿。劳动者月工资高于用人单位所在直辖市、设区的市级人民政府公布的本地区上年度职工月平均工资3倍的,向其支付经济补偿的标准按职工月平均工资3倍的数额支付,向其支付经济补偿的年限最高不超过12年。其中所指月工资是指劳动者在劳动合同解除或者终止前12个月的平均工资。

【思考题】
1. 劳动法的概念与特征是什么?
2. 简述劳动法律关系的分类与要素。
3. 试述工作时间的概念与种类。
4. 试述工资支付的一般规则。
5. 试述女职工特殊保护制度的主要内容。
6. 试述劳动争议的分类与范围。
7. 试述劳动争议解决的主要途径。
8. 试述劳动争议仲裁的主要程序。

第十四章 社会保险法

【重难点提示】 社会保险的概念、特征以及与商业保险的区别；基本养老保险、基本医疗保险、工伤保险、失业保险及生育保险的适用对象、适用条件、费用缴纳等基本内容。

第一节 概　　述

一、社会保险概念和特征

（一）概念

社会保险是指国家通过立法建立的，在劳动者因生育、年老、患病、伤残、死亡等原因造成劳动者短暂或永久丧失劳动能力，以及失业时，从国家和社会获得物质帮助和补偿的一种社会保障制度。

社会保险法是国家为了规范社会保险关系，维护公民参加社会保险和享受社会保险待遇的合法权益而制定的法律规范。《中华人民共和国社会保险法》（以下简称《社会保险法》）于 2010 年 10 月 28 日第十一届全国人民代表大会常务委员会第十七次会议通过，为规范我国社会保险事业提供了法律依据。为了实施《社会保险法》，人力资源和社会保障部第六十七次部务会审议通过了《实施〈中华人民共和国社会保险法〉若干规定》（以下简称《若干规定》），自 2011 年 7 月 1 日起施行。

（二）社会保险的特征

1. 强制性

社会保险是国家以立法形式强制推行的社会保障项目。在法定范围内，每一个劳动者都必须参加社会保险。

2. 公益性和福利性

社会保险是非营利性质的，它主要以社会效益为目的，目的在于预防社会风险。

3. 社会共济性和互助性

社会保险建立在互保互济基础上，劳动者必须先尽劳动和缴费的义务，才能获得享受保险补偿的权利。一旦发生保险风险，具备资格的社会成员都可以得到保障基本生活需要的物质补偿。社会保险基金来源于国家、用人单位和个人三方筹措，且用人单位和国家缴费占大部分。这既体现了国家和社会对劳动者提供基本生活保障的责任，又体现了劳动者个人的自我保障。

4. 普遍性

社会保险的对象是法定范围的全体劳动者。解决社会风险的理论依据是保险业遵循的大数法则。其功用重在保障劳动者的基本生活。①

二、社会保险与商业保险的区别

（一）保险关系产生的方面

商业保险以自愿为原则，社会保险以强制性为特征，凡法定的保险对象都必须参加社会保险，承保机构也必须接受，不得拒绝。

（二）保险基金的来源方面

商业保险具有自保性特点，社会保险费用只由被保险人承担一部分，其余的由被保险人所在单位及国家补助或分担。

（三）保险人动机方面

商业保险以营利为目的，社会保险以保障社会成员的生活安全和社会稳定为目的。

（四）危险范围方面

商业保险的保险人可承保的范围非常广泛，而社会保险所针对的危险范围比商业保险窄很多，它所针对的是各种社会危险，如年老、疾病、生育、失业等。

（五）法律性质方面

商业保险是一种私法性质的民事法律关系，当事人地位平等，权利义务的内容由协议约定；社会保险是一种公法法律关系，权利义务的内容由法律、法规确定，并具有强制性。

（六）责任承担方面

商业保险中，保险人在投保人和被保险人无过错的情况下才承担赔偿责任；而社会保险中保险人在被保险人遭遇社会危险时，必须无条件地对被保险人或其亲属支付一定金额，同时，社会保险经办机构不得代为求偿。②

三、社会保险与社会救助的区别

社会救助是指国家和社会对因自然、社会经济、个人生理等各种原因，不能维持最低水平的公民给予物质帮助，以维持其基本生活的一种社会保障制度。

社会保险的对象是在法律规定实施范围内的劳动者；享受的条件是暂时或永久丧失劳动能力或失业；其作用是保障劳动者在生、老、病、死和失业时获得物资帮助，经费来源于国家、单位和个人。社会救助的对象是全体公民，享受的条件是老、弱、病、残又没有固定收入或无依无靠无法生活者，或有固定收入但不能维持最低生活的城乡居民；其作用是保障全体城乡居民的最低生活需要，经费来自于国际、地方财政预算和社会群体或个人的捐助。社会救助一般由人民政府的民政部门举办或由慈善机构举办。③

四、社会救助与社会福利的区别

社会福利是指国家和社会根据需要和可能，通过一定形式向公民提供的物质福利。它

---

① 参见殷洁编著：《经济法》，法律出版社2012年版，第381页。
② 参见冯宪芬主编：《经济法》，中国人民大学出版社2011年版，第397页。
③ 参见殷洁编著：《经济法》，法律出版社2012年版，第382页。

包括作用于改善和提高人们物质、文化生活水平的各种措施（如教育、科学、文化、医疗卫生、孤儿院等），以及给公民减少生活开支，增加实际收入的各种措施。

社会保险主要以法律规定的范围内的劳动者为保障对象，社会福利的保障对象是全体社会成员。

社会保险基金基本来源于国家、单位和职工三方面；社会福利基金一般来源于政府税收、社会捐助和企事业单位自筹基金。

社会保险的享受以缴纳保险费为前提，主要是保障被保险人的基本生活需要；社会福利待遇的分配不考虑享受者对社会福利事业的贡献，一般是人人均等地享受待遇，其目的已不仅仅停留在保障基本生活需要方面上，而是为了提高人们的消费水平和生活质量，满足人们发展和享受的需要。

社会保险主要是以提供资金帮助为前提；社会福利以提供各种社会服务和设施为前提。①

第二节 社会保险法律制度

一、基本养老保险

（一）养老保险的概念

养老保险是劳动者达到了法定年龄并从事某种劳动达到法定年限后，由国家和社会依法给予一定物质帮助，以维持其老年生活的一种社会保险制度。

（二）养老保险制度的内容

1. 基本养老保险的适用对象

《社会保险法》第10条规定了三类保险对象：

（1）职工。职工应当参加基本养老保险，由用人单位和职工共同缴纳基本养老保险费。用人单位应当按照国家规定的本单位职工工资总额的比例缴纳基本养老保险费，记入基本养老保险统筹基金。职工应当按照国家规定的本人工资的比例缴纳基本养老保险费，记入个人账户。《若干规定》第2条规定："参加职工基本养老保险的个人达到法定退休年龄时，累计缴费不足15年的，可以延长缴费至满15年。社会保险法实施前参保、延长缴费5年后仍不足15年的，可以一次性缴费至满15年。"第3条规定："参加职工基本养老保险的个人达到法定退休年龄后，累计缴费不足15年（含依照第2条规定延长缴费）的，可以申请转入户籍所在地新型农村社会养老保险或者城镇居民社会养老保险，享受相应的养老保险待遇。"

（2）无雇工的个体工商户、未在用人单位参加基本养老保险的非全日制从业人员以及其他灵活就业人员。这些人员可以参加基本养老保险，由个人缴纳基本养老保险费，分别记入基本养老保险统筹基金和个人账户。

---

① 参见殷洁编著：《经济法》，法律出版社2012年版，第383页。

(3) 公务员和参照公务员法管理的工作人员参加养老保险的办法由国务院规定。

2. 基本养老保险费用的负担

(1) 基本养老保险实行社会统筹与个人账户相结合。基本养老保险基金由用人单位和个人缴费以及政府补贴等组成。

(2) 国有企业、事业单位职工参加基本养老保险前，视同缴费年限期间应当缴纳的基本养老保险费由政府承担。基本养老保险基金出现支付不足时，政府给予补贴。

3. 基本养老保险金制度

(1) 基本养老保险金的组成确定和调整机制。

基本养老金根据个人累计缴费年限、缴费工资、当地职工平均工资、个人账户金额、城镇人口平均预期寿命等因素确定。

国家建立基本养老金正常调整机制。根据职工平均工资增长、物价上涨情况，适时提高基本养老保险待遇水平。

(2) 基本养老金的发放和相关补助的领取。参加基本养老保险的个人，达到法定退休年龄时累计缴费满15年的，按月领取基本养老金。参加基本养老保险的个人，达到法定退休年龄时累计缴费不足15年的，可以缴费至满15年，按月领取基本养老金；也可以转入新型农村社会养老保险或者城镇居民社会养老保险，按照国务院规定享受相应的养老保险待遇。

参加基本养老保险的个人，因病或者非因工死亡的，其遗属可以领取丧葬补助金和抚恤金；在未达到法定退休年龄时因病或者非因工致残完全丧失劳动能力的，可以领取病残津贴。所需资金从基本养老保险基金中支付。

(3) 跨区就业基本养老金具体办法。个人跨统筹地区就业的，其基本养老保险关系随本人转移，缴费年限累计计算。个人达到法定退休年龄时，基本养老金分段计算、统一支付。具体办法由国务院规定。同时，《若干规定》第5条规定："参加职工基本养老保险的个人跨省流动就业，符合按月领取基本养老金条件时，基本养老金分段计算、统一支付的具体办法，按照《国务院办公厅关于转发人力资源社会保障部财政部城镇企业职工基本养老保险关系转移接续暂行办法的通知》（国办发〔2009〕66号）执行。"

4. 新农村社会养老保险

国家建立和完善新型农村社会养老保险制度和城镇居民社会养老保险制度。

省、自治区、直辖市人民政府根据实际情况，可以将城镇居民社会养老保险和新型农村社会养老保险合并实施。新型农村社会养老保险实行个人缴费、集体补助和政府补贴相结合。

新型农村社会养老保险待遇由基础养老金和个人账户养老金组成。参加新型农村社会养老保险的农村居民，符合国家规定条件的，按月领取新型农村社会养老保险待遇。

【案例14-1】

农民工张某在家乡参加了新型农村保险，2009年7月来到长沙某物业公司工作。该公司得知张某已经参加新型农村保险后，就社会保险问题与其协商约定：将保险金折成工资支付给张某。2010 年 8 月，物业公司与张某解除了劳动合同。张某以该公司未给其缴纳社会保险为由向劳动争议仲裁委员会提出仲裁申请，要求物业公司向他支付 2009 年 7 月至 2010 年 8 月的养老、失业保险金及解除劳动合同经济补偿金。物业公司以未给张某缴纳社会保险费是因为张某参加了新型农村保险，责任在张某，而不在该公司为由不予缴纳。①

请问：职工已参加了新型农村保险是否不需要参加养老保险？用人单位是否应当为农民工缴纳社会保险？

解析：《社会保险法》第 10 条规定："职工应当参加基本养老保险，由用人单位和职工共同缴纳基本养老保险费。"新型农村保险和城镇职工养老保险有以下不同：保障对象不同，城镇基本养老保险是保证城镇就业群体；新型农村保险是保障农村居民群体。养老保险是国家法律法规强制实施的，新型农村保险强调自愿原则。新型农村保险具有弹性，缴费标准分五档，农民自愿选择。已参加新型农村保险的农村居民进单位从事劳动，如果就业单位较为稳定就有权要参加城镇基本养老保险，如果是灵活就业可以继续参加新型农村保险。《社会保险法》第 20 条规定："国家建立和完善新型农村社会养老保险制度。新型农村社会养老保险实行个人缴费、集体补助和政府补贴相结合。"第 21 条规定："新型农村社会养老保险待遇由基础养老金和个人账户养老金组成。"

二、基本医疗保险

（一）基本医疗保险的概念及特征

医疗保险又称疾病保险或健康保险，是指劳动者因患病或非因工负伤治疗期间，可以获得必要的医疗和疾病津贴的一种社会保险制度。

（二）基本医疗保险的特征

基本医疗保险除具有社会保险的一般特征外，还具有如下特征：

（1）适用范围的广泛性。一般来说，医疗保险适用于所有劳动者。

（2）享受医疗保险待遇的长期性。由于疾病不是一个暂时性或短期的风险，因此参加医疗保险对每个人来说都具有长期性，即都能够终身获得必要的医疗保障。

（3）范围的限定性。医疗保险的范围通常是有限制的，一般来说，医疗保险的范围限于必要的治疗和医药费，以避免医疗费用无限扩大。②

（三）基本医疗保险制度的内容

1. 医疗保险的对象

《社会保险法》规定了如下几种参保对象：

（1）职工。职工应当参加职工基本医疗保险，由用人单位和职工按照国家规定共同缴纳基本医疗保险费。

（2）无雇工的个体工商户、未在用人单位参加职工基本医疗保险的非全日制从业人

---

① 案例来源于豆丁网：http://www.docin.com/p-433136452.html，2013 年 3 月 13 日访问。
② 参见冯宪芬主编：《经济法》，中国人民大学出版社 2011 年版，第 399 页。

员以及其他灵活就业人员。这些人员可以参加职工基本医疗保险，由个人按照国家规定缴纳基本医疗保险费。

此外，根据1998年12月14日国务院颁布的《关于建立城镇职工基本医疗保险制度的决定》，城镇所有用人单位，包括企业（国有企业、集体企业、外商投资企业、私营企业等）、机关、事业单位、社会团体、民办非企业单位及其职工，都要参加基本医疗保险。乡镇企业及其职工、城镇个体经济组织业主及其从业人员是否参加基本医疗保险，由各省、自治区、直辖市人民政府决定。

2. 医疗保险的支付范围

《社会保险法》第28条规定："符合基本医疗保险药品目录、诊疗项目、医疗服务设施标准以及急诊、抢救的医疗费用，按照国家规定从基本医疗保险基金中支付。"《若干规定》第8条对其作了补充规定："参保人员确需急诊、抢救的，可以在非协议医疗机构就医；因抢救必须使用的药品可以适当放宽范围。参保人员急诊、抢救的医疗服务具体管理办法由统筹地区根据当地实际情况制定。"

此外，《社会保险法》第30条还规定："下列医疗费用不纳入基本医疗保险基金支付范围：（1）应当从工伤保险基金中支付的；（2）应当由第三人负担的；（3）应当由公共卫生负担的；（4）在境外就医的。医疗费用依法应当由第三人负担，第三人不支付或者无法确定第三人的，由基本医疗保险基金先行支付。基本医疗保险基金先行支付后，有权向第三人追偿。"

3. 医疗保险费缴费年限

《社会保险法》第27条规定："参加职工基本医疗保险的个人，达到法定退休年龄时累计缴费达到国家规定年限的，退休后不再缴纳基本医疗保险费，按照国家规定享受基本医疗保险待遇；未达到国家规定年限的，可以缴费至国家规定年限。"《若干规定》第7条对此作了补充规定："社会保险法第27条规定的退休人员享受基本医疗保险待遇的缴费年限按照各地规定执行。参加职工基本医疗保险的个人，基本医疗保险关系转移接续时，基本医疗保险缴费年限累计计算。"

个人跨统筹地区就业的，其基本医疗保险关系随本人转移，缴费年限累计计算。

4. 城镇、农村基本医疗保险制度

国家建立和完善城镇居民基本医疗保险制度。城镇居民基本医疗保险实行个人缴费和政府补贴相结合。享受最低生活保障的人、丧失劳动能力的残疾人、低收入家庭60周岁以上的老年人和未成年人等所需个人缴费部分，由政府给予补贴。

国家建立和完善新型农村合作医疗制度。新型农村合作医疗的管理办法，由国务院规定。

职工基本医疗保险、新型农村合作医疗和城镇居民基本医疗保险的待遇标准按照国家规定执行。

5. 医疗费用结算方式

《社会保险法》第29条规定："参保人员医疗费用中应当由基本医疗保险基金支付的部分，由社会保险经办机构与医疗机构、药品经营单位直接结算。社会保险行政部门和卫生行政部门应当建立异地就医医疗费用结算制度，方便参保人员享受基本医疗保险待遇。"

三、工伤保险

（一）工伤保险的概念

工伤保险制度，是指由用人单位缴纳工伤保险费，对劳动者因工作原因遭受意外伤害或者患职业病，从而造成死亡、暂时或者永久性丧失劳动能力时，给予职工及其相关人员工伤保险待遇的一项社会保险制度。

（二）工伤保险制度的具体内容

根据《社会保险法》和《工伤保险条例》的规定，工伤保险制度包括如下内容：

1. 工伤保险费的负担

职工应当参加工伤保险，由用人单位缴纳工伤保险费，职工不缴纳工伤保险费。用人单位缴纳工伤保险费后，即将其对劳动者的补偿责任转移到工伤保险机构承担。

2. 无过失补偿原则

工伤保险实行无过失补偿原则，即在劳动过程中发生的职业伤害，无论用人单位有无过错，受害者均应得到必要的补偿。职工（包括非全日制从业人员）在两个或者两个以上用人单位同时就业的，各用人单位应当分别为职工缴纳工伤保险费。职工发生工伤，由职工受到伤害时工作的单位依法承担工伤保险责任。

3. 工伤的认定

（1）职工有下列情形之一的，应当认定为工伤：①在工作时间和工作场所内，因工作原因受到事故伤害的；②工作时间前后在工作场所内，从事与工作有关的预备性或者收尾性工作受到事故伤害的；③在工作时间和工作场所内，因履行工作职责受到暴力等意外伤害的；④患职业病的；⑤因公外出期间，由于工作原因受到伤害或者发生事故下落不明的；⑥在上下班途中，受到非本人主要责任的交通事故或者城市轨道交通、客运轮渡、火车事故伤害的；⑦法律、行政法规规定的应当认定为工伤的其他情形。

（2）职工有下列情形之一的，视同工伤：①在工作时间和工作岗位，突发疾病死亡或在48小时之内经抢救无效死亡的；②在抢险救灾等维护国家利益、社会公共利益活动中受到伤害的；③职工原在军队服役，因战、因公负伤致残，已取得革命伤残军人证，到用人单位后旧伤复发的。

（3）职工因下列情形之一导致本人在工作中伤亡的，不认定为工伤：①故意犯罪；②醉酒或者吸毒；③自残或者自杀；④法律、行政法规规定的其他情形。

工伤的认定，由劳动保障行政部门负责。

【案例 14-2】

周某是河北省某煤矿的一名矿工，从事煤矿开采。2009年3月的一天，周某和往常一样下班后前往单位职工浴室洗澡。在洗澡时，周某不慎摔成骨折。事故发生后，周某所在单位向当地劳动保障行政部门提出了工伤认定申请，认为周某工作结束后在洗澡过程中受伤，属于工作时间后在工作场所内从事与工作有关的收尾性工作受到事故伤害的，应当认定为工伤。劳动保障行政部门受理后，经过调查认为周某摔伤纯属个人不慎造成，并且与工作无关，因此认为周某在洗澡过程中所受到的伤害不属于工伤。周某对劳动保障行政部门的这一认定结论不服，于是向人民法院提起了行政诉讼。①

请问：周某的工伤认定会得到人民法院支持吗？

解析： 根据《工伤保险条例》第14条"工作时间前后在工作场所内，从事与工作有关的预备性或者收尾性工作受到事故伤害"的规定，职工发生伤害的，应当认定为工伤。但应该注意这项规定必须包含三个要点：第一，工作时间前后；第二，在工作场所内；第三，从事与工作有关的预备性或者收尾性工作。只有这三点同时符合，才能将劳动者所受到的事故伤害认定为工伤。

本案中周某的情形发生在工作时间后，也发生在工作场所内。所以，周某的情形是否能够被认定为工伤，最关键的问题在于周某的行为是否属于"从事与工作有关的预备性或收尾性工作"。由于采煤工人下班之前洗澡属于其收尾性工作，因此应当将周某的情形认定为工伤，周某不慎摔伤并不影响工伤的认定。

但如果其他劳动者发生和周某类似的情况，只要其洗澡行为不属于"从事与工作有关的预备性或者收尾性工作"，就不会被认定为工伤。

4. 工伤保险金的支付范围

（1）工伤保险基金支付。因工伤发生的下列费用，按照国家规定从工伤保险基金中支付：①治疗工伤的医疗费用和康复费用；②住院伙食补助费；③到统筹地区以外就医的交通食宿费；④安装配置伤残辅助器具所需费用；⑤生活不能自理的，经劳动能力鉴定委员会确认的生活护理费；⑥一次性伤残补助金和一至四级伤残职工按月领取的伤残津贴；⑦终止或者解除劳动合同时，应当享受的一次性医疗补助金；⑧因工死亡的，其遗属领取的丧葬补助金、供养亲属抚恤金和因工死亡补助金；⑨劳动能力鉴定费。

（2）用人单位支付。因工伤发生的下列费用，按照国家规定由用人单位支付：①治疗工伤期间的工资福利；②五级、六级伤残职工按月领取的伤残津贴；③终止或者解除劳动合同时，应当享受的一次性伤残就业补助金。

5. 停止享受工伤待遇的情形

工伤职工有下列情形之一的，停止享受工伤保险待遇：①丧失享受待遇条件的；②拒不接受劳动能力鉴定的；③拒绝治疗的。

6. 先行支付和追偿制度

职工所在用人单位未依法缴纳工伤保险费，发生工伤事故的，由用人单位支付工伤保险待遇。用人单位不支付的，从工伤保险基金中先行支付。

从工伤保险基金中先行支付的工伤保险待遇应当由用人单位偿还。用人单位不偿还

---

① 案例来源于芜湖人力资源和社会保障局：http://www.ahwh.hrss.gov.cn/news.php?id=3003，2013年3月13日访问。

的，社会保险经办机构可以依照《社会保险法》第 63 条的规定追偿。

四、失业保险

（一）失业保险的概念

失业保险制度，是指国家为因失业而暂时失去工资收入的社会成员提供物资帮助，以保障失业人员的基本生活，维持劳动力的再生产，为失业人员重建就业创造条件的一项社会保险制度。

（二）失业保险制度的内容

根据《社会保险法》、《若干规定》以及《失业保险条例》，失业保险制度主要包括如下内容：

1. 失业保险的对象和费用缴纳

《失业保险条例》第 2 条规定："城镇企业事业单位、城镇企业事业单位职工依照本条例的规定，缴纳失业保险费。城镇企业事业单位失业人员依照本条例的规定，享受失业保险待遇。"同时，该条例还授权省、自治区、直辖市人民政府，可以决定将统一的失业保险制度扩大到社会团体专职人员、民办非企业单位的职工和城镇个体工商户的雇工。

职工应当参加失业保险，由用人单位和职工按照国家规定共同缴纳失业保险费。

2. 失业保险的条件

（1）享受失业保险的条件。根据《社会保险法》的规定，失业人员符合下列条件的，从失业保险基金中领取失业保险金：

①失业前用人单位和本人已经缴纳失业保险费满 1 年的。

②非因本人意愿中断就业的；其中，非因本人意愿中断就业包括下列情形：依照《劳动合同法》第 44 条第 1 项、第 4 项、第 5 项规定终止劳动合同的；由用人单位依照《劳动合同法》第 39 条、第 40 条、第 41 条规定解除劳动合同的；用人单位依照《劳动合同法》第 36 条规定向劳动者提出解除劳动合同并与劳动者协商一致解除劳动合同的；由用人单位提出解除聘用合同或者被用人单位辞退、除名、开除的；劳动者本人依照《劳动合同法》第 38 条规定解除劳动合同的；法律、法规、规章规定的其他情形。

③已经进行失业登记，并有求职要求的。

（2）停止享受失业保险的条件。

失业人员在领取失业保险金期间有下列情形之一的，停止领取失业保险金，并同时停止享受其他失业保险待遇：①重新就业的；②应征服兵役的；③移居境外的；④享受基本养老保险待遇的；⑤被判刑收监执行或者被劳动教养的；⑥无正当理由，拒不接受当地人民政府指定部门或者机构介绍的适当工作或者提供的培训的。

3. 失业保险的发放

（1）失业保险的发放时间。

失业人员失业前用人单位和本人累计缴费满 1 年不足 5 年的，领取失业保险金的期限最长为 12 个月；累计缴费满 5 年不足 10 年的，领取失业保险金的期限最长为 18 个月；累计缴费 10 年以上的，领取失业保险金的期限最长为 24 个月。重新就业后，再次失业的，缴费时间重新计算，领取失业保险金的期限与前次失业应当领取而尚未领取的失业保险金的期限合并计算，最长不超过24个月。

失业人员领取失业保险金后重新就业的，再次失业时，缴费时间重新计算。失业人员因当期不符合失业保险金领取条件的，原有缴费时间予以保留，重新就业并参保的，缴费时间累计计算。

（2）失业保险的发放程序。

①用人单位应当及时为失业人员出具终止或者解除劳动关系的证明，并将失业人员的名单自终止或者解除劳动关系之日起15日内告知社会保险经办机构。

②失业人员应当持本单位为其出具的终止或者解除劳动关系的证明，及时到指定的公共就业服务机构办理失业登记。

③失业人员凭失业登记证明和个人身份证明，到社会保险经办机构办理领取失业保险金的手续。失业保险金领取期限自办理失业登记之日起计算。

4. 失业保险与其他保险的关系

（1）失业人员在领取失业保险金期间，参加职工基本医疗保险，享受基本医疗保险待遇。失业人员应当缴纳的基本医疗保险费从失业保险基金中支付，个人不缴纳基本医疗保险费。

（2）失业人员在领取失业保险金期间死亡的，参照当地对在职职工死亡的规定，向其遗属发给一次性丧葬补助金和抚恤金。所需资金从失业保险基金中支付。

个人死亡同时符合领取基本养老保险丧葬补助金、工伤保险丧葬补助金和失业保险丧葬补助金条件的，其遗属只能选择领取其中的一项。

五、生育保险

（一）生育保险的概念

生育保险制度，是指由用人单位缴纳保险费，其职工按照国家规定享受生育保险待遇的一项社会保险制度。

（二）生育保险制度的具体内容

1. 生育保险的对象

《社会保险法》第53条规定："职工应当参加生育保险，由用人单位按照国家规定缴纳生育保险费，职工不缴纳生育保险费。"另外，《企业职工生育保险试行办法》明确地将生育保险的适用范围限于城镇企业及职工。农村妇女劳动者和城镇个体妇女劳动者一般不能享受生育保险。

2. 生育保险的待遇

生育保险待遇包括生育医疗费用和生育津贴。用人单位已经缴纳生育保险费的，其职工享受生育保险待遇；职工未就业配偶按照国家规定享受生育医疗费用待遇。所需资金从生育保险基金中支付。

3. 生育医疗费用

生育医疗费用包括下列各项：（1）生育的医疗费用；（2）计划生育的医疗费用；（3）法律、法规规定的其他项目费用。

4. 生育津贴

职工有下列情形之一的，可以按照国家规定享受生育津贴：（1）女职工生育享受产假；（2）享受计划生育手术休假；（3）法律、法规规定的其他情形。

生育津贴按照职工所在用人单位上年度职工月平均工资计发。

【案例 14-3】

杨某于 2007 年 6 月 5 日入职某投资公司，担任设计师职务，双方签订了书面的劳动合同，合同期限自 2007 年 6 月 5 日至 2009 年 6 月 4 日。2009 年 2 月杨某怀孕，同年 10 月，该公司作出辞退杨某的决定，原因是杨某多次违反了公司规定，代人打卡，在公司领导查明事实之后只承认部分错误事实。公司以恶意隐瞒事实、欺骗公司、严重损害公司利益为由，对杨某作出辞退处理，不发放任何经济补偿，并且停止缴纳社会保险。杨某不服，提请仲裁。①

请问：杨某能享受生育保险待遇吗？

解析：《劳动合同法》第 39 条规定："劳动者有下列情形之一的，用人单位可以解除劳动合同：（1）在试用期间被证明不符合录用条件的；（2）严重违反用人单位的规章制度的；（3）严重失职，营私舞弊，给用人单位造成重大损害的……"可见，公司可以辞退杨某。

而我国生育保险只要求享受对象必须是合法婚姻者，即必须符合法定结婚年龄按《婚姻法》规定办理了合法手续，并符合国家计划生育政策等的公民，因此只要符合这些要求，缴纳了生育保险，就可以享受相关生育保险待遇。因此，杨某仍然可以享受生育保险待遇。

第三节 社会保险的运作机制

根据《社会保险法》和《若干规定》的相关规定，社会保险的运作机制包括社会保险费的征缴、社会保险基金和社会保险经办机构。

一、社会保险费征缴

（一）社会保险的申办

用人单位应当自用工之日起 30 日内为其职工向社会保险经办机构申请办理社会保险登记。未办理社会保险登记的，由社会保险经办机构核定其应当缴纳的社会保险费。

自愿参加社会保险的无雇工的个体工商户、未在用人单位参加社会保险的非全日制从业人员以及其他灵活就业人员，应当向社会保险经办机构申请办理社会保险登记。

---

① 案例来源于豆丁网：http://www.docin.com/p-433136452.html，2013 年 3 月 13 日访问。

国家建立全国统一的个人社会保障号码。个人社会保障号码为公民身份号码。

(二) 社会保险的征收

1. 社会保险征收机构的职责

社会保险费征收机构应当依法按时足额征收社会保险费，并将缴费情况定期告知用人单位和个人。

2. 社会保险的征收程序

县级以上人民政府加强社会保险费的征收工作。社会保险费实行统一征收，实施步骤和具体办法由国务院规定。

3. 社会保险费征收数额的确定

用人单位未按规定申报应当缴纳的社会保险费数额的，按照该单位上月缴费额的110%确定应当缴纳数额；缴费单位补办申报手续后，由社会保险费征收机构按照规定结算。

(三) 社会保险费的保全

社会保险费的保全是指用人单位未按时足额缴纳社会保险费时，社会保险费征收机构为了确保社会保险费的征收所采取的相关措施。根据法律规定，社会保险费征收机构可采取如下措施：

(1) 用人单位未按时足额缴纳社会保险费的，由社会保险费征收机构责令其限期缴纳或者补足。

(2) 用人单位逾期仍未缴纳或者补足社会保险费的，社会保险费征收机构可以向银行和其他金融机构查询其存款账户；并可以申请县级以上有关行政部门作出划拨社会保险费的决定，书面通知其开户银行或者其他金融机构划拨社会保险费。用人单位账户余额少于应当缴纳的社会保险费的，社会保险费征收机构可以要求该用人单位提供担保，签订延期缴费协议。

(3) 用人单位未足额缴纳社会保险费且未提供担保的，社会保险费征收机构可以申请人民法院扣押、查封、拍卖其价值相当于应当缴纳社会保险费的财产，以拍卖所得抵缴社会保险费。

二、社会保险基金

(一) 社会保险基金的概念、特征及功能

社会保险基金是指在法律的强制规定下，通过向劳动者及其所在用人单位征缴社会保险费，或由国家财政直接拨款和社会捐助而集中起来的用于社会保险的资金。[①]

社会保险基金不同于一般的社会基金，它具有强制性、风险防范性、权利和义务对应性、储备性和集中性等特征。

社会保险基金是国家为举办社会保险事业而筹集的，用于支付劳动者因暂时或永久丧失劳动能力或劳动机会时所享受的保险金和津贴的资金。社会保险基金是补偿受险者因风险遭受损失的重要保障。

---

① 参见李昌麒、卢代富主编：《经济法》，厦门大学出版社 2010 年版，第 454 页。

社会保险基金通过预算实现收支平衡。县级以上人民政府在社会保险基金出现支付不足时，给予补贴。

（二）社会保险基金项目及管理

1. 基金项目

社会保险基金包括基本养老保险基金、基本医疗保险基金、工伤保险基金、失业保险基金和生育保险基金。各项社会保险基金按照社会保险险种分别建账，分账核算，执行国家统一的会计制度。

2. 基金管理

（1）社会保险基金专款专用，存入财政专户，具体管理办法由国务院规定。任何组织和个人不得侵占或者挪用。

（2）基本养老保险基金逐步实行全国统筹，其他社会保险基金逐步实行省级统筹，具体时间、步骤由国务院规定。

（3）社会保险经办机构应当定期向社会公布参加社会保险情况以及社会保险基金的收入、支出、结余和收益情况。

（三）社会保险基金的保值、增值

社会保险基金在保证安全的前提下，按照国务院规定投资运营实现保值、增值。

社会保险基金不得违规投资运营，不得用于平衡其他政府预算，不得用于兴建、改建办公场所和支付人员经费、运行费用、管理费用，或者违反法律、行政法规规定挪作其他用途。

三、社会保险经办机构

（一）社会保险经办机构的概念和特征

社会保险经办机构是国家或社会对社会保险实行行政性、事业性管理的职能机构。行政性管理，是指通过立法确定社会保险资金的收缴和使用办法，并对下级机构收缴资金进行监督检查。事业性管理，是指具体收缴和调剂使用社会保险资金以及具体支付各项资金以及具体支付各项社会保险待遇。社会保险经办机构的设置，由社会保险管理体制决定。由于社会保险所具有的强制性、互济性、社会性和福利性，社会保险经办机构必须由非营利性质的社会公共机构担任。

（二）社会保险经办机构的设立

1. 社会保险经办机构的设立

统筹地区设立社会保险经办机构。社会保险经办机构根据工作需要，经所在地的社会保险行政部门和机构编制管理机关批准，可以在本统筹地区设立分支机构和服务网点。

社会保险经办机构的人员经费和经办社会保险发生的基本运行费用、管理费用，由同级财政按照国家规定予以保障。

2. 社会保险经办机构的职责和义务

（1）社会保险经办机构的职责主要包括：

①通过业务经办、统计、调查获取社会保险工作所需的数据，有关单位和个人应当及

时、如实提供。

②应当及时为用人单位建立档案，完整、准确地记录参加社会保险的人员、缴费等社会保险数据，妥善保管登记、申报的原始凭证和支付结算的会计凭证。

③应当及时、完整、准确地记录参加社会保险的个人缴费和用人单位为其缴费，以及享受社会保险待遇等个人权益记录，定期将个人权益记录单免费寄送本人。

④用人单位和个人可以免费向社会保险经办机构查询、核对其缴费和享受社会保险待遇记录，要求社会保险经办机构提供社会保险咨询等相关服务。

(2) 社会保险经办机构的义务主要包括：

①应当建立健全业务、财务、安全和风险管理制度；应当按时足额支付社会保险待遇。

②应当每年至少一次将参保人员个人权益记录单通过邮寄方式寄送本人。同时，社会保险经办机构可以通过手机短信或者电子邮件等方式向参保人员发送个人权益记录。

（三）社会保险信息系统

全国社会保险信息系统按照国家统一规划，由县级以上人民政府按照分级负责的原则共同建设。

社会保险行政部门、社会保险经办机构及其工作人员应当依法为用人单位和个人的信息保密，不得违法向他人泄露下列信息：(1) 涉及用人单位商业秘密或者公开后可能损害用人单位合法利益的信息；(2) 涉及个人权益的信息。

第四节 社会保险监督与法律责任

一、社会保险监督

（一）社会保险监督的概念

社会保险监督是指国家和社会对社会保险的实施、社会保险金的征收、社会保险基金的管理等进行的检查监督。

（二）社会保险监督的分类

按照监督主体不同，社会保险监督可以分为立法机关监督、行政机关监督、专门机构监督和社会监督。

1. 立法机关监督

各级人民代表大会常务委员会听取和审议本级人民政府对社会保险基金的收支、管理、投资运营以及监督检查情况的专项工作报告，组织对《社会保险法》实施情况的执法检查等，依法行使监督职权。

2. 行政机关监督

(1) 县级以上人民政府社会保险行政部门应当加强对用人单位和个人遵守社会保险法律、法规情况的监督检查。

(2) 财政部门、审计机关按照各自职责，对社会保险基金的收支、管理和投资运营情况实施监督。

（3）社会保险行政部门对社会保险基金的收支、管理和投资运营情况进行监督检查，发现存在问题的，应当提出整改建议，依法作出处理决定或者向有关行政部门提出处理建议。社会保险基金检查结果应当定期向社会公布。社会保险行政部门对社会保险基金实施监督检查，有权采取下列措施：

①查阅、记录、复制与社会保险基金收支、管理和投资运营相关的资料，对可能被转移、隐匿或者灭失的资料予以封存；

②询问与调查事项有关的单位和个人，要求其对与调查事项有关的问题作出说明、提供有关证明材料；

③对隐匿、转移、侵占、挪用社会保险基金的行为予以制止并责令改正。

3. 专门机构监督

统筹地区人民政府成立由用人单位代表、参保人员代表，以及工会代表、专家等组成的社会保险监督委员会，掌握、分析社会保险基金的收支、管理和投资运营情况，对社会保险工作提出咨询意见和建议，实施社会监督。

社会保险经办机构应当定期向社会保险监督委员会汇报社会保险基金的收支、管理和投资运营情况。社会保险监督委员会可以聘请会计师事务所对社会保险基金的收支、管理和投资运营情况进行年度审计和专项审计。审计结果应当向社会公开。

社会保险监督委员会发现社会保险基金收支、管理和投资运营中存在问题的，有权提出改正建议；对社会保险经办机构及其工作人员的违法行为，有权向有关部门提出依法处理建议。

4. 社会监督

任何组织或者个人有权对违反社会保险法律、法规的行为进行举报、投诉。

社会保险行政部门、卫生行政部门、社会保险经办机构、社会保险费征收机构和财政部门、审计机关对属于本部门、本机构职责范围的举报、投诉，应当依法处理；对不属于本部门、本机构职责范围的，应当书面通知并移交有权处理的部门、机构处理。有权处理的部门、机构应当及时处理，不得推诿。

二、社会保险的法律责任

（一）社会保险法律责任的概念

社会保险法律责任是指违反社会保险法律规范的公民、法人或者其他组织应当对国家及受害者承担的相应法律后果，即违法者对其违法行为所应承担的强制性的法律责任。

《社会保险法》规定了用人单位、社会保险相关机构、社会保险经办机构等主体的法律责任。

（二）用人单位的法律责任

（1）用人单位不办理社会保险登记的，由社会保险行政部门责令限期改正；逾期不改正的，对用人单位处应缴社会保险费数额1倍以上3倍以下的罚款，对其直接负责的主管人员和其他直接责任人员处500元以上3000元以下的罚款。

（2）用人单位未按时足额缴纳社会保险费的，由社会保险费征收机构责令限期缴纳或者补足，并自欠缴之日起，按日加收5‰的滞纳金；逾期仍不缴纳的，由有关行政部门处欠缴数额 1 倍以上 3 倍以下的罚款。

(3) 用人单位在终止或者解除劳动合同时拒不向职工出具终止或者解除劳动关系证明，导致职工无法享受社会保险待遇的，用人单位应当依法承担赔偿责任。

(4) 职工应当缴纳的社会保险费由用人单位代扣代缴。用人单位未依法代扣代缴的，由社会保险费征收机构责令用人单位限期代缴，并自欠缴之日起向用人单位按日加收 5‰ 的滞纳金。用人单位不得要求职工承担滞纳金。

(5) 用人单位因不可抗力造成生产经营出现严重困难的，经省级人民政府社会保险行政部门批准后，可以暂缓缴纳一定期限的社会保险费，期限一般不超过 1 年。暂缓缴费期间，免收滞纳金。到期后，用人单位应当缴纳相应的社会保险费。

(6) 用人单位未按月将缴纳社会保险费的明细情况告知职工本人的，由社会保险行政部门责令改正；逾期不改的，按照《劳动保障监察条例》第 30 条的规定处理。

(三) 社会保险经办、服务机构法律责任

社会保险服务机构是指为社会保险的运作提供相关服务的机构，包括医疗机构、药品经营单位等。

社会保险经办机构以及医疗机构、药品经营单位等社会保险服务机构以欺诈、伪造证明材料或者其他手段骗取社会保险基金支出的，由社会保险行政部门责令退回骗取的社会保险金，处骗取金额 2 倍以上 5 倍以下的罚款；属于社会保险服务机构的，解除服务协议；直接负责的主管人员和其他直接责任人员有执业资格的，依法吊销其执业资格。

(四) 社会保险经办机构及其人员的法律责任

社会保险经办机构及其工作人员有下列行为之一的，由社会保险行政部门责令改正；给社会保险基金、用人单位或者个人造成损失的，依法承担赔偿责任；对直接负责的主管人员和其他直接责任人员依法给予处分：①未履行社会保险法定职责的；②未将社会保险基金存入财政专户的；③克扣或者拒不按时支付社会保险待遇的；④丢失或者篡改缴费记录、享受社会保险待遇记录等社会保险数据、个人权益记录的；⑤有违反社会保险法律、法规的其他行为的。

(五) 社会保险费征收机构法律责任

社会保险费征收机构擅自更改社会保险费缴费基数、费率，导致少收或者多收社会保险费的，由有关行政部门责令其追缴应当缴纳的社会保险费或者退还不应当缴纳的社会保险费；对直接负责的主管人员和其他直接责任人员依法给予处分。

(六) 其他法律责任

1. 骗取保险待遇的责任

以欺诈、伪造证明材料或者其他手段骗取社会保险待遇的，由社会保险行政部门责令退回骗取的社会保险金，处骗取金额 2 倍以上 5 倍以下的罚款。

2. 违法动用社会保险基金的责任

违反《社会保险法》规定，隐匿、转移、侵占、挪用社会保险基金或者违规投资运营的，由社会保险行政部门、财政部门、审计机关责令追回；有违法所得的，没收违法所得；对直接负责的主管人员和其他直接责任人员依法给予处分。

3. 违反保密义务的责任

社会保险行政部门和其他有关行政部门、社会保险经办机构、社会保险费征收机构及其工作人员泄露用人单位和个人信息的，对直接负责的主管人员和其他直接责任人员依法给予处分；给用人单位或者个人造成损失的，应当承担赔偿责任。

4. 渎职责任

国家工作人员在社会保险管理、监督工作中滥用职权、玩忽职守、徇私舞弊的，依法给予处分。

5. 刑事责任

违反《社会保险法》规定，构成犯罪的，依法追究刑事责任。

【思考题】

1. 社会保险与商业保险、社会救助的区别是什么？
2. 社会保险的特征是什么？
3. 法律规定的基本养老保险的适用对象有哪些？
4. 基本医疗保险的费用是如何缴纳的？
5. 工伤的认定标准是什么？
6. 享受失业保险的条件是什么？
7. 社会保险基金的特征、功能是什么？
8. 社会保险用人单位的法律责任有哪些？
9. 2008年5月，葛某与北京某企业签订了一份为期5年的劳动合同，约定葛某月薪1万元，如果葛某提前解除劳动合同，每提前1年，向企业支付1万元违约金。同时还约定，葛某的社会保险费基数为3000元。2011年5月，葛某获得了猎头提供的月薪1.5万元的工作机会。猎头公司建议葛某以该外资企业未依法缴纳社会保险费为由提出辞职，这样就不需要承担违约金责任。葛某提出辞职，公司提出必须按劳动合同缴纳提前解除劳动合同的违约金方可离开，葛某提请仲裁。请问：葛某能不缴纳违约金而解除劳动合同吗？

参考文献

[1] 中国注册会计师协会编:《经济法》,中国财政经济出版社2012年版。
[2] 樊启荣主编:《经济法》,武汉大学出版社2008年版。
[3] 韩长印主编:《破产法学》,中国政法大学出版社2007年版。
[4] 王英苹主编:《经济法》,格致出版社2008年版。
[5] 殷洁主编:《经济法》,法律出版社2010年版。
[6] 秦雷、陈元刚主编:《经济法》,清华大学出版社2010年版。
[7] 漆多俊主编:《经济法》,高等教育出版社2010年版。
[8] 徐孟洲主编:《经济法原理与案例教程》,中国人民大学出版社2010年版。
[9] 王欣新主编:《破产法原理与案例教程》,中国人民大学出版社2010年版。
[10] 姚辉主编:《债和合同法原理与案例教程》,中国人民大学出版社2010年版。
[11] 吕明瑜主编:《竞争法》,法律出版社2004年版。
[12] 柳经纬主编:《票据法》,厦门大学出版社2004年版。
[13] 范健主编:《商法》,高等教育出版社2002年版。
[14] 张能宝主编:《司法考试历年试题及考点归类精解》,法律出版社2011年版。
[15] 《〈中华人民共和国反垄断法〉学习问答》,中国民主法制出版社2007年版。
[16] 吴景明主编:《消费者权益保护法》,中国政法大学出版社2007年版。
[17] 符启林主编:《消费者权益保护法概论》,南海出版社2007年版。
[18] 张云、徐楠轩主编:《产品质量法教程》,厦门大学出版社2011年版。
[19] 中国法制出版社法规中心:《中华人民共和国产品质量法案例注释版》,中国法制出版社2010年版。
[20] 吕明瑜主编:《竞争法教程》,中国人民大学出版社2008年版。
[21] 王显勇主编:《竞争法教程》,法律出版社2008年版。
[22] 李昌麒、卢代富主编:《经济法学》,厦门大学出版社2010年版。
[23] 冯宪芬主编:《经济法学》,中国人民大学出版社2011年版。
[24] 杨紫烜主编:《经济法学》,北京大学出版社2009年版。
[25] 覃有土主编:《商法学》,高等教育出版社2004年版。
[26] 叶林主编:《证券法》,中国人民大学出版社2008年版。
[27] 符启林主编:《经济法学》,中国政法大学出版社2005年版。
[28] 孟凡麟主编:《新编经济法教程》,经济科学出版社2011年版。
[29] 赵旭东主编:《商法学》,高等教育出版社2011年版。
[30] 申松涛、马艳主编:《新编经济法》,清华大学出版社2002年版。

[31] 成致平：《价格改革三十年》，中国市场出版社 2006 年版。
[32] 李盛霖主编：《价格知识问答》，中国市场出版社 2005 年版。
[33] 王晓先主编：《知识产权法》，厦门大学出版社 2012 年版。
[34] 郭捷等编著：《劳动法学》，中国政法大学出版社 1997 年版。
[35] 李景森、贾俊玲主编：《劳动法学》，北京大学出版社 2001 年版。
[36] 常凯主编：《劳动关系、劳动者、劳权》，中国劳动出版社 1995 年版。
[37] 王全兴著：《劳动法》，法律出版社 1997 年版。
[38] 董保华著：《劳动关系调整的法律机制》，上海交通大学出版社 2001 年版。
[39] 常凯著：《劳动论》，中国劳动社会保障出版社 2004 年版。
[40] [德] W. 杜茨著，张国文译：《劳动法》，法律出版社 2005 年版。
[41] 程延园主编：《劳动关系学》，中国劳动社会保障出版社 2005 年版。
[42] [日] 美浓部达吉著，黄冯明译：《公法与私法》，中国政法大学出版社 2003 年版。
[43] 张明楷著：《法益初论》，中国政法大学出版社 2000 年版。
[44] [美] 道格拉斯 G. 拜尔等著，严旭阳译：《法律的博弈分析》，法律出版社 1999 年版。
[45] 史尚宽著：《劳动法原论》，正大印书馆 1978 年版。
[46] 关怀主编：《劳动法》（第三版），中国人民大学出版社 2008 年版。
[47] 喻术红著：《劳动合同法专论》，武汉大学出版社 2009 年版。
[48] 关怀、林嘉主编：《劳动法》，中国人民大学出版社 2006 年版。
[49] 郑尚元著：《劳动争议处理程序法的现代化》，中国方正出版社 2004 年版。
[50] 林依俊著：《劳动仲裁法律法规阐释与应用》，社会科学文献出版社 2004 年版。
[51] 陈大钢等编著：《劳动争议仲裁与诉讼实务》，广东经济出版社 2002 年版。
[52] Black' Law Dictionary, 5th Edition, West Publishing Co., 1979.
[53] 杨紫烜、徐杰主编：《经济法学》，北京大学出版社 2001 年版。
[54] 曾咏梅、王峰主编：《经济法》，武汉大学出版社 2006 年版。
[55] 马洪主编：《经济法》，上海财经大学出版社 2000 年版。
[56] 《中华人民共和国合伙企业法》2007 年文本。
[57] 《中华人民共和国公司法》2010 年文本。
[58] 《中华人民共和国合同法》2010 年文本。
[59] 《中华人民共和国消费者权益保护法》2009 年文本。
[60] 《中华人民共和国个人独资企业法》2000 年文本。